ノーフォルト自動車保険論

佐野　誠　著

保険毎日新聞社

は し が き

　本書は、ノーフォルト自動車保険について検討するものである。ここでノーフォルト自動車保険という場合、「制度」としてのノーフォルト自動車保険と、「保険商品」としてのノーフォルト自動車保険の、二つの概念がある。前者は、保険商品としての後者を制度化したものであり、多くの場合、後者を付保強制することにより、自動車事故被害者救済を図ろうとするものである。

　本書ではこの二つのいずれをも扱っており、このため、本書の書名も「ノーフォルト自動車保険論」とした。もっとも、本書の問題意識の中心は「制度」としてのノーフォルト自動車保険である。そして、本書では「制度」としてのノーフォルト自動車保険を「ノーフォルト自動車保険制度」、「保険商品」としてのノーフォルト自動車保険を単に「ノーフォルト自動車保険」と称することにする。

　ノーフォルト自動車保険制度は、その主唱者からは自動車事故被害者救済制度の切り札であると評価されている。すなわち、従来の過失責任に基づく不法行為制度と賠償責任保険を組み合わせた制度（これをサード・パーティ型制度と称する）と比較した場合、ノーフォルト自動車保険制度においては、加害者と被害者の過失状況にかかわらずノーフォルト自動車保険から全ての被害者に対して迅速な填補が行われることにより被害者救済が格段に促進されるとする。

　しかし、そうであるならば、全ての国の制度がノーフォルト自動車保険制度を採用するか、少なくともその方向で検討されているはずであるが、現実にはそうなっていない。ことに、主要なノーフォルト自動車保険制度提案が行われてきたイギリス、フランス、ドイツなどでは、結局、導入されなかった。また、州ベースでノーフォルト自動車保険制度を導入している米国では、現在でも、同制度とサード・パーティ型制度との制度間比較が論じられている。このような観点からは、ノーフォルト自動車保険制度が本当に自動車事故被害者救済の切り札であり、理想の制度であるのかという疑問が生じる。いいかえれば、ノーフォルト自動車保険制度にもそれなりの問題点があるのではないかと考えられるが、それは何かが問題となる。

一方、わが国においては商品としてのノーフォルト自動車保険である人身傷害保険が発売されて十余年が経過した。その間、新商品としては異例の普及を見せており、現在ではほとんどの任意自動車保険契約に付帯されている。その一方で、人身傷害保険をめぐる紛争も急増しており、自動車保険関連の判例に占める人身傷害保険の割合は極めて高い。このような人身傷害保険をめぐっては、その商品構成や法的位置づけなど、旧来の保険商品とは異なった論点が出てきており、それらを考察する必要がある。

さらに、わが国において、制度としてのノーフォルト自動車保険、すわなち、ノーフォルト自動車保険制度を導入すべきかが問題となる。わが国では、自賠法による自賠責保険制度により高度な自動車事故被害者救済制度が法的にも実務上も構築されてきている。そこで、この現行制度における問題点は何か、そしてそれを克服するためにノーフォルト自動車保険制度を導入すべきか、さらに、導入するとすればどのような制度設計が考えられるか、などを検討する必要があると思われる。

上記の問題意識から、本書では以下のような構成で検討を進めることとする。

まず、序論では、ノーフォルト自動車保険総論として、ノーフォルト自動車保険やノーフォルト自動車保険制度の概念、歴史を概観した上で、同制度についていくつかの基準での分類を試みる。

次に第1部では、諸外国において実施されているノーフォルト自動車保険制度を考察する。ここでは、現在行われている各国の制度の概要を紹介した後、米国諸州の制度と、ニュージーランドの制度について、個別にその課題を検証する。また、実現されなかったイギリス、フランス、ドイツの有力なノーフォルト自動車保険制度提案についても検証する。

第2部では、わが国における初めての本格的ノーフォルト自動車保険である人身傷害保険について、様々な側面からその論点を考察し、ノーフォルト自動車保険としての課題を抽出する。

最後に、第3部では、わが国の現行自賠責保険制度のノーフォルト化について検討する。すわなち、自賠責保険制度をノーフォルト化し、わが国にノーフォルト自動車保険制度を導入する必要があるのか、あるとした場合にはどのような制度設計が考えられるかの検討である。

なお、本書と本テーマに係る先行研究との関係について若干付言する。

　ノーフォルト自動車保険制度については、後掲の参考文献一覧をみてもわかるように、各国の個別制度（特に米国のノーフォルト自動車保険制度やニュージーランド事故補償制度）に関する研究は内外において数多く公表されている。これに対して本書では、各国で実施されている現行制度を通覧し、一定の基準による類型化を試みた。これにより、ノーフォルト自動車保険制度と称されるものの中にも様々なバリエーションがあることが示され、その後のわが国におけるノーフォルト自動車保険制度導入の議論に資することになる。

　第2部については、人身傷害保険についての論考が（判例評釈も含め）国内において多数存在する。本書はこれらの先行研究に付加するものであるが、その結論は学界における支配的な見解とはかなり異にする独自のものである。

　第3部では、第2章においてノーフォルト自動車保険制度のわが国への導入についての先行研究を紹介している。これに対して本書では、第1章の現行制度の課題の分析や人身傷害保険における検討を踏まえ、第3章においてより具体的な制度設計を提案した。

　以上のように、先行研究との関係では、ノーフォルト自動車保険制度について包括的に検討を加えた点に本書の独自性があると考えている。

　現在、自動車の自動運転化技術が進展しつつあり、これに伴い、わが国のみならず世界各国で現行の自動車事故被害者救済制度を見直す必要性が認識されつつある。その中では、ノーフォルト自動車保険制度の持つ被害者救済機能があらためて見直されるべきであると考えられる。その意味で、本書における検討がこの議論に資するのではないかと考えるが、本書では自動運転化とノーフォルト自動車保険制度との関係についての詳細な考察を行うまでには至っておらず、これについては別稿を予定している。

　なお、本書の内容は、筆者の学位請求論文である「ノーフォルト自動車保険制度の研究」をベースとし、これに加筆修正したものである。また、本書の出版に際しては「福岡大学学位論文出版助成に関する規定」による助成を受けたことを付記する。

目　　次

はしがき …………………………………………………………………………　1

序論　ノーフォルト自動車保険制度総論 ………………………………　19

第1部　諸外国のノーフォルト自動車保険制度 ………………………　35

第1章　各国制度の概要 …………………………………………………　37

第2章　米国におけるノーフォルト自動車保険制度の現状と課題 …　94

第3章　ニュージーランド事故補償制度の現状と課題 ………………　156

第4章　欧州におけるノーフォルト自動車保険制度提案 ……………　197

第2部　人身傷害保険の諸相 ……………………………………………　209

第1章　人身傷害保険概論 ………………………………………………　211

第2章　人身傷害保険の法的性質と商品性のあり方 …………………　227

第3章　人身傷害保険と疾病 ……………………………………………　258

第3部　わが国におけるノーフォルト自動車保険制度 ………………　285

第1章　現行制度の概要と課題 …………………………………………　287

第2章　わが国におけるノーフォルト自動車保険制度提案の系譜 …　332

第3章　自賠責保険制度のノーフォルト化の検討 ……………………　362

結語 …………………………………………………………………………　421

初出一覧 …………………………………………………………………………　423

参考文献 …………………………………………………………………………　425

あとがき …………………………………………………………………………　447

詳細目次

はしがき ………………………………………………………………………… 1

序　論　ノーフォルト自動車保険制度総論 …………………………… 19

第1節　ノーフォルト自動車保険の概念 ……………………………… 19

1．ノーフォルト自動車保険の定義 ………………………… 19

2．自動車人身事故被害者救済制度の系譜 ……………… 20

(1) 過失責任制度とサード・パーティ型保険 ………… 20

(2) 無過失責任制度とサード・パーティ型保険 ……… 21

(3) ファースト・パーティ型ノーフォルト保険制度 ……… 22

3．本書で取り上げるノーフォルト自動車保険制度 ………… 23

第2節　ノーフォルト自動車保険制度の歴史 ……………………… 23

第3節　ノーフォルト自動車保険制度の分類 ……………………… 26

1．法的構成による分類 ……………………………………… 26

2．民事訴権との関係による分類 ………………………… 27

3．給付内容による分類 ……………………………………… 28

4．運営主体による分類 ……………………………………… 29

5．強制制度か任意制度かによる分類 …………………… 30

6．財源による分類 …………………………………………… 31

7．小括 …………………………………………………………… 31

(1) ニュージーランド型 ………………………………… 31

(2) スウェーデン型 ……………………………………… 32

(3) 米国型 ………………………………………………… 32

(4) デンマーク型 ………………………………………… 32

第1部　諸外国のノーフォルト自動車保険制度 ………………… 35

第1章　各国制度の概要 ………………………………………… 37

第1節　序説 ………………………………………………………… 37

第2節　北米諸国 …………………………………………………… 38

1．米国 ………………………………………………………… 38

2．カナダ	…………………………………………	43
第3節　北欧諸国	…………………………………………	49
1．スウェーデン	…………………………………	49
2．フィンランド	…………………………………	53
3．ノルウェー	………………………………………	57
4．デンマーク	………………………………………	60
第4節　オセアニア諸国	………………………………	62
1．ニュージーランド	……………………………	62
2．オーストラリア	………………………………	70
第5節　その他の諸国・地域	…………………………	74
1．イスラエル	………………………………………	74
2．台湾	………………………………………………	79
別表1　米国各州のノーフォルト自動車保険制度	…………………	84
別表2　カナダ各州のノーフォルト自動車保険制度	………………	86
別表3　ニュージーランド事故補償制度に関する参考文献一覧	…	89
別表4　オーストラリア各州のノーフォルト自動車保険制度	………	93

第2章　米国におけるノーフォルト自動車保険制度の現状と課題 … 94

第1節　米国におけるノーフォルト自動車保険制度の概念	………	94
第2節　米国におけるノーフォルト自動車保険制度の歴史	………	96
1．ノーフォルト前史と初期のノーフォルト提案	………………	96
2．コロンビア・プランとカナダ・サスカチュワン州の立法 ・・		97
3．1950-60年代のノーフォルト自動車保険制度提案	…………	99
4．キートン・オコンネル案	………………………………	100
（1）　ノーフォルト自動車保険の付保強制	…………………	100
（2）　被保険者	……………………………………………	101
（3）　保険カバーの内容	…………………………………	101
（4）　支払限度額および控除額	…………………………	102
（5）　定期金払い方式	……………………………………	102
（6）　損害賠償請求権の制限	……………………………	102
5．その後のノーフォルト自動車保険制度提案	………………	103
（1）　アメリカ保険協会による提案（1969年）	………………	103
（2）　全国独立保険者協会による提案（1970年）	……………	103

8　詳細目次

(3)　全国統一州法担当官会議による統一自動車事故賠償法
　　案（1972年）………………………………………………… 104
(4)　全国保険立法者会議による自動車事故補償・費用削減
　　法案（1992年）…………………………………………… 104
6．各州立法の動き ……………………………………………… 105
7．連邦立法の動き ……………………………………………… 107
第3節　制度間選択(1)－不法行為制度かノーフォルト制度か ……… 108
1．コロラド州におけるノーフォルト自動車保険制度廃止 …… 109
(1)　ノーフォルト自動車保険制度廃止の経緯 ……………… 109
(2)　ノーフォルト自動車保険制度廃止の背景 ……………… 111
(3)　ノーフォルト自動車保険制度廃止後の状況 …………… 113
(4)　自動車保険臨時委員会による改善提案 ………………… 118
(5)　小括 ……………………………………………………… 119
2．フロリダ州におけるノーフォルト自動車保険制度の廃止
　　と復活 ………………………………………………………… 120
(1)　フロリダ州のノーフォルト自動車保険制度の概要 …… 121
(2)　ノーフォルト自動車保険制度廃止の背景 ……………… 121
(3)　保険金詐欺への対応の経緯 ……………………………… 125
(4)　その後の経緯 …………………………………………… 127
(5)　小括 ……………………………………………………… 128
第4節　制度間選択(2)－選択ノーフォルト制度 ……………………… 130
1．制度間選択と選択ノーフォルト制度 ……………………… 130
2．選択ノーフォルトを採用している州 ……………………… 130
(1)　ケンタッキー州 ………………………………………… 131
(2)　ニュージャージー州 …………………………………… 131
(3)　ペンシルベニア州 ……………………………………… 132
3．選択ノーフォルト制度をめぐる各種提案 ………………… 133
(1)　オコンネル・ジョースト案 …………………………… 133
(2)　修正オコンネル・ジョースト案 ……………………… 134
(3)　Project New Start 案 …………………………………… 135
(4)　条件付訴権復活型選択ノーフォルト案 ……………… 135
(5)　事故後選択ノーフォルト案 …………………………… 135
4．連邦選択ノーフォルト法案 ………………………………… 136

詳細目次　9

　　　（1）　現状認識と法案の目的 ……………………………………… 136
　　　（2）　選択肢 ……………………………………………………… 137
　　　（3）　被害者に対する補償方法 …………………………………… 138
　　　（4）　各州への適用 ……………………………………………… 139
　　5．選択ノーフォルト制度の評価 ……………………………………… 139
　　　（1）　選択ノーフォルト制度のメリット ………………………… 139
　　　（2）　選択ノーフォルト制度への批判 …………………………… 141
　　　（3）　それぞれの制度の選択者の類型 …………………………… 142
　　　（4）　世論調査 …………………………………………………… 142
　　　（5）　歩行者等への補償の問題 …………………………………… 143
　第5節　米国におけるノーフォルト自動車保険制度の論点 ……… 144
　　1．ノーフォルト自動車保険制度の背景 …………………………… 145
　　2．保険料安定化の効果 ……………………………………………… 148
　　　（1）　ノーフォルト自動車保険制度導入州における検証 ……… 148
　　　（2）　訴権制限方法による保険料低減化効果の違い ………… 148
　　3．制度濫用問題（保険金の詐欺的請求）………………………… 150
　　　（1）　ニューヨーク州の概況 …………………………………… 151
　　　（2）　ニューヨーク州における保険金請求詐欺の態様 ……… 152
　　　（3）　ニューヨーク州における保険金詐欺対策 …………… 152
　　4．違憲性問題 ………………………………………………………… 153
　　　（1）　訴権制限付きノーフォルト制度 …………………………… 154
　　　（2）　純粋ノーフォルト制度 ……………………………………… 154
　　　（3）　選択ノーフォルト制度 ……………………………………… 155

第3章　ニュージーランド事故補償制度の現状と課題 …………… 156
　第1節　序説 ……………………………………………………………… 156
　第2節　現行制度の課題 ………………………………………………… 157
　　1．財政状況と会計制度 ……………………………………………… 158
　　　（1）　財政状況 …………………………………………………… 158
　　　（2）　会計制度 …………………………………………………… 159
　　2．財源負担者の問題 ………………………………………………… 160
　　3．補償内容の問題 …………………………………………………… 162
　　4．担保範囲の問題 …………………………………………………… 165

　　　　(1)　医療事故の扱い ……………………………………………… 165
　　　　(2)　疾病担保問題 …………………………………………………… 171
　　　5．運営主体の問題 ……………………………………………………… 173
　　　　(1)　労災事故補償における民間参入の経緯 ……………… 173
　　　　(2)　保険会社と事故補償制度 ……………………………… 175
　　　　(3)　事故補償制度民営化の論点 …………………………… 177
　　　6．不法行為訴訟との関係 ……………………………………… 180
　　　　(1)　懲罰的損賠賠償 ………………………………………… 180
　　　　(2)　精神的傷害の損害賠償請求 …………………………… 182
　　第3節　制度の基本理念の考察 ………………………………… 187
　　　1．不法行為訴権廃止の評価 ………………………………… 187
　　　　(1)　ニュージーランド国内での評価 ……………………… 188
　　　　(2)　制度成立の背景 ………………………………………… 190
　　　2．ウッドハウス原則をめぐる価値観の選択問題 …………… 192
　　第4節　小括 ……………………………………………………… 194

第4章　欧州におけるノーフォルト自動車保険制度提案 ……………… 197
　　第1節　序説 ……………………………………………………… 197
　　第2節　タンク案（1966年）……………………………………… 197
　　　1．強制保険 …………………………………………………… 198
　　　2．補償される被害者 ………………………………………… 198
　　　3．免責事由 …………………………………………………… 198
　　　4．保険給付項目 ……………………………………………… 199
　　　5．民事訴権の廃止 …………………………………………… 199
　　　6．社会保障との関係 ………………………………………… 199
　　　7．リザルト・レーティング ………………………………… 199
　　第3節　ヒッペル案（1968年）…………………………………… 200
　　　1．対象となる被害者 ………………………………………… 200
　　　2．保険者 ……………………………………………………… 200
　　　3．財源 ………………………………………………………… 201
　　　4．給付金の項目および金額 ………………………………… 201
　　　5．免責事由 …………………………………………………… 202
　　　6．加害者に対する被害者の民事訴権（13条）……………… 202

7．保険者の加害者に対する求償権（11条）……………………… 202
　第4節　ピアソン案（1978年）………………………………………… 203
　　1．制度運営主体 ………………………………………………… 203
　　2．財源 …………………………………………………………… 204
　　3．給付内容 ……………………………………………………… 204
　　4．対象となる被害者 …………………………………………… 204
　　5．免責事由 ……………………………………………………… 204
　　6．加害者に対する被害者の賠償請求権 ……………………… 204
　第5節　各提案の比較 ………………………………………………… 205
　　1．制度の枠組み ………………………………………………… 205
　　2．制度運営者 …………………………………………………… 205
　　3．補償対象となる損害 ………………………………………… 206
　　4．免責事由 ……………………………………………………… 206
　　5．加害者に対する被害者の賠償請求権 ……………………… 207
　　6．保険者の加害者に対する求償権 …………………………… 207
　　7．事故抑止機能の担保 ………………………………………… 208
　　8．社会保障給付との関係 ……………………………………… 208

第2部　人身傷害保険の諸相 ……………………………………… 209

第1章　人身傷害保険概論 ………………………………………… 211
　第1節　序説 …………………………………………………………… 211
　　1．人身傷害保険とは …………………………………………… 211
　　2．人身傷害保険開発の経緯 …………………………………… 212
　第2節　人身傷害保険の商品内容と損害額基準 ………………… 213
　　1．人身傷害保険の商品内容 …………………………………… 213
　　⑴　被保険者 ………………………………………………… 213
　　⑵　担保対象事故 …………………………………………… 214
　　⑶　支払保険金 ……………………………………………… 214
　　⑷　保険金請求権者 ………………………………………… 215
　　⑸　免責事由 ………………………………………………… 216
　　⑹　請求権代位 ……………………………………………… 217
　　2．人身傷害保険の損害額基準 ………………………………… 217

12　詳細目次

　　　(1)　弁護士会基準との乖離 ……………………………… 217
　　　(2)　乖離をどう考えるか ………………………………… 219
　第3節　人身傷害保険の機能と位置付け ………………………… 221
　　1．人身傷害保険の機能 ………………………………………… 221
　　　(1)　損害賠償制度における陥穽の補填 ……………… 221
　　　(2)　加害者に対する損害賠償請求の肩代わり ……… 222
　　　(3)　両機能の併存 ………………………………………… 222
　　2．人身傷害保険の位置付け ………………………………… 223
　　　(1)　強制制度と任意制度 ………………………………… 223
　　　(2)　法的構成 ……………………………………………… 223
　　　(3)　民事訴権との関係 …………………………………… 224
　　　(4)　給付内容による分類 ………………………………… 225
　　　(5)　その他 ………………………………………………… 225

第2章　人身傷害保険の法的性質と商品性のあり方 ………………… 227
　第1節　序説 ………………………………………………………… 227
　第2節　死亡保険金請求権の帰属問題からの考察 ……………… 229
　　1．盛岡地判の判旨 …………………………………………… 229
　　2．人身傷害保険の法的性質 ………………………………… 230
　　　(1)　約款規定の解釈 ……………………………………… 230
　　　(2)　法的性質をどう考えるか …………………………… 231
　　　(3)　私見 …………………………………………………… 233
　　3．商品性のあり方 …………………………………………… 234
　第3節　請求権代位の範囲問題からの考察 ……………………… 235
　　1．論点 ………………………………………………………… 235
　　2．損害保険契約という理解 ………………………………… 237
　　　(1)　民法上認められるべき損害額を填補する保険 …… 237
　　　(2)　協定損害額を支払う保険 …………………………… 239
　　3．定額保険契約という理解 ………………………………… 243
　　4．損害保険会社の理解 ……………………………………… 244
　　　(1)　当初約款 ……………………………………………… 244
　　　(2)　近時の約款改訂 ……………………………………… 245
　　5．商品性のあり方 …………………………………………… 246

詳細目次　*13*

　　　⑴　商品性を検討する上で考慮されるべき項目 ……………… 246
　　　⑵　裁判基準損害額を填補する保険 …………………………… 247
　　　⑶　協定損害額を填補する保険 ………………………………… 248
　　　⑷　請求権代位規定の存否 ……………………………………… 254
　　　⑸　定額保険契約 ………………………………………………… 255
　　第4節　小括 ……………………………………………………………… 256

第3章　人身傷害保険と疾病 …………………………………………… 258
　第1節　序説 …………………………………………………………………… 258
　第2節　事故の疾病起因性 ……………………………………………… 259
　　1．損害賠償の局面 ……………………………………………… 259
　　2．人身傷害保険の局面 ………………………………………… 261
　　　⑴　約款規定 ……………………………………………………… 261
　　　⑵　従来の議論 …………………………………………………… 262
　　　⑶　最高裁判例の内容 …………………………………………… 263
　　　⑷　最高裁判例の論理構造と射程 …………………………… 266
　　　⑸　最高裁判例に対する私見 ………………………………… 267
　　　⑹　最高裁判例後の下級審判例の動向 ……………………… 268
　　　⑺　損害保険会社の対応と新約款の解釈 …………………… 269
　第3節　既存疾病による傷害の重篤化 …………………………… 270
　　1．損害賠償の局面 ……………………………………………… 270
　　2．人身傷害保険の局面 ………………………………………… 272
　　　⑴　約款規定 ……………………………………………………… 272
　　　⑵　判例 …………………………………………………………… 274
　　　⑶　判例の検討 …………………………………………………… 278
　第4節　小括 …………………………………………………………………… 280
　　1．サード・パーティ型制度からの填補との比較 …………… 280
　　2．人身傷害保険における疾病の扱いの検討 ……………… 281

第3部　わが国におけるノーフォルト自動車保険制度 ………… 285

第1章　現行制度の概要と課題 ……………………………………… 287
　第1節　序説 …………………………………………………………………… 287

14　詳細目次

　　第2節　サード・パーティ型制度 ……………………………… 288
　　　1．責任制度 ……………………………………………………… 289
　　　　(1)　不法行為制度 …………………………………………… 289
　　　　(2)　自賠法による制度 ……………………………………… 291
　　　　(3)　その他の制度 …………………………………………… 297
　　　2．資力確保制度 ………………………………………………… 299
　　　　(1)　自賠責保険 ……………………………………………… 300
　　　　(2)　任意対人賠償責任保険 ………………………………… 309
　　　　(3)　政府の自動車損害賠償保障事業 ……………………… 319
　　　3．NASVA 被害者支援事業 …………………………………… 322
　　第3節　ファースト・パーティ型制度 ……………………… 324
　　　1．自動車傷害保険 ……………………………………………… 324
　　　　(1)　自動車傷害保険の種類 ………………………………… 324
　　　　(2)　自動車傷害保険の免責事由 …………………………… 325
　　　　(3)　自動車傷害保険の事故性 ……………………………… 326
　　　　(4)　保険金と損害賠償請求権との関係 …………………… 327
　　　2．その他の人保険 ……………………………………………… 328
　　第4節　小括―現行制度における課題の整理 ……………… 329
　　　1．サード・パーティ型制度の限界 ………………………… 329
　　　2．運行供用者責任制度の限界 ……………………………… 330
　　　3．資力確保制度の限界 ……………………………………… 330
　　　4．ファースト・パーティ型制度の限界 ………………… 331

第2章　わが国におけるノーフォルト自動車保険制度提案の系譜 …… 332
　第1節　序説 ……………………………………………………… 332
　第2節　藤岡康宏教授の交通災害保険案（藤岡案） ……………… 332
　　　1．交通災害保険化の意義 …………………………………… 332
　　　2．制度設計 …………………………………………………… 333
　　　　(1)　単線型か複線型か ……………………………………… 333
　　　　(2)　個人責任の追及方法 …………………………………… 334
　　　　(3)　人身損害の救済 ………………………………………… 335
　　　　(4)　精神的損害 ……………………………………………… 335
　　　　(5)　物的損害 ………………………………………………… 335

詳細目次　*15*

　　　(6)　保険料負担者 ……………………………………… 335
　　　(7)　歩行者の過失 ……………………………………… 335
　　　(8)　製造業者、修理業者等の責任 ………………………… 336
　　3．藤岡案の評価 ……………………………………… 336
第3節　吉川吉衞教授の第一当事者傷害保険案（吉川案）………… 337
　　1．吉川案の理由付け ……………………………………… 338
　　2．制度設計 ……………………………………… 339
　　　(1)　単線型か複線型か ………………………………… 339
　　　(2)　財源負担者 ……………………………………… 340
　　　(3)　保険給付項目 …………………………………… 341
　　　(4)　事故抑止にかかる制度 ………………………… 341
　　　(5)　適用除外 ……………………………………… 342
　　　(6)　無保険車対策 …………………………………… 343
　　　(7)　制度運営者 ……………………………………… 343
　　3．吉川案の評価 ……………………………………… 343
第4節　木暮一郎氏のノーフォルト保険案（木暮案）……………… 344
　　1．問題意識 ……………………………………… 345
　　2．制度設計 ……………………………………… 345
　　3．木暮案の評価 ……………………………………… 346
第5節　金澤理教授のプラチナ自動車保険案（金澤案）………… 347
　　1．制度の目的と基本理念 ………………………………… 348
　　2．制度設計 ……………………………………… 348
　　　(1)　骨子 ……………………………………… 348
　　　(2)　各保険の内容 …………………………………… 349
　　　(3)　付保態様・販売対象 ………………………………… 351
　　3．金澤案の評価 ……………………………………… 351
第6節　加藤雅信教授の総合救済システム案（加藤案）………… 353
　　1．問題意識 ……………………………………… 353
　　2．制度設計 ……………………………………… 355
　　　(1)　制度設計の理念 ………………………………… 355
　　　(2)　基本設計 ……………………………………… 356
　　　(3)　制度設計の個別問題 ………………………………… 357
　　3．加藤案の評価 ……………………………………… 358

16　詳細目次

第3章　自賠責保険制度のノーフォルト化の検討 ………… 362

第1節　序説 ………………………………………………… 362

　1．検討の対象 ……………………………………………… 362

　2．ノーフォルト化の要否 ………………………………… 363

　3．検討の方法 ……………………………………………… 364

第2節　ノーフォルト化の必要性 ………………………… 364

　1．ノーフォルト化の目的 ………………………………… 364

　2．救済されるべき被害者 ………………………………… 365

　　(1)　現行制度で救済されない被害者 ………………… 365

　　(2)　加害車両がある場合 ……………………………… 366

　　(3)　加害車両がない場合 ……………………………… 370

　　(4)　小括 ………………………………………………… 378

　3．事故抑止力減少の問題 ………………………………… 379

　　(1)　問題の所在 ………………………………………… 379

　　(2)　実証的研究 ………………………………………… 380

　　(3)　理論的検討 ………………………………………… 383

　　(4)　保険制度と事故抑止機能 ………………………… 389

　　(5)　小括 ………………………………………………… 394

第3節　ノーフォルト化の制度設計 ……………………… 395

　1．強制保険と任意保険の二元制度 ……………………… 395

　　(1)　問題の所在 ………………………………………… 395

　　(2)　強制保険の保険金額 ……………………………… 396

　　(3)　強制保険と任意保険の内容の差 ………………… 397

　　(4)　小括 ………………………………………………… 399

　2．ノーフォルト化の基本設計 …………………………… 399

　　(1)　序論 ………………………………………………… 399

　　(2)　ファースト・パーティ型かサード・パーティ型か …… 400

　　(3)　独立型制度か責任型制度か ……………………… 402

　　(4)　小括 ………………………………………………… 403

　3．ノーフォルト化の個別論点 …………………………… 403

　　(1)　不法行為制度との関係 …………………………… 403

　　(2)　事故抑止機能の維持 ……………………………… 406

　　(3)　財源負担者 ………………………………………… 407

　　　　⑷　保険事故の設定 ……………………………… 408
　　　　⑸　保険金支払方法 ………………………………… 412
　　　　⑹　給付対象項目 …………………………………… 414
　　　　⑺　免責事由 ………………………………………… 416
　　　　⑻　その他 …………………………………………… 416
　　第4節　結論 ………………………………………………… 417
　　　1．本章の概要 ……………………………………… 417
　　　2．ノーフォルト化案の実現可能性および検討課題 ………… 418

結語 ………………………………………………………………… 421

　初出一覧 ……………………………………………………… 423
　参考文献 ……………………………………………………… 425
　あとがき ……………………………………………………… 447

序論　ノーフォルト自動車保険制度総論

第1節　ノーフォルト自動車保険の概念

1．ノーフォルト自動車保険の定義

　「ノーフォルト」の字義どおりの意味は「無過失」ということである。したがって、ノーフォルト自動車保険とは無過失責任を基礎とした自動車保険全般を示す用語であると考えられる。しかし、この用語は論者によってその意味するところにかなりのばらつきがある。

　一般的には、ノーフォルト自動車保険とは、自動車事故の被害者と加害者の過失の状況に関わらず、被害者に対して一定の給付を行う保険で、被害者自身が手配したもの、いわゆるファースト・パーティ型ノーフォルト自動車保険を指すことが多い。しかしこのような制度においても、歩行者などの車外の第三者に対する給付については自動車所有者の手配する保険からの給付となり、これはサード・パーティ型の保険である。

　また米国においては、このような保険とともに、加害者に対する不法行為法上の賠償請求権（民事訴権）を制限することがノーフォルト制度の前提であり、このような訴権を制限しない制度はノーフォルト制度とはいえないという議論もある[1]。

　その一方で、加害者の被害者に対する賠償責任を完全無過失責任（厳格責任や絶対責任を含む）とし、その責任を保険で填補する形の制度もある。これは被害者対加害者という法的構造を前提とした賠償責任保険であり、イスラエル、デンマーク、台湾などの制度がこれに相当する[2]。これらの制度につ

1　ウェルナー・プェニクストルフ（西嶋梅治訳）「米国における主要ノーフォルト・プログラムの比較と検討」ジュリスト682号119頁（1979）。なお同論文によれば、ノーフォルト保険とはアメリカ独特の用語で、明確に定義づけられた法的概念というよりもむしろ「ある傾向」や「ある動向」を意味するものであるとされる。
2　自動車保険ではないが、わが国の労災保険もこの構造をもっている。

いてもノーフォルト自動車保険制度と称する場合がある。

このように、ノーフォルト自動車保険制度については明確な定義を置くことが困難である。したがって、本書ではあえてノーフォルト自動車保険制度の厳密な定義をせず、ノーフォルト自動車保険といわれている商品や制度全般について広く取り上げることとする。

2．自動車人身事故被害者救済制度の系譜

(1) 過失責任制度とサード・パーティ型保険（図0-1）

英米法、大陸法を問わず、伝統的な不法行為法において採用されてきた賠償制度は過失責任制度であった。この制度においては、被害者がその損害を加害者に請求するためには加害者の故意または過失の存在、およびそれと事故との因果関係を証明する必要がある。

これに対して加害者は、自分の賠償責任をカバーするために賠償責任保険を付保する。すなわち、加害者が保険契約者となった保険によって、事実上被害者に対する救済が行われる。このような保険をサード・パーティ型保険（第三当事者保険）と称する[3]。この制度においては、保険者からの保険金は加害者に対して支払われ、加害者はそれを被害者に支払う。ただし、被害者から保険者に対して保険金の直接請求を認めているケースもあ

図0-1　過失責任＋サード・パーティ型保険

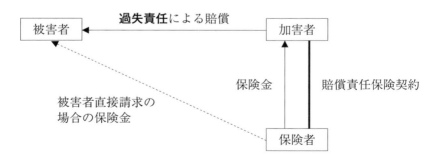

3　これに対して、被害者が保険契約者（および被保険者）となり、自身の損害について保険者から保険金を受け取る保険をファースト・パーティ型保険（第一当事者保険）という。なお、「第二当事者」とは保険者を指すので、第二当事者保険という概念はない。

り、この場合保険金は保険者から被害者に対して支払われる。

　本制度は、かつて多くの国において行われていた。しかし、加害者の過失の立証責任を被害者に負わせるため、迅速・確実な被害者救済という観点からは批判がある。現在欧米先進諸国では、米国の一部の州（ノーフォルト制度を採用していない州）やイギリスなどが採用しているにすぎない。

(2) 無過失責任制度とサード・パーティ型保険（図0-2）

　これに対して、現在多くの国では被害者救済の観点から過失責任制度を修正、変更してきており、程度の差こそあれ無過失責任制度に近づいてきている。すなわち、加害者の過失の立証責任を被害者から加害者に転換する、加害者の免責事由を制限する、あるいは被害者の過失があった場合の損害賠償額の減額（過失相殺）を制限するといった方向である。

　この場合の保険も、サード・パーティ型の賠償責任保険である。すなわち、加害者が被害者に対して負う（絶対的あるいは相対的）無過失責任を、加害者が付保する保険で填補するものである。

　この系譜に属するものとしては、ドイツの道路交通法（1952年）、日本の自賠法（1955年）などがあり、現在のフランス交通事故賠償法（1985年）も同様の方向性である。

　この方向性を突き詰めていった場合、加害者や被害者の過失の有無、軽重に関わらず、被害者の損害を加害者が負担するという完全な無過失責任制度に行きつく。デンマークやイスラエル、台湾の制度がこれである。ただし、この制度ではあくまで加害者対被害者という法的構造を前提としている。すなわち、賠償責任制度を前提とし、その加害者の賠償責任を保険

図0-2　無過失責任＋サード・パーティ型保険

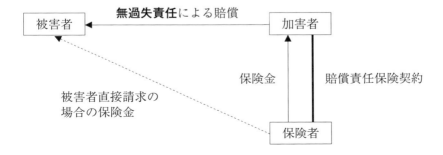

で填補するという構成は従来の過失責任制度と変わらない。すなわち、加害者対被害者という構図にならない場合、たとえば自動車の単独自損事故の被害者は、この制度では救済されない[4]。

(3) ファースト・パーティ型ノーフォルト保険制度（図0-3）

　上記(1)(2)のような賠償責任制度をベースとするシステムに対して、賠償責任制度と保険制度を完全に切り離したのがファースト・パーティ型ノーフォルト自動車保険制度である。これは、加害者の賠償責任の有無に関わらず、被害者自身、すなわちファースト・パーティー（第一当事者）が付保した保険から被害者に保険金が支払われる制度であり、一般的に「ノーフォルト保険制度」といった場合、このファースト・パーティ型の制度をさす。この制度においては加害者の存在は必ずしも必要なく、被害者が自動車事故で損害を被ったことだけが給付の要件である。したがって、本制度においては自動車の単独事故によって負傷した運転者に対しても給付がなされる。

　一方、歩行者などの車外第三者に対する給付は、加害自動車所有者が付保した保険によってなされることが必要である[5]。この場合はファースト・

図0-3　ファースト・パーティ型ノーフォルト保険

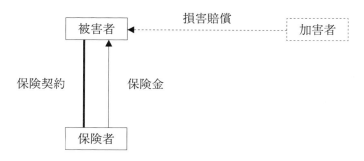

4　このためイスラエルでは、自損事故用の保険を別途手配することによって、すべての事故被害者の救済を図っている。
5　米国のノーフォルト保険では、保険契約者である自動車所有者が歩行者となっているときに被害に遭った場合、加害車両のノーフォルト自動車保険ではなく、被害者自身のノーフォルト自動車保険から給付されることがある。この場合はファースト・パーティ型のノーフォルト制度である。

パーティ型ではなく、サード・パーティ型の保険となる。ただし、この場合でも加害者の賠償責任を填補する形ではなく、被害者は直接の被保険者として保険金を受け取ることとなるので、上記(1)(2)の制度とは法的構造が異なる。

この意味でのノーフォルト制度を採用しているのは、北米の米国やカナダの各州、スウェーデン、フィンランド、ノルウェーといった北欧諸国、オーストラリア、ニュージーランドのオセアニア諸国などである。

3．本書で取り上げるノーフォルト自動車保険制度

本書ではノーフォルト自動車保険制度をできるだけ広く解し、それら各制度間の比較を行っていきたいと考える。このため、上記の「ファースト・パーティ型ノーフォルト制度」のみならず、「無過失責任とサード・パーティ型保険」に属する制度のうち、完全無過失責任制度をとっている国（デンマーク、イスラエル、台湾）についてもノーフォルト自動車保険制度として取り上げることとする[6]。

第2節　ノーフォルト自動車保険制度の歴史[7]

ノーフォルト自動車保険制度の母国は米国である。米国においては広大な国土と進んだ自動車産業によって早くから自動車交通が発達したが、これと併行する形で自動車文化の影の部分である自動車事故についても、その被害者の救済の問題が早くから発生していた。また、独自の司法制度や法風土による訴訟社会、高額な賠償額などにより、被害者救済を担保すべき保険制度がしばしば危機に見舞われていた。このような背景から、迅速・確実・効率的な被害者救済制度としてのノーフォルト自動車保険制度が議論されてきた

6　「ノーフォルト」という言葉の意義をここまで広げることについては異論があるかもしれない。しかし各国の制度の比較のためには、その対象をできるだけ広げておく方が良いと思われる。また後述の通り、わが国におけるノーフォルト制度の検討を行うためには、その検討の選択肢として「独立型」のみならず「責任型」も取り上げる必要があると考える。

7　米国におけるノーフォルト自動車保険制度の歴史については、第1部第2章第2節で詳述する。ここでは、米国を含む世界全体の歴史を概観する。

のである。すでに1920年代からいくつかの論文が発表されていたが、最も著名なものは1932年にコロンビア大学の研究所から発表されたコロンビア・プランである。

　しかし、世界で最初にノーフォルト自動車保険制度を導入したのはカナダであった。1946年に、サスカチュワン州のノーフォルト自動車保険制度が成立したが、この制度は前記コロンビア・プランの影響を受けたといわれている。

　その後、ノーフォルト自動車保険制度導入の動きはしばらくなかったが、第二次大戦後にまず北欧で動きが出てきた。1957年に、北欧4国（スウェーデン、フィンランド、ノルウェー、デンマーク）の司法大臣によって任命された「不法行為法に関する北欧委員会」がノーフォルト自動車保険制度導入の提案を行った。この提案を基礎として、フィンランド（1959年立法）、ノルウェー（1961年立法）の2カ国でノーフォルト自動車保険制度が成立した。

　1970年代に入ると、世界各地でノーフォルト自動車保険制度が導入されてきた。米国では1971年にマサチューセッツ州において最初のノーフォルト自動車保険制度が採用され（ただしプエルトリコでは1970年導入）、オセアニアでは世界で最も徹底したノーフォルト制度[8]といわれるニュージーランド事故補償制度が1972年成立した（実施は1974年）。北欧でもスウェーデンの交通損害法が1975年に成立するなど、1970年代はノーフォルト自動車保険制度の導入が最も活発であった時代である。

　また、1960年代から1970年代にかけて、欧州の主要国でノーフォルト自動車保険制度の議論が盛んに行われている。この時期イギリス、ドイツ、フランスにおいて多くの研究者がノーフォルト自動車保険制度の提案を行った。しかし、これらの国においては、結局ノーフォルト自動車保険制度は導入されなかった。

　1980年代以降、ノーフォルト自動車保険制度の導入は頓挫してきている。米国でも1970年代に26の州で導入されたが、80年代、90年代における導入はそれぞれ3州、1州となっている。なお最近では、1996年に台湾において自賠法が成立し、1998年よりノーフォルト自動車保険制度がスタートした。

8　ニュージーランド事故補償制度は自動車事故を含むすべての事故を対象としているので、ノーフォルト自動車保険制度ではなく単にノーフォルト制度と称しておく。

表0-1 ノーフォルト自動車保険制度年表

	北　米	北　欧	オセアニア	その他
1932	（米国・コロンビアレポート）			
1946	カナダ・サスカチュワン州制度発足			
1952				（独・道路交通法）
1955				（日本・自賠法）
1959		フィンランド自賠法		
1961		ノルウェー自動車責任法		
1965	（米国・キートン・オコンネル案）			
1966				（仏・タンク案）
1968				（独・ピッペル案）
1970	プエルトリコ制度発足			
1971	米国・マサチューセッツ州制度発足			
1972			ニュージーランド事故補償法	
1973		スウェーデン交通損害法	豪・タスマニア州自動車事故法	
1975				イスラエル道路事故被害者補償法
1978				（英・ピアソンレポート）
1979			豪・ノーザンテリトリー自動車事故	
1985		デンマーク道路交通法		（仏・バダンテール法）
1986			豪・ビクトリア州運輸事故法	
1987				（英・道路交通法）
1996				台湾自賠法

第3節　ノーフォルト自動車保険制度の分類

一口にノーフォルト自動車保険制度といっても、実際に行われているものにはかなりのバリエーションがある。以下、各国の制度をいくつかの基準により分類・整理することとしたい。

1．法的構成による分類

前述のように、広い意味でのノーフォルト自動車保険制度においては、賠償責任と切り離した保険給付を行うノーフォルト自動車保険制度（独立型）と、加害者の賠償責任を完全に無過失責任にした上でその賠償責任を填補するノーフォルト自動車保険制度（責任型）がある。

多くのノーフォルト自動車保険制度は独立型であるが、デンマーク、台湾では責任型の制度である。論者によってはこの責任型はノーフォルト自動車保険制度とはいえないと主張することもあろう。

もっとも、この分類においては二つの制度の中間的な形態をとる制度がある。特に、北欧の制度のように、保険金給付額が不法行為法における損害賠償額そのものであるような場合にはどちらの型に分類すべきか微妙となる。この場合、保険の名称にとらわれず、実質で判断する必要がある。例えば、

図0-4　法的構成による分類

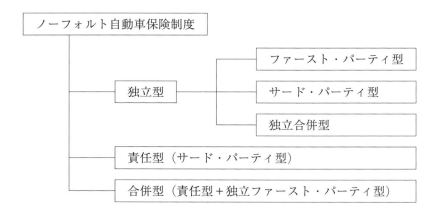

フィンランドではノーフォルト保険の名称は「自動車損害賠償責任保険」となっているが、その給付の実態は独立型と判断される。

責任型の場合には、自損事故による運転者自身の損害は担保されない。このため、イスラエルの制度では、運転者自身の独立型保険を別途手配することになっており、その意味で合併型とでもいうべきものである。これによって、すべての被害者をカバーできるのである。

2. 民事訴権との関係による分類

ノーフォルト自動車保険制度の母国といわれる米国においては、ノーフォルト自動車保険制度を民事訴権との関係で以下のように分類することが一般的である。

① 純粋ノーフォルト制度（pure no-fault）

　　ノーフォルト制度からの給付の他に、加害者に対する民事賠償請求を一切認めない制度である。米国においてはこの制度を採用している州はないが、カナダ（ケベック、マニトバ）、オーストラリア（ノーザンテリトリー）、ニュージーランドおよびイスラエルがこの制度である。

② 修正ノーフォルト制度（modified no-fault）

　　一定額までのノーフォルト給付と引き換えに、民事賠償請求に制限をつける制度であり、部分的ノーフォルト制度（partial no-fault）ともいわれる。この制限の方法として、「死亡・重傷事故に限り訴権を認める」といった用語による制限（verbal threshold）および「医療費が2,000ドルを超えた場合にのみ訴権を認める」といった金額による制限（monetary threshold）の2種類がある。

　　この制度は米国やカナダの諸州、およびオーストラリア（ビクトリア）で採用されている。

③ 付加型ノーフォルト制度（add-on no-fault）

　　加害者に対する民事訴権に何らの制約も加えず、ノーフォルト給付と併行して加害者への損害賠償請求を認めるものである。ノーフォルト自動車保険制度からの給付に付加して民事賠償からの給付も得られるという意味で「付加型」と称されるが、擬似的ノーフォルト制度（pseudo no-fault）ともいわれる。この制度を採用している地域は、米国とカナダの諸州、北欧各国、オーストラリア（タスマニア）、台湾と、最も数が多い。

④ 選択ノーフォルト制度（choice no-fault）

　自動車保険を購入する保険契約者が、ノーフォルト制度か不法行為制度かを選択できる制度である。一般的には、ノーフォルト保険の方が保険料が低額になるといわれている。異なった選択をした契約者間の事故の場合は、調整が複雑となる。米国では３州で採用されているほか、連邦ベースでも立法の動きがあるが、米国以外で採用している国はない。

表 0 - 2　民事訴権との関係による分類

	北　米	北　欧	オセアニア	その他
純粋ノーフォルト	カナダ（２州）		オーストラリア（１州） ニュージーランド	イスラエル
修正ノーフォルト	米　国(10州) カナダ（２州）		オーストラリア（１州）	
付加型ノーフォルト	米　国(11州) カナダ（９州）	スウェーデン フィンランド ノルウェー デンマーク	オーストラリア（１州）	台　湾
選択ノーフォルト	米　国（３州）			

3．給付内容による分類

　ノーフォルト自動車保険制度からの給付の内容による分類については、給付項目および金額の決定方法による分類と、給付限度額による分類がある。

　給付項目および金額の決定方法については、不法行為法による損害賠償額をそのまま給付する方式と、それとは別にノーフォルト自動車保険制度で独自に算定する方式がある。

　前者の方式をとっているのは、北欧各国とイスラエルである。ただし、北欧のなかでもノルウェーにおいては、不法行為法による損害額の算定によるものの、慰謝料についてはノーフォルト自動車保険制度の対象外である。

　その他の諸国では、不法行為法における認定損害額とは別に、ノーフォルト自動車保険において独自に給付額を算定している。

　一方、給付限度額がある制度と無制限に給付を行う制度がある。この場合の限度額は、項目ごとに定められる場合と、１事故あたりの総限度額という

形で定められる場合とがある。

　給付限度額がない場合や、限度額があってもそれを超える損害についての民事訴権が廃止されている制度では、ノーフォルト自動車保険制度からの給付によって紛争が解決する。これに対して給付限度額があり、かつそれを超える損害についての民事訴権が存続している制度においては、このようなノーフォルト自動車保険制度の紛争解決機能がないといえる。ただし、スウェーデンのように高額の限度額（１事故３億クローナ－約36億円）の場合は、実質的には無制限と同様に紛争解決機能をもっているといえる。

表0-3　給付内容による分類

	不法行為法による損害額	独自の給付額
給付限度額あり	スウェーデン(実質的には無制限) デンマーク	米　国 カナダ(３州は民事訴権なし) オーストラリア(１州は民事訴権なし) ニュージーランド(民事訴権なし) 台　湾
給付限度額なし	フィンランド ノルウェー(慰謝料は不担保) イスラエル	

下線部分は、実質的に紛争解決機能を持っている制度

４．運営主体による分類

　これは、ノーフォルト自動車保険制度の運営主体が民間保険会社であるか、それとも政府や公営企業などの公的機関による独占的引受であるかによる分類である。民間保険会社による引受では競争原理が働くことになるが、公的機関による独占の場合は競争原理よりも制度の安定的運営が最重要課題と位置づけられる。各国の制度を見ると、数の上では民間保険会社による制度が多いが、オセアニアおよび北米諸国の一部の州では公的機関による独占的引受が行われている。

　ノーフォルト自動車保険制度について、被害者救済をはかるための社会保険的性格の強い制度であると位置づけると、公的機関による独占的引受という選択肢も考えられる。民間保険会社の自由競争に任せた場合、被害者救済

30　序論　ノーフォルト自動車保険制度総論

に支障が出る可能性があるからである。しかし逆に、このような公的機関による独占的引受のケースでは競争原理が働かずに非効率的な運営になる危険性も指摘されている 。

　この問題はノーフォルト自動車保険制度固有の問題というよりは、社会保険的な性格を持つ保険制度全般における公と民との役割分担の問題であると位置づけられよう。

表 0 - 4　運営主体による分類

民間保険会社	米国(23州)、カナダ(9州) スウェーデン、フィンランド、ノルウェー、デンマーク イスラエル、台湾
公的機関	米国(1州)、カナダ(4州) オーストラリア(3州)、ニュージーランド

5．強制制度か任意制度かによる分類

　これは、ノーフォルト自動車保険の付保が強制されているか否かによる分類である。各国のノーフォルト自動車制度はほとんどが強制制度であるが、米国の7州(コロンビア特別区、ニューハンプシャー、サウスダコタ、テキサス、バージニア、ワシントン、ウィスコンシン)とカナダの1州(ニューファンドランド)では、任意の制度となっている[9]。

　一般的に、ある保険の付保を法律で強制する場合には、憲法上の私的所有権侵害の問題が生じる。したがって、その付保強制を正当化する(すなわち保険契約者を納得させる)理由が必要である。自動車保険の付保強制化の場合、この理由はまさに被害者救済の理念であろう。この観点からすると、自動車対人賠償責任保険の付保強制は比較的納得感が得られやすい。補償の対象が保険契約者にとっての他人の損害だからである。しかしファースト・パ

9　ここでいう「任意の制度」とは、法律上、ノーフォルト自動車保険の付保が強制されていないが、何らかの形でノーフォルト自動車保険が規定されているものをいう。その例としては、保険者は一定のノーフォルト自動車保険の商品を保険契約者に提示しなければならないが、保険契約者はそれを購入する義務はないとする規定(コロンビア特別区)などがある。その意味で、わが国の制度はここでいう「任意の制度」とは異なる。

ーティ型保険の場合は、被害者救済とはいっても自分の損害の補償であるので問題が生じる。すなわち、自分の損害については自己責任で処理すれば良いという議論がありうるからである。このような観点からすると、ノーフォルト自動車保険制度、特に自損事故を担保する独立型のノーフォルト自動車保険制度については任意制度の方が好ましいという考え方もありうる。

6．財源による分類

　ノーフォルト自動車保険制度の財源は、ほとんどの国で自動車所有者の支払う保険料でまかなわれているが、例外もある。プエルトリコの制度では、貧困層の保険料負担を考慮して、財源としては公的資金があてられている。また、ニュージーランド事故補償制度では、自動車所有者が負担する賦課金（自動車保険料）の他に自動車燃料に対する内国諸費税の一部も財源に充当している。

　一般的に、社会保障的な色彩が強い制度においては、保険料に代えて、あるいは保険料とともに公的資金を財源とする傾向にある。

7．小括

　以上の個別基準による分類を踏まえた上で、ここではノーフォルト自動車保険制度における典型的な類型として下記の4種類を提示してみたい。世界各国のノーフォルト自動車保険制度は、これら4類型のいずれかに該当すると考えられる。

(1)　ニュージーランド型

　　この類型は、事故による被害者の救済および紛争処理をすべてノーフォルト自動車保険制度の枠内で行うものである。その方法としては、被害者に対する給付額を独自に規定し、かつノーフォルト自動車保険制度の枠外での加害者への損害賠償請求を禁止している。ノーフォルト自動車保険制度からの給付額は不法行為法に基づく損害賠償額である必要はなく、通常はそれよりも低い額を規定する。とはいえ、この金額があまりに低いと被害者の救済に差し支えがでる。すなわち自動車所有者が負担する保険料コストと、被害者救済のために必要なコストとのバランスが考慮されなけれ

ばならない。いずれにしても、制度からの給付額で不足する潜在的被害者、たとえば高額所得者などは、その不足分を自ら付保するなど自衛手段を講じる必要がある。

この類型の場合は社会保険的な色彩が強くなり、公的機関による独占的引受になりやすい。この類型に該当するのは、ニュージーランドの他、オーストラリアのノーザンテリトリー、カナダのケベック州やマニトバ州などである。

(2) スウェーデン型

この類型においても、事故による被害者の救済および紛争処理をノーフォルト自動車保険制度の枠内で行う。ただしその方法は上記(1)と異なり、不法行為法における損害賠償額そのものをノーフォルト自動車保険制度で給付する。このため、民事訴権は存続しているが、ノーフォルト自動車保険制度とは別に加害者に対して請求していくメリットはなく、結果的に制度の枠内で紛争解決機能をもつことになる。なお、給付限度額は無制限かそれに近い高額な限度額が設定されている。

この類型に該当するのは、スウェーデンをはじめフィンランド、ノルウェー（ただしノルウェーについては、精神的損害がノーフォルト制度の対象でないので完全な紛争解決機能があるわけではなく、本類型の典型とはいえない）といった北欧諸国の制度である。また、イスラエルの制度もこの類型に該当する。

(3) 米国型

この類型においては、ノーフォルト自動車保険制度からの給付は被害者の損害のうちの基本部分に限定される。したがってそれだけで紛争解決に至ることはあまりない。このため被害者から加害者に対する民事訴権は存続する（民事訴権に制限をつけているものもあるが、全く廃止ということはない）。

この類型に該当するのは、米国各州やカナダの各州（ケベック、マニトバを除く）、オーストラリアのビクトリア州、タスマニア州の制度である。

(4) デンマーク型

いわゆる責任型のノーフォルト自動車保険制度であって、被害者対加害

第3節　ノーフォルト自動車保険制度の分類　*33*

者というパターンの事故のみが対象となる。すなわち自損事故については
ノーフォルト自動車保険制度の対象外である。

　この類型には、デンマークの他、台湾の制度が該当する。

第１部

諸外国のノーフォルト自動車保険制度

第1部　諸外国のノーフォルト自動車保険制度

　一概にノーフォルト自動車保険制度といってもその内容は様々である。第1部では、世界各国で実際に行われているノーフォルト自動車保険制度の内容を検証する。まず第1章では、各国の制度を通覧する。次の第2章および第3章では、代表的な制度である米国のノーフォルト自動車保険制度およびニュージーランド事故補償制度について詳細に検討する。そして第4章では、欧州における著名なノーフォルト自動車保険制度提案の概要を紹介する。

第1章　各国制度の概要

第1節　序説

　本章では各国の制度の概要を記述するが、各国の制度について横並びでの比較を容易にするため、それぞれ以下の項目に分けて叙述する。
- (1)　制度の概要
- (2)　成立の経緯
- (3)　財源
- (4)　付保義務
- (5)　対象となる被害者
- (6)　保険者
- (7)　給付金の項目および金額
- (8)　免責事由
- (9)　加害者に対する被害者の民事訴権および保険者の代位求償権
- (10)　その他

38　第1部　諸外国のノーフォルト自動車保険制度

第2節　北米諸国

　北米においては、米国の約半数の州、およびカナダのすべての州と準州で
ノーフォルト自動車保険制度が採用されており、北欧やオセアニアと並んで
世界のノーフォルト自動車保険制度の中心となっている。

1．米国[1]

(1)　制度の概要

　米国においては、ノーフォルト自動車保険制度を採用している州と採用
していない州がある。ノーフォルト自動車保険制度を採用していない州で

1　米国各州におけるノーフォルト自動車保険制度の現状については、数多くの英文
　文献により紹介されている。これらのうち、各州制度を一覧できる主なものは以下
　の通りであり、本書の叙述についても基本的にこれらの文献によっている。
　　　R. H. JOOST, AUTOMOBILE INSURANCE AND NO-FAULT LAW 2ᴰ (2002), AMERICAN
　INSURANCE ASSOCIATION, AUTOMOBILE INSURANCE LAWS: A SUMMARY OF SELECTED
　STATE LAWS AND REGULATIONS RELATING TO AUTOMOBILE INSURANCE (2007),
　INSURANCE INFORMATION INSTITUTE, THE III INSURANCE FACT BOOK (2015).
　　　一方、米国におけるノーフォルト自動車保険制度に関する邦文文献としては、次
　のようなものがある。藤倉皓一郎「アメリカにおける自動車事故による損害の補償」
　『損害保険双書2自動車保険』341頁（文眞堂、1974）、生田典久「米国における無過
　失自動車保険―ニューヨーク州のComprehensive Automobile Reparation Actを中
　心に―」ジュリスト564号96頁（1974）、塚谷精一「アメリカのノーフォルト自動車保
　険法(1)〜(3)」損害保険研究36巻4号107頁、37巻1号74頁、37巻2号162頁（1974-5）、
　小泉隆一『ノーフォルトの動向（1975年）』（自動車保険料率算定会企画室、1976）、
　西嶋梅治『自動車損害賠償システムの改革と問題点―米国の場合―（日交研シリー
　ズA-40)』（日本交通政策研究会、1977）、木暮一郎『アメリカにおけるノーフォルト
　自動車保険（日交研シリーズA-46)』（日本交通政策研究会、1978）、ウェルナー・プ
　フェニクストルフ（西嶋梅治訳）「米国における主要ノーフォルト・プログラムの比較
　と検討」ジュリスト682号116頁（1979）、藤倉皓一郎「アメリカにおける自動車事故
　被害者の救済制度」ジュリスト691号208頁（1979）、自動車保険料率算定会約款・制
　度部調査課『米国「ノーフォルト保険」の概要（企画室資料71)』（自動車保険料率算
　定会、1991）、福田弥夫「アメリカ自動車保険の改革―選択ノー・フォルト制度の行
　方―」『商法・保険法の現代的課題（石田還暦記念)』315頁（文眞堂、1992）、福田弥
　夫「アメリカ自動車保険の現状と課題」『交通賠償論の新次元』333頁（判例タイムズ
　社、2007）、佐野誠「米国におけるノーフォルト自動車保険の動向」交通法研究37号
　114頁（2009）、浅見俊雄「米国のノーフォルト自動車保険に関する組織的詐欺につい
　て」損保総研レポート99号39頁（2012）。

は、英国と同様のコモンローによる過失責任制度（サード・パーティ型制度）をとっている。また、ノーフォルト自動車保険制度を一旦採用した州でも、その後過失責任制度に戻った州もある。現在では22の州とコロンビア特別区（ワシントンDC）およびプエルトリコ（準州）でノーフォルト自動車保険制度が採用されている。

　各州のノーフォルト自動車保険制度の概要は本章末別表1（84〜85頁）の通りであり、それぞれの制度で内容の違いがある。しかし、一般的な特徴としては、以下のような点が挙げられる。

①　保険者は、民間保険会社であり、民営の自動車保険として運営されている。
②　保険給付の項目としては、医療費、所得補償などの経済的損害に限定され、精神的損害はノーフォルト自動車保険制度の対象外である。
③　一般的に填補限度額が低い。従って、ノーフォルト自動車保険制度だけで被害者のすべての損害を填補することは不可能であり、その意味で紛争解決機能がないといえる。
④　ノーフォルト自動車保険制度で回収できなかった損害については、原則として被害者は加害者に対し損害賠償請求することができるが、州によってはその民事訴権に制限が加えられていることがある。特に精神的損害についてはノーフォルト自動車保険制度での給付対象となっていないにもかかわらず、訴権制限が付されることになり、事故の態様によっては被害者がこの損害を全く回収できないケースも出てくる。

(2)　成立の経緯[2]
　米国におけるノーフォルト自動車保険制度の嚆矢は、1932年のコロンビア・プランであるといわれている。このコロンビア・プランは、世界で最初のノーフォルト自動車保険制度といわれているカナダのサスカチュワン州の制度の創設に影響を与えたといわれているが、米国においては具体化されなかった。
　その後、1965年に至りキートン、オコンネル両教授による自動車基本補償保険法案（The Proposed Motor Vehicle Basic Protection Insurance Act）

───────────
2　米国におけるノーフォルト自動車保険制度の経緯の詳細については、第2章第2節を参照。

が発表されたが、これに影響され、1971年米国で初めてのノーフォルト自動車保険制度がマサチューセッツ州で成立した。なお、プエルトリコにおいては、マサチューセッツよりも早く1970年にノーフォルト自動車保険制度を導入している。この制度は、他の州と違って民間保険会社による保険制度ではなく、政府が運営する社会保険として成立した。

その後、1970年代に多くの州でノーフォルト自動車保険制度の導入が図られた。しかし、1980年代になるとこのノーフォルト化の流れは一段落し、逆に、ネバダ、ペンシルベニア、サウスカロライナ、ジョージア、コネチカット、コロラド、フロリダなどノーフォルト制度から不法行為制度に戻る州が出てきた。もっとも、このうちペンシルベニアとフロリダでは再度ノーフォルト自動車保険制度が導入されている。

(3)　財源

米国のノーフォルト自動車保険制度は、民営自動車保険制度として運営されており、自動車所有者の支払う保険料を財源としている。ただし、プエルトリコの制度では政府からの公的資金を財源としている。これは貧困層が保険料負担に耐えられなくなることを考慮したものであり、政府自身が保険者になっていることとあいまって社会保障の色彩が極めて強い。

(4)　付保義務

ノーフォルト自動車保険制度を導入している州では、ノーフォルト自動車保険の付保を強制しているところが多いが、一部の州では任意保険ベースの制度となっている。本章末別表1の通り、コロンビア特別区をはじめとする7州がこの任意制度である。

(5)　対象となる被害者

ノーフォルト自動車保険制度の対象となるのは、自動車事故による被害者である。この被害者には、車外の歩行者、同乗者だけでなく、加害運転者も含む。

(6)　保険者

保険者は、各州の政府によって営業免許を与えられた民間保険会社である。それぞれの保険会社は独自の料率での引受けをする。強制保険の場合

でも保険者には引受義務はない。このためリスクが高い契約者の中には、引受保険会社を見つけられない者も出てくる。このような契約者のために、各州でアサインド・リスク・プラン（Assigned Risk Plan）という救済制度を用意している。なお、プエルトリコの制度は、民間保険会社ではなく政府が運営している社会保険である。

　複数の保険証券が適用可能な事故においては、その適用順位が法律上規定されていることが多い。例えばニューヨーク州では、第一義的には加害車両のノーフォルト自動車保険が適用となるが、この車両が無保険であった場合は被害者が契約しているノーフォルト自動車保険が適用される。この適用順位は州によって異なっている。

(7)　給付金の項目および金額

　給付金の項目および金額も、各州によって様々である。一般的には、以下の5項目が給付対象となっている。

①　医療費（リハビリテーション費用を含む）
②　所得補償
③　家事費用（家政婦の雇い入れ費用など）
④　遺族給付
⑤　葬儀費

　上記の項目は、いずれも経済的損害である。米国においては、非経済的損害について給付対象としている州はない。また、所得補償については、実所得全額を認める州はほとんどなく、所得の一定割合を補償するにすぎない（例えば、ニューヨーク州では所得補償は実所得の80％しか給付されない）。そして給付金額にも限度額がついており（個別項目ごとの制限の他、総支給限度額を設けている州もある）、全般的に被害者に対する基本補償という性格が強い。このため、少し大きな事故になるとノーフォルト自動車保険からの給付だけでは加害者・被害者間の紛争は解決せず、北欧やニュージーランドの制度と違い、ノーフォルト自動車保険制度の紛争解決機能は低いといえる。

⑻　免責事由

　　免責事由も、各州によってまちまちである。多くの州で免責とされてい
る事由としては、被保険者の故意、重罪（felony）実行中の事故、改造車に
よる事故などである。

⑼　加害者に対する被害者の民事訴権および保険者の代位求償権

　　米国におけるノーフォルト自動車保険制度の特徴として、民事訴権の制
限に着目した分類方法がある。すなわち、ノーフォルト自動車保険からの
給付の他に被害者から加害者に対する損害賠償請求が可能かどうかという
観点から、以下のような制度の分類がなされる。

①　付加型ノーフォルト制度（add-on no-fault）

　　被害者の不法行為請求権に何らの制約をも加えず、ノーフォルト自動
車保険制度と併行して、加害者への損害賠償請求権を認めるものである。
米国では、アーカンソーなど合計11州で行われている。

②　修正ノーフォルト制度（modified no-fault）

　　一定額までのノーフォルト給付と引き換えに、慰謝料のような非経済
的損害に関する民事訴権を一部制限するものである。用語による制限は
フロリダなど４州、金額による制限はハワイなど７州で採用されている。

③　純粋ノーフォルト制度（pure no-fault）

　　ノーフォルト制度からの給付以外に、加害者に対する民事賠償請求を
一切認めない制度である。この制度を採用しているものとしては、ニュ
ージーランドや、カナダのケベック州などが著名であるが、現在米国に
おいては採用している州はない。

④　選択ノーフォルト制度（choice no-fault）

　　ノーフォルト自動車保険を購入する契約者が、訴権制限つきのノーフ
ォルト制度か不法行為制度かを選択できる制度である。米国独特の制度
であり、ケンタッキーなど３州で採用されている。なお、ニュージャー
ジー州ではStandard Policy と Basic Policy の二種類の制度が併存してお
り、このうち前者が選択ノーフォルト制度であり、後者は修正ノーフォ
ルト制度である。

　　一方、給付を行った保険者から加害者に対する代位求償については、こ

れを認めている州もあるが6州では認めていない。認めている州の中でも、加害者の賠償責任保険者に対してのみ請求することを認める場合と、加害者に対して直接請求することも認める場合とがある。

2．カナダ[3]

(1)　制度の概要
　カナダでは、すべての州と準州でノーフォルト自動車保険制度が導入されており、各州の制度の内容は本章末の別表2（86～88頁）の通りである。カナダの制度は米国各州の制度と類似しているが、米国と比較した場合、以下のような特徴がある。

① 　米国では州によって強制制度と任意制度があるが、カナダでも任意制度（ニューファンドランド）と強制制度（その他の州）がある。
② 　米国では（プエルトリコを除き）すべての州で民間保険会社が運営しているが、カナダでは州政府（サスカチュワン）や州営保険会社（ケベック、マニトバ、ブリティッシュ・コロンビア）など、公的機関による独占引受の州がある。
③ 　ノーフォルト保険からの給付は、米国と同様経済的損害に限定した給付であり、精神的損害（慰謝料）については対象外である。このため被害者が慰謝料を受け取るためには、別途民事賠償請求を行う必要がある。ただし、米国と異なり、純粋ノーフォルト制度をとっている州があり（ケベック、マニトバ)、ここでは被害者は慰謝料の填補を受けるすべは全くない。

3　カナダにおけるノーフォルト自動車保険制度に関する文献としては以下のようなものがあり、また、連邦保険局（Insurance Bureau of Canada）のウエブサイトでも各州の制度の情報が入手できる。本書の記述はこれらによるものである。
　邦文文献：福田弥夫「カナダの自動車保険制度―ノー・フォルト保険の現状と課題―」『世界の交通法』352頁（西神田編集室、1992）、自動車保険料率算定会『海外調査レポート、カナダにおける自動車保険の現状（オンタリオ州とブリティッシュ・コロンビア州を中心として）』(2000)。
　英文文献：C. BROWN, NO-FAULT AUTOMOBILE INSURANCE IN CANADA (1988), A. E. Kleffner & J. T. Schmit, *Automobile Insurance in Canada ; A Comparison of Liability Systems*, 18 JOURNAL OF INSURANCE REGULATION 36 (1999), INSURANCE COUNCIL OF CANADA, FACTS OF THE GENERAL INSURANCE INDUSTRY IN CANADA (2000).

④　給付限度額、特に医療費の限度額は、一般的にカナダの方が米国よりも高額である。さらに純粋ノーフォルト制度の存在を考えると、米国よりも紛争解決機能が高い制度であるといえる。

⑤　ノーフォルト制度と直接の関連はないが、強制保険法に基づく賠償責任保険の最低付保限度額は、米国よりカナダの方が高い（5万ドルのケベック以外は、すべて20万ドルである[4]）。

なお、カナダ各州のノーフォルト制度は、東部、中央部、西部の地域ごとに特徴があり、同一地域の州では似たような制度となっている。

①　中央部諸州（ケベック、マニトバ、サスカチュワン、オンタリオ）では、民事訴権に制限を設けるノーフォルト制度を採用している。また、医療費の限度額も、無制限あるいは高額の限度になっている。

②　大西洋沿岸諸州（ニューファンドランド、プリンス・エドワード・アイランド、ノバ・スコシア、ニュー・ブランズウィック）の制度は、民事訴権の制限を設けていない。医療費の限度額は2.5万ドル〜5万ドルと低額である。また、死亡給付については、事故から2年以内の死亡のみを対象としている。

③　西部諸州（ブリティッシュ・コロンビア、アルバータ、ユーコン、ノースウエスト、ヌナバット）の制度も、民事訴権の制限が無い。医療費の限度額は1万ドル〜15万ドルとばらつきがある。死亡給付についての死亡時期の制限はない。

(2)　成立の経緯

カナダは世界で最初にノーフォルト自動車保険制度を採用した国であるが、これは1946年に成立したサスカチュワン州の制度である。カナダのノーフォルト自動車保険制度は、地理的に近いこともあり、米国における議論の影響を受けている。このサスカチュワンの制度も、1932年に米国において発表されたコロンビア・プランの影響を受けているといわれている。その後順次、各州がノーフォルト自動車保険制度を導入してきており、1970年代末までにはすべての州および準州で導入された。このうちニュー

4　これは、対人・対物共通で1事故あたりの限度額である。

ファンドランド州以外は、すべて強制保険となっている。

(3) 財源

　カナダのノーフォルト自動車保険制度は、民間保険会社の引受けと州政府や州営保険会社の独占引受があるが、いずれも自動車所有者の支払う保険料を財源としている。

(4) 付保義務

　カナダではすべての州と準州で、ノーフォルト自動車保険制度の付保を強制しているが、唯一の例外はニューファンドランド州である。この州でも強制保険制度は存在するが、ノーフォルト自動車保険はその強制保険制度に入っていない。

(5) 対象となる被害者

　この制度の対象となる被害者、すなわちノーフォルト自動車保険の被保険者とは、第一に記名被保険者、配偶者、被扶養者などである。これらの被保険者は、事故地が州の内外を問わず、また被保険自動車に搭乗中であるか否かを問わずに、事故の被害者になった場合に保険給付が受けられる。また、その州の居住者が被保険自動車の搭乗者である場合にも、事故地が州の内外を問わず担保する。一方、車外の第三者については、被保険自動車による事故がその州内で生じた場合のみ填補される。

(6) 保険者

　保険者としては、民間保険会社の州と、州政府あるいは州営保険会社などの公的機関が引受けを独占している州とがある。公的機関が引受けを独占しているのは、以下の4州である。

表1-1-1　公的機関により運営されている州

	運　営　機　関	引受開始年
ケベック州	Régie de l'Assurance Automobile du Québec	1978
マニトバ州	Manitoba Public Insurance Corporation	1971
サスカチュワン州	Saskatchewan General Insurance Office	1946
ブリティッシュ・コロンビア州	Insurance Corporation of British Columbia	1974

(7) 給付金の項目および金額

　　給付金の金額は各州によって様々であるが、給付項目としては、一般的には以下の5項目である。

① 医療費（リハビリテーション費用を含む）
② 休業補償
③ 後遺障害給付
④ 死亡給付
⑤ 葬儀費

　　上記の項目は、いずれも経済的損害である。カナダにおいては米国と同様、非経済的損害について給付対象としている州はない。また、休業補償については、実所得全額を認める州はほとんどなく、所得の一定割合を補償するにすぎない（例えば、オンタリオ州では正味収入の80％しか給付されない）。そしてさらに給付金額に上限がある。

　　とはいうものの、米国に比べるとたとえば医療費の限度額は一般的に高く、被害者の救済という観点、あるいは紛争解決機能という観点から見た場合には、米国の制度よりも優れていると評価できる。

(8) 免責事由

　　免責事由も、各州によってまちまちである。多くの州で免責とされている事由としては、自殺行為、競走行為、無免許運転、無断運転、自動車の運行に関連して刑事上の有罪判決を受けた場合などである。

　　また、免責事由に該当した場合の処理も州によって異なる。すなわち、すべてのノーフォルト給付が否定される州、死亡給付だけは行われる州、死亡給付と永続的後遺障害給付について行われる州などである。

(9) 加害者に対する被害者の民事訴権および保険者の代位求償権

　　ノーフォルト自動車保険からの給付を受け取る被害者が、さらに加害者に対して民事上の賠償請求を行うことができるかどうかについては、各州によって規定が異なる。

民事訴権が制限されている州

　慰謝料・経済的損害とも民事訴権がない州：ケベック、マニトバ

　慰謝料のみ民事訴権がない州：サスカチュワン

　慰謝料について民事訴権を制限（用語による制限）している州：オンタリオ

　上記以外の州は、民事訴権に制限がない。すなわち、米国の基準では「付加型」ノーフォルト制度である。

　一方、給付を行った保険者から加害者に対する代位求償の可否についても、州によって取り扱いが異なる。すなわち、民事訴権に制限をつけない「付加型」ノーフォルトの州では、原則として保険会社から加害者に対する代位請求を認めることになる。しかし州によってはノーフォルト自動車保険からの給付を受けることによって、その部分については被害者が加害者に対する請求権を放棄したものとみなすとする州もあり、この場合には保険者による代位求償も行われない[5]。

⑽　その他―カナダにおけるノーフォルト制度の論点

　カナダにおいても、ノーフォルト自動車保険制度に関する議論の中心は米国と同様そのコスト分析にある。すなわち、従来のコモンロー制度に比較してノーフォルト自動車保険制度の方が自動車保険料を低減させるかどうかという問題である。しかしながら、この点についての最近の研究では、カナダのノーフォルト自動車保険制度はかならずしも自動車保険料コストを引き下げているわけではないとしている[6]。この要因としては、米国と異なるカナダの状況が考えられる。

　すなわち、米国においては、陪審員制度を中心とした裁判制度によって極めて高額な賠償金、特に精神的損害に対する賠償金（慰謝料）が認定される。このため、訴権を制限したノーフォルト自動車保険制度を導入することによって、高額な支払いを押さえるということが重要となる。一方、

5　ただし、この点については情報がやや錯綜しており、事実関係がかならずしも明確でない。たとえば、保険者からの代位求償についての筆者の照会に対する Insurance Bureau of Canada の回答は、「ニューファンドランド州以外では、代位求償は認められない」というものである。

6　Kleffner & Schmit, supra note 3, at 48.

カナダにおいては、もともと、米国のような異常に高額な損害賠償額という状況ではない。このため、自動車保険料がそれほど高額ではなく、無保険車の割合も低い。したがって、ノーフォルト自動車保険制度の導入によるコストの抑制効果もそれほど高いものにはならない。

さらに、カナダにおいては米国と違い包括的な健康保険制度があり、これによって第一義的に医療を受ける被害者の救済が図られている。ノーフォルト自動車保険からの医療費の給付は、その意味で第二義的ということになる。いずれにしても、すでに健康保険制度によって自動車保険料が抑制されていることにより、ノーフォルト自動車保険制度を導入することによるさらなる保険料の削減はあまり期待できないということになる。

カナダにおけるノーフォルト自動車保険制度のもうひとつの論点としては、その運営主体の問題がある。現在13の州、準州のうち四つの州で公的機関による独占引受がなされている。これはすべて民間保険会社によって運営されている米国（プエルトリコを除く）と大きく異なる。

オンタリオ州においては、1990年に制度の改定があり、従来の付加型ノーフォルトから用語による訴権制限に変更になった。この時、制度の運営主体についても議論があり、ケベック州のような公的機関の独占引受についても検討されたが、結局この点については従来どおり民間保険会社の引受けを継続することになった。

ただ、この運営主体の論議はかならずしもノーフォルト自動車保険制度に固有の問題ではなく、強制保険全般について民営がよいのか公営の方がよいのかという問題である。カナダの各州は自動車保険のいくつかの種目について強制保険を定めており、ノーフォルト自動車保険（Accident Benefits Coverage）もその中の一つであるからである[7]。

7　前述のように、ニューファンドランド州ではこの強制保険リストの中にノーフォルト保険が入っていない。

第1章　各国制度の概要　　*49*

第3節　北欧諸国[8]

　北欧では、スウェーデン、ノルウェー、フィンランドの3国で独立型のノーフォルト自動車保険制度が行われている。これらの制度は、不法行為による賠償額そのものをノーフォルト自動車保険から給付するという形を取っており、北米型の制度とかなり異なる。また、デンマークにおいては、加害者の賠償責任を厳格責任とすることにより被害者に保険給付を行う責任型のノーフォルト自動車保険制度が行われている。この制度においては自損事故を担保しないなどの点から「ノーフォルト自動車保険制度とはいえない」との評価もあるが、ここでは広い意味でのノーフォルト自動車保険制度として取り上げる。

1．スウェーデン

(1)　制度の概要

　　スウェーデンのノーフォルト自動車保険制度は、交通損害法（Trafikskadelag）に基づき民間の保険会社が引受ける強制保険である交通保険（Trafikförsäkring）である。

　　この交通保険では、交通事故の被害者に対して民事上の損害賠償額そのものの給付を行う。損害賠償額の計算は損害賠償法（Skadeståndslag）の規定に基づいて行われ、経済的損害のみならず非経済的損害も含まれる。すなわちスウェーデンの制度は、ノーフォルト自動車保険によって損害の

8　北欧諸国のノーフォルト自動車保険制度に関する文献としては、以下のものがあり、本書の叙述もこれらによった。
　　邦文文献：山下丈「J・ヘルナー著：スウェーデンにおける保険保護による責任の代替」広島法学5巻2号131頁（1981）、後藤誠次『スウェーデンにおける自動車保険制度をめぐる動向（企画室資料47）』（自動車保険料率算定会、1981）、ベルティル・ベンクトソン（山下丈訳）「スウェーデン法における不法行為と保険」民商法雑誌83巻6号921頁（1981）、吉川吉衞「スウェーデンの自動車事故救済制度―「保険保護による責任の代替」と「交通保険」―」損害保険研究45巻4号1頁（1984）、和久利昌男『事故補償の諸問題と北欧諸国の交通事故保障制度』（損害保険企画、1995）、自動車保険料率算定会『海外調査レポート―北欧における自動車保険の現状』（2001）。
　　英文文献：C. OLDERTZ & E. TIDEFELT, COMPARISON FOR PERSONAL INJURY IN SWEDEN AND OTHER COUNTRIES (1988), P. LYNGSØ, DANISH INSURANCE LAW (1992).

完全補償を行おうとするものであり、経済的損害に限定してかつ金額も実損害の一部を補償しようとする北米型の制度と考え方が異なる。

民事訴権の制限はない。したがって被害者は交通保険に対する請求と加害者に対する請求の選択肢を持つ。もっとも、加害者が被害者に対して賠償を行った場合、加害者はその金額を交通保険に対して請求できる。このようにして、本制度のもとでは交通事故の損害は最終的にすべて交通保険によって填補されることになる。

なお、スウェーデンにおいては被害者に対する社会保障からの給付が交通保険からの給付に優先し、かつ社会保障から交通保険に対する求償が行われない。すなわち、交通保険における給付は社会保障給付の分だけ削減されていることになる。

(2) 成立の経緯

本制度成立以前のスウェーデンにおける自動車事故被害者救済制度は、過失推定責任による賠償制度と自動車強制保険制度の組み合わせであった。具体的には、以下のような立法がなされてきた。

1906年　自動車責任法：
　　　　自動車所有者および運転者の使用者についての責任を規定
1916年　自動車交通に起因する損害に対する責任に関する法律：
　　　　過失の挙証責任の転換
1929年　自動車交通保険法：
　　　　自動車賠償責任保険の付保強制化

この制度のもとでは、運転者と自動車保有者の免責事由がかなり制限されており、その意味で歩行者や自転車運転者などの被害者は比較的保護されていた。しかし過失相殺が認められており、また、自動車運転者については十分な保護がなされていないという問題意識から、1975年に交通損害法が成立し、1976年よりノーフォルト自動車保険制度が導入された。

このノーフォルト自動車保険制度の成立には、1950年のイファル・ストラールの損害賠償法改正提案付き報告書、1971年より導入が始まった米国のノーフォルト自動車保険制度、フランスのタンク案などが影響しているとされる。

⑶　財源
　　本制度の財源は、自動車所有者が民間保険会社に支払う自動車保険料である。

⑷　付保義務
　　原則としてすべての自動車は、交通保険の付保を義務づけられている（交通損害法２条）。ただし、国の所有車など、付保強制の例外がある。また、保険会社に引受義務がある（同法５条）。

⑸　対象となる被害者
　　被保険自動車が関与した事故による被害者は、すべて交通保険から給付を受けることができる。複数の自動車が関与した事故においては、運転者および同乗者は自身の搭乗した車の保険から給付を受け（交通損害法10条）、歩行者についてはいずれの保険に対しても請求することができる（同法11条）。この場合、それぞれの保険者は連帯して給付の責任を負う（同法13条）。

⑹　保険者
　　交通保険は、認可を受けた民間保険会社によって引受けられる。

⑺　給付金の項目および金額
　　交通保険からの給付は、不法行為法にもとづく民事上の損害賠償額そのものである。その内容は損害賠償法５章の規定にもとづいて計算される（交通損害法９条）。同法に定める損害項目は以下の通りである。

損害賠償法5章の規定

傷害の場合（1条）
- 治療費用およびその他の支出
- 所得の喪失
- 苦痛、欠損あるいはその他の永続的不利益ならびに損害の結果たるその他の不都合

死亡の場合（同2条）[9]
- 葬祭費用および妥当な範囲での死亡事故の結果たるその他の支出
- 扶養の喪失

　ただし、医療費については健康保険から先行支給され、これを支払った社会保険者から交通保険に対する求償制度は廃止されている。また、所得の喪失および扶養の喪失の損害額の算定に際しては、社会保険からの給付がある場合はこれを控除する。

　第1条の精神的損害の金額は、理論的には裁判官の自由裁量による査定によるが、実務的にはかなり標準化されている。具体的には、交通保険の引受保険会社間で組織される「交通傷害委員会」（Trafikskadenämnden）が精神的損害についてのガイドラインを作成しており、保険実務ではこれを使用している。

　北米のノーフォルト自動車保険制度と違い、交通保険からの給付については損害項目ごとの限度額が定められておらず、1事故あたりの総支払限度額のみ定められている。これは、対人・対物共通で1事故3億クローナ（約36億円）である（交通損害法14条）。

(8)　免責事由

　スウェーデンの交通保険の免責事由としては、唯一、原子力危険がある（交通損害法8条）。ただし、以下の事由に該当する場合には給付金が減額されうる（同法12条）。

9　スウェーデンにおいてはわが国と違い、死亡事故の賠償について扶養構成をとっている。したがって、死亡者自身の逸失利益や精神的損害は相続されない。また、遺族固有の精神的損害も認められていないため、死亡事故における損害項目は上記の2項目に限定される（D. McIntosh & M. Holmes, Personal Injury Awards in EU and EFTA Countries, p549-551 (2003)）。

給付金減額事由
① 被害者の故意または重過失による事故
② 酩酊運転・薬物運転中の事故
③ 被害者の自殺

　減額の率については明確な規定がないが、実務上は2/3～1/2程度であり、100％減額（全く支払われない）というケースは極めて稀であるといわれている。

(9)　加害者に対する被害者の民事訴権および保険者の代位求償権
　　ノーフォルト自動車保険制度と併行して、被害者から加害者に対する損害賠償請求権も存在する。すなわち、被害者は交通保険に対する請求と加害者に対する損害賠償請求の選択肢を持つ（交通損害法18条）。米国における分類にしたがえば、スウェーデンの制度は付加型ノーフォルト制度であるということになる。
　　一方、被害者に保険金を支払った保険者からの加害者に対する代位求償は、加害者の故意、重過失、酩酊運転の場合に限定される（同法20条）。ただし、被害者に保険金を支払った保険者は、加害者の保険者に対しては常に代位請求権をもつ。この場合の最終負担額は、被害者と加害者の過失割合に応じて決められることになる（同法22条）。
　　逆に、被害者に対して損害賠償を行った加害者は、故意、重過失、酩酊運転の事実がない限り、その金額について被害者の交通保険に請求できる（同法19条）。すなわち、通常の事故であれば、すべての交通事故損害は最終的には交通保険によって支払われることになる。

2．フィンランド

(1)　制度の概要
　　フィンランドのノーフォルト自動車保険制度は、スウェーデンの制度とほぼ同様の構造を持つ。すなわち、過失の有無・割合を問わず、不法行為法上の損害賠償責任額に相当する金額を被害者に直接給付するしくみである。
　　スウェーデン制度と異なる主な部分は、以下の通りである。

54 第1部 諸外国のノーフォルト自動車保険制度

① 精神的損害（慰謝料）については、傷害が軽微な場合には支払われない。
② 搭乗者の損害については、相手車に過失等の帰責事由がある場合には相手車の保険に対しても請求できる。
③ 人身損害については、填補限度額がない。
④ 社会保険者から自動車保険者に対する求償がある。
⑤ 加害者に対する民事訴権は実質的に廃止されている。

(2) 成立の経緯

ノーフォルト自動車保険制度の導入以前、フィンランドにおける自動車事故被害者救済制度としては、1925年自動車事故賠償責任法によって過失推定責任主義と強制保険制度が施行されていた。この強制保険制度は、デンマーク（1918年）に次いで世界で2番目に古い制度である。

1946年、北欧4国（スウェーデン、フィンランド、ノルウェー、デンマーク）の司法大臣によって任命された「不法行為法に関する北欧委員会」が組織され、1957年、同委員会より自動車事故について厳格責任を基礎としたノーフォルト制度の導入が提案された。この提案は、フィンランド（1959年）、ノルウェー（1961年）において採用されることとなった[10]。

このようにしてフィンランドでは、1959年に自動車賠償責任保険法（自賠法）が成立、翌1960年よりノーフォルト自動車保険制度がスタートした。1959年法の概要は以下の通りである。

① 自動車事故加害者の責任を推定責任から厳格責任に変更した。
② 強制自動車保険を、被害者自身を直接保護するファースト・パーティ型に変更した。
③ 填補限度額を人身損害について撤廃した。
④ 被害者の過失による給付額削減を制限した。
⑤ 自動車所有者・運転者の家族も被保険者に含めた。

しかし一方、運転者については強制保険化されておらず、付保するかど

---

10 スウェーデン、デンマークはこの提案の厳格責任制度を採用せず、それぞれ1975年、1986年まで過失推定責任主義を続けた。

うかは契約者の選択に任されていた。その後1968年の改正によってこの運転者のカバーも強制化され、これによってフィンランドのノーフォルト自動車保険制度が完成した。

(3) 財源

本制度の財源は、自動車所有者が民間保険会社に支払う保険料である。

(4) 付保義務

原則としてすべての自動車は、自動車損害賠償責任保険（自賠責保険）の付保を義務づけられている（自賠法15条）。保険会社には引受義務がある（自動車保険令3条）。

(5) 対象となる被害者

被保険自動車が関与した事故による被害者は、すべて当該自動車の自賠責保険から給付を受けることができる（自賠法4条）。複数の自動車が関与した事故においては、運転者および同乗者は相手側に過失がある場合には相手車の自賠責保険、そうでない場合は自車の自賠責保険から給付を受ける（同法8条）。

また複数の自賠責保険が支払責任を負う場合は、それぞれの保険者は連帯して責任を負う（同法14条）。支払いをなした保険者は、他の保険者と過失割合に応じた給付金の調整を行うことができる。

(6) 保険者

自賠責保険は、認可を受けた民間保険会社によって引受けられる。

(7) 給付金の項目および金額

自賠責保険からの給付は、ほぼ不法行為法にもとづく民事上の損害賠償額そのものである。その内容は1974年損害賠償法の規定にもとづいて計算される（自賠法6条）。損害賠償法に定める損害項目は以下の通りである。

損害賠償法の定める損害項目
　傷害・後遺障害
　　• 治療関係費用
　　• 所得の喪失
　　• 苦痛
　　• 後遺障害その他の恒久的傷害
　死亡の場合[11]
　　• 葬祭費用
　　• 被扶養者の生活費

　ただし、上記損害賠償法の規定に対して、以下のような自賠法独自の規定がある（自賠法6条）。

　　• 軽微な損害に対する慰謝料の不払い
　　• 収入の遅延に対する損失も填補
　　• 被害者または遺族の生活環境の変化に応じた給付額の決定
　　• 事情変更による給付額の調整

　フィンランドでは、スウェーデンと異なり社会保険から自賠責保険に対する求償が認められている。したがって、被害者が社会保険から受け取るべき金額が未受給である場合その金額は自賠責保険の給付額から控除されず、すでに受給している場合は社会保険者から自賠責保険者に求償される。すなわち、自賠責保険者が最終的にすべての損害を負担する。
　慰謝料については、自動車保険会社協会の交通事故委員会によって作成された基準（人身損害補償額表）が、実務上のガイドラインとなっている。
　北米のノーフォルト自動車保険制度と違い、自賠責保険からの給付については損害項目ごとの限度額が定められておらず、またスウェーデンと異なり1事故あたりの総支払限度額も定められていない[12]。すなわち、自賠

11　フィンランドもスウェーデンと同様、死亡事故の賠償について扶養構成をとっている。したがって、死亡者自身の逸失利益や精神的損害は相続されない。また、遺族固有の精神的損害も認められていないため、死亡事故における損害項目は上記の2項目に限定される。
12　ただし、物損事故については1事故330万ユーロ（約3.8億円）の限度額がある（自賠法9条）。

法6条の例外を除き認定損害額が全額支払われる。

(8) 免責事由（自賠法7条）
　　免責事由は以下の通りである。

① 　被害者の故意・重過失：他の事情・事故原因が寄与した範囲でのみ有
　　責
② 　犯罪行為：特別の理由がある場合のみ有責
③ 　酒酔い運転・麻薬運転：その程度に応じて免責、もしくは減額
④ 　自動車静止中の事故：事情に応じ免責、もしくは減額

　　なお、上記の減額率は、実務上25％～100％の幅で運用されている。

(9) 　加害者に対する被害者の民事訴権および保険者の代位求償権
　　フィンランド自賠法では、被害者の不法行為法上の請求権を制限してい
ないので、被害者は加害者に対して損害賠償請求をすることが可能である。
しかし、賠償金は自賠責保険による損害填補に関する規定によって決定さ
れ、自賠責保険の保険者から支払われる（自賠法12条）。すなわち、被害者
の民事訴権は事実上廃止されているといえる。
　　一方、支払いをなした保険者は、以下の場合のみ加害者に対する代位求
償権を取得する。

① 　自動車所有者・運転者・同乗者の故意または重過失
② 　犯罪により取得した自動車または犯罪に使用した自動車による事故
③ 　飲酒運転または薬物運転

3．ノルウェー

(1) 　制度の概要
　　ノルウェーのノーフォルト制度は、スウェーデンやフィンランドの制度
とほぼ同様の構造を持つ。すなわち、過失の有無・割合を問わず、ノーフ
ォルト自動車保険である交通保険から不法行為法上の損害賠償責任額に相
当する金額を被害者に直接給付する仕組みである。加害者は、故意・重過

失、犯罪、飲酒・薬物運転でない限り損害賠償責任を免脱される。

スウェーデンおよびフィンランドの制度との異同は、以下の通りである。

① 精神的損害（慰謝料）についてはノーフォルト自動車保険からは支払われない。この損害については、被害者は加害者に請求することになる。

② 車両間の事故については、相手車に過失等の帰責事由がある場合のみ相手車の保険に請求できる。これはフィンランドと同じで、スウェーデンと異なる。

③ 人身損害については、填補限度額がない。これはフィンランドと同じでスウェーデンと異なる。

④ 社会保険者から自動車保険者に対する求償はなく、社会保険給付がノーフォルト保険給付に優先する。これはスウェーデンと同じでフィンランドと異なる。

(2) 成立の経緯

ノルウェーでは、すでに1912年自動車交通法によって自動車事故につき厳格責任が定められている。このように自動車事故の過失責任制度を修正して被害者救済を図った制度としては、ノルウェーはオーストリア（1908年）、ドイツ（1909年）に次いで古い歴史を持つ。この厳格責任制を基礎として、1926年に強制保険制度が導入された。

ノルウェーのノーフォルト自動車保険制度は、1961年の自動車責任法によって採用された。この立法は、不法行為法に関する北欧委員会の提案にもとづいてなされたものであり、フィンランドの1959年自動車賠償責任保険法に次ぐものである。その後1974年の自動車責任法の改正により、運転者自身に対する保険カバーが導入され、また人身傷害についての填補限度額が撤廃され、現在のノーフォルト自動車保険制度が完成した。

(3) 財源

本制度の財源は、自動車所有者が民間保険会社に支払う保険料である。

(4) 付保義務

原則としてすべての自動車所有者は、自動車責任法に定める交通保険の付保を義務づけられている。

(5)　対象となる被害者

　　被保険自動車が関与した事故による被害者は、すべて当該自動車の交通
保険から給付を受けることができる（自動車責任法4条）。複数の自動車が
関与した事故においては、運転者および同乗者は相手側に過失がある場合
には自車・相手車いずれかの交通保険、そうでない場合は自車の交通保険
から給付を受ける（同法8条）。車両間事故による被害者に保険金を支払っ
た保険者は、相手車の保険者との間で過失割合にもとづいて精算する。

(6)　保険者

　　交通保険は、認可を受けた民間保険会社によって引受けられる。

(7)　給付金の項目および金額

　　交通保険からの給付は、ほぼ不法行為法にもとづく民事上の損害賠償額
そのものである。その内容は1969年損害賠償法の規定にもとづいて計算さ
れる。ただし、損害賠償法3章2条の規定にもとづく障害補償以外の非経
済的損害は、交通保険からは支払われない（自動車責任法6条）。すなわち、
慰謝料についてはノーフォルト自動車保険制度の対象外である。

　　社会保険からの給付がある場合はその給付が交通保険に優先し、交通保
険からの給付は社会保険給付を控除した額となる。また、社会保険の保険
者から交通保険に対する求償は認められていない。この点はスウェーデン
の制度と同一の構成となっている。

　　北米のノーフォルト自動車保険制度と違い、交通保険からの給付につい
ては損害項目ごとの限度額が定められておらず、またスウェーデンと異な
り1事故あたりの総支払限度額も定められていない。この点はフィンラン
ドと同一である。

(8)　免責事由

　　免責事由は以下の通りである（自動車責任法7条）。

①　被害者の故意・過失：
　　　　被害者の責任が軽微である場合を除き、減額または免責
　　　　静止中の自動車に起因する事故については、全面的に減額または免
責

② 犯罪行為：
　　　特別の理由がある場合以外は免責
③ 酒酔い運転・麻薬運転：
　　　特別の理由がある場合以外は免責

(9) 加害者に対する被害者の民事訴権および保険者の代位求償権
　　経済的損害については、被害者は交通保険から完全な補償を受けうる。したがって、別途加害者に対して賠償請求する利益はない。しかし、交通保険からの給付を受けずに加害者に賠償請求できるかどうかについては明確ではない。
　　一方、慰謝料については交通保険から支払われないので、加害者に対して請求することになる。したがって、この部分では加害者に対する民事訴権は存在する。
　　被害者に対して保険金を支払った保険者から加害者に対する代位求償は、以下の場合にのみ認められる。

① 故意・重過失
② 盗難車または犯罪に用いられた車による事故
③ 飲酒運転または薬物運転

4．デンマーク

(1) 制度の概要
　　デンマークの制度では、被害者に対する加害者の賠償責任を厳格責任とし、かつ過失相殺も廃止されているので、被害者の故意・重過失がない限り当事者の過失の状況にかかわらず被害者救済がなされる。また被害者から保険者に対する直接請求が認められている。
　　しかし、被害者対加害者という法律構成を残しており、また、被害車両の単独事故によるいわゆる自損事故については対象外である。すなわち、スウェーデンなどの独立型ノーフォルト自動車保険制度に対して責任型のノーフォルト自動車保険制度である。このため、本制度が厳密な意味でのノーフォルト自動車保険制度といえるかどうかについては議論がありうるが、ここでは広い意味でのノーフォルト自動車保険制度として取り上げる。

（2）　成立の経緯

　　ノーフォルト自動車保険制度導入以前のデンマークでは、自動車事故の賠償は挙証責任の転換による過失推定制度がとられていた。そしてこの加害者の責任を填補する自動車賠償責任保険の付保が強制されていた。これは1918年に導入された世界で最初の強制保険制度である。

　　1986年、道路交通法によって加害者の責任を厳格責任とし、過失相殺制度を廃止することによってノーフォルト自動車保険制度となった。

（3）　財源

　　本制度の財源は、自動車所有者が民間保険会社に支払う保険料である。

（4）　付保義務

　　原則としてすべての自動車所有者は、自動車賠償責任保険の付保を義務づけられている（道路交通法105条）。ただし、国や地方公共団体が所有する自動車については例外とされる（同法109条）。

（5）　対象となる被害者

　　対象となる被害者は、自動車事故の被害者である。ただし、この自動車事故とは被保険者が加害者となった事故に限定される。したがって、自損事故による運転者自身の損害は填補されない。このような事故は、労災保険や任意保険で填補するしかない。

　　自損事故のカバーを強制保険化しなかったのは、自分自身の保険を強制することに対して強い反対論があったためといわれている。

（6）　保険者

　　自動車賠償責任保険は、認可を受けた民間保険会社によって引受けられる。

（7）　給付金の項目および金額

　　自動車賠償責任保険からの給付は、不法行為法にもとづく民事上の損害賠償額そのものである。その金額は1984年不法行為法の規定にもとづいて計算される。

　　社会保険の保険者からの自動車賠償責任保険に対する求償は廃止されて

62 第1部 諸外国のノーフォルト自動車保険制度

いる。この点はスウェーデンの制度と同一である。

(8) 免責事由

　詳細は不明であるが、被害者に故意・重過失がある場合は填補されないとされる。なお、被保険者である加害運転者に故意・重過失がある場合でも、被害者からの直接請求は認められる。この場合、保険者から被保険者である加害運転者に対し求償される（道路交通法108条）。

(9) 加害者に対する被害者の民事訴権および保険者の代位求償権

　デンマークの制度は、加害者の厳格責任を賠償責任保険で填補するものであり、その意味で民事訴権は存続している。

　賠償責任保険の保険者から有責第三者（被保険者以外）に対する代位求償は可能である。また上記(8)のように、故意・重過失の場合には被保険者である加害運転者に対しても求償が行われる。

第4節　オセアニア諸国

　オセアニアにおいてもノーフォルト制度を導入した国がある。最も著名なのはニュージーランドであるが、隣国のオーストラリアでも三つの州でノーフォルト制度を導入している。

1．ニュージーランド[13]

(1) 制度の概要

　ニュージーランドにおいては、自動車事故や労災事故など、事故の態様にかかわらずすべての被害者に対して給付を行う事故補償制度がある。この事故補償制度は事故補償公社（ACC）が運営する社会保険であるが、その財源は種々の形態の賦課金および国からの公的資金によっている。被害者はこの制度によって加害者の故意・過失の有無にかかわらず補償を受けることができるが、その反面、被害者からの加害者に対する民事上の損害

13　ニュージーランド事故補償制度については現地において膨大な数の文献があるほか、わが国においても多くの論考がある。邦文文献だけでもこの脚注では収まらないので、これらの文献については本章末の別表3（89〜92頁）にまとめた。

賠償請求権（不法行為訴権）が完全に廃止されており、本制度は世界で最も徹底した究極のノーフォルト制度であるといわれている。

本制度においては、対象となる被害者および財源負担者により区分された複数の口座が設定されているが、このうちの「自動車口座」が諸外国におけるノーフォルト自動車保険制度の機能を果たしているとみることができる。もっとも、財源負担者である自動車所有者は本制度の運営者であるACCとの間で保険契約を締結するわけではなく、所有自動車を被保険自動車とする保険制度とは異なる社会保険制度として構成されている。

(2) 制度成立およびその後の経緯

ニュージーランド事故補償制度は「1972年事故補償法（Accident Compensation Act 1972）により1974年に発足した。それ以前の人身事故の被害者救済制度としては、コモンローに基づく過失損害賠償制度（不法行為制度）が存在し、被害者は加害者の過失を証明しなければ自己の損害を加害者から回収することはできなかった。これは自動車事故においても同様であり、自動車の所有者は自動車賠償責任保険の付保を強制されていたが、この保険は加害者の過失責任を填補するものであった[14]。

事故補償制度の基礎となったのは著名な1967年の「人身障害の補償に関する王立委員会報告書[15]」、いわゆる「ウッドハウス・レポート（Woodhouse Report）[16]」である。この報告書では従来のコモンロー賠償制度の問題点を指摘し[17]、このような問題を克服するために社会保険を基礎とする新しい補償制度の創設を提言した。このような問題提起を受け、「1972年事故補償法」が制定され、1974年より事故補償制度がスタートした。事故補償法はその後、表1-1-2のように1982年、1992年、1998年、2001年と数次にわ

14　本強制自動車保険は、民間の損害保険会社によって引受けられていた。

15　Report of the Royal Commission of Inquiry, Compensation for Personal Injury in New Zealand（1969）.

16　本委員会の委員長が最高裁判所判事のOwen Woodhouseであったので、この名称となった。

17　以下のような問題点があるとされる（Woodhouse Report, paras. 78-）。
①過失の立証が困難な場合がある。
②寄与過失を認めることにより、損害の賠償請求が実質的にほとんど認められない。
③傷害があっても事故がいわゆる不可抗力とみなされ訴訟を提起できない者が大多数である。
④陪審員の評決が適切でない場合も多く、その感情的な判断に任されることがある。

表1-1-2 事故補償法改正の経緯

法 律 名	主 な 内 容
Accident Compensation Act 1972（1972年法）	就労者補償基金、自動車補償基金の二つの基金（Fund）でスタート
Accident Compensation Amendment Act 1973	補足補償基金（非就労者、非居住者を対象）の追加により三つの基金となる
Accident Compensation Amendment Act 1980	事故補償委員会（Accident Compensation Commission）から事故補償公社（Accident Compensation Corporation）へ
Accident Compensation Act 1982（1982年法）	会計制度をFull Funded方式からPay as You Go方式へ 就労者、自動車、非就労者の三つの口座（Account）ができた
Accident Rehabilitation and Compensation Insurance Act 1992（1992年法）	使用者、自動車、就労者、非就労者、後続労災、医療事故の6口座制 自動車口座財源としてガソリン税からの拠出を開始 後遺障害に対する一時金（Lump Sum Payment）の廃止 物理的傷害を伴わない精神的傷害を対象外に
Accident Insurance Act 1998（1998年法）	使用者、就労者、非就労者、自動車、医療事故、自営業、残余請求の7口座制 労災補償への競争の導入 Full Funded方式への回帰 懲罰的損害賠償の訴権を法文上も認める
Accident Insurance Amendment Act 2000	労災補償における競争を廃止
Injury Prevention, Rehabilitation and Compensation Act 2001（2001年法）	使用者、残存請求、自営業、自動車、就労者、非就労者、医療事故の7口座制 後遺障害に対する一時金の復活
Injury Prevention, Rehabilitation and Compensation Amendment Act（No.2）2005	医療事故（Medical Misadventure）口座から診療障害（Treatment Injury）口座への変更
Injury Prevention, Rehabilitation and Compensation Amendment Act 2007	使用者口座（Employers' Account）から労働口座（Work Account）への変更 自営業口座の廃止
Accident Compensation Amendment Act 2010	2001年法の名称変更（Accident Compensation Act 2001へ） 残存請求口座廃止

たる大改正を経てきており[18]、現在は「2001年事故補償法（以下、「2001年法」と称する）」となっている（なお、以下における条文の引用は断りのない限り2001年法の条文である）[19]。

(3)　財源

　　本制度はあらゆる事故の被害者を対象としているが、表1-1-3の通り事故の態様ごとに会計区分を設けてそれぞれ異なった財源から補償を行っている。但し補償の内容はいずれの事故態様でも同一である。

表1-1-3　ニュージーランド事故補償制度の会計区分および財源

会計区分	対象事故	財　　源
労働口座（167条） （Work Account）	被用者・自営業者の業務上事故	使用者・自営業者が支払う賦課金[20]等
自動車口座（213条） （Motor Vehicle Account）	自動車事故	自動車所有者・ガソリン購入者等が支払う賦課金
就労者口座（218条） （Earners' Account）	就労者の業務外事故	就労者が支払う賦課金等
非就労者口座（227条） （Non-Earners' Account）	非就労者（学生、子供等を含む）の事故	政府支出金
診療障害口座（228条） （Treatment Injury Account）	診療障害	登録医療専門家等が支払う賦課金（これがない場合は就労者口座および非就労者口座の資金を使用）

18　大改正とはいっても、発足以来、制度の基本は変わっていない。但し1998年法においては業務上事故の保険カバーを民間保険会社が引受けることを認めており、制度発足以来初めてACC独占運営の例外を認めた。もっともこの一部民営化は1年で終了し、現行の2001年法ではACCの完全独占に戻っている。

19　1972年事故補償法の成立経緯および1982年法までの経緯については、浅井尚子「ニュージーランド事故補償法とその運用実態」『損害賠償から社会保障へ』（三省堂、1989）63頁以下に詳しい。また、発足当初から2001年法成立までの30年間にわたる本制度の経緯について、浅井尚子「ニュージーランド事故補償制度の30年」判例タイムズ1102号59頁（2002）が概説している。

20　実態は保険料と考えられるが、原語は「Levy」とされており、訳語としては「賦課金」とした。

66   第1部　諸外国のノーフォルト自動車保険制度

(4)　対象となる人身障害

　　本制度で対象となるのは、原則として事故による人身障害[21]（personal injury caused by accident）である（20条(2)(a)）[22]。このうち、「事故」とは何かについては25条で定義されている。すなわち、事故とは原則として、①人間の身体外部からの力（重力を含む）や抵抗力の作用、②これらの作用を避けようとして行った急激な身体の動き、または、③身体をひねる動きであって、徐々に進行するものでないものとされている（25条(1)(a)）[23]。また、対象となる「人身障害」については26条で定義されているが、死亡（同条(1)(a)）や肉体的傷害（同条(1)(b)）にとどまらず、肉体的傷害に伴う精神的傷害（同条(1)(b)）、肉体的傷害を伴わない性犯罪による精神的傷害（同条(1)(c)）なども含まれる。

(5)　対象となる被害者

　　本制度による救済はニュージーランド居住者だけでなく、非居住者にも適用される（20条）[24]。但し居住者についてはニュージーランド国外における事故についても本制度が適用されるのに対し、非居住者の場合はニュージーランド国内における事故のみに適用される（22条1項(c)）。なおこの場合のニュージーランド国内とは、同国への入出国のための航空機搭乗中、船舶乗船中は含まない（23条）。

21　Personal Injury の邦語訳として、本書ではわが国の保険実務で使用されている「人身障害」という用語を使用する。

22　20条(2)では、本制度の対象となるものとして「事故による人身障害」のほかに、事故性に疑問が生じやすい診療障害（treatment injury）、労働に起因する晩発性疾病や感染なども挙げられている。

23　さらに、固体、液体、ガス、異物の吸入や摂取（25条(1)(b)(ba)）、やけどや輻射熱への曝露（25条(1)(c)）、皮膚を経由した化学物質の短期間の吸収（25条(1)(d)）、短期間の風雨への曝露（25条(1)(e)）なども事故とみなされる。

24　2011年2月22日、ニュージーランド南島の最大都市であるクライストチャーチで大規模な地震があり、現地滞在の日本人も28人が死亡、その他多数が負傷した。これらの日本人被害者についても、ACCより遺族補償や治療費の補償がなされている。

第 1 章　各国制度の概要　　*67*

(6)　運営主体

　　本制度の運営は、事故補償公社[25]（Accident Compensation Corporation：以下 ACC と称する）が独占的に行っている[26,27]。ACC は政府認可法人（Crown Entity[28]）の一つであり、その理事会メンバーは ACC 担当大臣によって任命される公的色彩の強い機関である。

　　運営者が単独であるので、たとえば自動車事故において複数の自動車が関与した場合にどの保険者が補償を行うかという問題は生じない。そもそも個別の保険契約があるわけではないので、賦課金支払者と事故との対応関係を確定する必要がない。その意味で、賦課金を支払っていなかった者の所有自動車による事故についても本制度からの補償は行われる。

(7)　補償の項目と金額

　　補償（Entitlements）の項目および金額については2001年法に以下の通り規定されている（69条以下）。基本的には金銭的損害についての実損を填補するものであるが、所得補償についてはその全額ではなく、かつ上限を設けている。また非金銭的損害については極めて限定された補償となっている。なお1事故当たりの総支払限度額はない。

25　この機関の邦訳としては「事故補償公団」とするものもあるが、ここではとりあえず「事故補償公社」と訳した。しかしニュージーランド現地では「ACC」として人口に膾炙しており、本書では ACC と称する。

26　本制度創設時の運営主体は政府内部の委員会である「事故補償委員会（Accident Compensation Committee）」であったが、その後1980年に ACC が設立され、運営主体となった。

27　1999年7月から2000年6月まで、民間損害保険会社も ACC と競争で業務上事故についての保険を引受けることができた。これは使用者口座の保険料負担者である雇用者（企業）から、ACC の運営が非効率的であり保険料率もリスクの実態を反映していないなどの批判があったことによる。しかしこの民営化を推進した国民党が1999年の総選挙で労働党に敗北したことによって、2000年7月から ACC の独占に戻った。なお、その他の口座については、本制度創設以来 ACC がその運営を独占している。

28　Crown Entity とは、Crown Entities Act 2004にもとづく特殊法人であり、国の行政の実施組織として国が設置するものである。同法では Crown Entity として Crown agents、Autonomous Crown entities、Independent Crown entities などの種類が規定されているが、このうち ACC は Crown Agent とされている（同法付表1）。Crown Agent とは、企業化していない Crown Entity で、政府の業務に近い業務内容を行い、責任大臣の指示があった場合には、政府政策に対する効果を提示しなければならない。

68　第1部　諸外国のノーフォルト自動車保険制度

① 本人の経済的損害の補償
- 治療費・リハビリテーション[29]費用（69条1項(a)）
- 所得補償（69条1項(b)(c)）
   労働不能期間にわたって所得補償が行われるが、事故後の第1週については使用者が補償し（97条）、第2週以降の補償をACCが行う（100条）[30]。補償金額は、事故前の所得の80％であるが（97条2項、付表1-32条3項）、週当たりNZ$1,341.31を上限とする（付表1-46条）。

② 後遺障害に対する一時金（69条1項(d)）
   後遺障害の程度に応じてNZ$100,000（障害割合80％以上）からNZ$2,500（障害割合10％）の一時金が支払われる（付表1-56条）。

③ 死亡事故に対する補償（69条1項(e)、付表1-64条～77条）
   葬祭費補助金（Funeral Grant）：
   　　　　　　　　　　実際にかかった費用（最高NZ$4,500）
   遺族補助金（Survivor's Grant）：下記一時金
   　　配偶者：NZ$4,702.79
   　　18歳未満の子：NZ$2,351.40
   　　その他の被扶養者：NZ$2,351.40
   遺族所得補償（Weekly Compensation for Surviving Spouse etc）：
   　死亡者の賃金の下記割合
   　　配偶者[31]：60％
   　　18歳未満の子[32]：20％
   　　その他の被扶養者[33]：20％

29　リハビリテーションには、社会的リハビリテーション（Social Rehabilitation）と職業的リハビリテーション（Vocational Rehabilitation）を含む。

30　正確には、使用者によって第1週補償が行われるのは被用者が被る労働災害および労働災害の場合のみである（97条）。従って、被用者の日常生活の事故や被用者以外の場合は第2週目からのACCによる補償が行われるだけである。

31　本補償は以下の事由により終了する。①死亡から5年経過、②全ての子が18歳以上となった場合、③その他の被扶養者の扶養をやめた場合（付表1-66条）

32　学生の場合は21歳まで（付表1-70条）。

33　1年以上にわたり法定最低賃金以上の賃金を稼ぐようになった場合は、補償は終了する（付表1-71条）。

子の養育費（Child Care Payments）：週当たり以下の金額[34]

　　　1人：NZ$ 100
　　　2人：NZ$ 160
　　　3人以上：NZ$ 300

(8)　免責事由

　　本事故補償制度でカバーされるとされた人身障害でも、補償が行われない場合がある。それは、自傷事故や自殺（119条）、遺族補償受取人による被害者の殺害（120条）、刑務所収監中の事故[35]（121条）、最高刑が2年以上の懲役とされている犯罪を遂行中の事故（122条）などである。なお、飲酒運転は犯罪とされ、3回目以降の累犯は2年以下の懲役とされているので[36]、この場合の運転者は本制度では免責され、補償が行われないことになる。

(9)　加害者に対する被害者の民事訴権およびACCの代位求償権

　　本事故補償制度の対象となる損害については、被害者から加害者に対して損害賠償請求を行うことは認められていない。すなわち、317条(1)では、このような損害賠償について「ニュージーランド国内のいかなる裁判所に対しても訴訟手続きを行うことはできない」と規定している[37]。この規定は、本事故補償制度によってカバーされうる人身障害を対象としており、これには免責規定（上記(8)参照）によって補償がなされないものも含まれる。したがって、免責規定に該当する場合は、事故補償制度からも、民事訴訟によってもその損害を回収することはできないことになる。なお、「契約や合意における明確な条項」によるものは訴権廃止の対象外とされているので（317条(2)(b)）、債務不履行による損害賠償請求の提訴は可能であ

34　養育費の補償は被害者の死亡後5年経過、もしくは子供が14歳に到達した時点で終了する（付表1-77条）。

35　この免責条項は、所得補償と死亡補償のみに適用されるので、治療やリハビリテーションの補償等は免責されない。

36　1998年陸上交通法（Land Transport Act 1998）56条(4)(a)。なお、1回目、2回目の場合は3ヶ月以下の懲役である（同法56条(3)(a)）。

37　なお、管轄権の問題がクリアされれば、外国の裁判所への提訴は可能であると解される。

る[38]。

　被害者から加害者への賠償請求が認められないことによって、本制度の保険者であるACCから加害者に対する代位求償も認められない。

　懲罰的損害賠償（Exemplary Damages）については、この民事訴権廃止の例外として裁判所に提訴できる（319条(1)）。

2．オーストラリア[39]

(1)　制度の概要

　オーストラリアでは、六つの州、一つの準州および首都特別地域（Australian Capital Territory）の合計8州のうち、ビクトリア州、タスマニア州、ノーザンテリトリー準州の3州でノーフォルト自動車保険制度を実施している（その内容は本章末の別表4（93頁）を参照）。いずれも強制保険で、公的機関による独占引受によるものであるが、その制度の内容は州によってかなりの違いがある。特に民事訴権との関係では、純粋ノーフォルト（ノーザンテリトリー）、修正ノーフォルト（ビクトリア）、付加型ノーフォルト（タスマニア）と、3州がそれぞれ異なった制度を採用している。

　これ以外の5州では、英米法の伝統である過失責任主義による賠償制度が存続している。自動車の対人賠償責任保険は付保を強制されており（Compulsory Third Party Personal Injury Insurance：CTP）、この保険は特定の営業免許を取得した民間保険会社によって引受けられている（ただ

38　したがって、たとえば乗合バスの運転者の過失による事故でその乗客が被った人身障害については、不法行為に基づくバス会社への提訴はできないが、運送契約に基づく損害賠償請求訴訟は可能である。

39　オーストラリアにおけるノーフォルト自動車保険制度に関する文献としては、以下のようなものがある。なお、本章の叙述については、これらの文献の他、オーストラリア各州政府が発行したブックレット類を参照した。

　邦文文献：副田隆重「オーストラリアにおける総合的被害者救済制度の提言とその挫折」ジュリスト706号105頁（1979）、同「オーストラリアにおける不法行為責任の社会保障化の動き」『交通事故賠償の現状と課題』548頁（ぎょうせい、1979）、同「オーストラリア連邦補償法案とその後の展開」『損害賠償から社会保障へ』257頁（三省堂、1989）、同「交通事故被害についての不法行為訴訟の「廃止」と「復活」―豪・ニュー・サウス・ウェールズ州の経験―」『世界の交通法』171頁（西神田編集室、1992）。

し、サウスオーストラリア州では公的機関である自動車事故保険委員会の独占的な引受が行われている）。CTPの支払限度額は一般的に無制限である。

(2) 成立の経緯

オーストラリアにおいては、隣国ニュージーランドの事故補償制度（1972年立法）の影響を受けて、自動車事故に限定しないすべての事故および疾病の被害者に対する補償制度が連邦ベースで検討された。これが1974年連邦補償法案（National Compensation Bill 1974）である。この制度はニュージーランド事故補償制度に範をとったものであるが、事故による傷害だけでなく疾病も対象としていること、財源をすべて一般財源からの支出にあおいでいることなど、ニュージーランド制度よりもさらに社会保障制度の色彩が強くなっている。

1974年連邦補償法案の概要

運営主体　　　　：復員補償省
　　　　　　　　（Department of Repatriation and Compensation）
財源　　　　　　：一般財源（税金）からの支出
対象となる被害者：オーストラリア在住の者
対象となる被害　：すべての傷害および疾病
民事訴権　　　　：廃止

この法案は連邦議会に提出されたが、憲法上の問題点[40]や費用・財源の問題点が指摘され、また政権交代もあって結局立法化しなかった。

このように連邦における包括的ノーフォルト制度の導入が失敗した結果、ノーフォルト自動車保険制度を含むノーフォルト制度の採用は各州の判断に委ねられることとなった。そして、州ベースでの検討の末、タスマニア（1974）、ノーザンテリトリー（1979）、ビクトリア（1987）の3州でノーフォルト自動車保険制度が成立した。ただし、これらの州のノーフォルト制度は、連邦法案とは異なり自動車事故に限定したものである。

40　①憲法上、人身傷害・死亡に関する補償は州の立法権限ではないのか、②被害に関する不法行為訴権の廃止を、連邦の立法でなしうるか、という点である。

72 第1部 諸外国のノーフォルト自動車保険制度

　この3州以外でもノーフォルト自動車保険制度の検討は行われ、そのうちの一部は実現されている。それが最大の人口を持つニュー・サウス・ウェールズ州の、1987年交通事故補償法（Transport Accident Compensation Act 1987-Transcoverと略称される）である。この制度は、州政府保険局（Government Insurance Office)が引受けるファースト・パーティ型の強制自動車保険によって被害者に補償を行うものであり、民事訴権が廃止されている。ところが、この保険からの給付を受けるためには加害者の過失を証明することが必要とされており、その意味では「ファースト・パーティ型保険」ではあっても、「ノーフォルト保険」ではなかった[41]。このような欠陥制度であったことと、政権交代があったため、本制度は実施後2年で廃止された。これ以降あらたなノーフォルト自動車保険制度の導入はない。

(3)　財源
　オーストラリア各州のノーフォルト自動車保険制度は、公的機関が引受けを行う自動車保険制度として構成されており、自動車所有者の支払う保険料を財源としている。

(4)　付保義務
　ノーフォルト自動車保険制度を導入している3州では、すべてノーフォルト自動車保険の付保を強制している。

(5)　対象となる被害者
　ノーフォルト自動車保険制度の対象となるのは、被保険自動車によって引き起こされた事故による被害者である。この被害者には、運転者、同乗者だけでなく、歩行者などの車外の第三者も含む。

(6)　保険者
　ノーフォルト自動車保険制度を導入している三つの州は、以下の通りいずれも州政府の一部局が独占的にノーフォルト自動車保険の引受けを行っている。

41　このような中途半端な制度になってしまったのは、もともと民事訴権の廃止について弁護士会を中心とした激しい反対論があり、これをなだめるために妥協してしまったためである。

ビクトリア州	：交通事故委員会
	（The Transport Accident Commission）
タスマニア州	：自動車事故保険委員会
	（The Motor Accident Insurance Board）
ノーザンテリトリー：州保険局 （The Territory Insurance Office）[42]	

(7) 給付金の項目および金額

　給付金の項目には、医療費、所得補償、障害給付、死亡給付の4種類がある（ただしタスマニアでは障害給付は行われない）。すなわち、精神的損害についての給付はない。この点は北米の制度に類似している。

　医療費給付については、ビクトリア州とノーザンテリトリーでは限度額がない。一方、タスマニア州では20万豪ドルという限度額がついている。ただしタスマニア州においては、別途加害者に対する民事賠償請求権が認められており、ノーフォルト自動車保険からの給付で不足する部分について加害者の賠償責任保険から回収することが可能である。

　所得補償については、いずれの州においてもその一部しか補償されない。すなわち、ビクトリア州とタスマニア州では被害者の従前の所得の80％、ノーザンテリトリーでは州内の平均賃金の80％が給付される。

(8) 免責事由

　免責事由は各州によってまちまちであるが、故意、犯罪実行中の事故、逮捕逃れ、飲酒・薬物運転、無免許運転などである。

(9) 加害者に対する被害者の民事訴権および保険者の代位求償権

　加害者に対する民事訴権の取り扱いは、三つの州で際立ったコントラストをなしている。タスマニア州では、民事訴権に対して一切の制限がない。すなわち、付加型ノーフォルト制度である。ビクトリア州は、死亡または重傷事故の場合に限って民事訴権を認める、いわゆる用語による訴権制限の修正ノーフォルト制度である。これに対してノーザンテリトリーでは、民事訴権を一切認めない純粋ノーフォルト制度となっている。ただし、ノ

42　なお、ノーザンテリトリー州保険局では、2015年1月より、損害査定業務を民間保険会社である Allianz 社に外部委託した（内藤正人「オーストラリア公営保険事業の民営化の動き」損保総研レポート111号11頁（2015））。

74　第1部　諸外国のノーフォルト自動車保険制度

ーザンテリトリーにおいても、州外の居住者が被害者となった場合は州内の居住者である加害者に対して賠償請求が可能である。このため、ノーフォルト自動車保険には、ノーフォルト給付の他に州外の被害者に対する賠償責任を担保するカバーもついている。

　一方、被害者に対して給付を行ったノーフォルト自動車保険の保険者から加害者に対する代位求償は、いずれの州においても可能である。

第5節　その他の諸国・地域

　ノーフォルト自動車保険制度を採用している主な地域は、上記の北米、北欧、オセアニアであるが、イスラエルおよび台湾においても独自のノーフォルト自動車保険制度が存在する。

1．イスラエル[43]

(1)　制度の概要
　イスラエルにおいては、「1975年道路事故被害者補償法」によって1976年からノーフォルト自動車保険制度が導入された。この制度は、加害者の責任を絶対責任とする賠償責任保険と、運転者本人のためのファースト・パーティ型保険（自損事故保険）の付保を強制することにより、すべての自動車事故被害者の救済を図ろうとするものである。すなわち、責任型の保険と独立型（ファースト・パーティ型）の保険をあわせた、いわば合併型のノーフォルト自動車保険制度である。

(2)　成立経緯
　1976年に本制度が実施される以前、イスラエルにおける自動車事故の被害者に対する補償制度は、イギリスの法制と同様の過失責任に基づく加害

43　イスラエルの制度については、以下の文献を参考にした。
　　D. Kretzmer, *No-Fault Comes to Israel – The Compensation for Victims of Road Accident Law*, 11 ISRAEL LAW REV. 288 (1976), I. Englard, *Traffic Accident Victim Compensation in Israel – A Decade of Experience with No-Fault*, in COMPENSATION FOR PERSONAL INJURY IN SWEDEN AND OTHER COUNTRIES (1988).

者の賠償責任制度であった。さらに比較過失により、過失相殺が行われていた。この加害者の責任を填補する自動車賠償責任保険は、付保が強制されており、また、被害者の保険者に対する直接請求権も認められていた。

　1960年代には、このような状況についての問題点が指摘されるようになり、1966年に至り、この問題についての関係省庁間委員会報告書が提出された。この報告書では以下の二点が提案されている。

① 　自動車事故および産業事故について、ノーフォルト制度を創設し不法
　行為訴訟を廃止すること。
② 　このノーフォルト制度は社会保険制度とし、その他の社会保険も運営
　している国営保険公社がこれを運営すること。

　これに対して、①については弁護士会から、②については保険業界から、それぞれ強い抵抗があり、結局この提案はしばらく休眠状態におかれることとなった。しかしその後1970年代になり、司法省から、②の運営主体について、国営保険会社の独占的引受のかわりに民間保険会社の引受けを認める提案がなされたため、保険業界が賛成にまわることとなり、「1975年道路事故被害者補償法（以下「補償法」と称する）」が成立した。
　補償法の概要は以下の通りである。

① 　自動車の使用者に、自動車による人身事故についての絶対責任
　（Absolute Liability）を課し、それを民間保険会社の引受ける強制賠償責
　任保険でカバーする。
② 　同時に、運転者の人身障害をカバーするファースト・パーティ型保険
　も付保を強制される。
③ 　無保険車、ひき逃げ、保険会社の破綻によって救済されない被害者に
　対しては、新たに設立した基金（Karnit と称する）より補償を行う。
④ 　本制度における補償額は、不法行為法のルールに基づき算定された金
　額である。
⑤ 　迅速な補償を促進するための規定を有している。
⑥ 　定期金払いの可能性を規定している。
⑦ 　本制度による補償により、不法行為請求を代替した。
⑧ 　弁護士費用について制限を設けた。

この制度によって、ほとんどの自動車事故被害者が補償を受けられることとなる。唯一の例外は、無保険車の自損事故による運転者の損害である。これはKarnitからの補償の対象とはならない。

(3) 財源
　　本制度の財源は、自動車所有者の支払う保険料である。

(4) 付保義務
　　自動車所有者は、以下の二種類の保険の付保を強制されている（自動車保険令3条）。

①　自動車所有者および運転者の賠償責任（絶対責任）をカバーする賠償責任保険
②　自動車所有者および許諾運転者自身の人身障害をカバーするファースト・パーティ型保険

(5) 対象となる被害者
　　自動車（判例によって、鉄道やケーブルカーも含まれると解釈されている）の使用（動いていると静止しているとを問わない）の結果として身体傷害が発生した事故を「道路事故」と定義し、この道路事故によって身体傷害を被った被害者を本制度の対象としている（補償法1条）。なお判例では、前照灯で眩惑した場合や、不法駐車の場合など、物理的な接触を伴わない事故の被害者についても本制度の対象としている。
　　このような自動車事故の被害者であれば、運転者、同乗者、車外の第三者（歩行者、自転車搭乗者など）を問わず対象となる。ただし、同乗者と車外第三者が賠償責任保険（サード・パーティ型保険）の対象となるのに対して、運転者はファースト・パーティ型保険の対象となる。

(6) 保険者
　　本制度の強制保険は、民間の保険会社が引受ける。ただし、保険料率は財務大臣の認可を必要とし、事実上全社一律の保険料率が適用されている。
　　複数の車両が関与した事故の場合、車内の同乗者の損害はその搭乗している車両の運転者が単独で責任を負うのに対し、歩行者などの車外被害者

に対しては、関与したすべての車両の運転者が責任を負い（この場合、責任額は各運転者に均等に配分される）、それぞれの保険者が保険金の支払を行うことになる。一方、運転者自身の損害については、自分の車両のファースト・パーティ型保険（自損事故カバー）の対象となる。

(7)　給付金の項目および金額

　　本制度による補償（保険からの給付金）の金額は、不法行為法のルールに基づく損害額である。すなわち、積極的（医療費など）あるいは消極的（逸失利益など）な経済的損害、および慰謝料などの非経済的損害である。ただし、以下のように本制度に独自の定めをしている部分もある。

　ア．経済的損害
　　①　所得喪失・稼働能力喪失に対する補償については、平均所得の３倍を上限としている。
　　②　通常の不法行為においては、逸失利益の計算上、所得税は控除しないが、本制度においては25％を上限として所得税の控除を行う。
　　③　給付金の支払いは一時金払いが原則だが、本制度においては定期金払いの余地も残している。すなわち、所得損失損害や継続的な費用の損害については、司法大臣は裁判所に定期金賠償を命ずる権限を与える規則を公布することができる（補償法6条）。ただし、保険会社が定期金払いに消極的なため、実際にはあまり行われていないようである。

　イ．非経済的損害
　　①　慰謝料には上限額が付されている。この金額は消費者物価指数にリンクしており、また必要に応じて司法大臣が財務大臣と協議の上増額できるとされている。なお、この金額は、制度発足当時は約17,000米ドル相当であったとされるが、現時点の金額は不明である。
　　②　慰謝料は、後遺障害の程度や年齢などを基準として標準化が行われている。

　ウ．その他
　　①　本制度では、補償の早期支払いを促進するための規定を設けている。すなわち、補償を支払うべき責任がある者は、(i)被害者が現実に支出

した損害、(ii)補償額が最終的に確定するまでに被害者およびその家族の生活を維持してゆくのに十分な月例定期金、について請求から60日以内に内払いをしなければならない、とされる。これに違反した場合は、懲罰的遅延利息として、1961年利息決定法による最高利率（1975年当時15％）の2倍が適用される。

② 社会保険からの給付（これは国営保険公社が運営している）や、社会保障による給付（これは国からの給付である）は、本制度の給付額から控除される。なお、社会保険については、国営保険公社から本制度の保険者に対する代位求償制度もある。

(8) 免責事由

本保険の主な免責事由は、以下の通りである（補償法7条）。ただし、被害者が死亡した場合にはこの免責は適用されず、遺族には補償が行われる。
① 被害者の故意
② 盗難車を運転中の者、もしくは盗難車と知って同乗中の者
③ 無免許運転者
④ 重罪（felony）を犯すために車を使用していた者

(9) 加害者に対する被害者の民事訴権および保険者の代位求償権

本制度の対象となる被害者は、加害者に対し本制度とは別の請求権を有しない（補償法8条）。この規定は、加害車両以外の第三加害者（自動車メーカー、高速道路公団など）にも適用される。ただし、加害者に故意があった場合はこの限りでない。また、法文の規定は明確ではないが、保険者からの加害者に対する代位求償権も、故意を除き認められていないようである。

2．台湾[44]

(1)　制度の概要

　　近時台湾においては、1996年に成立した「強制汽車責任保険法（以下自賠法と称する）」によって1998年よりノーフォルト自動車保険制度が導入された。いわば、世界で最も新しいノーフォルト自動車保険制度であるといえる。

　　本制度は、交通事故の被害者が加害者の過失の有無にかかわらず強制保険より補償を受けるものである（自賠法5条）。すなわち、加害者の責任を完全な無過失責任としている。また、被害者の過失による過失相殺も認められていない。ただし、「自動車交通事故」とは自動車の所有・使用・管理によって被害者に死亡・後遺障害・傷害を負わせた事故（自賠法12条）とされており、この法条の解釈から加害者の存在しない事故（自損事故）については、本制度の対象外とされる。すなわち、台湾の制度はあくまでも加害者・被害者というパターンを前提にしており、責任型のノーフォルト自動車保険制度ということになる。さらに、イスラエルの制度（合併型）と異なり、自損事故に対するカバー（ファースト・パーティー型保険）を欠いている。

　　なお、加害者の責任を完全な無過失責任にしているのは強制保険の範囲内であるので、これを超える損害の部分については、民法の一般原則である過失責任制度となる。そしてこの過失責任については、任意の自動車賠償責任保険でカバーする。

　　また、後述のように強制保険のカバーする損害は限定されており、例えば、精神的損害や休業損害などは対象外である。このように、本制度はカバーする損害の種類においても、またその金額においても、被害者の被った損害のすべてではなくその一部を補償する制度となっている。

(2)　成立経緯

　　本制度が実施される以前、台湾における自動車事故の被害者に対する補償制度は、民法の不法行為の一般原則による過失責任に基づく加害者の賠

44　台湾のノーフォルト自動車保険制度に関しては、以下の文献を参考にした。
　　鈴木辰紀「台湾の強制自動車保険」早稲田商学381号1頁（1999）、同『日台中の自動車保険』（成文堂、2009）。

償責任制度であった。自動車保険は、この加害者の過失責任を填補する賠償責任保険であり、わが国と同様、強制保険と任意保険の二階建て制度となっている。強制保険は、1954年に制定された「汽車投保意外責任辧法」によって規定されており、対人・対物両方の賠償責任をカバーするものであった。強制保険の付保必要保険金額は対人1名15,000元[45]、1事故30,000元、対物1事故10,000元であった。

これに対して、1974年からこの保険制度の改正が検討され、1996年に「強制汽車責任保険法」（強制自動車損害賠償責任保険）が成立し、1998年1月1日から施行された（なお、スクーターやオートバイについては、1999年1月1日より適用された）。

この法律は2005年に部分改正されたが、本改正は制度の根幹を変えるものではなく、従来の制度の主要部分は残している[46]。

(3) 財源

本制度の財源は、自動車所有者の支払う保険料である。ただし、前述のイスラエルと異なり、加害者の無過失責任をカバーする賠償責任保険のみが本制度の対象となっているので、本制度はサード・パーティ型のノーフォルト制度である。この点では、フランスのバダンテール法とあまり差はない。ただし、フランスの制度では、被害者となった運転者は完全救済が受けられず、運転者以外でも理論上は（「許しがたい過失」理論によって）過失相殺の可能性があるのに対して、台湾の制度では運転者も他の被害者と同等に扱われ、故意以外は過失相殺されないという点が異なっている。

(4) 付保義務

すべての自動車の所有者は、自動車賠償責任保険の付保を強制される（自賠法4条）。本保険の付保は、旧制度と同様車検を取得する場合の条件となっており、わが国と同じように、車検とリンクさせることによって付保強制の実効をあらしめている（自賠法15条）。さらに、無保険車に対しては、6,000元以上30,000元以下の罰金（事故を起こした時は12,000元以上

45　台湾の通貨については、ニュー台湾ドル、新台湾ドル、NT$、台湾元、TWDなど複数の表記方法があるが、ここでは元と表記する。2016年9月現在、1元は3.3円程度である。

46　鈴木・前掲書（注44）37頁。

60,000元以下の罰金）が科せられる。

(5) 対象となる被害者

本制度の対象となる被害者とは、「自動車による交通事故で死亡・後遺障害もしくは傷害を負った者（自賠法9条）」である。また、「自動車交通事故」とは、「自動車の所有・使用・管理によって被害者に死亡・後遺障害・傷害を負わせた事故（自賠法12条）」をいう。したがって、この被害者の中には、歩行者などの車外の第三者だけでなく、当該車両に同乗していた者も含まれる。ただし、当該車両の運転者は、他に加害者がいない限り、この制度の対象となる被害者ではない。

(6) 保険者

本保険は、財務部から営業許可を受けた民間の保険会社によって引受けられる（自賠法7条）。これらの保険会社には本保険の引受義務がある（自賠法17条）。なお、保険の引受けを拒否できるのは、保険料の支払がない場合と告知義務違反の場合のみである。この引受義務に違反した場合は、2万元以上100万元以下の罰金に処せられる（自賠法43条）。

本保険の保険料率は、財務部と交通部によって策定される統一料率である。個々の保険料には、被保険者の事故歴によって割増引きが適用される。

(7) 給付金の項目および金額

本保険の保険金額は、死亡保険金・後遺障害保険金がそれぞれ120万元、傷害医療保険金が20万元である。また、1事故あたりの限度額はない。損害額がこの保険金額を超過する場合は、任意自動車保険が発動することになるが、これについては原則に戻り過失責任が適用される。

本保険のカバーには、死亡保険金、後遺障害保険金、傷害医療保険金の3種類がある。保険金の受取人について、自賠法は「受益者」という概念を規定している（10条）。後遺障害保険金および傷害医療保険金の受益者は被害者本人であり、死亡保険金の受益者は相続人とされる。相続人がいない場合は、自賠法で定める自動車交通事故特別補償基金（財団法人）[47]が受

---

47 本基金は、ひき逃げ事故、無保険車事故、保険会社の破綻による支払不能の場合、被害者に対して自賠法の定める補償を行う機関である。本基金の主たる財源は、保

82　第1部　諸外国のノーフォルト自動車保険制度

益者となる。
　本保険における支払保険金の額は、支払基準に基づいて算定される。この支払基準は、財務部および交通部が社会経済の動向に基づき案を策定後、行政院の承認を得て制定される（自賠法25条）。現行の支払基準は以下の通りである。

　　死亡保険金　　　：120万元
　　後遺障害保険金：後遺障害等級表に基づき120万元を最高とする定額金
　　医療費用保険金：医療費用の実額を限度額である20万元まで支払う。ただし、差額ベッド代、食費、看護費用など、個別の項目についてそれぞれ上限が設定されている。
　　その他の損害　：本保険では、慰謝料などの精神的損害や休業損害・逸失利益などの消極的経済的損害は対象とされていない。これらの損害については、別途被害者から加害者に対して賠償請求する必要があり、その場合の加害者の責任は過失責任となる。この加害者の責任は、任意自動車保険で填補することが可能である。

　本保険については、迅速、確実な被害者救済の観点から、被害者の保険者に対する保険金の直接請求権を認めており（自賠法28条）、また、保険金支払の期限を設定している。すなわち、保険会社は保険金請求書の提出を受けてから5日以内に支払保険金額を確定し、10日以内に保険金を支払わなくてはならない（自賠法23条）。さらに、死亡保険金については、受益者は保険会社に対して、保険金額の半額以内で仮渡金を請求することができる（自賠法33条）。

(8)　免責事由
　本保険が免責となるのは、被害者の被害が以下の原因による場合である（自賠法25条）。
　㋐　被害者または受益者と被保険者または加害者が共謀した行為

険料の中に含まれる分担金であるが、その他、ここに規定されている相続人がいない場合の死亡保険金なども財源としている（自賠法36条）。

㈡　被害者または受益者の故意
　㈢　被害者または受益者の犯罪行為

⑼　加害者に対する被害者の民事訴権および保険者の代位請求権
　　本制度とは別に、被害者から加害者に対して損害賠償請求をすることは認められている。これによって加害者または被保険者が被害者に対して支払った金額は、本保険の保険金から控除する。また、保険者は、この控除額を加害者または被保険者に払い戻すこととされている（自賠法29条）。逆に、本保険による支払保険金は、加害者または被保険者の支払うべき損害賠償額の一部とみなされ、加害者または被保険者が支払う賠償金から控除することができる（自賠法30条）。
　　本保険は、加害者の無過失責任を担保するものであるので、加害者が被保険者である限り、加害者に対する保険者の代位求償はありえない。ただし、加害者が以下に該当する場合は、当該加害者に対して求償することができる（自賠法27条）。しかし、これは保険者の「代位求償権」とは考えられない。被保険者の求償権を代位するものではないからである。法律によって認められた特殊な権利と理解される。

①　飲酒、麻薬、幻覚剤等を服用して運転した場合
②　犯罪または公権力からの逃亡行為を行っていた場合
③　自殺または故意による場合
④　道路交通監理処罰条例21条（無免許運転などが定められている）に違反していた場合
⑤　被保険者の許可を得ずに運転していた場合

　　また、被保険者または加害者以外の第三者が事故発生の責めを負う場合には、保険者は被保険者に代位してその第三者に求償することができる（自賠法31条）。ただし、その第三者が被保険者または加害者の家族である場合には、故意の場合以外は求償できない。

別表1　米国各州のノーフォルト自動車保険制度

任意・強制かの別	損害賠償制限の方法	州名（導入年）	主な賠償制限の内容	保険証券の適用順位	主な免責事項	総支払限度額	給付内容 ①医療費等	給付内容 ②所得補償	給付内容 ③家事費用	給付内容 ④遺族給付 ⑤葬儀費	保険者による代位求償の可否
強制	金額にとどまる	ハワイ（1974）	死亡・重傷または損害額 $5,000以上	①加害車 ②加害者	故意、改造車、窃盗1年以上の犯罪実行中	—	1名 $10,000	月 $1,000～$5,000（月 $5000の増額あり）	—	$25,000～$100,000 葬儀費 $2,000	民事訴訟による求償の可否
強制	金額にとどまる	カンザス（1974）	死亡・重傷または医療費 $2,000超	①加害車 ②その他の証券	記名被保険者、故意、改造車	—	$4,500＋リハビリテーション $4,500	所得の85%又は（上限月 $900）最長1年	1日 $25 最長1年	②③と同じ 葬儀費 $2,000	加害者、賠償保険者に求償可
強制	金額にとどまる	マサチューセッツ（1971）	州内事故で医療費 $2,000超	①加害車 ②被害者	故意、重罪実行中、逮捕逃れ、飲酒または薬物運転	$8,000 2年限度	$2,000限度	所得の75%（上限なし）	総支払限度額まで	遺族給付なし 葬儀費 $2,000	加害者、賠償保険者に求償可
強制	金額にとどまる	ミネソタ（1975）	死亡・重傷または医療費 $4,000超	①業務用自動車 ②被害者③加害車	故意、改造車、競技中	—	$20,000	所得の85%（上限週 $250）	事故後 8日目より上限週 $200	②③に同じ 葬儀費 $2,000	加害者、賠償保険者に求償可
強制	金額にとどまる	ノースダコタ（1976）	死亡・重傷または医療費 $2,500超	①労災保険 ②加害車③被害者	故意、競技中、無保険車の所有者、無断使用車	$30,000	総支払限度額まで	所得の85%（上限週 $150）	1日 $15	②③に同じ（上限週 $200）葬儀費 $3,500	加害者、賠償保険者に求償可
強制	金額にとどまる	ユタ（1974）	死亡・重傷または医療費 $3,000超	規定なし	故意、重罪実行中、飲酒または薬物運転、無断使用者、犯罪実行中	—	$3,000	事故後4日目から所得の85%（上限週 $250）最長52週	1日 $20 最長365日	②③に同じ 葬儀費 $3,500	賠償保険者に求償可
強制	金額にとどまる	プエルトリコ（1970）	非経済的損害 $1,000超 経済的損害 $2,000超	①被害者 ②加害車	故意、無保険車の所有者、重罪実行中	$10,000	医療費全額（事故後2年間）	事故後21日目から所得の50%（上限週 $100）を52週、その後週 $50を52週	週 $20 最長16週	$3,000 葬儀費 $1,500	不可
強制	用語による	フロリダ（1972***）	死亡・重傷	①被害車 ②加害者	故意、無保険車所有者、重罪実行中	$10,000	合理的支出の80%	所得の60%（上限なし）	総支払限度額まで	第一被扶養者 $10,000＋その他の被扶養者1人につき $1,000（最高 $5,000）葬儀費 $1,000	賠償保険者に求償可
強制	用語による	ミシガン（1973）	死亡・重傷	①営業車 ②業務車③被害者	無断使用者、無保険車の所有者	—	限度なし	所得の85%	1日 $20 最長3年	$5,000 葬儀費なし	民事訴訟以外による求償可否
強制	用語による	ニューヨーク（1974）	死亡・重傷または事故後180日間のうち90日以上の就業不能	①加害車 ②被害者	故意、薬物運転、逮捕逃れ中、盗難車の占有者	$50,000＋$2,000（死亡）	総支払限度額まで	所得の80%（上限月 $2,000）最長3年間	1日 $25 最長1年	②③に同じ 葬儀費 $2,000	加害者、賠償保険者に求償可
強制	選択型	ニュージャージー BasicPolicy（1999制度改正）	死亡・重傷	①PIP保険(*) ②賠償責任保険	無保険車所有者、無断使用者、他のPIP保険(**)適用中	—	原則 $15,000	対象外	対象外	対象外	加害者、賠償保険者に求償可
強制	選択型	ニュージャージー StandardPolicy（1973）	用語（死亡・重傷）と制限なしとの選択	①PIP保険(*) ②賠償責任保険	無保険車所有者、無断使用者、他のPIP保険(**)適用中	—	$250,000	週 $100限度 生涯限度 $5,200	1日 $12 最長30日	②③に同じ 葬儀費 $1,000	加害者、賠償保険者に求償可
強制	選択型	ケンタッキー（1975）	全額（死亡・重傷または医療費 $1,000超）と制限なしとの選択	①被害者 ②加害者	故意、重罪実行中、逮捕逃れ	$10,000	総支払限度額まで	週 $200限度 生涯限度 $4,380	②に含まれる	②③に同じ 葬儀費 $1,000	加害者、賠償保険者に求償可
強制	選択型	ペンシルベニア（1990**）	用語（重傷）と制限なしとの選択	①被害者 ②加害者	故意、改造車	—	$5,000	事故後6日目から所得の80%（上限月 $200）	実際に発生した合理的な費用	事故後24ヶ月以内に死亡した場合に給付 直接関連費用 葬儀費 $1,000	不可

制度	州名（導入年）	主な訴権制限の内容	保険証券の適用順位	主な免責事項	総支払限度額	①医療費等	②所得補償	③家事費用	④遺族給付・⑤葬儀費	民事訴訟以外による回収可否
強制（訴権制限なし）	アーカンソー（1987＊＊＊＊＊）	規定なし	規定なし	故意、重罪実行中、逮捕逃れ	—	$5,000（事故後1年間まで）	事故後8日目から所得の70%（上限$140）を最長52週	事故後8日から上限週$70を最長1年間	$5,000 葬儀費による	加害者の賠償保険金額の範囲内で求償可
	デラウェア（1972）	—	①加害者 ②被害者	規定なし	—	総支払限度額まで	正味所得を給付（上限なし）	総支払限度額まで（事故後2年間）	遺族給付なし 葬儀費$5,000	不可
	メリーランド（1973）	—	①加害者 ②被害者	故意、重罪実行中、盗難車の占有中	1名$15,000 1事故$30,000	$5,000（事故後1年間まで）（総支払限度額まで）	所得の85% 最長3年間	総支払限度額まで（事故後3年間）	遺族給付なし 葬儀費（事故後3年間）	不可
	オレゴン（1972）	—	①加害者 ②被害者	故意、競技中	$2,500	$10,000（事故後1年間まで）	所得の70%（上限月$1,250）最長52週（就労不能が14日以上の場合のみ）	1日$30 最長52週（就労不能が14日以上の場合のみ）	遺族給付なし 葬儀費$2,500	加害者、賠償保険者に求償可
	コロンビア特別区（1986）		①被害者 ②加害者 ③無保険車基金	競技中、可燃・危険物運搬中		$50,000	所得の80% 上限$12,000	事故後3年以内に発生した合理的な費用 上限$12,000	遺族給付なし 葬儀費$4,000限度の実費	賠償保険者に求償可
任意（訴権制限なし）	ニューハンプシャー（1971）		①被害者 ②加害者	改造車	—	$5,000（事故後1年間まで）	規定なし	規定なし	規定なし	不可
	サウスダコタ（1972）	—	①加害者 ②被害者	規定なし	—	$2,000（事故後1年間まで）	事故後15日目から週$60 最長52週	総支払限度額まで 週$30 最長52週	事故後90日以内に死亡の場合$10,000 葬儀費なし	
	テキサス（1981）	—	規定なし	故意、重罪実行中、逮捕逃れ	$2,500（$100,000まで付加可能）	総支払限度額まで（事故後3年間まで）	所得の100%	規定なし	遺族給付なし 総支払限度額に含む	不可
	バージニア（1972）	—	規定なし	規定なし		$2,000（事故後3年間まで）	所得の100%（上限週$100）最長52週	規定なし	遺族給付あり 葬儀費 医療費に含む	
	ワシントン（1990）	—	規定なし	故意、競技中、戦争、核爆発、重罪実行中		$10,000（事故後3年間まで）	所得の85%（上限週$200）	1日$40 最長1年間	遺族給付なし 葬儀費$2,000	加害者、賠償保険者に求償可
	ウィスコンシン（1972）	—	規定なし	規定なし		$1,000	規定なし	規定なし	規定なし	保険者による代位求償の可否

（＊）PIP保険：Personal Injury Protection 保険（被害者保険と同義）

（＊＊）ペンシルベニア州では、1975年にノーフォルト制度を導入したが1984年に一旦廃止、その後1990年に復活した

（＊＊＊）フロリダ州では、2007年にノーフォルト制度を廃止したが、2008年に復活した

（＊＊＊＊）アーカンソー州は、2010年に任意から強制に移行した

出典：American Insurance Association, Automobile Insurance Law (2007), Insurance Information Institute, The III Insurance Fact Book (2015) 他

別表2　カナダ各州のノーフォルト自動車保険制度(1)—訴権制限のある州

		ケベック州	マニトバ州	サスカチュワン州	オンタリオ州
民事訴訟権*	慰謝料	なし	なし	なし	用語による訴権制限あり
	経済的損害(ノーフォルト給付超過分)	なし	なし	あり	あり
導入年		1978	1967	1946	任意 1968　強制 1971
付保強制		あり	あり	あり	あり
運営主体		Régie de l'Assurance Automobile du Québec (州営保険公社)	Manitoba Public Insurance Corporation (州営保険公社)	Saskatchewan General Insurance Office (州政府機関)	民間保険会社
ノーフォルト保険 保険給付内容	医療費	無制限	無制限	1名　C$526,970	1名　C$100,000 (極めて重大な傷害はC$100万) 介護費用　C$72,000 (極めて重大な傷害はC$100万)
	休業補償	正味収入の90% (上限年C$50,000) 傷害: 3年間, 後遺障害: 生涯	正味収入の90% (上限年C$58,500) 傷害: 3年間	正味収入の90% (上限年C$54,893)	正味収入の80% (上限週C$400)
	後遺障害	一覧表による (最高C$137,210)	一覧表による (最高C$108,644)	一覧表による (最高C$131,743)	なし
	死亡	死亡時期の制限なし 収入・年齢に応じ: C$250,000~C$48,683 +被扶養者の年齢に応じ: C$45,198~C$23,123 両親: C$18,256	死亡時期の制限なし 収入・年齢に応じ: C$292,500~C$43,466 +被扶養者の年齢に応じ: C$38,032~C$20,646	死亡時期の制限なし 配偶者/被扶養者: 最低C$47,427 その他: C$10,539 教育費: C$31,618	事故から3年以内の死亡 配偶者: C$25,000 その他扶養者: C$10,000
	葬儀費	C$3,650	C$3,803	C$5,270	C$6,000
賠償責任保険最低付保額		C$50,000	C$200,000	C$200,000	C$200,000

＊被害者から加害者に対する民事上の賠償請求権の訴権。「なし」とは、その訴権がないことをいう。

資料：Insurance Bureau of Canada Web Site 他

別表2　カナダ各州のノーフォルト自動車保険制度(2)―大西洋沿岸諸州

	ニューファンドランド州	プリンス・エドワード・アイランド州	ノバ・スコシア州	ニュー・ブランズウィック州
民事訴訟権＊　慰謝料	あり	あり	あり	あり
民事訴訟権＊　経済的損害（ノーフォルト給付超過分）	あり	あり	あり	あり
導入年	不明	任意 1969　強制 1984	任意 1969　強制 1983	任意 1969　強制 1980
付保強制	あり	あり	あり	あり
運営主体	民間保険会社	民間保険会社	民間保険会社	民間保険会社
ノーフォルト保険給付内容　医療費	1名 C$25,000（最高4年）	1名 C$25,000（最高4年）	1名 C$25,000（最高4年）	1名 C$50,000（最高4年）
休業補償	上限：週C$140 傷害：104週 後遺障害：生涯給付 家事従事者：週C$70を12週まで	上限：週C$140 傷害：104週 後遺障害：65歳まで 家事従事者：週C$70を12週まで	上限：週C$140 傷害：104週 後遺障害：生涯給付 家事従事者：週C$70を12週まで	上限：週C$240 傷害：104週 後遺障害：生涯給付 家事従事者：週C$100を52週まで
後遺障害	なし	なし	なし	なし
死亡	事故から2年以内の死亡 世帯主：C$10,000 第1級扶養者以外の被扶養者：C$1,000 配偶者：C$10,000 扶養中の子供：C$2,000	事故から2年以内の死亡 世帯主：C$10,000 第1級扶養者以外の被扶養者：C$1,000 配偶者：C$10,000 扶養中の子供：C$2,000	事故から2年以内の死亡 世帯主：C$10,000 第1級扶養者以外の被扶養者：C$1,000 配偶者：C$10,000 扶養中の子供：C$2,000	事故から2年以内の死亡 世帯主：C$50,000 第1級扶養者以外の被扶養者：C$1,000 配偶者：C$25,000 扶養中の子供：C$5,000
葬儀費	C$1,000	C$1,000	C$1,000	C$2,500
賠償責任保険最低付保額	C$200,000	C$200,000	C$200,000	C$200,000

＊被害者から加害者に対する民事上の賠償請求権の訴権。「なし」とは、その訴権がないことをいう。
資料：Insurance Bureau of Canada Web Site 他

別表2　カナダ各州のノーフォルト自動車保険制度(3)―西部諸州

		ブリティッシュ・コロンビア州	アルバータ州	ユーコン準州	ノースウエスト準州／ヌナバット準州＊
民事訴訟権**	慰謝料	あり	あり	あり	あり
	経済的損害(ノーフォルト給付超過分)	あり	あり	あり	あり
導入年		1969	任意 1967　強制 1971	1977	1975
付保強制		あり	あり	あり	あり
運営主体		Insurance Corporation of British Columbia (州営保険会社)	民間保険会社	民間保険会社	民間保険会社
ノーフォルト保険給付内容	医療費	1名 C$150,000	1名 C$10,000	1名 C$10,000	1名 C$25,000（4年まで）
	休業補償	総収入の75%（上限週 C$300）傷害：104週まで 後遺障害：生涯給付 家事従事者：週C$145を104週まで	総収入の80%（上限週 C$300）傷害・後遺障害：104週まで 家事従事者：週C$100を26週まで	総収入の80%（上限週 C$300）傷害・後遺障害：104週まで 家事従事者：週C$100を26週まで	総収入の80%（上限週 C$140）傷害：104週まで 後遺障害：生涯給付 家事従事者：週C$100を12週まで
	後遺障害	なし	なし	なし	なし
	死亡	死亡時期の制限なし 世帯主：C$5,000 筆頭遺族：週C$35を104週まで その他の遺族：週C$35を104週まで 配偶者：C$2,500 子供：年齢に応じて最高C$1,500	死亡時期の制限なし 世帯主：C$10,000 被扶養者：C$2,000＋死亡 給付額の1%を104週まで 配偶者：C$10,000 子供：年齢に応じて最高C$3,000	死亡時期の制限なし 世帯主：C$10,000 被扶養者：C$2,000＋死亡 給付額の1%を104週まで 配偶者：C$10,000 子供：年齢に応じて最高C$3,000	死亡時期の制限なし 世帯主：C$10,000 配偶者：C$10,000 筆頭遺族：C$2,500 （その他の遺族、配偶者、被扶養者1名ごとにC$1,500増額）
	葬儀費	C$2,500	C$2,000	C$2,000	C$1,000
賠償責任保険最低付保額		C$200,000	C$200,000	C$200,000	C$200,000

＊ヌナバット準州は、1999年4月にノースウエスト準州の東部が分立してできた新しい準州。

＊＊被害者から加害者に対する民事上の賠償請求権の有無。「なし」とは、その訴権がないことをいう。

資料：Insurance Bureau of Canada Web Site 他

別表3　ニュージーランド事故補償制度に関する参考文献一覧

１．邦文文献

浅井尚子　「ニュージーランド事故補償法とその運用実態」『損害賠償から社会保障へ』（三省堂）41頁（1989）

浅井尚子　「ニュージーランド事故補償法―その運用実態と改革の方向―」私法53号260頁（1991）

浅井尚子　「ニュージーランド事故補償法の改革と生計維持システムの統合」『家族・労働・福祉』（永田文昌堂）463頁（1991）

浅井尚子　「事故補償制度下での自動車交通事故の実態と予防施策の選択」『世界の交通法』（西神田編集室）187頁（1992）

浅井尚子　「1992年事故のリハビリテーションおよび補償に関する保険法の制定―ニュージーランド事故補償制度の変容―」社会保障法8号33頁（1993）

浅井尚子　「ニュージーランド事故補償制度：1992年立法の検討㈠」富大経済論集43巻1号15頁（1998）

浅井尚子　「ニュージーランド事故補償制度の30年」判例タイムズ1102号59頁（2002）

浅井尚子　「効率的運用とは何か―ニュージーランド事故補償制度一部民営化の経験から―」法政論集201号643頁（2004）

浅井尚子　「NZ事故補償制度における医療事故概念の変遷」『損害賠償法の軌跡と展望』（日本評論社）209頁（2008）

浅野有紀　「ニュージーランド事故補償法の20年」金沢法学38巻1・2号（1996）117頁（1996）

飯塚和之　「ニュージーランドにおける事故補償法と自動車事故」ジュリスト609号86頁（1976）

飯塚和之　「ニュージーランドにおける事故補償―1972年事故補償法の経験」商学討究29巻2号36頁（1978）

伊藤高義　「ニュージーランド事故補償法運用の問題点」ジュリスト691号200頁（1979）

大場敏彦　「ニュージーランドにおける労働災害補償」法学志林92巻1号41頁（1994）

奥山　誠　「ニュージーランドにおける新しい事故補償法について」オーストラリア研究紀要1号118頁（1975）

甲斐克則　「ニュージーランドにおける医療事故と被害者の救済」比較法学42巻1号79頁（2008）

小林秀文　「ニュージーランド事故補償法における損害の分散」『交通事故賠償の現状と課題』（ぎょうせい）531頁（1979）

佐野　隆　「ネグリジェンスを理由とする懲罰的損害賠償金に関するニュージーランドの判例」比較法学31巻2号221頁（1998）

佐野　隆　「ニュージーランドにおける懲罰的損害賠償金をめぐる問題の立法による解決」比較法学33巻1号199頁（1999）

佐野　隆　「懲罰的賠償の現状―ニュージーランドおよびイングランド」比較法研究72号116頁（2010）

佐野　誠　「ニュージーランド事故補償制度における民事訴権の廃止に関する一考察―航空事故を中心として―」損害保険研究61巻2号137頁（1999）

佐野　誠　「ニュージーランドにおける事故補償制度の最近の動向」交通法研究28号76頁（2000）

杉山有紀　「ニュージーランド事故補償法に関する考察」東京大学大学院法学政治学研究科専修コース研究年報2000年度版93頁（2001）

鈴木義男　「ニュージーランド及びオーストラリアにおける災害補償制度の新動向」法律のひろば28巻6号45頁（1975）

中野希世子　「ニュージーランド事故補償制度における医療事故について」福岡大学大学院論集35巻1号49頁（2003）

林　弘子　「ニュージーランドの1972年事故補償法—人的傷病に関するコモンローの廃止」海外事情研究3巻2号1頁（1975）

松本恒雄＝手嶋　豊　「ニュージーランド事故補償法の将来—リチャード・S・ミラー教授の見解を中心に」広島法学13巻4号95頁（1990）

水野　謙　「医療事故に関するニュー・ジーランド法の対応」比較法研究72号10頁（2010）

水野　謙　「逸失利益概念に対する一つの疑問—回顧的な視点を設定することの意味」ジュリスト1403号46頁（2010）

水野　謙　「ニュー・ジーランドに学ぶ医療紛争の解決のあり方」『患者の権利と医療の安全』（ミネルヴァ書房）327頁（2011）

森嶋昭夫　「慰謝料の比較法的研究—ニュージーランド」比較法研究44号94頁（1982）

2．事故補償法翻訳

1972年法：名古屋大学不法行為法研究会訳「ニュージーランド事故補償法」法政論集79号395頁〜82号284頁（1979）、

1982年法：浅井尚子訳「1982年事故補償法」『損害賠償から社会保障へ』（三省堂）304頁（1989）

1992年法：浅井尚子訳「ニュージーランド「事故のリハビリテーションと補償に関する保険法」」国際商事法務25巻11号（1997）〜26巻3号（1998）

3．英文文献（2001年法以降）

H. Armstrong, *Vocational Rehabilitation and Long-term Claims*, [2008] 1 NZ LAW REVIEW 21

H. ARMSTRONG, BLOOD ON THE COAL: THE ORIGINS AND FUTURE OF NEW ZEALAND'S ACCIDENT COMPENSATION SCHEME (2008), available at site（http://www. hazelarmstronglaw. co. nz/reports/Blood_on_the_Coal_Mark_final_%20May_%202008.pdf）

P. Butler, *A Brief Introduction to Medical Misadventure*, 35 VUWLR 811 (2004)

D. Caygill, *1990s – Decade of Change*, 34 VUWLR 387 (2003)

A. Clayton, *Some Reflections on the Woodhouse and Legacy*, 34 VUWLR 449 (2003)

A. Duffy, *The Common-Law Response to the Accident Compensation Scheme*, 34 VUWLR 367 (2003)

G. Duncan, *Moral Hazard and Medical Assessment*, 34 VUWLR 433 (2003)

G. Duncan, *Advancing in Employment: The Way forward for Vocational*

Rehabilitation, 35 VUWLR 801 (2004)

G. Duncan, *Boundary Dispute in the ACC Scheme and the No-Fault Principle*, [2008] 1 NZ LAW REVIEW 27

R. Dyson, *The Future of Accident Compensation: New Directions and Visions*, 35 VUWLR 775 (2004)

B. Easton, *The Historical Context of the Woodhouse Commission*, 34 VUWLR 207 (2003)

B. Easton, *Ending Fault in Accident Compensation: Issuer and Lessons from Medical Misadventure*, 35 VUWLR 821 (2004)

L. Evans, *Accident Compensation: The Role of Incentives, Consumer Choice and Competition*, 34 VUWLR 423 (2003)

R. Gaskins, *The Fate of "No-Fault" in America*, 34 VUWLR at 213 (2003)

R. Gaskins, *New Dynamics of Risk and Responsibility: Expanding the Vision for Accident Compensation*, 35 VUWLR 951 (2004)

R. Gaskins, *Reading Woodhouse for the Twenty-First Century*, [2008] 1 NZ LAW REVIEW 11

M. Hook, *New Zealand's Accident Compensation Scheme and Man-Made Disease*, 39 VUWLR 289 (2008)

B. Howell, *Medical Misadventure and Accident Compensation in New Zealand: An Incentives-Based Analysis*, 35 VUWLR 857 (2004)

K. Keith, *The Law Commission's 1988 Report on Accident Compensation*, 34 VUWLR 293 (2003)

H. Luntz, *Looking Back at Accident Compensation: An Australian Perspective*, 34 VUWLR 279 (2003)

H. Luntz, *The Australian Picture*, 35 VUWLR 879 (2004)

H. Luntz, *A View from Abroad*, [2008] 1 NZ LAW REVIEW 97

J. Martin, *Establishment of the Accident Compensation Commission 1973: Administrative Challenges*, 34 VUWLR 249 (2003)

M. McClure, *A Decade of Confusion: The Differing Directions of Social Security and Accident Compensation 1969–1979*, 34 VUWLR 269 (2003)

P. McKenzie, *The Compensation Scheme No One Asked for: the Origins of ACC in New Zealand*, 34 VUWLR 193 (2003)

G. McLay, *Accident Compensation – What's the Common Law Got to Do With It?*, [2008] 1 NZ Law Review 55

J. Miller, *Trends in Personal Injury Litigation: the 1990s*, 34 VUWLR 407 (2003)

K. Oliphant, *Beyond Woodhouse: Devising New Principles for Determining ACC Boundary Issues*, 35 VUWLR 915 (2004)

K. Oliphant, *Beyond Misadventure: Compensation for Medical Injuries in New Zealand*, 15 MEDICAL L. REV. 357 (2007)

G. Palmer, *"The Nineteen-Seventies": Summary for Presentation to the Accident Compensation Symposium*, 34 VUWLR 239 (2003)

G. Palmer, *The Future of Community Responsibility*, 35 VUWLR 905 (2004)

G. Palmer, *Accident Compensation in New Zealand: Looking Back and Looking Forward*, [2008] 1 NZ LAW REVIEW 81

D. Rennie, *Administering Accident Compensation in the 1980s*, 34 VUWLR 329 (2003)

P. Roberts, *Policy to Protection: The Role of Human Nature and System Nature in Preventing Patient Injury*, 35 VUWLR 829 (2004)

R. Stephens, *The Economic and Social Context of the Changes in Accident Compensation*, 34 VUWLR 351 (2003)

R. Stephens, *Horizontal Equity for Disabled People: Incapacity from Accident or Illness*, 35 VUWLR 783 (2004)

S. St John, *Reassessing the Links with Health and the Welfare State*, 35 VUWLR 779 (2004)

E. W. Thomas, *Tribute to Sir Owen Woodhouse*, [2008] 1 NZ LAW REVIEW 129

R. Tobin & E. Schoeman, *The New Zealand Accident Compensation Scheme: The Statutory Bar and the Conflict of Laws*, 53（2）THE AMERICAN JOURNAL OF COMPARATIVE LAW 493 (2005)

R. Tobin, *Common Law Action on the Margin*, [2008] 1 NZ LAW REVIEW 37

B. Wilkinson, *The Accident Compensation Scheme: A Case Study in Public Policy Failure*, 34 VUWLR 313 (2003)

G. Wilson, *ACC and Community Responsibility*, 35 VUWLR 969 (2004)

R. Wilson, *1990s – Decade of Change*, 34 VUWLR 387 (2003)

R. Wilson, *Prevention Strategies: New Departures – A Union Perspective*, 35 VUWLR 937 (2004)

R. Wilson, *The Woodhouse Vision – 40 Years in Practice*, [2008] 1 NZ LAW REVIEW 3

別表4　オーストラリア各州のノーフォルト自動車保険制度

	ビクトリア	タスマニア	ノーザンテリトリー
制度発足日	1987年1月1日	1974年12月1日	1979年7月1日 (不法行為訴権が完全に廃止されたのは、1984年7月1日)
根拠法	Transport Accident Act 1986	Motor Accidents (Liability and Compensaiton) Act 1973	The Motor Accidents (Compensation) Act
運営主体等	The Transport Accident Commission	The Motor Accidents Insurance Board	The Territory Insurance Office
医療費等	合理的な金額を生涯給付 (免責額 A$450)	合理的な金額を 最高 A$200,000まで	合理的な金額 介護費:週20時間まで(A$16/時間)
所得補償	当初の18ヶ月:所得の80% (上限週 A$719、下限週 A$352＋第一共養者 A$98＋その他の扶養者 A$31/人) その後:所得の80% (上限週 A$584、下限週 A$313＋第一共養者 A$88＋その他の扶養者 A$29/人) なお、最初の1週間については支給しない	所得の80%を最長104週まで (いかなる業務にも復帰できない場合は、最長5年間)	州内の平均賃金の85% (毎年1月、7月に見直す) 2001年1月現在 週 A$451.70
障害給付	障害程度が10%以上の被害者に 最高 A$69,040の一時金	—	最高 A$166,420.80の一時金
死亡給付	一時金:最高 A$115,030 (被害者の年齢によって異なる) 定期金:所得の80% (上限週 A$719)	遺族給付:A$25,020(被害者が65歳未満)、A$17,020(同65歳以上)＋A$4,540/被扶養者 葬祭費:A$2,100(埋葬)、A$1,600(火葬)	葬祭費:A$4,160.50 遺族給付:配偶者 A$124,815.60＋子供付加金(10%～25%) 定額給付:子供に対して週 A$80.00
不法行為による請求	死亡・重傷の場合、被害者または遺族から可能。ただし、経済的損害が A$34,020超の場合に限る。加害者からの慰謝料の上限は、慰謝料 A$340,250、経済的損害 A$557,310。収益額の上限は、A$765,570、死亡の場合 A$557,310。	可能	不可(ただし、州外居住者は可能)
保険者による代位求償	可能	可能	可能
免責事由	違法運転、飲酒・薬物運転、無免許運転等	故意、労災保険の対象事故、保険料が未払いであるときに被るべきである事故、あることを知っていたときに被るべきである事故、戦争中、競技中、犯罪実行中等た所有者または運転者	車の無断使用、犯罪実行中 連捕遁れ、故意の傷害、労災保険の対象となる事故
その他	障害程度50%以上:所得補償・障害定期金は退職年齢まで支給 障害程度50%未満:所得補償、障害定期金は3年間 または合計 A$106,120まで	—	—

第2章　米国におけるノーフォルト自動車保険制度の現状と課題

　米国はノーフォルト自動車保険制度の母国とも言われ、また付保台数を考慮すると現在でも世界のノーフォルト自動車保険制度の中心である。ノーフォルトという言葉や概念も米国において生まれたと考えられる。

　米国各州の現行制度の概要については、第1章　第1節　1.で述べたところであるが、本章では、まず米国におけるノーフォルト自動車保険制度の経緯と現状を概観した上で、現地で議論されている問題点について考察する。

第1節　米国におけるノーフォルト自動車保険制度の概念

　米国における自動車人身事故被害者に対するファースト・パーティ型の自動車保険カバーとしては、以下の二種類がある[1]。

① 医療費用保険（Medical Payment Insurance：MP）

　　被保険者が自動車事故によって負傷した場合に、被害者と加害者との過失割合に関係なく被保険者に発生した医療費を補償するものである。

② 人身傷害補償保険（Personal Injury Protection Insurance：PIP）

　　被保険者が自動車事故によって負傷した場合に、被害者と加害者との過失割合に関係なく、医療費のみならず、逸失利益、家事代替費用（replacement service losses）、葬儀費用、および遺族損失についても補償する保険である。

　MP保険とPIP保険との違いは、MP保険が医療費用のみを補償するのに対して、PIP保険は医療費用以外の経済的損害も補償することである。ただし、いずれの保険でも非経済的損害（精神的損害等）は対象外である。このうち、MP保険は全ての州において自動車保険の任意付帯特約として発売さ

1　R. H. JOOST, AUTOMOBILE INSURANCE AND NO-FAULT LAW 2D, at 1-17 (2002).

れている。これに対して、PIP保険は任意保険として販売されているだけでなく、州によっては付保強制されることがあり、また、それにより被害者の加害者に対する不法行為訴権が制限されている州がある。米国においてノーフォルト自動車保険という場合には、通常このPIP保険を指す。そして、ノーフォルト州とは、このPIP保険の付保を強制するか、保険契約者に対する付保は強制しないが保険会社に対してPIP保険の提示を強制している法規制を有する州のいずれかを指すことになる[2]。

米国におけるノーフォルト自動車保険制度の専門家であるジョースト弁護士によれば、ノーフォルトとは保険の形式ではなく、以下の内容を持つ法的制度であるとする[3]。

① 過失の状況に関わらず自動車事故後に被害者が人身補償を受ける権利
② そのような補償を被保険者に行うことを内容とする自動車保険契約
③ 不法行為訴権の一部もしくは全部を制限することにより<u>自動車保険料の最小化を図る</u>法令もしくは実務

ここで特徴的なのは、ノーフォルト自動車保険制度の目的が自動車保険料の低額化であることと、そのための手段として不法行為訴権の制限を制度の条件としていることである[4]。これは、米国においてはノーフォルト自動車保険制度が自動車保険料の高騰対策として導入されたことと関連する。ノーフォルト自動車保険制度を導入しても、不法行為訴権を制限しなければ自動車保険料は増大しこそすれ、減少することはないからである。その意味で、米国では不法行為訴権を完全に廃止した制度が「真の」ノーフォルト自動車保険制度であると評価されることになる[5]。

---

2 この他に、後述のように個々の自動車保有者がノーフォルト自動車制度制度と不法行為制度のいずれかを選択できるいわゆる「選択ノーフォルト制度」をとっている州もあり、これもノーフォルト州として分類される。

3 Joost, surpa note 1, at 1-14.

4 ジョーストによれば、ノーフォルトとは米国の通常の辞書的意味としては無過失ということであるが、法律学辞典においては、ノーフォルト制度について、不法行為訴権の制限という条件を付していることが多いとする（Joost, supra note 1, at 1-18）。

5 ノーフォルト自動車保険制度の分類における「純粋ノーフォルト（pure no-fault）」という言葉は、この意味を有する。もっとも、米国においては純粋ノーフォルト制度を採用している州はない。

第2節　米国におけるノーフォルト自動車保険制度の歴史

1．ノーフォルト前史と初期のノーフォルト提案

　米国において本格的に自動車が使用され始めたのは20世紀になってからであるが[6]、それ以来、自動車事故被害者に対する救済は基本的に過失責任制度を基礎とした不法行為法制（Tort System）によるものであった[7]。現在でも、全米50州（およびワシントンD.C.とプエルトリコ準州）のうち28の州において過失責任制度が採用されている。

　しかしこの過失責任制度に対しては、早くから多くの批判がなされてきており、以下のような過失責任制度に代わる新たな自動車事故被害者救済制度の提案が20世紀初頭から行われてきている。

　まず、1916年にハーバード大学のバランタイン教授により無過失責任制度をとる労災法と同様の制度を鉄道事故に対しても適用すべきであるとの主張がなされ[8]、さらにそれを自動車事故にも拡大すべきであるとの主張に引き継がれてゆく[9]。

　1919年、ミネソタ大学のカーマン教授はファースト・パーティ型の強制自動車保険を提案したが、その中で人身損害賠償の前提要件である加害者の過失を削除することを提唱している[10,11]。

6　ヘンリー・フォードが大量生産可能なフォードT型を発売したのは1907年であり、これ以来、自動車は大衆化し米国は自動車社会になってゆく。

7　もっとも、人身損害賠償における過失責任制度は英米法におけるコモンロー（common law）の伝統というわけではない。初期の英米法においては、人身損害賠償については侵害訴訟（trespass）により過失要件なしで認められていた。過失責任制度は、19世紀における資本主義、自由主義、自己責任主義の発展に伴い採用されてきたものであり、その意味で、「もし自動車が19世紀半ば以前に発明されていたならば、自動車事故に対して過失責任制度が適用されることはなかったであろう」という指摘もある（Joost, supra note 1, at 2-8）。

8　Ballantine, *A Compensation Plan for Railway Accident Claims*, 29 HARV. L. REV. 705 (1916).

9　Rollins, *A Proposal to Extent the Compensation Principle to Accidents in the Streets*, 4 MASS. L.Q. 392 (1919).

10　Carman, *Is a Motor Vehicle Accident Compensation Act Available?*, 4 MINN. L. REV. 1 (1919).

11　後述のように、本提案はノーフォルト自動車保険制度としてはいずれの州の立法

第2章　米国におけるノーフォルト自動車保険制度の現状と課題　　*97*

　1925年には、マルクス判事により、自動車事故においては過失責任制度に代わり絶対責任（無過失責任）制度を採用すべきであるとの主張がなされている[12]。

　これら初期のノーフォルト提案は、時代背景もさることながら、内容的にも必ずしも詰められたものでなかったこともあり[13]、注目を集めることもなく、いずれの州の立法にも至ることはなかった。

2．コロンビア・プランとカナダ・サスカチュワン州の立法

　一般に、米国におけるノーフォルト制度案の嚆矢とされているのは、コロンビア大学の研究チームによる自動車事故被害者救済制度の提案である1932年のコロンビア・プラン[14]であるといわれている[15]。

　本プランは、労災補償と同様のスキームにより被害者に対する経済的損害の補償を無過失責任ベースで行い、その財源を強制自動車保険に求めるというものである。なお、精神的損害（pain and suffering）についての補償は認めない。さらにこの強制保険からの回収以外については、被害者による加害者に対する賠償請求を制限する。

　注目すべきは、本プランで提案しているのはサード・パーティ型のノーフォルト自動車保険であるということである。このため、自損事故によって負傷した運転者についての補償は行われない[16]。

　　ともならなかったが、本提案の中の「強制自動車保険」という概念は、その後多くの州の強制自動車保険立法に影響を与えたとされる（Joost, supra note 1, at 2-12）。

12　Marx, *Compulsory Compensation Insurance*, 25 COLUM. L. REV. 164 (1925).

13　これらの提案が支持されなかった背景には、自動車事故被害者にとっては新しい制度よりも従来の過失責任制度の方がより多くの補償を得ることができるという一般的な理解があり、この誤解を解くことができなかったことがある、との指摘がある（Joost, supra note 1, at 2-13）。

14　COLUMBIA UNIVERSITY COUNCIL FOR SOCIAL SCIENCES, REPORT OF THE COMMITTEE TO STUDY COMPENSATION FOR AUTOMOBILE ACCIDENTS（1932）。なお、M. G. WOODROOF, J. R. FONSEA & A. M. SQUILLANTE, AUTOMOBILE INSURANCE AND NO-FAULT LAW, at 433 (1974)にその概要がまとめてある。

15　E. Nordman, *The History of No-Fault Auto Insurance*, JOURNAL OF INSURANCE REGULATION Vol.16 No.4, p459 (1998).

16　後述のキートン・オコンネル案や米国各州のノーフォルト制度がファースト・パーティ型（歩行者についてはサード・パーティ型も付加されている）であるのに対して、本案でサード・パーティ型の提案となっているのは、労災制度を自動車事故にも

コロンビア・プランに対してはニューヨーク州、バージニア州、ウィスコンシン州などの立法担当者が関心を示したとされるが[17]、結果的に米国において立法化されることはなかった。しかし、コロンビア・プランの成果は、隣国のカナダにおいて世界最初のノーフォルト自動車保険制度となって現れた。サスカチュワン州における、1946年自動車事故保険法である[18]。

サスカチュワン州の制度においては、運転者の過失の有無・程度にかかわらず全ての自動車事故被害者に発生した経済的損害に対して保険金が支払われる（精神的損害は対象外である）。この保険の付保は強制され、さらにノーフォルトカバーの金額を超過する部分についての賠償責任保険の付保も要求されている。本制度は、コロンビア・プランと異なり、被害者の加害者に対する不法行為訴権は制限されておらず、経済的損害についてはノーフォルト保険で補償された金額を超過する部分について、また、精神的損害については全ての金額について加害者に賠償請求できる。その意味で、サスカチュワン州の制度はいわゆる付加型（add-on）ノーフォルト制度である[19]。付加型ノーフォルト制度に対しては、不法行為訴権が制限されていないので、折角のノーフォルト制度にもかかわらず不法行為訴訟が減少しないという批判があるが、サスカチュワン州においては不法行為訴訟の件数は極めて少ないことが指摘されており、これについて、これはノーフォルト法の内容が良かったからではなく、米国に比べてサスカチュワン州における求償性向（claims consciousness）が低かったことが原因であるという指摘がある[20]。

なお、サスカチュワン州のノーフォルト制度は設立当初より民間保険会社ではなく、州政府機関であるサスカチュワン政府保険局（Saskatchewan

---

適用しようという発想によるものと思われる。また、当時の自動車事故被害者が歩行者などの車外の第三者が多数を占めていたことも影響している可能性がある。その後、自動車が「走る凶器」から「走る棺桶」となるにつれて、自損事故被害者救済に対する関心が深まってゆくことになる。

17 Joost, supra note 1, at 2-14.

18 The Automobile Accident Insurance Act, 1946, 10 Geo. 6, Ch. 11 (Saskatchewan).

19 サスカチュワン州では1994年に法律を改正し、現在では精神的損害に対する不法行為訴権を廃止しており（ただし、経済的損害についての不法行為訴権は認められている）、事実上の純粋ノーフォルト制度（virtually pure no-fault）になったと評価されている（Joost, supra note 1, at 2-15）。

20 R. E. KEETON & J. O'CONNELL, BASIC PROTECTION FOR THE TRAFFIC VICTIM, A BLUEPRINT FOR REFORMING AUTOMOBILE INSURANCE (1965) at 147.

Government Insurance Office：SGIO）によって運営されている[21]。

3．1950-60年代のノーフォルト自動車保険制度提案

　前述の通り、1932年のコロンビア・プランは米国においては立法として取り上げられることはなく、その後しばらくはノーフォルト自動車保険制度に対する関心も薄らいでいた。しかし第二次世界大戦後、1950年代から60年代には再度ノーフォルト自動車保険制度の議論が盛り上がってきた。この時期の有力な提案としては、1954年のカリフォルニア大学エーレンツヴァイク教授による「完全援助保険（Full Aid Insurance）」案[22]、1958年のテキサス大学グリーン教授による「強制自動車総合損害保険（Compulsory Motor Vehicle Comprehensive Loss Insurance）」案[23]、1962年のペンシルベニア大学モーリス教授・ポール教授の提案[24]などがあり、これが1965年のキートン・オコンネル案につながってゆく。

　エーレンツヴァイク案は、コロンビア・プランと同様、サード・パーティ型のノーフォルト自動車保険制度であり、その支払内容は労災制度に準じている。補償は経済的損害に限定され、精神的損害は対象外とする。ここまでは従来の提案と大きな違いはないが、エーレンツヴァイク案の特徴は、初めて選択ノーフォルト制度を提案したことである。すなわち、ノーフォルト自動車保険の付保は強制されないが、ノーフォルト自動車保険を購入した自動車保有者は被害者からの損害賠償請求を免れることができる（ただし、犯罪となるような過失の場合を除く）。一方でノーフォルト自動車保険制度に加入しない自動車保有者は、従来どおりの賠償責任保険を購入することになる。このようにして、自動車保有者はノーフォルト自動車保険制度に加入するかどうかの選択権を持つことになる。そしてエーレンツヴァイクによれば、賠償責任保険よりもノーフォルト自動車保険の保険料の方が低額となると思わ

21　この理由としては、当時、サスカチュワン州においては有力な保険会社がなかったこと、および、他州の保険会社が同州での引受けに積極的ではなかったことが指摘されている（Joost, supra note 1, at 2-15）。

22　A. A. Ehrenzweig, *"Full Aid" Insurance for the Traffic Victim – A Voluntary Compensation Plan*, 43 CAL. L. REV. 1 (1955).

23　L. GREEN, TRAFFIC VICTIMS TORT LAW AND INSURANCE (1958).

24　C. Morris & J.C.N. Paul, *The Financial Impact of Automobile Accidents*, 110 U. PA. L. REV. 913 (1962).

100　第1部　諸外国のノーフォルト自動車保険制度

れ、ノーフォルト自動車保険制度に加入する者が多くなるであろうと予測する。

　グリーン案では、ノーフォルト自動車保険の付保を強制し、同保険からの補償により加害者に対する賠償請求を完全に代替させる点が特徴的である。また、同保険からの補償内容はあらかじめ決められたスケジュールによるのではなく、コモンローにおける補償内容に一致させている。ただし、精神的損害は対象外とされる。

　一方、モーリス・ポール案では、不法行為訴権の完全廃止は世論の支持が得られずに現実的でないという理由から、不法行為訴権は残したまま、特に重傷の被害者に対するノーフォルト自動車保険制度からの補償を充実させることに主眼を置いている。同案ではこの補償を行うためのファンドを設立し、800ドルを超える財産的損害を被った被害者に対して、医療費や逸失利益の85％を補償することにしている。

4．キートン・オコンネル案

　このようなノーフォルト自動車保険制度の各種提案の中でも、最も著明でありその後の各州の立法に最も強い影響を及ぼしたのが、ハーバード大学のキートン教授とイリノイ大学のオコンネル教授により提案された「自動車基本補償保険法（The Proposed Motor Vehicle Basic Protection Insurance Act）」の提案（いわゆるキートン・オコンネル案）である[25]。本提案の概要は以下の通りである[26]。

(1)　ノーフォルト自動車保険の付保強制
　　　自動車保有者はノーフォルト自動車保険の付保を強制される[27]。ここで

25　キートン・オコンネル案を紹介した邦語文献として、藤倉皓一郎「アメリカにおける自動車事故被害者の「基本補償」保険―キートン・オコンネル改革案の紹介―」判例タイムズ227号16頁（1969）がある。同論文ではキートン・オコンネル案について「いままでアメリカで数多くの改革案が提唱されているが、現実性のない学者の空論に終わるものが多かった。この点で基本補償案がくわしい実態分析にたって、改革の設計を13条72項にわたる詳細な条文にまとめ具体化したことは、高く評価されよう」とする。

26　Keeton & O'Connell, supra note 20, at 299-339.

27　付保強制の理由としては、①正当な請求に対する賠償資力の確保、②自動車活動

いうノーフォルト自動車保険とは、当事者の過失の状況いかんにかかわり
なく、被害者である被保険者に生じた損害に対して被保険者に直接保険金
の支払をする保険である。ただし、被保険者の故意による事故は免責とさ
れる。

(2)　被保険者
　　本保険の被保険者は、運転者、同乗者および当該車両によって引き起こ
された事故の被害者である歩行者である。すなわち、当該車両の運転者お
よび同乗者については、当該車両に付保されていた保険により補償される
が、歩行者である被害者については加害車両に付保されていた保険により
補償される。この場合、運転者についてはファースト・パーティ型の保険
となり、同乗者および歩行者についてはサード・パーティ型の保険とな
る[28]。

(3)　保険カバーの内容
　　本保険は人身損害について被保険者に生じた経済的な実損害のみを補償
する。すなわち、本保険では物的損害は対象外である。また、人身損害で
も精神的損害は補償されない[29]。したがって、本保険の対象となる損害項
目は、医療費等の実際の出費[30]と逸失利益ということになる。さらに、実
損害のみの補償であるところから、健康保険等からの支払いがあればその

　の事故経費を公平に配分負担させるため、という二つの理由が挙げられている
　（Keeton & O'Connell, supra note 20, at 341-343)。
28　運転者については、衝突事故の場合にはサード・パーティ型の制度とすることも
　可能だが、本案ではファースト・パーティ型を原則とした。その理由として、①請求
　者としては自己が契約した保険会社との交渉の方が他人の保険会社との交渉よりも
　円滑な折衝・処理が期待できること、②被保険者が契約者である場合には次回の更
　改を展望して保険会社との関係でバーゲニング・パワーが期待できること、③保険
　会社としては被保険者の状況に応じて適切な保険料の設定や控除額の選択ができる
　こと、が挙げられている（Keeton & O'Connell,　supra note 20, at 343-351)。
29　精神的損害を対象外とした理由は、自動車活動にその損害経費の主要部分を負担
　させるとともに、被害者にも一部を負担させるのが公平であると考えることによる。
　すなわち、経済的損害は自動車利用者（本保険）、精神的損害は被害者が負担すると
　いうように、損害負担の分担を行うことになる（Keeton & O'Connell, supra note 20,
　at 358)。
30　このほか、被害者が主婦の場合には家政婦を雇う費用もこれに該当する。また、葬
　儀費用も認められるが、500ドルを限度とする。

部分は保険の対象外となる。

(4) 支払限度額および控除額

被害者1名につき1万ドル、1事故につき10万ドルが支払い限度額となる[31]。また、1ヶ月あたりの減収補償額の最高は750ドルとされる[32]。

一方、実損害のはじめの100ドル[33]、または減収補償額の10%[34]のいずれか大きい額を支払額から控除する。

(5) 定期金払い方式

本保険では、損害の発生にともなって1ヶ月ごとの定期金払い方式をとる。ただし、将来の損害をも含む損害総額が1千ドルを超えないとき、あるいは、「補償ノイローゼ」の被害者にとって一括払いによる決着が医学的に望ましいとされる事例では、裁判所の命令によって一括払いが可能である。

(6) 損害賠償請求権の制限

本保険から支払を受ける被害者については、経済的損害は最初の1万ドル、精神的損害は最初の5千ドルを限度として不法行為法上の損害賠償請求権が制限される。これらの限度額を超過する損害については、損害賠償請求権は維持される[35]。

31　当時の米国においては、1万ドルを超える請求は全体の2〜3％にすぎないとされる（藤倉・前掲（注25）19頁）。

32　1ヶ月あたりの逸失利益に制限を設けるのは、この制度は基本補償であり、高額所得者は別途任意保険に加入すべきであるとの考えによる（藤倉・前掲（注25）20頁）。

33　これは100ドルまでの少額請求を排除し、手続費用の増大を防止することを目的とする。

34　これは、回復後も保険からの支払いをよいことに職場復帰を遅らせるようなモラールリスクを排除することを目的とする。

35　この訴権制限は、現行制度の下で少額損害については過大な、高額損害については過少な賠償がなされるという欠陥を是正する目的である（藤倉・前掲（注25）19頁）。なお、訴権制限による事故抑止力の減殺という問題については、キートン・オコンネルは、そもそも損害賠償制度においては事故抑止は主目的ではないという基本的視座に立っている（Keeton & O'Connell, supra note 20, at 368）。

5．その後のノーフォルト自動車保険制度提案

　キートン・オコンネル案以降も、学者、立法担当者、保険業界などから様々
な提案がされている。その主なものは以下の通りである。なお、この他にい
くつかの「選択ノーフォルト制度」に関する提案がなされているが、これら
の内容については選択ノーフォルト制度の項目において論じることとした
い。

(1)　アメリカ保険協会による提案（1969年）[36]

　　これは、アメリカ保険協会（American Insurance Association：AIA）に
より提案されたもので、完全人身補償自動車保険案（The Complete
Personal Protection Automobile Insurance Plan）と称する。本案は「純粋
ノーフォルト制度」であり、支払限度額は無制限である代わりに、加害者
への損害賠償請求権は一切無くなる（ただし、州法の抵触がある場合は例
外とする）。さらに本案では、財物損害についてもカバーする。本保険はフ
ァースト・パーティ型保険であり、医療費等は「合理的な範囲」である限
り、無制限にカバーされる。葬祭費は1千ドルまで填補される。逸失利益
の補償の限度は、1ヶ月あたり750ドルである。後遺障害については医療費
等に対する支払いの50％を限度として補償される。なお、保険契約者は重
傷ケースに備えて任意の追加担保保険を購入できる。

(2)　全国独立保険者協会による提案（1970年）[37]

　　これは全国独立保険者協会（The National Association of Independent
Insurers：NAII）により提案されたものである。本案では、ファースト・
パーティ型保険において医療費等を2千ドルまで、逸失利益を6千ドルま
で補償するが、さらに高額な補償についての任意保険を購入することがで
きる。精神的損害に対する損害賠償請求権は制限される。なお、3千ドル
未満の少額事案では仲裁制度が要求される。本案ではさらに、①交通安全
研究に対する投資、②詐欺的請求に対する厳しい制裁、③弁護士の成功報
酬制度に対する規制などを提案している。

36　Nordman, supra note 15, at 461.
37　Id, at 462.

104　第1部　諸外国のノーフォルト自動車保険制度

(3)　全国統一州法担当官会議による統一自動車事故賠償法案（1972年）[38]

　　1971年、連邦運輸省（U.S. Department of Transportation：DOT）は自動車事故における補償の状況について報告書を発表した[39]。この報告書では、現行の不法行為法制についての問題点[40]を提示した上で、新たな補償制度の導入を提言している。そして本報告書に基づき、DOTは全国統一州法担当官会議（The National Conference of Commissioners on Uniform State Laws：NCCUSL）に対して具体案の作成を依頼した。その結果提案されたのがNCCUSLによる統一自動車事故賠償法案（Uniform Motor Vehicle Accident Reparation Act：UMVARA）であり、これは全米各州において制定されるべきノーフォルト自動車保険法のモデル法案である。

　　本法案では、医療費は無制限だが、入院病室費用についてはセミプライベート病室の一般的な料金に制限される。逸失利益や遺族補償についても期間は無制限だが、週あたり200ドルを上限とする。葬祭費は500ドルである。また、保険料節約のために保険会社により各種の免責金額を設定することが認められる。

　　加害者に対する損害賠償請求権は認められないが、精神的損害については死亡や重度後遺障害に限り5,000ドルを超過する部分について認められる（すなわち、文言と金額の両方による訴権制限となっている）。さらに、車両損害についての損害賠償請求権も認められない。

(4)　全国保険立法者会議による自動車事故補償・費用削減法案（1992年）[41]

　　全国保険立法者会議（The National Conference of Insurance Legislators：NCOIL）は1992年に自動車事故補償・費用削減法案（Auto Accident Compensation and Cost Saving Act）を提案している。本案はNCOILによるモデル法であり、15,000ドルを限度額とする基本補償を提案している（さらに、付加カバーとして100,000ドルの追加補償が可能とされている）。加

38　Id, at 462.

39　DOT, MOTOR VEHICLE CRASH LOSSES AND THEIR COMPENSATION IN THE UNITED STATES (1971).

40　すなわち、①重傷の被害者には過少の補償しかなされない反面、軽傷の被害者は過大な補償を受ける、②過大な弁護士報酬により被害者の受け取れる金額が減額されている、③過多の自動車事故訴訟のため裁判所が渋滞している、④無保険車が多い、などである。

41　Nordman, supra note 15, at 463.

害者に対する損害賠償請求権は、本制度で補償されない経済的損害に限定されるが、精神的損害については重傷に限定して認められる。本制度により補償される項目は、医療費等（免責金額250ドル）、逸失利益（週200ドル）、家事代替サービス（週100ドル）、および死亡補償（5,000ドル）である。なお付加カバーを購入することにより、逸失利益は週1,000ドルに、家事代替サービスは週300ドルに、死亡補償は25,000ドルに、それぞれ増額される。

6. 各州立法の動き

1950〜60年代のノーフォルト自動車保険制度提案、とりわけキートン・オコンネル案により米国各州の立法担当者は刺激を受け、1970年代には具体的な法制度が実現してきた。

米国において最初にノーフォルト制度を導入したのはマサチューセッツ州である。同州では、1970年の立法で導入を決定し、1971年1月1日より施行している。もっとも、米国の準州であるプエルトリコでは、マサチューセッツ州に先立ち1968年の立法により1970年から施行している[42]。

1970年代には、マサチューセッツ州のほかにも多くの州がノーフォルト制度を導入したが、その後は新たな導入の動きは少ない（表1-2-1）。また、一旦導入したノーフォルト制度を廃止して不法行為制度に戻る動きもあるが、ペンシルベニア州やフロリダ州などは不法行為制度に戻った後さらにノーフォルト制度に復帰している（表1-2-2）。

2015年時点では、全米52法域（50州＋コロンビア特別区＋プエルトリコ準州）のうち、24法域がノーフォルト法制を採用し、28法域が不法行為制度となっており、ノーフォルト法制を採用している法域のうち、強制制度が17法域、任意制度が7法域となっている。なお、米国では完全な不法行為訴権制限を行う純粋ノーフォルト（pure no-fault）制度を採用している州はまだない（表1-2-3）。

42　プエルトリコは、カナダ・サスカチュワン州、フィンランド、ノルウェーに次いで世界で四番目にノーフォルト制度を採用した法域である。他の米国諸州においては民間保険会社がノーフォルト保険を引受けているが、プエルトリコでは、サスカチュワン州と同様、政府機関（Administracion de Compensaciones por Accidentes de Automoviles：ACAA）により引受が行われている。初期のノーフォルト制度においては、公的機関を関与させているケースが多いことは興味深い。

106　第1部　諸外国のノーフォルト自動車保険制度

表1-2-1　ノーフォルト制度導入の時期

時　　　　期	導入した州の数
1970年代	26
1980年代	3
1990年代	1

出典：諸資料より筆者作成
＊コロンビア特別区およびプエルトリコを含み、復活州は含まない。

表1-2-2　ノーフォルト制度の廃止と復活

州	ノーフォルト制度 開　始	ノーフォルト制度 廃　止	ノーフォルト制度 復　活
ネ　バ　ダ	1974	1980	―
ペンシルベニア	1976	1984*	1990
サウスカロライナ	1974	1991**	―
ジョージア	1975	1991	―
コネチカット	1973	1993	―
コロラド	1974	2003	―
フロリダ	1972	2007	2008

出典：諸資料より筆者作成
＊正確には、ノーフォルト制度の廃止ではなく、訴権制限なしのノーフォルト制度
　（add-on no-fault）に移行したもの[43]。
＊＊ジョーストの文献によれば「1991年には州法からPIP保険の規定が削除された」
　とあるが、一方で、「しばらくは訴権制限なしのノーフォルト州と位置づけられ
　ていた」との記述もある[44]。事実関係が明確でないが、ここでは1991年ノーフォ
　ルト制度廃止ととらえる。

表1-2-3　全米各州＊の立法状況

ノーフォルト法制 （24）	強　制	金額による訴権制限	7
		用語による訴権制限	3
		選択	3
		訴権制限なし	4
	任　意	訴権制限なし	7
不法行為法制			28

出典：Insurance Information Institute, The I.I.I. Fact Book 2015
＊コロンビア特別区およびプエルトリコを含む

43　J. O'Connell & R. H. Joost, *Giving Motorists a Choice between Fault and No-Fault
　Insurance*, VIRGINIA L. REV. Vol.72：61 at 66（1986）.
44　Joost, supra note 1, at 4-78.

7．連邦立法の動き

　現在までのところ、米国におけるノーフォルト自動車保険制度はすべて州の立法としてなされてきている。これに対して、連邦ベースでノーフォルト自動車保険制度を実施しようとする動きもみられており、前述したNCCUSLによる統一自動車事故賠償法案（1972年）、NCOILによる自動車事故補償・費用削減法案（1992年）などもその一環である。さらに、具体的な法案として連邦議会に提案されたものもある。

　このような意味での初めての連邦法案が、上記の統一自動車事故賠償法案を取り入れた1972年の国家ノーフォルト自動車保険法案（The National No-Fault Motor Vehicle Insurance Act）である。これは、各州に対して連邦基準に合致するノーフォルト制度の立法を要求し、これを怠った場合には連邦基準がこれに取って代わるというものである。しかし、本法案は上院において僅差で否決された[45]。

　翌1973年には、ミシガン州上院議員であるPhilip A. Hartとワシントン州上院議員のWarren Magnusonによって、1972年法案とほぼ同内容のハート・マグヌソン法案（S.354）が提案されている[46]。本法案は1974年に上院を通過したが、翌年には下院で頓挫し、結局立法されなかった。

　その後の連邦法案としては、1996年からの一連の選択ノーフォルト法案がある（表1－2－4）。この表のように、ほぼ毎年、同内容の法案が提案されているが、いずれも立法として成立せず、2005年以降は法案提出の動きも止まったようである。これらの選択ノーフォルト法案の内容については、選択ノーフォルト制度の項目で詳述する。

45　藤倉皓一郎「アメリカにおける自動車事故による損害の補償」『損害保険双書2自動車保険』353頁（注7）（文眞堂、1974）によれば、1972年8月の上院本会議で49対46で否決されたとのことである。

46　この内容については、Woodroof et al, supra note 14, at 425参照。

108 第1部 諸外国のノーフォルト自動車保険制度

表1-2-4 連邦選択ノーフォルト法案

議　会	法案番号	法　　案　　名	提案代表者	※所属
104	S.1860	Auto Choice Reform Act of 1996	McConnell	上・共
105	H.R.2021	Auto Choice Reform Act of 1997	Armey	下・共
105	S.625	Auto Choice Reform Act of 1997	McConnell	上・共
105	S.2454	Auto Choice Reform Act of 1997	McConnell	上・共
106	H.R.1475	Auto Choice Reform Act of 1999	Armey	下・共
106	S.837	Auto Choice Reform Act of 1999	McConnell	上・共
107	H.R.1704	Auto Choice Reform Act of 2001	Armey	下・共
108	S.2931	Auto Choice Reform Act of 2004	Cornyn	上・共

出典：米国連邦議会サイト[47]
※　上：上院、下：下院、共：共和党

　以上の通り、連邦立法を目指す種々の動きにもかかわらず、これらはいずれも実現していない。ノーフォルト自動車保険制度を採用していない州が過半数を占めている現状を考えると、連邦ベースで一括した法制度を構築することは極めて困難であると思われ、米国のノーフォルト自動車保険制度は、ここしばらくは州法ベースでの立法という体制が継続するものと思われる。

第3節　制度間選択(1)―不法行為制度かノーフォルト制度か

　前述のように、米国では州によってノーフォルト法制の取扱いが異なっている。1970年にマサチューセッツ州において初めてノーフォルト自動車保険制度が導入されて以来、各州は、旧来の不法行為制度を存続させるのか、それともノーフォルト自動車保険制度を導入するのかの選択を迫られてきた。いずれの制度についてもメリットとデメリットが論じられ、また、それらの議論を裏付ける実証データも様々なものが提示されており、理論的に優劣をつけることは望みがたい状況にある。同じ州の中でも、不法行為制度の支持者がいればノーフォルト自動車保険制度の支持者もいる。さらに、弁護士会、保険業界などの利害関係者のロビー活動がからみ、この選択には政治的要素が極めて強く反映することになる。

47　http://www.govtrack.us/congress/bill.xpd?bill=s108-2931&tab=related.

本節では、このような各州における制度選択について考察する。具体的には、最近、制度の変更を行った二つの州（コロラド州とフロリダ州）を取り上げ、そこでの制度選択における判断の経緯、考慮要素、政治状況等を見てゆく。このうち、コロラド州では2003年、30年にわたり実施されてきたノーフォルト自動車保険制度を廃止し、不法行為制度に戻った。一方、フロリダ州では長年続けてきたノーフォルト自動車保険制度を2007年にいったん廃止して不法行為制度に戻ったが、その直後にさらなる制度改定を行い、再びノーフォルト自動車保険制度を復活させたのである。

1．コロラド州におけるノーフォルト自動車保険制度廃止

コロラド州では、1974年4月1日よりノーフォルト自動車保険制度を採用してきたが、2003年7月1日をもって同制度を廃止し、約30年ぶりに不法行為制度に復帰した。ノーフォルト自動車保険制度廃止の主たる理由は、自動車保険料の高騰である。2003年以降、同制度の廃止によって自動車保険料のレベルは確かに低下したとされるが、一方で不法行為制度に復帰したことにより新たな問題も発生している。以下では、コロラド州におけるノーフォルト自動車保険制度廃止の経緯とその後の動向を検証し、ノーフォルト自動車保険制度、不法行為制度、それぞれの問題点をあらためて検討する。

(1) ノーフォルト自動車保険制度廃止の経緯

2003年に廃止されたコロラド州のノーフォルト制度は、PIP（Personal Injury Protection）保険の付保を強制することにより実施されていたが、その内容は以下の通りであった[48]。

付保強制対象自動車：
すべての自動車保有者（モーターサイクル、スノーモービル、非公道用自動車等を除く）
補償対象者：
① 被保険者およびその家族
② 被保険自動車搭乗者

---

48 AMERICAN INSURANCE ASSOCIATION, AUTOMOBILE INSURANCE LAWS 2000 (2000).

③　被保険自動車による事故の被害者である歩行者

総支払限度額：200,000ドル

補償費目：

医療費：5年以内に発生した費用につき50,000ドル

喪失賃金補償：所得の100〜60％（期間により異なる、上限週400ドル、最長52週）

家事費用：1日25ドル、最長1年間

遺族給付：5,000ドル

葬儀費用：なし

他の給付等との関係：

他の給付（健康保険等）に優先して支払う。ただし、労災保険については PIP 保険からの支払額は労災保険からの給付を控除する。

被害者から加害者への損害賠償請求：

被害者が死亡もしくは重度後遺障害を被った場合、もしくは、医療費およびリハビリテーション費用が2,500ドルを超過した場合に、精神的および経済的損害を請求できる（文言および金額による訴権制限）。

PIP 保険者から加害者への代位求償：

加害者が付保している賠償責任保険の範囲内で代位求償できる（ただし、2,500ドルを超える部分のみ）。

　2001年、コロラド州議会は、一定の期限までにノーフォルト自動車保険制度に対する何らかの改革がなされなければ同制度を終了させるという法案を成立させた。この期限は2回にわたって延長されたが、2002年に至り、Bill Owens 知事は同制度の抜本的改革案を提案した。しかし州議会はこれらの改革案を否決、結局、同制度を2003年7月1日で終了するという法案（HB1188）が成立したのである[49]。

49　Rocky Mountain Insurance Information Association（RMIIA）website （http://www.rmiia.org/Auto/Steering_Through_Your_Auto_Policy/Tort_Auto_Insurance_Basics.htm）.

第2章　米国におけるノーフォルト自動車保険制度の現状と課題　*111*

(2)　ノーフォルト自動車保険制度廃止の背景

　ア．自動車保険料の高騰

　　　ノーフォルト自動車保険制度廃止の最大の理由は、自動車保険料の高
　騰である。同制度はもともと、加害者に対する訴訟を回避し、事故被害
　者に対する保険制度からの迅速な補償を行うことによって事故コストを
　削減することを目的としていた。しかし実際には訴訟を減少させる効果
　があまりみられず、むしろ、ノーフォルト自動車保険に対する請求が濫
　用されることによってかえってコストがかかる結果となってしまったと
　いわれる。

　　　コロラド州における自動車保険料水準の動向については、いくつかの
　調査結果がある。まず、ノーフォルト自動車保険制度実施前の1972年に
　は全米で「下から10位」の位置にあったが、2003年には全米で「上から
　8位」にまで上昇し、さらに、同制度の中核をなすPIP保険の保険料は、
　2001年から2003年にかけて60％も上昇したとされる[50]。

　　　一方、表1-2-5によれば、コロラド州では、1992年から2002年の10
　年間で自動車保険料が290.65ドル上昇したが、これはノーフォルト自動

表1-2-5　ノーフォルト諸州における自動車保険料の動向（1992→2002）

州	上昇額（ドル）	州	上昇額（ドル）
コ　ロ　ラ　ド	290.65	ミ　シ　ガ　ン	206.20
ニ　ュ　ー　ヨ　ー　ク	290.38	フ　ロ　リ　ダ	191.34
ミ　ネ　ソ　タ	260.46	ニュージャージー	163.97
ノ　ー　ス　ダ　コ　タ	259.69	ペンシルベニア	154.04
ユ　　　　　タ	247.87	マサチューセッツ	100.09
カ　ン　ザ　ス	246.99	ハ　ワ　イ	▲259.65
ケ　ン　タ　ッ　キ　ー	231.84		

出典：コロラド州自動車保険臨時委員会報告書[51,52]

50　T. R. Olsen, *Colorado's New Auto Insurance System and Its Likely Effect on
　　Insurance Premiums*（2004）, available at Rothgerber Johnson & Lyons LLP website
　　（http://www.rothgerber.com/showarticle.aspx?Show=762）.

51　INTERIM COMMITTEE ON AUTO INSURANCE, RECOMMENDATIONS FOR 2006？REPORT
　　TO THE COLORADO GENERAL ASSEMBLY, at 5 (2005) available at website（http://www.
　　state.co.us/gov_dir/leg_dir/lcsstaff/2005/FinalReports/05AutoInsFinRept.pdf）.

52　これは National Conference of State Legislature（NCSL）のデータによるとしている。

車保険制度を採用している全米各州の中でも最も高いものとなっている。

イ．保険料高騰の理由
　このような保険料高騰の理由については種々の文献で様々な分析がなされている。まず、コロラド州におけるPIP保険の保険金額の高さが指摘されている。すなわちコロラド州のノーフォルト自動車保険制度では、医療費、リハビリテーション費用、休業損害などの補償に対して130,000ドルのPIPカバーを買うことが強制されているが、これは全米で3番目に高額な保険金額である。統計によれば、PIPの平均支払額は7,800ドルであり、また、クレーム総数の96％は25,000ドル以下である。このような実態からすると、この法定保険金額は州民が必要としている以上のカバーであると評されている。もっとも、保険金額が高額であったとしても、現実の支払保険金の額が増加しなければ保険料レベルの上昇には結びつかないのであって、この要素が同州の保険料高騰にどれだけ影響したのかは疑問である。
　次に、コロラド州の制度では「痛みに対する治療」に対しても「合理的」であればPIP保険の支払対象となっていることが指摘されている。このため、いわゆる「伝統的治療法」以外の療法に対して高額の保険金が支払われることになってしまったという。
　一方、コロラド州のノーフォルト自動車保険制度は金額による訴権制限方式をとっているが、その金額が2,500ドルときわめて低い。このため容易に精神的損害（pain and suffering）についての訴訟を提起することが可能であったことによって、賠償責任保険の保険金も支払われることになった。
　また、別の文献では、自動車保険料高騰の理由として、①ヘルスケアの異常使用、②医療費用の水ぶくれ、③詐欺的請求の増加[53]、④訴訟の増加、を挙げている[54]。さらに、コロラド州法において、すべての「合理的かつ必要な療法」に対して保険金が支払われると規定されており、こ

53　保険庁の解説によると、典型的な詐欺的請求は、数人が乗り込んだ自動車を他の自動車に衝突させて医療費を請求するというものである（Interim Committee on Auto Insurance, supra note 51, at 6）。

54　Id. at 5.

第2章　米国におけるノーフォルト自動車保険制度の現状と課題　*113*

れによってアロマテラピー、スパなどの真の意味での医療からは疑問のある療法についても保険金が支払われていることも、コストが膨らむ一因であるとの指摘がある[55]。

ウ．保険会社の収支悪化[56]

　　上記のように、大幅な保険料高騰があったにもかかわらず、自動車保険を引受ける保険会社の収支は決して良いものではなかった。さらに、この収支悪化が保険会社の信用不安にまで進むことによって、保険契約者にも影響がでてきていた。

　　NCSL (National Conference of State Legislature)の調査では、1999年から2002年までの間にコロラド州におけるPIP保険の保険料は163.28ドルから224.03ドルに上昇している。しかし、1契約あたりの保険金の平均額は240.47ドルであり、この結果、保険会社の収支は赤字となっている。さらに、1990年代後半からの低金利によって保険会社の運用益が減少しており、これが収支悪化を助長している。

　　全米ベースで見ると、自動車保険会社はPIP保険ではコロラド州と同様に赤字だが、それを車両保険等の黒字で填補している。しかし、コロラド州では、車両保険等の黒字がPIP保険の赤字を埋めるまでになっていないという状況であった。この保険会社の信用問題もノーフォルト自動車保険制度廃止の一因と考えられる。

(3)　ノーフォルト自動車保険制度廃止後の状況

　ア．ノーフォルト自動車保険制度と不法行為制度との並存

　　2003年7月1日をもって、コロラド州ではノーフォルト自動車保険制度を廃止し不法行為制度に復帰した。これによりPIP保険の強制付保が廃止されたが、廃止期日前に契約されたPIP保険は契約満期まで継続される。そこで、すべての強制PIP保険が満期となり消滅するまでは、一時的に不法行為制度とノーフォルト自動車保険制度が並存することになった。これは一種の選択ノーフォルト制度といえる。

55　Id. at 5.

56　Id. at 6.

イ．自動車保険料の動向

　　ノーフォルト自動車保険制度において付保強制されていたPIP保険
は、自動車保有者が付保している自動車保険契約の中でも最も高額なカ
バーのひとつであり、このカバーが強制付保でなくなることによって自
動車保険料合計額も低下することが期待された[57]。そして、コロラド州
保険庁によれば、ノーフォルト自動車保険制度廃止によって自動車保険
料率は10〜14％低減したとされる。別の調査[58]でも15％の低下と報告さ
れており、保険庁の発表と平仄が合う[59]。

　　しかしながら、ノーフォルト自動車保険制度下における保険料高騰
「前」との比較では、思ったほどには保険料は低下していない。コロラ
ド州保険庁では、これは賠償責任保険、無保険車保険、医療支払保険等
における支払の増加が、PIP保険料の低下分を相殺しているのではない
かと見ている[60]。すなわち、ノーフォルト自動車保険制度においては
PIP保険で担保されていたリスクが、不法行為制度ではそれ以外の保険
でカバーされるのである。

ウ．ノーフォルト自動車保険制度廃止後の保険カバーとその問題点

　　ノーフォルト自動車保険制度が廃止されたことによってコロラド州の
消費者に生じた最も大きな変化は、同制度下で付保が強制されていた
Personal Injury Protection (PIP)保険を買う必要がなくなったことであ
る。これに対して、PIP以外の自動車保険カバーはノーフォルト自動車
保険制度時代と同じである。すなわち以下のような保険であるが、この
うち①および②の賠償責任保険が強制保険であり、その他のカバーは任
意保険である[61]。

57　ノーフォルト制度廃止当初の保険会社の試算では、自動車保険料が20〜25％低下し、
　　これは年間250ドル程度の保険料の節約になるとされていた（Olsen, supra note 50）。
58　NCSL（National Conference of State Legislatures）による調査（Interim
　　Committee on Auto Insurance, supra note 51, at 8）。
59　なお、保険庁に届け出られている種々の自動車保険料率のうち、料率低下が最高
　　なものは59.84％の料率ダウンであり、最も上昇した料率は10.50％の料率アップと
　　なっている。
60　Interim Committee on Auto Insurance, supra note 51, at 8.
61　RMIIA, supra note 49.

① 対人賠償責任保険（Bodily injury liability coverage）

　　最低付保金額は、1名25,000ドル、1事故50,000ドルである。もっとも一般的には、1名100,000ドル、1事故300,000ドル程度のカバーを買うことが推奨されている。

② 対物賠償責任保険（Property liability coverage）

　　最低付保金額は15,000ドルである。

③ 衝突保険（Collision coverage）

　　車両保険の一部で、衝突リスクをカバーする保険である。

④ 総合保険（Comprehensive coverage）

　　車両保険の一部で、衝突以外のリスク（盗難等）をカバーする保険である。

⑤ 無保険車保険（Uninsured motorist coverage）

　　無保険車により生じさせられた保険契約者側の損害を担保する保険であり、物損保険（property damage coverage – UM/PD）と医療保険（medical coverage – UM/UIM）がある。

⑥ 医療支払保険（Medical payments coverage：med-pay）

　　被保険自動車に搭乗中の者が事故で負傷した際、責任関係とは無関係に医療費が支払われる保険である。これは、一般的な健康保険（health insurance）と重複するので、十分な健康保険に加入している者については、本保険は不要であるとされる。

　上記のうち、⑥の医療支払保険（med-pay）は、ノーフォルト自動車保険制度におけるPIP保険を代替するものであると理解されている。しかし、PIP保険が強制付保で保険金額も50,000ドルであったのに対して、医療支払保険は任意付保であり、その付保額も5,000ドル程度と極めて小さい。また、Consumers United Association（CUA）の調査によれば、自動車保険契約者の42％が本カバーを買っておらず、21％はそもそもこのカバーが付いているのかどうかの認識がないとされる[62]。さらに、PIP保険では対象となる医療について「reasonable and necessary care」とされていたが、医療支払保険では「medically necessary」という限定がついており、対象範囲が限定されている。

62　Interim Committee on Auto Insurance, supra note 51, at 7.

このように、PIP保険の代替としての医療支払保険はカバーとしては不完全であり、不法行為制度において加害者側に請求できないような被害者（過失割合が大きい場合、自損事故の場合等）の救済という観点からは問題が生じている。このような被害者の医療費については自分で付保している健康保険[63]によってカバーすることになり、これによって後述のように健康保険の分野に影響を与え始めている。

エ．自動車保険会社の健全性問題

　ノーフォルト自動車保険制度下で問題となった保険会社の信用問題は、同制度廃止後どうなったのだろうか。現在までのところ、保険会社の信用状況についての詳細なデータは出てきていない。しかし、州保険庁によれば、同制度廃止後、コロラド州において営業免許を得た自動車保険会社の数は増加してきているとのことであり[64]、このことはノーフォルト自動車保険制度廃止が保険会社の財政状況を好転させるのではないかという保険業界の期待を表わしているとも読める。

オ．健康保険マーケットへの影響

　一方で、ノーフォルト自動車保険制度の廃止が健康保険に影響を与えている。すなわち、ノーフォルト自動車保険制度では自動車事故被害者に対する医療費用は第一次的にPIP保険から支払われていた。不法行為制度のもとではこのような医療費用は加害車両の賠償責任保険により支払われることになるが、加害車両の責任が確定できないような場合、あるいは責任が確定されるまでの間は被害者が付保する保険で処理するほかない。この場合の保険としては、上記の医療支払保険があるが、上述したようにPIP保険と比較して保険金額が低く、さらには任意保険であるため付保率が低い。そこでこのような医療費については健康保険に請求するか、健康保険未加入の場合にはメディケイド（Medicaid：生活困窮者を対象とした医療扶助制度[65]）に頼らざるを得ない。健康保険の保

63　米国においては国民皆保険制度がなく、メディケア（Medicare）、メディケイド（Medicaid）などの例外的な公的医療プログラムを除いて、健康保険としては民間医療保険が主流である（中浜隆『アメリカの民間医療保険』1頁（日本評論社、2006））。

64　Interim Committee on Auto Insurance, supra note 51, at 9.

65　同制度の概要については中浜・前掲（注63）24頁以下参照。

険者は加害者に代位求償することができるが、加害者の賠償責任を立証する必要があるため、支払った金額全額を回収できないケースも多い。また、代位求償手続きのための弁護士費用等も大きな負担となる。このように従来自動車保険マーケットで担保していたリスクが健康保険マーケットにシフトしている流れを見ることができる。このことにより、自動車事故の費用負担者が自動車所有者から企業経営者（米国の健康保険は、企業が付保し保険料を負担していることが多い）に移っているとの評価もなされている[66]。

　このような状況に対して、健康保険会社側も対応し始めている。米国の健康保険会社はマネジドケア[67]手法などにより医療費用のコントロールを行っているが、たとえば、マネジドケア組織であるHMO（Health Maintenance Organization）やPPO（Preferred Provider Organization）などの保険者は種々の医療提供機関と単価を協定しており、また、カイロプラクティック、マッサージ療法、鍼灸療法など、ノーフォルト自動車保険制度において濫用されてきた医療を保険契約から除外している。さらに、健康保険会社の中には、自動車事故による医療を不担保とするものも現れてきている。コロラド州保険庁によれば、労働組合などによる自主積み立て方式の健康保険ではほとんどのケースで自動車事故を不担保としているとする[68,69]。

　なお健康保険については、未付保者の問題もある。2004年の連邦統計局データによれば、コロラド州では18.5％の州民が健康保険を付保しておらず、このうちメディケイドの対象となっている者は6.9％にとどまっている[70]。これら以外の者は、医療費を自腹で払うか社会保障に頼らざるを得ない。これによって医療機関における医療費の未回収の問題が顕在化する。

66　Interim Committee on Auto Insurance, supra note 51, at 9.
67　マネジドケアとは、医療提供者が被保険者に提供する医療サービスを健康保険者が積極的に管理する手法である。詳細は、中浜・前掲（注63）62頁以下参照。
68　Olsen, supra note 50.
69　なお、このように健康保険で自動車事故が不担保となった場合には、被害者としては自ら自動車保険会社から自動車事故用の医療カバーを購入する必要がある。
70　Interim Committee on Auto Insurance, supra note 51, at 10.

カ．その他の影響

　不法行為制度においては、加害者側の責任が確定しなければ加害者側の賠償責任保険の支払いがなされない。また、最終的に加害者側が自分の責任を否定して保険金の支払を拒否することもある。このことは医療機関に二つの問題を生じさせている。ひとつは、ノーフォルト自動車保険制度に比較して保険者に対する請求手続きにコストがかかることであり、もうひとつは、医療費等の回収時期が遅延するということ（最悪、医療費を回収できないことがある）である[71]。いずれも医療機関の負担が加重されてきており、このため、医療機関によっては自動車事故被害者の受け入れに消極的なところもでてきているとされる[72]。

(4)　自動車保険臨時委員会による改善提案

　コロラド州議会では、ノーフォルト自動車保険制度廃止による影響を検証するために「自動車保険臨時委員会」を立ち上げ[73]、同委員会は2005年12月に報告書を提出した。この報告書ではノーフォルト自動車保険制度廃止後の自動車保険および健康保険の状況を評価した上で、さらなる改善のための以下のような6法案を提案している[74,75]。

法案A：

　自動車保険契約に「緊急医療特約」を付帯させることを義務付ける。この特約では、事故直後に行われる医療行為についての費用をノーフォルトベースでカバーする。この特約は、健康保険に優先して適用される。

71　医療機関や救急サービス会社が料金を十分回収できておらず、強制医療保険の創設や料金引き上げが議論されているとの報道があった（The Gazette（Colorado Springs）, Colorado Hospitals, Ambulance Companies Say Switch from No-Fault Auto Policies is Costing Them, November 11, 2007）。

72　Interim Committee on Auto Insurance, supra note 51, at 11.

73　House Joint Resolution 05-1026.

74　Interim Committee on Auto Insurance, supra note 51, at 13-.

75　なお、State of Colorado Legislative Council からの情報では、これらの法案のうち、法案C（House Bill 06-1030）および法案D（Senate Bill 06-41）が立法化されたとのことである。

法案B：
　自動車保険会社は自動車保険契約締結の際には、任意保険である医療支払保険を必ず保険契約者に提案しなければならないと義務付ける。このような提案がなされずに保険契約者が医療支払保険を付保しなかったときは、事故が発生した場合に保険会社は保険金の支払い責任を負う。

法案C：
　自動車保険契約の締結に当たっての保険会社の情報開示を強化する。

法案D：
　自動車事故における医療費の迅速な支払を健康保険会社に義務付ける。現行法でも健康保険の迅速支払が義務付けられているが、自動車事故と労災事故は除外されている。提案はこのうちの自動車事故の除外を削除するものである。

法案E：
　州保険庁に対する諮問機関として消費者保険委員会を創設する。

法案F：
　自動車保険クレームにおいて保険会社に対して以下のような義務を課す。
　①　被害者に対する賠償責任保険金額の開示
　②　被保険者の責任の早期確定
　③　物損事故が支払われた場合には人身損害に対する責任も認める
　④　公平かつ一貫性のある人身損害の評価方法の確立

(5)　小括
　ノーフォルト自動車保険制度の廃止と不法行為制度への復帰は、被害者救済という政策理念の視点からは明らかに後退であるといわざるを得ない。形式的には、加害事故における損害填補の主体がファースト・パーティ型保険からサード・パーティ型保険に移行しただけであるが、サード・パーティ型保険における保険金受け取りのためのハードルが高いこと（過失責任の立証）、時間的負担、経済的負担（訴訟費用等）が大きいことなど

により、被害者の不利益は明らかに大きくなっている。また、加害事故でない事故形態（自損事故等）においては従来どおりファースト・パーティ型保険によることになるが、ノーフォルト自動車保険制度のような付保強制がなされていないことにより、自己負担の可能性が出てくる[76]。

コロラド州において一番問題となったのは、ノーフォルト自動車保険制度における自動車保険料の高騰であった。自動車保険料は事故の有無にかかわらず発生する費用であり、すべての自動車保有者が負担するコストである（無事故の保険契約者でも一定の保険料は負担しなければならない）。ノーフォルト自動車保険制度よりも不法行為制度を選択したコロラド州の決断は、このような一般的な社会的コストの問題を、自動車事故被害者という少数者の利害関係に優先させたと考えられなくもない。その点では、この政策的判断の適否が問題となり得る。もっとも、自動車保険料の高騰は無保険車の増加を招くことになり、結果的に自動車被害者の救済を後退させるという視点もありえ、その視点からは妥当な判断であったとも評価されるかもしれない。

２．フロリダ州におけるノーフォルト自動車保険制度の廃止と復活

フロリダ州では、1972年以来継続してきたノーフォルト自動車保険制度を2007年10月１日をもって廃止したが、その３ヵ月後である2008年１月１日に同制度を復活させた。このようなめまぐるしい制度変更の背景には、ノーフォルト自動車保険制度をめぐる熾烈な議論がある。フロリダ州ではノーフォルト自動車保険制度において保険金詐欺が多発し、保険会社による保険金の支払が嵩んだことにより自動車保険料が高騰することとなった。これに対して種々の保険金詐欺対策が打たれたものの、事態は思うように改善せず、ノーフォルト自動車保険制度そのものに対する否定的な主張が議論されるようになった。一方で、不法行為制度への回帰に対する問題指摘もあり、ノーフォルト自動車保険制度に対する賛否両論の議論が行われる中、一旦は同制度の廃止を決めたものの、すぐに同制度が復活することとなった。

76　もっとも、この部分は任意保険を付保するかどうかの自己責任の問題と考えることもできよう。

(1) フロリダ州のノーフォルト自動車保険制度の概要

　　フロリダ州では1971年の立法により、1972年よりノーフォルト自動車保険制度を開始した。この制度目的としては、自動車事故被害者に対する迅速な補償や訴訟コストの排除という理念とともに、自動車保険料の低減という目的も含まれていた[77,78]。

　　フロリダ州のノーフォルト制度では、全ての運転者に以下の内容をもつ人身傷害保険（Personal Injury Protection – PIP）の付保を強制していた。

　　填補総限度額：10,000ドル
　　　支払項目
　　医療費用：合理的支出の80％
　　休業補償：所得の60％
　　家事費用：100％（総支払限度額まで）
　　遺族給付：5,000ドル
　　葬儀費用：なし
　　被害者から加害者への賠償請求：
　　　被害者が死亡もしくは重度後遺障害を被った場合に限り、精神的および経済的損害を請求できる（文言による訴権制限）。
　　PIP保険者から加害者への代位求償：
　　　加害者の賠償責任保険者への求償に限り可能

(2) ノーフォルト自動車保険制度廃止の背景
　ア．保険料高騰

　　フロリダ州においてもコロラド州と同様、自動車保険料の高騰が問題となっていた。表1－2－6は、フロリダ州のPIP保険における被保険自動車一台あたりの支払い保険金をノーフォルト自動車保険制度を採用している17州の平均と比較したものである。フロリダの数字はこの5年間、いずれもノーフォルト諸州の平均を上回っており、また毎年上昇している。

　　もっとも、コロラド州に関して掲載した本節1 .(2)アの表1－2－5に

77　Lasky v. State Farm Insurance Company, 296 So.2d9（Fla.1974）.

78　M. K. Delegal & A. P. Pittman, *Florida No-Fault Insurance Reform: a Step in the Right Direction*, 29 FLORIDA STATE U. L. REV. 1032（2002）.

見るように、ほとんどのノーフォルト州では自動車保険料の上昇が見られており、その中ではフロリダ州は上位に入っているわけではない。フロリダ州での問題は、次にみるように、PIP保険料高騰の主原因が保険金詐欺にあるとされていることである。

表1-2-6　PIP純保険料比較

	フロリダ州	ノーフォルト諸州平均
2000年第4四半期	101.70ドル	89.86ドル
2003年第4四半期	124.47ドル	94.74ドル
2005年第2四半期	127.92ドル	89.10ドル

出典：フロリダ州銀行保険委員会報告書[79]

イ．保険金詐欺による影響

　　フロリダ州では、PIP保険料の高騰はもっぱら保険金詐欺によるものと考えられている。たとえば、フロリダ州の主席財務官（Chief Financial Officer）の試算によれば、保険金詐欺により州内の保険料は一家族あたり年間1,500ドル引き上げられているとされる[80]。

　　フロリダ州におけるPIP保険の保険金詐欺の件数は表1-2-7の通りである。フロリダ州では保険会社は保険金詐欺を認識した場合には保険詐欺局に報告しなければならない。報告件数は毎年増加しているが、2003-2004から2004-2005にかけて大幅に増加したのは、電子ファイルによる報告が認められたことが原因と考えられる。さらに、逮捕件数や起

表1-2-7　PIP保険金詐欺統計

年　　度	報告件数	逮捕件数	起訴件数
2002-2003	615	172	170
2003-2004	699	205	110
2004-2005	2,628	270	253

出典：フロリダ州銀行保険委員会報告書[81]

79　Committee on Banking and Insurance, Florida's Motor Vehicle No-Fault Law (Report Number 2006-102, Prepared for The Florida Senate, November 2005) at 55 (2005), available at website (http://www.flsenate.gov/data/Publications/2006/Senate /reports/interim_reports/pdf/2006-102bilong.pdf.).

80　Id. at 32.

81　Id. at 35.

第 2 章　米国におけるノーフォルト自動車保険制度の現状と課題　　*123*

訴件数も増加していることが認められる。

　保険金詐欺に関与している当事者として、以下のような者が存在することが指摘されている。

① 　ランナー
　　PIP 保険の保険金詐欺には、ランナー（Runner）と呼ばれる黒幕がいることが多い[82]。ランナーとは、自動車事故の被害者をそそのかして不必要な医療を受けさせ、過剰な医療費や休業補償を保険者に請求させる者である。ランナー自身は保険金請求者にはなれないが、保険金を受け取った医療機関や被害者からその一部を報酬として受け取る。
　　ランナーは、まず、警察が作成する自動車事故報告書のリストを入手し、そこに記載されている被害者にアプローチする。このとき、被害者には保険会社の代理人であると誤信させることが多い。ランナーは被害者を説得して医療機関やカイロプラクターにかからねばならないと思わせる。被害者を送り込んだランナーに対して、医療機関は報酬を支払う。報酬額としては、一般的には患者一人当たり500ドル程度のようである。優秀なランナーになると、週に 2 万ドルも稼ぐといわれている。
　　一方、ランナーによっては、入手した事故報告書リストを編集して「Accident Journal」なる文献を発行するものもいる。これは被害者の氏名、住所、電話番号などをリスト化したものであり、医療機関に対してダイレクトメールで販売している。

② 　医療機関
　　一方、医療機関にも悪質な行為をするものがある[83]。たとえば、医療費請求書の偽造や費用の水増し、実際には行わなかった処置に対する費用の請求、不要な検査や医療処置などである。悪質な医療機関は医師以外の者が所有する場合が多い。これらの医療機関は、保険会社へ

82　Delegal et al, supra note 78, at 1034.
83　Id. at 1035.

の請求書にサインをさせるだけのために時給60ドル程度で医師を雇っている。

このような保険金詐欺が横行する背景にはいくつかの要因があるが、現行法上、PIP保険の対象となる「合理的な（reasonable）」医療処置、医療検査とは何かが明確ではないという問題が根本にある。州によってはPIP保険への請求についてはあらかじめ決められた費用規定（Fee Schedule）に基づくものしか認めないとするものもあるが、フロリダ州ではこのような費用規定はもとより、ガイドラインすら存在せず、担当医師が必要と判断したものがすべて請求されてくることになる。また、医療機関から保険会社に直接請求されるので被害者はその内容に関知しないことも、このようなずさんな請求を横行させる一因となっている。

医療機関の中でも、カイロプラクターをめぐる問題が多いことが指摘されている。あるカイロプラクターは神経伝達検査を外部の技師に委嘱しているが、技師には1件100ドルを支払っておきながら、保険会社へは900ドルを請求していた。また別のカイロプラクターは、ビデオ蛍光透視検査において安全基準を大きく超えて15分以上も患者にガンマ線を照射し、保険会社には1件あたり650ドルを請求していたが、その機器のリース料は月額1,500ドルであったとされている。

③　MRIブローカー

MRI（Magnetic Resonance Imaging－核磁気共鳴画像法）は最近わが国でも多く用いられるようになった最新の診断検査法であるが、フロリダ州ではMRI検査をめぐる保険金過剰請求が多発しており、その中心となるのがMRIブローカーといわれるものである[84]。MRIブローカーは大手検査機関が所有するMRI装置が稼動していない時間を利用して当該MRI装置を使用する権利を得、被害者にMRI検査を受けさせる。空き時間であるため、ブローカーのMRI装置利用料は1回につき350～400ドルであるが、ブローカーは保険会社に対しては1回の検査で1,500～1,800ドル請求し、法外な鞘を稼いでいる。

84　Id. at 1036.

④　弁護士

　　　人身傷害を専門とする弁護士の中には、依頼人である被害者をなじみのカイロプラクターに紹介し、共謀して高度の後遺障害を認定させる悪質な者もいる[85]。フロリダ州のノーフォルト自動車保険制度では、一定以上の後遺障害に該当すれば、加害者に対する精神的損害の賠償請求が可能となる。軽度の被害者に対して重度の後遺障害を認定することにより、慰謝料（Pain & Suffering）を加害者の賠償責任保険者に請求する。

　　　フロリダ州の制度におけるもうひとつの弁護士の関与は、PIP保険の保険金支払遅延訴訟である。フロリダ州法では、PIPの保険者は保険金請求から30日以内に保険金を支払う義務を負い、これを遅滞した場合には被保険者から保険会社への損害賠償訴訟の提訴を認めている。この規定を悪用し、保険金請求から31日目に保険会社を訴えるというものである。フロリダ州法では、被保険者が保険者を相手とする訴訟において勝訴した場合には保険者から弁護士費用を回収できるとされているが、この制度を濫用するものといえる。

(3)　保険金詐欺への対応の経緯

ア．初期の対応

　　　このような保険金詐欺に対して、フロリダ州も様々な対抗策をとってきた[86]。まず、1976年には保険庁（Department of Insurance）の中に保険詐欺局（Division of Insurance Fraud）を設立している。また、詐欺に対抗するための法制度も整備してきている。たとえば、ランナーの活動を封じるために、州法によって自動車事故報告書の営利使用を禁止した[87]。ランナーによる被害者の勧誘は違法（第三級重罪）とされ、刑事罰が課される。さらに、医療機関によるランナーへの報酬支払を禁止した。

　　　しかしながら、このような法改正や保険詐欺庁の努力にもかかわらず、フロリダ州の保険金詐欺は増加し続けた。

85　Id. at 1036.

86　Id. at 1037.

87　もっとも、この改正法は連邦地裁で違憲の疑いを指摘され、事実上骨抜きにされている。

イ．大陪審による勧告とそれに基づく立法

　保険金詐欺の問題についてはフロリダ州大陪審（Grand Jury）も関心を持ち、調査の結果2000年8月に報告書[88]を発表したが、その中ではランナーが諸悪の根源であると指摘し、以下のような改善勧告を行っている。

① 事故報告書は当事者以外は入手できないようにする。
② 事故報告書を悪用した者に対する刑罰の引き上げ。
③ 医療機関の免許制。
④ PIP保険においても労災保険と同様の費用規定を定める。
⑤ 保険金詐欺の疑惑がある場合にはPIP保険の支払期限である30日間を延長する。
⑥ MRIの費用については、設備の所有者または100％の賃借人からの請求に限定する。
⑦ 医療機関や弁護士が違法に被害者を勧誘した場合には、医療費用や弁護士費用を支払われないようにする。

　2001年、フロリダ州議会は本勧告の内容を取り入れて以下のような内容の新しい立法を行った。

フロリダ州上院法案第1092号
① 医療機関の免許・登録制を導入する。
② PIP保険に費用規定を導入する。
③ MRIブローカーの定義（医師免許を所有していない、手数料をとる、設備所有者でない）をおき、保険会社はブローカーに対しては保険金を支払う必要がないことを定める。
④ 保険会社による保険金詐欺実行者への民事訴訟制度を創設する。
⑤ 保険金詐欺にかかる刑罰を引き上げる。
⑥ PIP保険において支払い対象となる医療費の範囲限定を「合理的（reasonable）」から「医学的に必要（medically necessary）」と変更

88　Fifteenth Statewide Grand Jury Report, Report on Insurance Fraud Related to Personal Injury Protection（Aug. 2000）(on file with Clerk, Fla. Sup. Ct.), available at website（http://legal.firn.edu/swp/jury/fifteenth.html）.

第2章　米国におけるノーフォルト自動車保険制度の現状と課題　　*127*

する。

⑦　不適正な保険金支払いが判明した場合には保険会社からの返還請求をいつでもできるようにする。

⑧　被保険者が保険会社に支払遅延についての提訴する場合には、その前に請求状を出状することを義務付ける。

⑨　保険会社は医療機関に対して、患者に対してとられた医療処置の医学的必要性などについてレポートを求めることができ、これが出されない限り保険金の支払を拒絶できる。

　フロリダ州下院法案第1805号

① 事故報告書公表の原則的禁止。入手できるのは、事故当事者、その代理人、保険会社、検察当局およびマスコミに限定される。

② 事故報告書の情報を漏洩した者、不法に入手しようとした者を第3級重罪として罰する。

(4)　その後の経緯

　2001年立法について、その内容自体は積極的に評価されているようである[89]。しかし、それによって保険金詐欺の抑制効果が現れたとはいえない。特に、事故報告書の入手規制については多くの訴訟で憲法適合性が争われており、このため立法の実効性に疑問が生じ、ランナーの活動を封じることができていない。

　2002年、州上院は自動車保険・PIP保険改革委員会を組織し、同委員会は2003年に報告書をまとめた[90]。州議会は本報告書における勧告を取り入れ、以下のような内容の2003年改革法を成立させた[91]。

① 医療機関をヘルスケア行政庁（Agency for Health Care Administration）による免許制とし監督を強化する。具体的には、医療機関に対する検査、財務基準適合性の要求、無免許に対する刑事罰の規定等である。

89　Delegal et al, supra note 78, at 1050-1054.

90　Report and Recommendations of the 2003 Senate Select Committee on Automobile Insurance/PIP Reform to the Senate President（Mar. 2003）.

91　Committee on Banking and Insurance, supra note 79, at 16-17.

② 全てのPIP保険関連の訴訟について訴訟前の請求状の義務化、請求状への応答期間を7営業日から14暦日へ延長する。

③ 医療サービスについての合理性（reasonable）基準を明確化する。

④ PIP保険金詐欺についての刑事罰を強化する。

⑤ 医学的必要性（medically necessary）を欠く医療検査をリスト化する。

⑥ IME(Independent Medical Exam)はフロリダ州における医師免許所有者に限定し、保険会社によるIME報告書における大幅な見解の変更を禁止し、IME報告書の3年間保存義務を課す。

⑦ PIP保険金詐欺に関与した被保険者に対する保険金支払いの禁止を規定化する。

⑧ 被保険者が受ける初期治療について保険会社および医療機関による開示・了知の書式を設定する。PIP保険金詐欺対策により保険コストが節約できた場合にはPIP保険の填補限度額である1万ドルを引き上げる。

⑨ 現行PIP保険では医療費の80％のみカバーされるが、これを100％カバーに変更する。

⑩ 2006年の州議会会期においてノーフォルト制度の復活が議決されない限り、ノーフォルト制度は2007年10月1日で廃止される。

　ここに至り、ノーフォルト自動車保険制度の廃止が初めてスケジュールに乗ったのである（上記項目⑩）。その後、2006年会期ではノーフォルト自動車保険制度についての議論が行われたようであるが、同制度復活の議決は行われず、結局2007年10月1日に廃止に至った。

　しかしその直後、州知事からの要請で再度州議会が召集され、そこでの議論を経て、今度は2008年1月1日からのノーフォルト自動車保険制度復活が議決された[92]。

(5)　小括

　フロリダ州におけるこのような短期間における二度の制度改訂の背景についての文献は、現時点ではまだ公表されていないようである。しかし、コロラド州との対比の中で一連の経緯を見てみると、フロリダ州について

92　OrlandoSentinel.com, PIP is back – in 2008, available at website（http://blogs.orlandosentinel.com/news_politics/no_fault_insurance/index.html）.

は以下のようなことがいえると思われる。

　まず、フロリダ州における自動車保険料の高騰は、コロラド州ほどは深刻ではなかったことが挙げられる。コロラド州の自動車保険料はノーフォルト諸州の中でも最高額であり、それだけに制度改訂の必要性が強く感じられていた。これに対してフロリダ州の自動車保険料は確かに高騰してはいたが、ノーフォルト諸州の中で飛びぬけているというほどではなかった。これによってノーフォルト自動車保険制度から不法行為制度に変更しなければならないというインセンティブが減殺されていた可能性が強い。

　次に、コロラド州における保険料高騰の原因としては保険金詐欺のみならずノーフォルト自動車保険制度の制度設計そのものにあったのに対して、フロリダ州のノーフォルト自動車保険制度における問題の原因が保険金詐欺に集中していたことがある。ノーフォルト自動車保険制度では保険金詐欺の誘引が高まるということはあるにしても、保険金詐欺そのものはノーフォルト自動車保険制度に固有のものではない。保険金詐欺対策がノーフォルト自動車保険制度の廃止に必ずしも直結するとはいえないことから同制度に対する評価も決して低くないと思われる。

　最後に、コロラド州におけるノーフォルト自動車保険制度廃止以降の状況を見ていた健康保険業界や医療機関が政治的圧力をかけてきた可能性がある。前述の通り、コロラド州では不法行為制度に回帰したことにより健康保険や医療機関の収支に影響が出てきている。フロリダ州においてもノーフォルト自動車保険制度の廃止によって同様の問題が発生することが予想され[93]、これによって影響を受ける関連業界が強く抵抗することは自然の成行きといえよう[94]。

93　J. R. Stockfisch, No-Fault Insurance Set to Expire, The Tampa Tribune, May 5, 2007.

94　Insurance Information Institute, No-Fault Auto Insurance The Topic October 2007, available at website（http://www.iii.org/media/hottopics/insurance/nofault/）.

第4節　制度間選択(2)―選択ノーフォルト制度

1．制度間選択と選択ノーフォルト制度

　不法行為制度とノーフォルト自動車保険制度との制度間選択における第三の選択肢が、選択ノーフォルト制度である。この制度では、不法行為制度かノーフォルト自動車保険制度かの選択を、立法ではなく個々の自動車所有者に行わせる。すなわち、各自動車所有者は自身の所得状況、自動車保険料および事故の際の補償額等を勘案の上、いずれの制度に加入するかを選択する。これにより制度間選択に市場原理を導入することにもなり、適切な制度間選択がなされることになるとされる[95]。このような観点から、米国では近時、選択ノーフォルト制度に対する関心が高まっており、最近の制度間選択の議論は選択ノーフォルト制度をめぐる議論になりつつあるようにも見える。

　現在米国では、三つの州で選択ノーフォルト制度が導入されているが、さらに、連邦法案としての選択ノーフォルト制度の提案も行われている。以下では、実際に導入した三州の制度、その他の選択制度の提案、および連邦法案の状況について概観する[96]。

2．選択ノーフォルトを採用している州

　現在、米国では、ケンタッキー、ニュージャージー、ペンシルベニアの3州で選択ノーフォルト制度を採用している。

95　もっとも、現実には適切な制度間選択がなされない可能性の方が高いという指摘もなされている。個々の自動車保有者が必ずしも制度の内容を正確に理解しているわけではないからである。多くの自動車保有者は積極的に制度選択を行おうとはせず、その場合には積極的な選択をしない場合に適用される選択肢（デフォルト選択肢）を選択したとみなされることになる（Joost, supra note 1, at 8-7）。

96　なお選択ノーフォルト制度に関する邦語文献として（1992年時点までの状況を前提としたものではあるが）、福田弥夫「アメリカ自動車保険の改革―選択ノー・フォルト制度の行方―」『商法・保険法の現代的課題』315頁（文眞堂、1992）がある。

第2章　米国におけるノーフォルト自動車保険制度の現状と課題　　*131*

(1)　ケンタッキー州[97]

　　1975年、ケンタッキー州は不法行為法制からノーフォルト自動車保険制度に移行したが、その際、米国で最初となる選択ノーフォルト制度を採用した。同州法では、個々の自動車保有者は「用語又は金額による訴権制限付きノーフォルト自動車保険制度」と「不法行為制度」との間で選択ができるが、不法行為制度を選択するためには書面による申告が必要であり、それがなされない場合にはノーフォルト自動車保険制度を選択したとみなされる。ノーフォルト自動車保険制度を選択した者は PIP（Personal Injury Protection）保険を購入しなければならず[98]、PIP 保険からは10,000ドルを限度として補償が行われる。また、ノーフォルト自動車保険制度を選択した者については、自己が加害者となった場合でも、被害者からの損害賠償請求については用語（重傷）又は金額（医療費が1,000ドル超）による訴権制限を主張することができる。

(2)　ニュージャージー州[99]

　　ニュージャージー州がノーフォルト自動車保険制度を採用したのは1973年であるが、その時点では全ての自動車保有者が単一のノーフォルト自動車保険制度を強制されていた。その後1983年の法改正で訴権制限の金額について200ドルと1,500ドルとの選択が可能となったが、これは不法行為制度との選択ではないのでいわゆる選択ノーフォルト制度ではない。

　　同州で、自動車保険料の低減化を目的として選択ノーフォルト制度が導入されたのは1988年である。この制度では、用語による訴権制限付きのノーフォルト自動車保険制度と、完全な訴権を認める不法行為制度との選択が認められることになった。さらに、1998年の法改正では、通常の選択ノーフォルト制度（これを Standard Policy と称する）のほかに、低額のノーフォルト自動車保険（これを Basic Policy と称する）を購入するという選択肢も認めることとした。Standard Policy の PIP 保険では25万ドルまで補償されるが、Basic Policy では原則1.5万ドル（脳傷害などの重傷ケースでは25万ドル）までの補償であり、当然のことながら保険料は Basic Policy

---

97　Joost, supra note 1, at 8-26.
98　さらに、保険会社は強制保険の保険契約者に対して、必ず40,000ドルの追加保険を提示しなければならない。
99　Joost, supra note 1, at 8-27.

132 第1部 諸外国のノーフォルト自動車保険制度

の方が低額である。すなわち1998年法においては、ニュージャージー州の
契約者は以下の三つの選択肢を持つことになる。

① Standard Policy におけるノーフォルト制度（補償限度額：25万ドル）
② Basic Policy におけるノーフォルト制度（補償限度額：原則1.5万ドル）
③ 不法行為制度

(3) ペンシルベニア州[100]

　ペンシルベニア州では、1976年に不法行為制度からノーフォルト自動車
保険制度に移行したが、この時点では選択権のないノーフォルト自動車保
険制度であった。この制度では、医療費用については無制限で、逸失所得
と葬儀費用については16,500ドルを限度とする給付が行われた。一方、本
制度では750ドルという極めて低額の「金額による訴権制限」を行っていた
が、これにより訴権制限の効果がほとんど発揮できなかったこともあり、
本制度は1984年に廃止された。

　その後、ペンシルベニア州では訴権制限を伴わない付加型（add-on）ノ
ーフォルト自動車保険制度が採用された。この制度では、医療費について
は10,000ドル、逸失所得についてはその80％を5,000ドルまで、葬儀費用に
ついては1,500ドルまで給付することとされており、それを超過する損害
については、経済的損害、非経済的損害にかかわらず全額を加害者に請求
することができた。

　1990年には、同州で選択ノーフォルト制度が採用された。ただし、同州
における選択ノーフォルト制度はやや変則的である。まず、すべての自動
車保有者はPIP保険とLIP（Lawsuit Insurance Protection）保険（賠償責
任保険）の付保を強制される。このうち、PIP保険については5,000ドルま
での医療費用担保が付保強制の対象となっており、その金額を超えるカバ
ーや、逸失所得、葬儀費用などのカバーについては、付保は強制されてい
ない。一方、LIP保険については、1名15,000ドル、1事故30,000ドルのカ
バーが付保強制される。そして、保険契約者は、完全不法行為型証券（full
tort option policy）と制限的不法行為型証券（limited tort option policy）と
のいずれかを選択することができる。完全不法行為型証券を選択した者は、

100　Id. at 8-29.

加害者に対して、経済的損害および非経済的損害の満額を賠償請求することができる。これに対して制限的不法行為型証券を選択した場合は、経済的損害については賠償請求することができるが、非経済的損害（慰謝料等）については死亡や重度後遺障害が発生した場合のみ賠償請求ができるとされている。すなわち、ペンシルベニア州における選択ノーフォルト制度では小額のPIP保険の付保が強制されているところから、不法行為制度とノーフォルト自動車保険制度との選択（これが典型的な選択ノーフォルト制度である）というよりも、「文言による訴権制限型のノーフォルト制度」と「付加型ノーフォルト制度」との選択制度であると見るべきであろう。

ところで、同州の選択制度では、完全不法行為証券を原則としている。すなわち、自動車保有者が特に選択しなかった場合には完全不法行為証券を選択したとみなされる。このためか、制度導入当初の1992年には完全不法行為証券の選択者が全体の72％に達していた。しかし、その後、制限的不法行為証券を選択する者が増加しており、1997年には完全不法行為証券56％、制限的不法行為証券44％と、両者が拮抗してきた[101]。

3．選択ノーフォルト制度をめぐる各種提案

(1) オコンネル・ジョースト案

選択ノーフォルト制度を最初に採用したのは、上記の通り1975年のケンタッキー州法であるが、学者による選択ノーフォルト制度の提案としては、オコンネル教授（Jeffrey O'Connell）[102]とジョースト弁護士（Robert H. Joost）によるオコンネル・ジョースト案（1986年）を嚆矢とする[103]。

本案は、ノーフォルト自動車保険制度の導入に対する反対論を和らげる狙いがあるとされる[104]。すなわち、オコンネルとジョーストは、もはや純粋な法律問題ではなく、高度な政治問題と化してしまった自動車保険制度の改革に関する決定権を、個々の運転者に与えることこそが合理的である

101　Id. at 8-30.
102　前述のように、オコンネルは、1965年にキートンと共にキートン・オコンネル案を提案している（Keeton & O'Connell, supra note 20）。本選択ノーフォルト提案の段階では、オコンネルはイリノイ大学からバージニア大学ロースクールに移籍している。
103　O'Connell & Joost, supra note 43, at 61.
104　福田・前掲（注96）326頁。

134　第1部　諸外国のノーフォルト自動車保険制度

とし、不法行為制度とノーフォルト自動車保険制度間の保険の価格競争により、保険料の低額化も図れるとする[105]。

　本案では、個々の契約者が従来の不法行為制度に残るか、それともノーフォルト制度に移行するかを選択できる。ノーフォルト自動車保険制度においてはノーフォルト自動車保険からの給付がなされる一方、加害者に対する損害賠償請求権はなくなる。本案におけるノーフォルト自動車保険制度は、一切損害賠償請求権を認めない、いわゆる純粋ノーフォルト制度である。なお、不法行為制度を選択した保険契約者のために、コネクターという新しい保険カバーが用意される。これは、不法行為制度を選択した保険契約者がノーフォルト自動車保険制度を選択した保険契約者の過失によって被害を受けた場合に、加害者からの賠償が得られないことから、このコネクターにより補償されるというものであり、これは無保険車傷害保険（uninsured motorists coverage）に類似したものである。

　このオコンネル・ジョースト案以降、前述のようにニュージャージー州とペンシルベニア州の二州が選択ノーフォルト制度を導入した（ケンタッキー州は本案が提案される前に選択ノーフォルト制度を導入している）。また、後述のように、本案提案以後に連邦ベースでの立法の動きも出てきている。これらの州や連邦における立法過程に本案がどの程度影響を与えたのかは定かではないが、米国におけるノーフォルト自動車保険制度の歴史の中で一つのエポックメイキングな提案となったことは間違いないと思われる。

(2)　修正オコンネル・ジョースト案

　上述のオコンネル・ジョースト案については、低所得の保険契約者にとってノーフォルト自動車保険制度を選択することは割高になるという批判がなされていた。すなわち、ノーフォルト自動車保険制度の保険料は保険契約者の所得にかかわらず一定であるが、ノーフォルト自動車保険からの逸失利益補償は所得水準によるものとなり、低所得の保険契約者が割を食うというものである。この批判を考慮に入れて、オコンネル・ジョーストはのちに、修正提案を行った[106]。修正案は、ノーフォルト自動車保険制度

105　O'Connell & Joost, supra note 43, at 78.
106　Nordman, supra note 15, at 464（1998）.

を選択した場合でも一定の金額以上の経済的損害については加害者に対する損害賠償請求権を認めるというものである。ただし、精神的損害についてはいかなる場合でも損害賠償請求権は認められない。

(3) Project New Start 案

　Project New Start は消費者側弁護士のグループであり、オコンネル・ジョースト案をベースとした独自案を提案している。本案のポイントは、拒否権つきのノーフォルトである。本案では、保険契約者は書面による拒絶をしない限り、修正オコンネル・ジョースト案におけるノーフォルト自動車保険制度を選択したものとみなされることになる[107]。

(4) 条件付訴権復活型選択ノーフォルト案

　本案は、不法行為制度を原則とし、ノーフォルト自動車保険制度を選択できる。そしてノーフォルト自動車保険制度を選択した場合でも、被害者がある一定の条件を満たした場合には精神的損害についての損害賠償請求権を認めるというものである[108]。

(5) 事故後選択ノーフォルト案

　上記の各提案は、いずれも、自動車保険契約者が契約締結時に不法行為制度とノーフォルト自動車保険制度との間で選択を行うものである。これに対して、カナダ・西オンタリオ大学教授のブラウンは、事故が発生した後に選択を行うというユニークな選択ノーフォルト制度を提案している[109]。ブラウンによれば、選択ノーフォルト案における問題点は、消費者が制度選択に当たっての十分な情報を与えられていないことであり、消費者としては事故が発生した後に初めて正しい選択をすることができるとする。また、他人の車を借りて運転していた者やファミリーカーを運転していた家族が事故を起こした場合には、車の所有者ではなく事故を起こした運転者に制度の選択を行わせることが合理的であるとする。

107　Id. at 464.

108　Id. at 464.

109　C. Brown, *A Choice of Choice: Adding Postaccident Choice to the Menu of No-Fault Models*, 26 SAN DIEGO LAW REV. 1095（1989）.

136 第1部 諸外国のノーフォルト自動車保険制度

4．連邦選択ノーフォルト法案

　第2節7．（連邦立法の動き）で述べた通り、連邦議会においては1996年から2004年にかけて毎年のように連邦選択ノーフォルト法案が提出されていた（表1-2-4参照）。しかしいずれの法案も成立することなく廃案となっており、その後は同法案の提出はされていない模様である。これらは、提案代表者名を見てわかるようにほとんど同じ議員が提出していることもあり、各法案はほぼ同内容である。以下では、最も新しい2004年法案（S.2931）についてその内容を記す。

表1-2-4　連邦選択ノーフォルト法案（再掲）

議　会	法案番号	法　案　名	提案代表者	※所属
104	S.1860	Auto Choice Reform Act of 1996	McConnell	上・共
105	H.R.2021	Auto Choice Reform Act of 1997	Armey	下・共
105	S.625	Auto Choice Reform Act of 1997	McConnell	上・共
105	S.2454	Auto Choice Reform Act of 1997	McConnell	上・共
106	H.R.1475	Auto Choice Reform Act of 1999	Armey	下・共
106	S.837	Auto Choice Reform Act of 1999	McConnell	上・共
107	H.R.1704	Auto Choice Reform Act of 2001	Armey	下・共
108	S.2931	Auto Choice Reform Act of 2004	Cornyn	上・共

出典：米国連邦議会サイト[110]
※　上：上院、下：下院、共：共和党

(1)　現状認識と法案の目的
　法案2条では、本法案の目的およびその前提となる現状認識が述べられている。現状認識としては、①自動車保険料が高額であること、②不法行為制度における被害者保護が不十分であること、③不法行為制度における不正請求や乱訴の弊害、④現行のノーフォルト自動車保険制度において自動車保険料の抑制が必ずしも成功していないこと、など現状の問題点が指摘されている。そして、本法案の目的はこれらの問題点を克服するために、個々の自動車保有者に不法行為制度とノーフォルト自動車保険制度との選択権を与えることとされる。

110　http://www.govtrack.us/congress/bill.xpd?bill=s108-2931&tab=related.

第2章 米国におけるノーフォルト自動車保険制度の現状と課題　*137*

(2)　選択肢

　自動車保有者は自動車保険の購入に当たり、ノーフォルト自動車保険制度（Personal Injury Protection System）と不法行為制度（Tort Maintenance System）のいずれかを選択する[111]。そのいずれをも選択しなかった場合には、不法行為制度を選択したものとみなされる（4条(d)(1)[112]）。

ア．ノーフォルト自動車保険制度選択者

　ノーフォルト自動車保険制度を選択した者は当該州の賠償資力法（Financial Responsibility Law）もしくはノーフォルト法における規定金額を満たすノーフォルト自動車保険を購入しなければならない。本保険では、被保険者の経済的損害についてファースト・パーティ型の補償（Personal Injury Protection Benefits）を行うほか、被保険者が加害者となったときに被害者に対して負う賠償責任（下記のPIP保険で補償されなかった経済的損害等）もカバーする。

　加害者に対する損害賠償請求権は放棄する。ただし、以下の例外がある。

①　PIP保険で補償されなかった経済的損害は賠償請求できる（8条(b)(2)）。

②加害者が、故意、飲酒運転、違法薬物使用運転により事故を発生させた場合は全ての経済的損害、非経済的損害について賠償請求できる（8条(f)）[113]。

　ノーフォルト自動車保険については、このほか、保険金の迅速な支払い（遅れた場合の遅延損害金）や定期金賠償についての規定がある（5条(c)）

イ．不法行為制度選択者

　不法行為制度を選択した者は、各州法で規定されている賠償責任保険

111　条文上は、保険者がこの選択肢を提示するとしている（4条(a)(1)）。なお、ある自動車保有者がなした選択はその扶養者も拘束する（4条(b)）。

112　ただし、州法によって「選択しなかった場合にはノーフォルト自動車保険制度を選択したものとみなす」と規定することは許される（4条(d)(2)）。

113　これら以外の場合には非経済的損害については一切賠償請求できない。すなわち、金額や文言による訴権制限ではなく、非経済的損害に限っては完全な訴権制限である。

138 第1部 諸外国のノーフォルト自動車保険制度

のほか、不法行為制度維持保険（Tort Maintenance Coverage）を購入しなければならない。不法行為制度維持保険は、加害者がノーフォルト制度選択者である場合に、被害者である不法行為制度選択者に対して経済的損害および非経済的損害についてのファースト・パーティ型の補償を行う保険である[114]。

(3) 被害者に対する補償方法

本制度においては、不法行為制度を選択した者とノーフォルト自動車保険制度を選択した者が存在し、それぞれ加害者となるケース、被害者となるケースがある。従って、本制度における被害者への補償方法としては、以下の4種類がありうる（表1-2-8参照）。

表1-2-8 連邦選択ノーフォルト制度における被害者への補償方法

	加 害 者	被 害 者	発動する保険
ア.	不法行為制度	不法行為制度	加害者の賠償責任保険
イ.	ノーフォルト制度	ノーフォルト制度	被害者のPIP保険
ウ.	ノーフォルト制度	不法行為制度	被害者の不法行為制度維持保険
エ.	不法行為制度	ノーフォルト制度	被害者のPIP保険

ア．不法行為制度選択者同士の事故（8条(a)）

当該州の不法行為法に基づいて、被害者は過失のある加害者に対して経済的損害および非経済的損害を請求できる。これは加害者の賠償責任保険により填補される。

イ．ノーフォルト自動車保険制度選択者同士の事故（8条(b)）

各自のノーフォルト自動車保険より経済的損害の補償が行われる。これによって補償されない経済的損害については、当該州の不法行為法に基づき過失のある加害者に対して請求でき、それについては加害者のノ

---

114 これは無保険車傷害保険（Uninsured Motorist Coverage）と同様の機能を持つ保険である。もっとも、不法行為制度選択者は不法行為制度維持保険に加えて任意保険としての無保険車傷害保険を購入することができるとされ、この場合、この無保険車傷害保険は不法行為制度維持保険のエクセスポリシーとして発動する（6条(b)）。

ーフォルト自動車保険で填補される。非経済的損害については、原則として補償または賠償はなされない。

ウ．不法行為制度選択者（被害者）とノーフォルト自動車保険制度選択者（加害者）との間の事故（8条(c)(1)）

　被害者は、自身の不法行為制度維持保険(Tort Maintenance Coverage)により経済的損害および非経済的損害を補償される。これによって補償されない経済的損害については、当該州の不法行為法に基づき過失のある加害者に対して請求でき、それについては加害者のノーフォルト自動車保険で填補される。

エ．ノーフォルト自動車保険制度選択者（被害者）と不法行為制度選択者（加害者）との間の事故（8条(c)(2)）

　被害者は自分のノーフォルト自動車保険より経済的損害の補償を受ける。これによって補償されない経済的損害については、当該州の不法行為法に基づき過失のある加害者に対して請求でき、それについては加害者の賠償責任保険で填補される。非経済的損害については、原則として補償または賠償はなされない。

(4)　各州への適用

　本法案は原則としてすべての州において適用される。ただし、①当該州において本法案を適用しないと立法した場合、および、②当該州において本法案を適用した場合に自動車保険料（人身損害）が30％までは低減しないとの公式見解が出された場合、その州には適用しない（10条）。

5．選択ノーフォルト制度の評価

(1)　選択ノーフォルト制度のメリット

　選択ノーフォルト制度のメリットとしてまず指摘されているのは、本制度を導入することにより、自動車保険料の低減化が図られることが期待されるという点である。すなわち、連邦両院合同経済委員会（Joint Economic

140　第1部　諸外国のノーフォルト自動車保険制度

Committee：JEC）のレポート[115]によれば、連邦選択ノーフォルト法案に
おいてノーフォルト自動車保険制度を選択した自動車保有者は平均で年間
184ドルの保険料削減となるとしている。さらに、この保険料削減の効果は
低所得者ほど大きくなり、削減割合でいうと平均では24％であるのに対し
て、低所得者の場合は36％になると報告されている[116]。不法行為制度にお
いては、自身の所得のレベルにかかわらず加害者になった場合のリスクの
大きさに応じた賠償責任保険の保険料を負担することになるが、ノーフォ
ルト自動車保険制度では自己の所得額に応じたPIP保険料を負担すればよ
く、したがって低所得者は不法行為制度よりもノーフォルト自動車保険制
度の方が保険料負担が少なくなるということになる。

　選択ノーフォルト制度は、弁護士や保険会社にとって望ましい制度であ
るとも主張されることがある[117]。なぜなら、訴訟をしてまでも加害者に対
して賠償請求をしたいと思っている者は不法行為制度を選択して弁護士に
費用を払うことになるし、保険会社にとってはノーフォルト自動車保険制
度を選択した者について保険金支払いを抑えることができるからであると
する。ただし、現在までのところこれらの二業界から選択ノーフォルト制
度に対する積極的な支持は示されていない。

　しかしながら、選択ノーフォルト制度の支持者が挙げる同制度のメリッ
ト、すなわち、不法行為制度の欠陥の克服、自動車保険料の低減化などは、
正確にいえば選択ノーフォルト制度自体のメリットではなく、選択ノーフ
ォルト制度の下でノーフォルト自動車保険制度を選択した者のメリットで
ある。したがって、このようなメリットだけを考慮するならば、選択ノー
フォルト制度よりも選択権のないノーフォルト自動車保険制度の方が好ま
しい制度ということにならざるをえない。

　さらに、選択ノーフォルト制度においては、不法行為制度とノーフォル
ト自動車保険制度との制度間選択に市場競争原理を導入することによっ
て、より低額な自動車保険料が実現するとされる[118]。もし不法行為制度の
保険とノーフォルト自動車保険制度の保険の保険者が異なれば、競争原理
によって自動車保険料の低額化が期待できることになる。しかし現実には、

115　JEC, Auto Choice: Impact on Cities and the Poor, at 35（1998）.
116　Id. at 35.
117　Joost, supra note 1, at 8-9.
118　Id. at 8-5.

一つの自動車保険会社においていずれの制度の保険も引受けが可能であり、選択制度になったからといって単一制度の時よりもより競争的な料率が提示できることにはならないと思われる。その意味で、この点は選択ノーフォルト制度の大きなメリットにはならない。

　それでは、選択権のないノーフォルト自動車保険制度との比較での選択ノーフォルト制度の真のメリットとは何か。それは、ノーフォルト自動車保険を欲しない自動車保有者に対してノーフォルト自動車保険制度を強制しないですむということにほかならない。強制しないことにより、訴権制限に対する違憲性問題などもクリアできることになる。さらに、ノーフォルト自動車保険制度という未知の制度の導入に対する心理的抵抗を薄める効果が期待できる。その意味で、選択ノーフォルト制度の支持者は本制度を究極の制度とは思っておらず、いずれ完全なノーフォルト自動車保険制度を実現することを目指していると思われる。すなわち、選択ノーフォルト制度は完全な制度へ移行する道程の一段階であると位置づけられるのではないか[119]。

(2)　選択ノーフォルト制度への批判

　一方で、選択ノーフォルト制度に対しては、同制度においてノーフォルト自動車保険制度を選択することにより加害者となった場合でも被害者からの賠償請求がなくなることによって自動車事故の抑止力が削減されるとの批判がなされている[120]。

　これに対しては、選択ノーフォルト制度において事故発生率が高まったという実証データもなく、濡れ衣であると反論されている。また、選択制度におけるノーフォルト自動車保険制度では、非経済的損害の訴権は制限されるが[121]、経済的損害の訴権は残っていることを考えると、少なくとも現行制度を前提とする限り、この制度によって事故抑止力が削減されるとはいえないように思われる。いずれにしても、この問題も選択制度への批

119　選択ノーフォルト制度を、全面的なノーフォルト制度移行への第一ステップと評価するものとして、Kittel, *No-Fault ··· or Your Fault*, INSURANCE REVIEW, Feb. 1991 at 51。

120　Joost, supra note 1, at 8-22.

121　さらに、金額や文言による訴権制限の場合には、これらの制限を超えることによって非経済的損害の賠償可能性が出てくる。

判というよりもノーフォルト自動車保険制度全体の問題点として捉えるべきであろう。

　一方で、選択ノーフォルト制度は複雑すぎて一般的に受け入れられないであろうとの批判がある[122]。制度設計にもよるが、たしかに、自動車保険制度に詳しくない一般消費者にとって、保険付保の段階でどちらの制度を選択すれば自分にとって有利であるのかは判断が難しい。その意味で、前述のブラウンの事故後選択ノーフォルト制度のように、実際に事故に遭遇した段階で制度選択する方式の方が、受け入れられやすいかもしれない。

(3)　それぞれの制度の選択者の類型

　選択ノーフォルト制度においては、自動車所有者が制度選択をする場合にどのような要素を勘案するのであろうか。また、それぞれの選択肢を選択する者にはどのような特徴があるのか。ジョースト弁護士は、選択ノーフォルト制度において、不法行為制度を選択する者とノーフォルト自動車保険制度を選択する者とについて類型化を行っている[123]。

　不法行為制度を選択する者としては、まず、十分な金額の医療保険や所得補償保険を付保している者が挙げられている。彼らは経済的損害については基本的な補償があるので、自動車事故においては、訴訟により非経済的損害を追及するインセンティブが大きい。また、自動車事故を災いではなく大金が稼げるチャンスであるという認識を持っているような者も、不法行為制度を選択するであろうとする。彼らは、仮に自分の医療保険を持っていなくとも医療費を補償する公的制度（Medicare、Medicaid 等）で十分であると判断するだろうからである。

　これに対して、ノーフォルト自動車保険制度を選択する者としては、医療保険や所得補償保険を十分に付保していない者を挙げる。また、ギャンブルが嫌いとか、弁護士が嫌いという性格の者も同制度を選択するのではないかとしている。

(4)　世論調査

　表 1 - 2 - 9 は、選択ノーフォルト制度について米国民がどのような意見

122　もっとも、このような複雑性の批判は過大になされすぎているとの見解もある（Joost, supra note 1, at 8-8）。

123　Id. at 8-24.

第2章　米国におけるノーフォルト自動車保険制度の現状と課題　　*143*

を持っているのかについて、1998年に調査会社（Roger Starch Worldwide Inc.）が行った世論調査結果である[124]。これは全米から抽出した1,972人の自動車保有者に対して、対面インタビューにより行ったものである。これによれば、過半数（64%[125]）の自動車保有者が選択ノーフォルト制度に賛成している。一方、選択ノーフォルト制度が実施された場合の選択については、不法行為制度を選択するとした者が43%であるのに対して、ノーフォルト自動車保険制度を選択するとしたものは27%に留まっている。

表1-2-9　選択ノーフォルト制度についての世論調査結果

選択ノーフォルト制度について

賛　成	反　対	不　明
64%	20%	16%

選択ノーフォルト制度における選択内容

不法行為制度	ノーフォルト制度	不　明
43%	27%	30%

(5)　歩行者等への補償の問題

　選択ノーフォルト制度においては、歩行者や自転車運転者などが自動車事故に巻き込まれたことにより損害を被ったときの取扱が問題となる。

　まず、その歩行者・自転車運転者が自動車保有者である場合には、彼自身が自動車所有者としてなした選択に従い、不法行為制度かノーフォルト制度のいずれかが適用されるか判定されることになる。

　問題は、被害者である歩行者・自動車運転者が自動車を保有していなかった場合である。この場合には二つの考え方がある。一つは、加害自動車の所有者による選択に従うというものである。すなわち、加害自動車の所有者が不法行為制度を選択していた場合には当該被害者は加害者に対して経済的損害および非経済的損害について不法行為訴権を持つことになり、加害自動車に付保されていた賠償責任保険によって損害を補償される。一方、加害自動車の所有者がノーフォルト自動車保険制度を選択していた場合には、被害者は経済的損害について加害自動車に付保されていたPIP保

124　Id. at 8-59.
125　この数字は州によってばらつきがあり、東海岸の州ではこれより高く（86%）、中西部の州ではこれより低い（45%）。

険から保険給付を受けることができるが、非経済的損害についてはPIP保
険からの補償はなく、加害者への請求もできないことになる[126]。

　もう一つの考え方は、被害者である歩行者・自転車運転者自身が制度を
選択できるとする制度設計である。すなわち、被害者は事故後に不法行為
制度かノーフォルト自動車保険制度かを選択し、不法行為制度を選択した
場合には経済的損害と非経済的損害について加害者に対して賠償請求で
き、ノーフォルト自動車保険制度を選択した場合には経済的損害について
ノーフォルト給付を受けることになる。

　上記の二つの方式のうち、後者、すなわち被害者事後選択方式の方がよ
り公平であるとの指摘がある[127]。たしかに、被害者の立場からは加害者の
選択に従わなければならないとされるのは不公平と感じられよう。しかし、
事後選択については状況に応じて「いいとこどり」することが可能であり、
加害者と被害者、あるいは被害者間の公平性という観点からは必ずしも本
方式が優れているとは言いがたい。さらに、この場合の被害者は加害者の
付保した保険により填補されることになるので、加害者の保険者としては
事前のリスク算定が困難になるという問題もある。

　なお、現実に施行されている選択ノーフォルト制度をみると、たとえば
ペンシルベニア州の法制においてはこのような被害者には選択制は適用さ
れず、一律に不法行為制度が適用されるとされている[128]。

第5節　米国におけるノーフォルト自動車保険制度の論点

　米国におけるノーフォルト自動車保険制度導入の議論は、その他のノー
フォルト諸国、特に北欧諸国などにおける論点とかなり違っている。すなわち、
諸外国におけるノーフォルト制度の論点は「被害者救済の推進」という観点
がもっとも強いものであったが、米国においては、「被害者救済」とともに、

126　これは不法行為制度と完全なノーフォルト自動車保険制度との選択制度の場合
　　である。その選択ノーフォルト制度が不法行為制度と修正ノーフォルト制度との選
　　択である場合には、金額もしくは文言による訴権制限が適用されるので、被害者が
　　加害者に対して非経済的損害について賠償請求できる可能性が残る。

127　Joost, supra note 1, at 8-58.

128　75 Pa.C.S.A. §1705(b)(3).

あるいはそれ以上に「保険料の削減もしくは引き上げの回避」というコスト面での論点がきわめて大きな地位を占めている。したがって、導入された制度についての評価も保険料レベルがどうなったのかという観点から検証されている傾向が強い。

　もっとも、このような保険料レベルの議論も、それを突き詰めれば被害者救済という論点に行き着くものではある。すなわち、米国では欧州や日本と比較して人身事故の賠償水準が高いが、その理由の主なものは陪審員による裁判制度である。さらに成功報酬制度や数多くの弁護士の存在によって乱訴の傾向があり、弁護士報酬も高額となる。このような状況から必然的に賠償責任保険の保険料が高額となる。広大な国土を持つ米国では、自動車は日常生活に不可欠な存在であり、低所得者であっても（中古車とはいえ）自動車を所有している国民が多い。しかしこのような低所得者にとって高額な自動車保険料はとても払いきれない。そのため、たとえ法律により付保強制がなされていたとしても無保険自動車が横行することとなる。したがって、米国においては保険料レベルを下げることが被害者救済と直結するのである。

　米国におけるノーフォルト自動車保険制度は、このような文脈の中で出てきたものである。すなわち、ノーフォルト自動車保険制度の主要な目的は高額な賠償額を生じる民事訴訟、特に慰謝料などの精神的損害額をいかに押さえるかという点にある。このような観点から、ノーフォルトにおいては訴権制限が重要となり、金額による制限（monetary threshold）、文言による制限（verbal threshold）など米国独特の用語が生まれてきた。訴権制限をしない付加型（add on type）のノーフォルトが、「ノーフォルト制度とはいえない」と評価されるのもこのゆえである。

　以上のような観点から、米国においてノーフォルト自動車保険制度について論じられてきた議論を以下概観する。

1. ノーフォルト自動車保険制度の背景

　ノーフォルト自動車保険制度は、従来の過失責任制度の問題点を克服する手段として登場してきた[129]。この過失責任制度の問題点については、1971年

129　なお、フェニックストルフによれば、米国におけるノーフォルト制度の導入の背景としては、このような過失責任制度の問題の他、以下のようなことがあると指摘し

に発表された米国運輸省による調査報告が以下のようにポイントをまとめている[130]。

① 救済されない被害者

　　過失責任制度のもとでは、加害者の過失や自分の無過失を立証できない被害者は救済されない。統計によると、自動車事故による死亡者、重傷者のうち、責任保険から何らかの支払いを得ることができた者は全体の45%に過ぎず、また、死亡、重傷被害者の10人に1人は現行のどの補償制度からも全く損害を填補されることがない。

② 不公平な賠償支払い

　　現行制度では、少額の損害については過大の、高額損害については過少の支払いがなされている。統計によると、25,000ドル以上の経済的損害を負った被害者は、平均してその3分の1しか填補を得られないのに対し、500ドル以下の経済的損害の場合は平均してその4.5倍の支払いを得ている。これは、保険会社としては、少額損害については争訟費用の方が高くなることを考慮してあまり争わずに過分の支払を行うのに対し、高額損害については徹底的に争うことによって支払いを押さえる傾向があることによる。

③ 制度の非効率性

　　現行制度は運用のために経費がかかり、効率が極めて悪い。被害者に支払われる1ドルについて、ほぼ同額の運用経費がかかっている。さらに他の補償制度との重複払い、少額損害についての過分支払いなどを考慮すると、本来の損害填補にあてられるのは、賠償責任保険料の14.5%にすぎない。

ている（ウェルナー・プェニクストルフ（西嶋梅治訳）「米国における主要ノーフォルト・プログラムの比較と検討」ジュリスト682号117頁（1979））。

① 米国における包括的な国民健康保険制度の不存在

② 労災保険で通勤途上災害を担保していないこと

③ 英米法固有の法理論であるコラテラルソースルールにより健康保険からの代位求償が行われないこと

130 Department of Transportation, supra note 39. なお、藤倉皓一郎「アメリカにおける自動車事故被害者の救済制度」ジュリスト691号208頁以下（1979）に、この報告書の要約が記載されている。

④　保険金支払の遅延

　　現行制度では保険金が実際に支払われるまでに時間がかかりすぎる。ある調査結果によると請求されてから支払いまで平均15.8ヶ月を要しているとされる。この遅延は損害が高額であるほど顕著であり、経済的に逼迫した被害者は不十分な金額で示談に追い込まれている。

⑤　裁判所の負担

　　交通事故の損害賠償請求訴訟が裁判所にとって大きな負担となっている。1968年には米国全土で440万件の人身事故があったが、このうちの5％が裁判所に提訴され、さらにそのうちの7％が判決に至っている。こうした事件処理のため、全国の裁判所の能力の17％が割かれている。

⑥　責任保険の引受拒否

　　事故数の増加、医療費、自動車修理費の高騰などにより、保険会社の収益が圧迫されてきている。このため保険会社による引受拒否の件数も増加してきており、1966年から69年の間にアサインドリスクプラン（引受けを拒否された契約者に対する保険引受けプラン）によって責任保険を購入した契約者数は23％も増加している。

　以上のような過失責任による不法行為制度が抱える問題の克服のためにノーフォルト自動車保険制度の導入が図られたわけであり、従って、同制度には以下のような目的が期待されていることになる。

①　すべての事故被害者の救済
②　損害填補の適正化
③　損害填補の迅速化
④　保険金支払内容の有効化
⑤　訴訟数の削減
⑥　保険料の安定化

　これらの諸点がどれだけ実現できたかということが、実施されたノーフォルト自動車保険制度の評価の基準となる。中でも、米国で注目されているのは、最後の「⑥保険料の安定化」である。つまり同制度を導入することによって、高額な保険料をどの程度引き下げることができたか、あるいは引き上げを回避できたかということが重要なポイントとされている。

2. 保険料安定化の効果

(1) ノーフォルト自動車保険制度導入州における検証

　　最初のノーフォルト自動車保険制度の導入以来、これによって、保険料レベルがどの程度改善されたかという観点から、ノーフォルト自動車保険制度を導入した各州についていくつかの検証がなされており、以下のように制度導入直後の成果を示す個別報告がある[131]。

- 最初にノーフォルト自動車保険制度を導入したマサチューセッツ州では、制度導入後保険料レベルが大幅に下がったとされる。
- フロリダ州においては、制度導入後、保険料が15％下がった。
- ミシガン州では、制度導入後保険料が2〜27％下がった。
- ニューヨーク州においても、保険料の引き下げ効果が認められた。

　　しかしながら上記の個別事例にもかかわらず、その他の多くの州においてはノーフォルト自動車保険制度の導入によって保険料が引き下げられたという顕著な事実は認められていない。保険料引き下げの効果を狙うのであれば、米国の高額な人身事故訴訟そのものに対する対策を実施しなければならない。このためには、加害者に対する訴権を全く廃止する純粋ノーフォルト制度を導入することが最も徹底した方法だが、この制度を導入した州はまだない。付加型ノーフォルト制度のみならず、文言や金額による訴権制限をつけた修正ノーフォルト制度においても民事訴訟は可能であり、米国各州の現行の制度においては保険料の安定化を図ることは困難な状況にあるとも思われる。

(2) 訴権制限方法による保険料低減化効果の違い

　　一方、オコンネル＝ジョーストは、自動車保険料の低減、もしくは高騰防止のためには、ノーフォルト自動車保険制度における補償内容と訴権制限のバランスが重要であると指摘する[132]。

　　彼らは、このバランスがよい例（in-balance no-fault law）としてミシガ

131　藤倉・前掲（注130）211頁。

132　O'Connell & Joost, supra note 43, at 64.

ン州のノーフォルト自動車保険制度を挙げている。同州のノーフォルト自動車保険では、医療費やリハビリテーション費用について無制限の補償と、一定限度の所得補償が行われる。その一方で、用語による訴権制限を付していることによって、不法行為訴訟の減少が図られている。そして、不法行為訴訟の削減による保険料低減部分により、ノーフォルト補償部分を補っており、トータルとして自動車保険料の抑制がなされている。

　これに対して、このバランスが良くない例（out-of-balance no-fault law）としてペンシルベニア州（1984年のノーフォルト廃止以前の制度）とニュージャージー州の制度を挙げる。ペンシルベニア州のノーフォルト自動車保険では、医療費やリハビリテーション費用について無制限の補償と一定限度の所得補償が行われる点ではミシガン州とほとんど変りはない。しかし、訴権制限は金額によるものであり、その制限額は750ドルである。この金額は容易に超過されてしまうため、被害者はノーフォルト自動車保険からの補償に加えて加害者からの損害賠償を受け取ることができ、これによって自動車保険料は高騰してしまった。

　ニュージャージー州でも同じ問題がある。同州のノーフォルト自動車保険給付はミシガン州、ペンシルベニア州とほぼ同じ水準だが、訴権制限はわずか200ドルである[133]。これはペンシルベニア州よりも低額であり、同州における自動車保険料の増大はペンシルベニア州以上であるとする。

　結局のところ、オコンネル＝ジョーストによれば、ノーフォルト自動車保険制度によって自動車保険料の低減化が図れるかどうかは訴権制限の状況にかかっているということになる。そうであれば、最も徹底した訴権制限、すなわち訴権を完全に廃止したノーフォルト制度（Pure No-Fault）が最も自動車保険料コストを削減できるということになる[134]。

　不法行為制度においては給付を受けられない被害者、たとえば自損事故被害者や過失の大きな被害者に対してもノーフォルト自動車保険からの給付が行われることを考えると、一見、ノーフォルト自動車保険制度の方がコスト高になりそうである。しかし、不法行為制度における給付の内の非経済的損害の部分はノーフォルト自動車保険制度では給付されない。さらに、ノーフォルト自動車保険制度では訴訟にかかる経費部分が削減される

133　これは1986年当時の制度である。現在では、ペンシルベニア州、ニュージャージー州ともに用語による訴権制限を採用している。

134　O'Connell & Joost, supra note 43, at 74.

ことになる。これらをすべて考慮すると、完全ノーフォルト制度が実現すれば、不法行為制度よりもコストが低く抑えられることになる。

　とはいうものの、実際には訴権の完全廃止には極めて高いハードルがある。まず、訴訟により加害者に対して賠償を請求するという基本的な権利を放棄することへの米国民の素朴な違和感がある。特に、非経済的損害についてはノーフォルト自動車保険からの給付が行われないことにより、被害者はこの補償については全く諦めざるを得ないことになる。さらに大きな障害は、弁護士会や保険業界などの利益団体による政治的圧力である。原告弁護士は訴訟廃止によりその仕事を奪われる。また、損害保険会社は賠償責任保険マーケットを喪失する。むろんその代わりにノーフォルト自動車保険というマーケットを手に入れるわけだが、マーケット規模は縮小する。さらに、従来のマーケットに医療保険会社や生命保険会社の進出を許すことにもなる。このような事情から、今まで米国においては訴権を完全に廃止したノーフォルト自動車保険制度は実現してない。

　これに対して、現在ある折衷的なノーフォルト自動車保険制度においては、当初期待したほどには自動車保険料削減の効果が出ていないばかりか、後述する不正請求などの影響もあり、不法行為制度よりもコスト高になったと評価される州も出てくることになる。

3．制度濫用問題（保険金の詐欺的請求）

　ノーフォルト自動車保険制度については、その制度濫用が大きな社会問題化している。その制度濫用とは、具体的には保険金の詐欺的請求の問題である。ノーフォルト自動車保険制度における PIP 保険の詐欺的請求問題はすべてのノーフォルト州に共通の問題であり、第3節2.(2)で述べたフロリダ州の状況はその典型である。一方、ノーフォルト自動車保険制度の対象となる自動車が860万台、収入保険料が82億ドルという全米一の規模を誇るニューヨーク州における保険金詐欺問題は、その内容が極めて悪質で、かつ、被害額も最大であることもあり、全米の注目を集めている[135]。そこで以下では、ニューヨーク州における保険金詐欺の状況を概観する。

135　Insurance Information Institute, No-Fault Insurance Fraud in N.Y. State,（http://www.iii.org/media/research/newyorknofaultauto/）.

第2章　米国におけるノーフォルト自動車保険制度の現状と課題　*151*

(1)　ニューヨーク州の概況

　ニューヨーク州においては1974年以来ノーフォルト自動車保険制度を採用してきているが、2000年頃から同制度を濫用してPIP保険金を不正に受給するケースが増大してきた。もっとも、このような不正受給に対しては種々の保険金詐欺対策がとられており、最近では沈静化の方向に向かっている。したがって、現時点ではコロラド州やフロリダ州のようなノーフォルト自動車保険制度廃止の議論には至っていないが、今後の動向次第では制度自体の問題となる可能性も残されている。

　ニューヨーク州においては、2000年のPIP保険における医療費支払の増加率が32.1％にもなった[136]。これは、全米のノーフォルト州の中で第1位であり、第2位であるフロリダ州（15.0％）の2倍になる。このような保険金の増加は、保険金請求数（frequency）の増加[137]と保険金の平均額（damageability）の増加[138]との両要素によってもたらされている。そしていずれの増加要素とも保険金詐欺によるものと考えられている。というのは、ニューヨーク州の制度では医療費の支払額は費用規定（Fee Schedule）に基づいて決定されるので、インフレなどの経済的要因による増加とは考えられないからである。現に、ニューヨーク州保険詐欺局が受け付けた詐欺事件の報告は、1995年の4,393件から2000年には12,372件になった。そして、保険金詐欺全体の中に占めるノーフォルト自動車保険金詐欺の割合は1995年には22％であったのに対して、2000年には55％になっている[139]。

　このようなPIP保険からの支払額の急増は、保険会社の収支の悪化をもたらし、保険料の上昇だけでなく保険市場からの撤退を余儀なくされる保険会社も出てきた。そしてその影響はPIP保険だけでなく、自動車保険全体に及んでいる。この影響は特に高リスクドライバーに出ており、事故経験者などでは年間保険料が自動車価格よりも高くなっているケースも報告されている[140]。なお、この問題はニューヨーク州の中でも特にニューヨー

136　なお、1998年は4.5％、1999年は11.1％の上昇であった（Id.）。
137　ノーフォルト諸州平均の1.3倍。
138　ノーフォルト諸州平均の2倍。
139　Insurance Information Institute, supra note 135.
140　適正な価格で自動車保険を入手できなくなった自動車保有者は、州が運営する特定リスク市場（New York's Automobile Insurance Plan - NYAIP）で自動車保険を購入することを余儀なくされており、2000年以降、同制度への申込が急増している。

ク市において深刻であるとされている[141]。

(2) ニューヨーク州における保険金請求詐欺の態様

　ニューヨーク州の保険金詐欺の態様は、たとえばランナー（Runner）[142]と呼ばれる黒幕が存在しているなど、フロリダ州のそれと類似しているが、さらに悪質なものである。すなわち、ニューヨーク州におけるランナーは真正の事故被害者を勧誘するだけでなく、架空事故をでっち上げて保険金請求をすることも多い。この場合、同じ車両が使用されることが多く、たとえば、ある保険会社は同一の車両に関して3件の事故により21件の保険金請求を受けた。架空事故を起こした者は警察に事故報告をし、医療機関で検査・診療を受ける。医療機関は傷害がないにもかかわらず偽の検査・診療を行い、保険会社にその費用を請求する。このように、ランナー、偽装被害者、悪質医療機関がグルになって保険金詐欺を実行する[143]。

　また、ニューヨーク州における保険金詐欺は「出来心からの犯罪」から「常習者による犯罪」に変化してきている。警察のサンプル調査によれば、保険金詐欺容疑で逮捕された50人のうち、31人は過去に143回も逮捕されている。過去の逮捕容疑としては、殺人、銃器所持、麻薬、強姦などの凶悪犯罪であるとする。このことは、保険金詐欺を放置すればより重大な犯罪を蔓延させる可能性があることを意味する[144]。

(3) ニューヨーク州における保険金詐欺対策

　ニューヨーク州における保険金詐欺対策は、連邦、州、および地方政府が協同して行われている。これは「Operation Gateway」と呼ばれ、密告者、電話傍受、捜索令状などあらゆる捜査手段を使って不正請求者やRunnerなどを一網打尽にしようとするものである。また、法令改正として、提訴期間や保険金請求書提出期間の縮減、不正行為にかかわった医療機関

141　Insurance Information Institute, supra note 135.
142　ランナーとは、自動車事故の被害者をそそのかして不必要な医療を受けさせ、過剰な医療費や休業補償を保険者に請求させる者である。ランナー自身は保険金請求者にはなれないが、保険金を受け取った医療機関や被害者からその一部を報酬として受取る（第3節2.(2)イ.①）。
143　Insurance Information Institute, supra note 135.
144　Committee on Banking and Insurance, supra note 79.

第2章　米国におけるノーフォルト自動車保険制度の現状と課題　*153*

についての免許剥奪基準や手続の明確化なども実施している[145]。

　このような対策の結果、同州におけるPIP保険の保険金請求件数は、2000年から2004年にかけて21％減少した。PIP保険の平均保険金も、2002年には8,500ドルであったものが、2004年には5,867ドルに低下し、これはノーフォルト諸州の平均以下である（表1-2-10参照）。

表1-2-10　PIP保険の比較（ニューヨーク州とノーフォルト諸州平均）

	PIP保険金の平均額		PIP保険純保険料	
	NY	全米平均	NY	全米平均
2000年第4四半期	8,271ドル	5,782ドル	187.32ドル	92.87ドル
2004年第4四半期	5,867ドル	7,060ドル	104.89ドル	114.41ドル

出典：Hartwigによる[146]

　保険詐欺局への報告も2004年には減少したとされる。ニューヨーク州保険庁は、これにより、保険会社の損害率も低下したとしている[147]。なお、表1-2-11は詐欺犯として逮捕された者の数の推移であるが、2003年には前年より半減している。

表1-2-11　ノーフォルト関連詐欺の逮捕数推移

2000年	50件
2001年	107件
2002年	182件
2003年	88件

出典：ニューヨーク州保険詐欺局[148]

4．違憲性問題

　ノーフォルト自動車保険制度における違憲性の問題としては、①ノーフォルト自動車保険（特に自分自身の損害のカバー）の付保を強制させること、②訴権制限付きのノーフォルト自動車保険制度において民事損害賠償請求権

145　Committee on Banking and Insurance, supra note 79, at 92.
146　Robert P. Hartwig, New York PIP Insurance Update: Is New York's No-Fault Crisis Solved?（http://www.iii.org/media/presentations/nynofaultauto3/）.
147　Committee on Banking and Insurance, supra note 79, at 92.
148　Hartwig, supra note 146.

154　第1部　諸外国のノーフォルト自動車保険制度

を制限すること、が、それぞれ憲法に規定する財産権の侵害とならないのか
という二つの問題がありうる。このうち、米国においては①についてはほと
んど問題となっておらず、②の問題が、特に各州憲法との関係で議論されて
いる。

(1)　訴権制限付きノーフォルト制度

　　現時点では、訴権の一部制限つきのノーフォルト制度を採用しているほ
とんどの州において、裁判所によって憲法適合性が認められているが、過
去、ノーフォルト自動車保険制度を違憲とした唯一の例がイリノイ州最高
裁判決である[149]。イリノイ州では1972年立法によりノーフォルト自動車保
険制度が発足したが[150]、その直後に本違憲判決が出たため、同制度は極め
て短期間で終了し（このため、表1-2-2では同州を表示していない）、そ
の後、現在まで不法行為制度を継続している[151]。このノーフォルト自動車
保険制度においては、すべての自動車搭乗者が被害者となった場合に訴権
制限がなされるのに対して、ノーフォルト自動車保険からの補償は自動車
の所有者である搭乗者に限定されており[152]、これが不公平であるとして違
憲とされたものである[153]。

(2)　純粋ノーフォルト制度

　　これに対して、被害者の加害者に対する民事上の損害賠償請求権を全く
認めない制度である純粋ノーフォルト制度（Pure No-Fault）については、
米国において実施している州がまだないことから、裁判所の判断もなされ
ていない。

　　訴権の一部制限の場合は、軽傷者の賠償請求を制限する代わりに、ノー
フォルト自動車保険からの十分な補償を行うということで各州の裁判所が
憲法適合性を認めてきたが、純粋ノーフォルトの場合は全ての訴権を剥奪

149　Grace v. Howlett（1972）51 Ill 2d 478, 283 NE2d 474.

150　Ill Laws 1971, Pub A. 77-1428.

151　Woodroof et al, supra note 14, at 520.

152　このような制度設計は他の州ではみられない特殊なものであり、本制度がノーフ
　　ォルト制度としてのごく初期の立法であることを勘案しても異例なものである。

153　さらに、同法における少額紛争についての強制仲裁条項についても州憲法に違反
　　するとされた。

するわけであり、一部制限の判例の射程外であると考えられている[154]。確かに、純粋ノーフォルト制度を施行した場合には保険料削減という立法目的が効率的に達成される可能性が高く、その意味において立法合理性が認められる可能性があるが、問題は代替としてのノーフォルト補償のレベルである。ジョーストによれば、この代替のノーフォルト補償は不法行為制度における平均補償金額よりも高額に設定する必要があると考えられ、その場合、賠償責任保険金額の最低額、平均額、付保割合等が考慮されるとする。例えば、付保強制されている賠償責任保険金額の最高額はアラスカ州の5万ドルであるが、同州において純粋ノーフォルト制度を行い合憲性を勝ち取るためには、ノーフォルト補償は10万ドルが必要だとする[155]。

(3)　選択ノーフォルト制度

　選択ノーフォルト制度を採用している州においても、裁判所は当該制度を合憲と判断した例がある。もっとも、このケンタッキー州の控訴裁判所（Court of Appeals）判決ではノーフォルト自動車保険制度は違憲ではないとされたが[156]、本判決は消費者の選択の部分に焦点を当てて合憲性判断を下したわけではない。一部訴権制限付きノーフォルト自動車保険制度が合憲であるとすれば、不法行為制度との選択肢のある選択ノーフォルト制度は、消費者利益により配慮したものとして合憲性は強いと考えられよう。ただし、ノーフォルト制度の選択肢が純粋ノーフォルトであった場合は、上記の純粋ノーフォルト制度における議論からすると、合憲性が認められるためには相当なレベルのノーフォルト補償が必要とされると思われる。

154　Joost, supra note 1, at 2-30.

155　Id. at 2-32.

156　Fann v. McGuffey（1975, Ky）534 SW 2 d 770.

第3章　ニュージーランド事故補償制度の現状と課題

　前述のように、ニュージーランドでは自動車事故を含む全ての事故被害者を対象とした救済制度である事故補償制度が実施されており、その自動車事故部分についてはノーフォルト自動車保険制度の一つとみることができる。以下では、自動車事故部分に限定せず、事故補償制度全体について考察する。

第1節　序説

　究極のノーフォルト制度といわれるニュージーランドの事故補償制度は1972年に立法化され、1974年に施行された。したがって、2012年に立法40周年を、2014年には施行40周年を迎えた。本制度はその斬新性から世界各国で注目され、ニュージーランド国外における文献も多く公表されてきた[1]。
　近時、ニュージーランドの学界では、本制度30周年を迎えた頃（この時期、最新法である2001年法が制定された）から事故補償制度の再検証の動きが顕著になってきている。すなわち、ニュージーランド各地で事故補償制度をテーマとしたシンポジウムが開催されており[2]、そこでの議論も含め、本制度に関する多数の書籍や学術論文が発表されている[3]。また最近、オークランド大

1　わが国でも、現在まで多様な研究者による邦語文献が公表されている（第1章末の別表3参照）。
2　たとえば、2002年4月にニュージーランド弁護士会（New Zealand Law Society）が主催したもの（その内容は"Personal Injury Litigation – A Practical Approach"という冊子に掲載）、2002年8月にビクトリア大学法学紀要（Victoria University of Wellington Law Review – VUWLR）が主催したもの（"Looking Back at Accident Compensation: Finding Lessons for the Future"として VUWLR, Vol.34, No.2に掲載）、2003年12月にビクトリア大学法学部が主催したもの（"The Future of Accident Compensation: New Directions and Visions"として VUWLR, Vol.35, No.4に掲載）、2007年12月にオークランド大学で開催されたもの（"Accident Compensation 40 Years On – A Celebration of the Woodhouse Report"として［2008］NZ Law Review に掲載）などである。
3　第1章末の別表3参照。

学では事故補償制度研究会（ACC Study Group）が初めて立ち上げられ、その研究成果が注目されている[4]。

　一方、2011年にはニュージーランドの国民党（National Party）政府は事故補償制度の一部の再民営化を提案し[5]、これに対する報道や議論が地元メディアをにぎわした[6]。

　このような折、筆者は2012年春、福岡大学在外研究制度により1ヶ月ほどニュージーランドに滞在し[7]、その間、文献収集のかたがた、現地の研究者や実務家と意見交換する機会を得た。本章では、これらの議論や現地の文献にもとづき、ニュージーランド事故補償制度の現在の課題を検討するとともに、本制度の基本理念についてあらためて考察する。

　なお、本制度の制度内容については第1章第4節1.の記述を参照されたい。また、前述のように、ニュージーランド事故補償法は1972年の制定以来、多くの改正がなされてきており、現行法は2001年法であるが、以下における条文の引用は、特に断りのない限り2001年法の条文である。

第2節　現行制度の課題

　40年にわたり存続してきたニュージーランド事故補償制度であるが、その発足以来、国内では多くの問題点が指摘され議論がなされてきた。その中にはすでに解決されたものもあるが、現在でも依然として残っている課題もある。以下では、現地で現在も議論となっている問題点につきその概要を示す。

4　G. McLay, *Accident Compensation- What's the Common Law Got to Do with It?*, [2008] 1 NZ LAW REVIEW 58。ビクトリア大学のマックレイ教授によれば、この研究会の主要なメンバーは、Susan St John、Rosemary Tobin、Jo Manning の3人とのことである。いずれもオークランド大学の研究者であるが、このうち、St John は経済学者、Tobin と Manning は法律学者であり、事故補償制度について学際的研究を推進しようとしている。

5　後述のように、事故補償制度は1999年にその一部が民営化されたことがあるが、このときの民営化は1年間で終了している。

6　後述のように、この提案は結果的に頓挫した。

7　ウエリントンのビクトリア大学（Vitoria University of Wellington）に、客員研究員として滞在した。

158 第1部 諸外国のノーフォルト自動車保険制度

1. 財政状況と会計制度

(1) 財政状況

　本制度創設以来、この画期的な制度が財政上安定的に運営されるのかどうかは常に注目されてきた。本制度の財政状況は、賦課金のレベル、事故発生頻度、補償支払いの状況、ACC（事故補償公社）の運営コスト、資産運用実績等により影響を受ける。このうち賦課金については、前年度の財政状況を見たうえで毎年改定が行われている。また、事故予防施策の実施や運営コストの削減など、実務における収支改善の努力がなされてきている。しかし、制度の安定的運営という観点からはまだ問題があると指摘されている。

　本制度は、発足直後は比較的良好な財政状況であったが、1980年代に大きく悪化し、制度存続が危ぶまれる事態になった。これに対し、政府は様々な対策をほどこし、その後財政の大幅赤字は改善するに至った。表1-3-1は最近14年間の本制度の財政状況である。これを見ると近時は比較的安定的に推移しているが、2008年および2009年には大幅な赤字となり[8]、その後は逆に大きな黒字となっている。このように、本制度においては収入賦課金規模に対して最終収支のぶれが非常に大きい。一般的には、全国民を対象とした強制保険の場合はその対象人数が大きくなり大数の法則がよく適用されることにより、保険収支は安定的になるはずである。この点、ニュージーランドにおいてはその人口規模が小さいこと（450万人）が災いして、制度の安定的な運営が妨げられているものと推測される。

8　ACCによると、この赤字は、理学療法士による過剰診療が主な原因であるとされている。労働党政権により理学療法（Physiotherapy）は医学的治療よりも安価であるとされて重視されてきたが、この赤字により理学療法への支払は厳しく見直され、2009年以降はACCによる理学療法に対する100％の支払をやめている（これは法令変更によるものではなく、ACCの裁量によるものである。なお、この情報は筆者のACCに対するヒアリングによる。）。

第3章　ニュージーランド事故補償制度の現状と課題　*159*

表1-3-1　ACCにおける賦課金収入と最終収支

年度	賦課金収入	最終収支	年度	賦課金収入	最終収支
2001	1,972	▲313	2008	3,652	▲2,407
2002	2,324	243	2009	4,183	▲4,773
2003	2,574	▲616	2010	4,598	2,500
2004	2,654	876	2011	4,830	3,548
2005	2,735	▲793	2012	4,865	▲474
2006	3,075	330	2013	4,716	4,929
2007	3,290	▲111	2014	4,731	2,144

年度は前年7月1日より当年6月30日まで
単位は百万ニュージーランド・ドル
賦課金収入には政府支出金を含む
出典：ACC Annual Report

(2)　会計制度

　一方、本制度の財政状況に影響を与えるものとして、会計制度がある。事故補償制度の会計では、当初、Full Funded方式が採用されていたが、1982年法によりPay as You Go方式に変更された。

　Pay as You Go方式とは、当該年度に支払う補償を当該年度の賦課金収入でまかなうという方式である。この場合、当該年度に事故が発生したが補償の支払は次年度以降になるケースについては、当該年度の会計上は何らの項目にも計上されない。これに対してFull Funded方式においては、ある事故被害者に対する補償の支払い原資は当該事故発生年度の賦課金収入でまかなうことになり、したがって、年度末において既発生未払いの補償について積み立てる必要がある。これは、民間保険会社におけるWritten Paid（WP）会計とEarned Incurred（EI）会計にほぼ対応するものである[9]。

　民間保険会社であれば、管理会計としてはともかく、財務会計においてPay as You Go方式を採用することは考えられないが、ACCという公的機関による会計においてはこのような方式もありえないではない[10]。しかし、

9　正確に言うと、EI会計では収入保険料についてはその年度の既経過分のみを計上するので、Full Funded方式とは必ずしも同義ではない。

10　わが国の公的年金会計では賦課方式を採用しているが、これはここにいうPay as You Go方式と同じ構造である。

Pay as You Go方式では巨額な過去債務を将来に先送りすることにもなりかねず、年度間の公平性という観点からはかなり問題があると批判されてきた。

ACCでは1999年より、使用者（現労働）、自動車、就労者の各口座が以前のFull Funded方式に戻された[11]。この場合、それ以前に発生した事故の未払い債務についての準備金を別途積み立てる必要がある。この準備金の積み立て原資は、通常の賦課金に加えて徴収することになる。この積み立て完了目標は2014年とされたが、その後この積み立ては遅れており、現時点での積み立て完了予定は2019年に延びている。これはACCが申請する追加賦課金について、政府がその満額を認可しないためであるとしている[12]。政府は政治的配慮から賦課金の増額について慎重な姿勢をとらざるをえず、このため過去発生事故の準備金の適正な積み立てが阻害されている。しかし、過去債務準備金の積み立てはFull Funded方式にとって不可欠の工程であり、これが政治状況により遅延させられていることについては国内でも批判が多い。

なお、非就労者口座も2001年にFull Funded方式に変更されたが、過去発生の事故についてはPay as You Go方式のままとなっている[13]。

２．財源負担者の問題

ニュージーランド事故補償制度ではあらゆる形態の事故被害者が救済されるが、表１-１-３の通り、事故形態ごとに五つの口座（労働、自動車、就労者、非就労者、診療障害）に分けて財源および補償支払を管理している。ここで、事故形態と財源との整合性が問題とされている。

まず、診療障害口座の財源は、事故補償法上は登録医療専門家等の支払う賦課金によることを原則としているが（228条(2)(a)）、このような賦課金がない場合には、就労者が被害者となった場合には就労者口座の資金、非就労者が被害者となった場合には非就労者口座の資金を使用すると規定されている

11　1998年法により、使用者口座について民間の保険会社が参入できることになったが、このように保険者が変更される場合にはFull Funded方式でないと対応できない。

12　筆者によるACCへのヒアリングによる。

13　非就労者口座の財源は政府支出金であるので、準備金の積み立ては必ずしも必要ではないと考えられたようである。

（228条(2)(b)）。この規定は1992年法において本口座[14]が新設されたとき以来同じ内容であるが、その後この賦課金は徴収されることはなく、事実上、就労者の支払う賦課金（就労者口座）や政府支出金（非就労者口座）が本口座の財源となっている。法律上規定されている[15]にもかかわらずこの賦課金が徴収されていない理由はいまひとつ明確ではないが[16]、医療関係者の政治的発言力が強いことが影響しているようである[17]。

たしかに、診療障害については必ずしも医療提供者側の過失によるものばかりではなく不可抗力によるものもあり、その意味で医療従事者が全面的に財源を負担すべきものであるのかについては議論があり得る。しかし、医療過誤に相当するものも含まれる医療事故について潜在的被害者のみが費用を負担し、潜在的加害者である医療従事者が全く財源を負担しないことは、本制度の下で医療過誤の場合に加害者に対する民事訴権を廃止していることとの均衡を失するという批判にさらされざるを得ない。

表1-1-3　ニュージーランド事故補償制度の会計区分および財源（再掲）

会計区分	対象事故	財　源
労働口座（167条） (Work Account)	被用者・自営業者の業務上事故	使用者・自営業者が支払う賦課金等
自動車口座（213条） (Motor Vehicle Account)	自動車事故	自動車所有者・ガソリン購入者等が支払う賦課金
就労者口座（218条） (Earners' Account)	就労者の業務外事故	就労者が支払う賦課金等
非就労者口座（227条） (Non-Earners' Account)	非就労者（学生、子供等を含む）の事故	政府支出金
診療障害口座（228条） (Treatment Injury Account)	診療障害	登録医療専門家等が支払う賦課金（これがない場合は就労者口座および非就労者口座の資金を使用）

潜在的加害者が賠償責任を免れるにもかかわらず、本制度において財源を

14　当時は医療事故口座（Medical Misadventure Account）と称していた。

15　賦課金の内容のみならず、徴収方法も規定されている（230条）。

16　そもそも、法律上徴収することが規定されている賦課金について、同じ法律でそれを徴収しない場合を想定した規定を置くこと自体、異例である。

17　筆者のACCに対するヒアリングによる。

負担していないという批判は、製造業者やスポーツクラブに対してもなされている。すなわち、ニュージーランドの製造業者は、人身損害に係る製造物責任訴訟を免れているにもかかわらず自ら作り出したリスクに対して何らの財源負担をしていない。また、ニュージーランドではラグビーをはじめとするスポーツが盛んで、各自治体には必ずといってよいほどスポーツクラブが存在しているが、クラブの管理過誤による傷害事故も多発している。このような事故においてもスポーツクラブは責任を免れ、かつ事故補償制度の財源も負担していないとの批判がある[18]。

労災制度や自動車保険制度のような個別制度と違い、本制度のような包括的な被害者救済制度においては、それぞれの事故に対応したリスク主体から財源の拠出を求めることが原則であり、公平でもある。しかしそもそも、関係するすべてのリスク主体とその分担割合を確定することはほとんど不可能であるし、仮にそれが確定できたとしてもどのように徴収するのかという実務的な問題もある。その意味で、包括的制度における財源負担については完全なリスク対応が困難であり、ある程度の不公平を伴うことを前提とした制度設計とせざるを得ない。問題は、その不公平が許容範囲を超えるものであるかどうか、である。この観点からすると、製造業者やスポーツクラブはともかくとして、医療事故については何らかの対応が求められているというのが現地での一般的な認識である。すなわち、法律により規定している登録医療専門家の賦課金を実際に徴収して、少なくとも医療事故口座の財源の一部にすることは必要であろうと思われるが、その実現可能性は今後の政治状況に影響されることになろう。

3．補償内容の問題

事故補償制度においては、傷害を負った被害者の治療およびリハビリテーションについてはほぼ十分な補償がなされている。特に、ACCでは被害者の社会復帰を第一義としており、その手段としてのリハビリテーションに注力している。事故補償法上、リハビリテーションには、社会的リハビリテーション（Social Rehabilitation）と職業的リハビリテーション（Vocational Rehabilitation）を含むとされているが（69条(1)(a)）、これは単に負傷者がそ

18　ニュージーランドではめぼしい製造業がなく、またスポーツが国民に身近なためか、製造業者よりもスポーツクラブに対する批判の方が一般的である。

の傷を回復するにとどまらず、生産活動に復帰することが重要であるとの理念に基づいている[19]。

これに対して所得補償や精神的損害の補償については、かなり制限された補償内容となっている。すなわち、所得補償については事故前の所得の80%に限定されており、上限金額も規定されている[20]。さらに、非経済的損害（精神的損害）の補償は後遺障害が発生したときのみに認められ、その金額は最高で10万ドル（約650万円）である。また、死亡事故についての補償額は、表1-3-2の通り日本の自賠責基準との比較でもかなり低額となっている。

表1-3-2　死亡事故におけるニュージーランドと日本の補償額の比較

（試算）被害者の設定：40歳会社員の死亡事故、年収 NZ$ 100,000（650万円）被扶養者は妻と子供2人（15歳、10歳）とする。

ニュージーランド	葬祭費	NZ$ 4,500
	所得補償	NZ$ 1,341.31×52×(0.6×8+0.2×6+0.2×11) = NZ$ 571,934.58
	遺族補償	NZ$ 4,702.79 + NZ$ 2,351.40×2 = NZ$ 9,405.59
	合計	NZ$ 585,840.17（3,808万円）

日本	葬祭費	60万円
（自賠責基準）	逸失利益	（650万円 − 35%）×14.643 = 6,187万円
	慰謝料	350万円 + 750万円 + 200万円 = 1,300万円
	合計	7,547万円

（NZ$ = 65円として計算）

このように、所得補償、精神的損害の補償、死亡事故補償について損害額の満額が補償されず低額に制限されているのは、ノーフォルト制度において

19　これは本制度発足以来一貫した制度理念であり、ウッドハウス・レポートの中にも「被害者の完全なリハビリテーションを目指す。」という項目が入っている（Woodhouse Report para. 55）。なお、1992年法の正式名称は「事故リハビリテーションおよび補償保険法」であり、法律名の中にリハビリテーションという文言が入っていた。

20　週当たり NZ$ 1,341.31を上限とする（付表1-46条）。これは年収に換算すると NZ$ 69,748.12（約453万円）である。もっとも、ニュージーランドの平均年収は日本よりも若干低いといわれており、その意味ではこの上限額にかかる被害者はそれほど多くはないのかもしれない。

は一般的に見られるところであり[21]、事故当事者（加害者、被害者）の過失の状況にかかわらず一律に補償されることとのバーターと考えられる。また、補償額の低さは、本制度においては被害者が被った所得損失を補償することよりも、被害者がリハビリテーションによって所得を得ることができるようにすることに重点をおいていることに由来するという指摘もある[22]。

　しかし、このような補償額の低さに対しては、ニュージーランド国民の間で不満がないわけではない。多くの国民はこの事故補償制度の理念やその構造を理解しているが、所得損失の満額を回収したい、あるいは精神的損害を十分に補償してもらいたいと希望する被害者も多数存在する。このうち、いわゆる高額所得者は自ら所得補償保険等を購入することによりこれに対応しているようである。また、この補償額の低さが事故補償制度では禁じられていない懲罰的損害賠償訴訟を提起するインセンティブともなっている。

　一方で、精神的損害の補償については過去において多くの議論がなされてきており、事故補償法の規定も変遷している。本制度発足当初は後遺障害に対する一時金補償が規定されていたが[23]、1992年法ではこの一時金補償を廃止し、自立手当（Independent Allowance）として最高週60ドルの定期金を支給することになった（1992年法54条）。この一時金補償の廃止は、法制委員会（Law Commission）の勧告による。すなわち、本勧告では、従来の一時金は軽微な障害に対して多額な補償がなされており、これが本制度の財政収支を悪化させている。したがって、本一時金は廃止し、財源は所得補償に重点的に充てるべきであるとする[24]。この判断は理論的には正しい。しかし、この一時金の廃止は国民の反発を招いた。補償の切り下げと理解されたのである[25]。

21　米国各州のノーフォルト自動車保険制度等。ただし、スウェーデンのノーフォルト自動車保険制度においては、損害額の満額が補償される。

22　水野謙「ニュー・ジーランドに学ぶ医療紛争の解決のあり方」『患者の権利と医療の安全』338頁（ミネルヴァ書房、2011）。

23　1982年法では、「身体機能の永久的喪失又は身体障害に対する補償」として最高17,000ドル（82年法78条）、「醜状を含め、生活享受の快適さと享受能力の喪失」又は「神経性のショックおよび神経症をも含めた痛みないし精神的苦痛」に対して最高10,000ドル（82年法79条）が支払われた。

24　Law Commission, Personal Injury: Prevention and Recovery, Report on the Accident Compensation Scheme (1988), para. 11.

25　理論的には、自立手当の定期金をもらい続ければ以前の一時金の金額よりも多額の補償を受けることになるはずである。しかし、人間の感覚として、少額な定期金の積み重ねよりも高額な一時金の方が魅力的に感じるようである。

このため、2001年法では自立手当を廃止し、後遺障害一時金が復活することになった[26]。本来、ノーフォルト制度においてはこのような精神的損害の補償は否定的に扱われることが多いが、一時金補償をめぐる本制度の展開は、現実の制度運営においては理論的帰結を押し通すことが困難なことを示している。

4．担保範囲の問題

(1) 医療事故の扱い

　ア．問題の所在

　　　医療事故が事故補償制度の対象となるかどうかについては困難な問題がある。すなわち、医療事故は正当な医療行為の中で発生するものであり、医療行為（たとえば外科手術）の結果として人身障害が発生したとしても、医療行為には常に一定の危険が伴うものであることを考慮すると、それが事故補償制度の対象である「事故による人身障害（2001年法20条(2)(a)）」といえるかどうかについて判断が困難な場合が多い[27]。もっとも、医療行為に過誤があり、それにより本来ならば被らなかったであろう人身障害が発生したような場合には「事故による人身障害」と判断できることもありうるが、医療過誤の存在および因果関係の立証には困難が伴う。

　　　事故補償制度発足以前は、医療事故については医療過誤の存否により

26　かつ、補償金額も大幅に増額された。

27　わが国の傷害保険契約においても、医療事故の扱いについて同様の問題がある。傷害保険約款上、対象となる事故には急激性、偶然性（生命保険会社の傷害保険では「偶発性」）、外来性の三要件が要求されるが、医療行為の結果としての傷害についてはこの中の偶然性要件や外来性要件が欠けると考えられるケースが多いからである。このため、傷害保険約款においては一般的に医療行為による傷害を免責とする条項をおいている。もっとも、損害保険会社の傷害保険約款では「被保険者に対する外科的手術その他の医療処置」を免責としているのに対し（傷害保険標準約款3条1項7号）、生命保険会社の傷害保険約款では、担保対象となる分類項目として「10.外科的および内科的診療上の患者事故」を挙げつつ、「ただし、疾病の診断・治療を目的としたものは除外します。」としており（北川善太郎他監修『解説実務書大系6取引編Ⅵ保険・信託契約』281頁（三省堂、1997））、後者では疾病の診断・治療を目的としたもののみを免責とし、傷害の診断・治療を目的としたものについては担保対象としている。このように、損害保険会社と生命保険会社とでは傷害保険約款における医療事故の扱いについて微妙な違いがある。

医療事業者の損害賠償責任（不法行為責任、債務不履行責任）の有無が判定されていた。これに対して、事故補償制度においては、医療事故のうちどの範囲を補償対象とするのかについての問題が発生した。これらは、事故補償法の条文規定およびその解釈の問題である[28]。この問題について、ニュージーランド事故補償制度では、試行錯誤しながら徐々にその規定を変更してきている。

イ．1972年法

当初の1972年法ではこの点について法律上の特別規定はなく、医療事故については「事故による人身障害」の解釈により事故補償制度の対象範囲を決定することとなっていた。ここでの問題は、①医療過誤による障害はすべて「事故による人身障害」にあたるのか、②医療過誤以外にも「事故による人身障害」とみなされる医療事故があるのか、であった。①が認められないとすると、事故補償制度の補償範囲は不法行為制度時代よりも後退することになる。また、②を認める場合には事故性の基準をどこにおくのかが問題となる。

その後、1972年法は1974年に若干の改正が行われ、「事故による人身障害」の定義に以下の条文が挿入された（1974年改正1972年法2条）。

① 内科的、外科的、歯科的処置および応急処置に伴う事故（medical, surgical, dental or first-aid misadventure）は、「事故による人身障害」に含まれる。
② 心臓発作、疾病、感染または老化のみに起因する障害（injury caused exclusively by heart attacks, disease, infection or the ageing process）は「事故による人身障害」に含まれない。

---

28 これらの法規定およびこれを巡る判例の推移については、K. Oliphant, *Beyond Misadventure: Compensation for Medical Injuries in New Zealand*, 15 MEDICAL L. REV. at 357 (2007)が詳しい。邦語文献としては、中野希世子「ニュージーランド事故補償制度における医療事故について」福岡大学大学院論集35巻1号49頁（2003）、浅井尚子「NZ事故補償制度における医療事故概念の変遷」『損害賠償法の軌跡と展望』209頁（日本評論社、2008）、水野謙「医療事故に関するニュー・ジーランド法の対応」比較法研究72号10頁（2010）などがある。なお、ニュージーランドにおける医療事故処理システムについては甲斐克則「ニュージーランドにおける医療事故と被害者の救済」比較法学42巻1号79頁（2008）参照。

上記のうち②についてはその文意は比較的明確であるが、①について
は医療事故（Medical Misadventure）とは何かの解釈が問題となる。法
文上にはこの定義がないので、ACC の実務において徐々に明確化され、
それが判例によって追認されてきた[29]。すなわち、Medical Mis-
adventure には以下の二種類が含まれるとされてきた。

　Medical Error（医療過誤）：正しくない医療行為
　Medical Mishap（医療災害）：患者が稀な悪い治療結果を被ること

　そして、判例は Medical Error についてはその範疇を拡大する方向を
示してきた。すなわち、積極的、物理的な Medical Malpractice だけでな
く、診断ミス、治療行為に伴うリスクの警告の懈怠なども含まれるとさ
れた。
　一方、Medical Mishap については、当初、ACC、裁判所とも、限定的
に解していた。すなわち、悪結果自体はいかに稀であっても予想しうる
リスクである場合には対象外としていた。その後、予想されたかどうか
の基準は放棄され、稀なのかどうかという基準のみになり、この部分に
ついても対象範囲が拡大してきた。

ウ．1992年法
　上記のような担保範囲の拡大は ACC の財政悪化をもたらす原因の一
つとなったが、1990年に成立した国民党政府はこれを問題視し、1992年
法では医療事故について規定の改定を行った。すなわち、医療事故
（Medical Misadventure）を「事故による人身障害」（1992年法8条(2)
(a)）とは別の補償対象カテゴリーとし（1992年法8条(2)(c)）、これに対す
る補償のファンドを管理するための医療事故口座を創設した（1992年法
122条以下）。そして、判例、実務によって認められてきた医療事故につ
いての二つのカテゴリー（Medical Error と Medical Mishap）を法律上
も規定した。
　このうち医療過誤（Medical Error）の定義としては、登録医療専門家
が当該状況において合理的に期待される注意と技量の基準に従うことに

29　Oliphant, supra note 28, at 360.

失敗することとされた（1992年法 5 条(1)）。一方、医療災害（Medical Mishap）は、過失とは無関係に、「発生見込みが稀でありかつその結果が重大であるような不本意な結果」と定義された（1992年法 5 条(1)）。そして、「稀」とは、その悪結果が生じる確率が 1 ％未満であると規定され（1992年法 5 条(2)）、また、重大性の基準として、死亡、14日以上の入院、最低28日間以上継続する顕著な身体障害と規定された（1992年法 5 条(4)）。

　このように、医療事故が一般的な「事故による人身障害」とは別のカテゴリーとして規定され、その定義も詳細なものとなったことにより、個別事案がこの補償対象となる医療事故に該当するかどうかの判断には医療の専門知識や経験が一層必要となった。このため、ACC 内に、医療専門家、法律アドバイザー、第三者の代表からなる医療事故アドバイザリー委員会（Medical Misadventure Advisory Committee）を設置し、この委員会がすべての医療事故事案を査定することとした[30,31]。

　このようにして査定されることになった医療事故クレームだが、1992年改正前と比較すると、補償対象として認められる事案の数は減ってきた。その理由のひとつは、Medical Mishap の定義に重大性が加えられたことであり、今ひとつは、稀性の基準の厳格化（ 1 ％未満と定義された）である。こうして補償対象数が減ったことにより、1992年法の当初の目的である ACC の財政再建には資することとなった。

　一方で、1992年法はいくつかの観点からの批判にさらされた。まず、医療災害の基準がわかりにくく、恣意的であると批判された。すなわち、稀性と重大性の二つの基準をクリアしないと医療災害と認められないのだが、明確な基準を規定している重大性はともかく、稀性の判断は（ 1 ％という数値で示しているものの）裁量の入る余地が大きく、ACC がどのように査定しているのかがはっきりしないと批判された。

　一方、医療過誤については、事故補償制度の中で唯一加害者の過失を基準とするカテゴリーであることが批判の対象となった。すなわち、1992年法では ACC はすべての医療過誤のケースを医療当局に報告する義務を負うが、これによって被害者の救済というより加害者の非難とい

30　Oliphant, supra note 28, at 364.
31　なお1998年法では、ACC 内の委員会に代わって、独立のアドバイザーが ACC 事務局の査定をチェックする体制となった。

う理念が前面に出てきてしまう、また、そのため関係した医療関係者が積極的に事故補償に関わろうとしなくなり補償の対象か否かの判断が遅れることになる、さらには、患者安全の改善を阻害することになる、などの批判である。

エ．2005年改正法

　以上のような1992年法に対する批判を受けて、労働党政府は2005年改正法を施行し、医療事故の補償について大きな変更が行われた。すなわち、従来「医療事故（Medical Misadventure）」とされていたものを新たに「診療障害（Treatment Injury）」と規定し、内容的にも定義しなおした（これに伴い、医療事故口座を診療障害口座と名称変更した）。診療障害の定義は以下の通りである（2005年改正2001年法32条）。

(1)　診療障害とは、以下の条件を充たす人身障害である。
　(a)　以下の者が被ったものであり、かつ、
　　(ⅰ)　一もしくは複数の登録医療専門家による診療行為（Treatment）を求めた者、または、
　　(ⅱ)　一もしくは複数の登録医療専門家による診療行為もしくはそれらの者の指示による診療行為を受けた者、または、
　　(ⅲ)　本条第(7)項に該当する者[32]
　(b)　診療行為により生じたものであり、かつ、
　(c)　以下を含む診療行為のすべての状況を考慮した場合に、診療行為のうち必要不可欠であると判断されるものや、診療行為の通常の結果であると判断されるものは除かれる。
　　(ⅰ)　診療行為当時における患者の既存の健康状態、または
　　(ⅱ)　診療行為当時における医学の知見
(2)　診療障害には、以下の人身障害は含まれない。
　(a)　患者の既存の健康状態に、全面的にもしくは概ね起因する人身障害
　(b)　資源分配の判断（resource allocation decision）のみに起因する人

32　32条(7)では、感染症の場合に、患者本人だけでなく、患者の家族等についても対象となる旨が規定されている。

身障害[33]

(c) 患者による医療の承認についての不合理な拒否もしくは遅延に起因する人身障害

(3) 診療行為が目的とした結果を出せなかったという事実は、それ自体では、診療障害とはいえない。

このように、従来の立法では、事故補償制度の対象となる医療事故を医療過誤と医療災害という二類型に分類していたのに対し、2005年改正法ではこれを一元的に定義した。これは、従来の二類型定義に医療過誤という過失責任概念が含まれていることに対する批判を考慮したものである。もっとも、2005年改正法によって、このような過失概念を完全に捨象したのかについては疑問を呈する見解もある。たとえば、(2)(c)の「合理的な拒否」という記述は診療障害に当たるかどうかの判断において過失概念を導入しているのではないか、という指摘である[34]。

本規定では診療行為に起因する人身障害は原則として本制度の対象となる診療障害であるとしたうえで、診療障害に該当しない例外を列挙する方式をとっているが、例外として挙げられているものは、いずれもわが国の傷害保険約款における事故の偶然性要件や外来性要件に疑問があるものと考えられる。これにより、診療障害についての概念が以前よりは明確化され、また、従来の基準よりも本制度の対象範囲が拡大されたものと評価される[35]。

しかし、この定義においても、たとえば「診療行為の通常の結果」とは何か等、不明確な部分は残っており、ACC の補償実務において規定の解釈をめぐる紛争が減少するのかは予断を許さない。

いずれにしても、医療関連の事故被害者の救済について、事故補償法の枠組みの中でその対象範囲を徐々に拡大してきたことはウッドハウス・

33　この例として、多くの患者がいるときにウエイティングリストの患者が悪化した場合が挙げられている（Oliphant, supra note 28, at 381）。

34　Oliphant, supra note 28, at 381. なお、水野・前掲（注28）15頁は、2005年改正法の規定は従来の医療過誤概念から決別したのか疑問であり、無過失補償スキームの中で因果関係以外の要件を用いて医療事故の補償対象を限定することの困難さを物語っているとする。

35　さらに、例外事例を列挙する方式をとったことにより、診療障害該当性の立証責任が被害者側から ACC 側に移ったことも、被害者救済の観点からは評価されよう。

第3章　ニュージーランド事故補償制度の現状と課題　*171*

レポートの方向性に沿うものとして評価されよう。

(2) 疾病担保問題

　ニュージーランド事故補償制度では、事故による人身障害に対する補償のみを行い、疾病は対象外である。疾病を本制度の対象とすべきかどうかについては、本制度設立時の制度設計段階から問題となっていた。すなわち、本制度の目的であるすべての国民の肉体的障害についてその原因の如何を問わず補償を行い、社会的および職業的リハビリテーションにより稼働能力を回復させ、ひいては社会それ自体の再生産体制を確保するという観点からは、事故のみならず疾病についても制度の対象とすることが理論的帰結であろう。しかし、本制度においては当初より疾病は補償対象外とされ、現在でもそれが継続している。

　ウッドハウス・レポートにおいては、疾病の担保は将来の課題であるとされ、当面発足されるべき制度においては、疾病は補償対象外とされた[36]。この理由としては、疾病に対する補償費用の統計が必要であるとされたことや、「二つのステップが取られようとしているときにあまり大々的な飛躍をすることは賢明ではない」と説明されている[37]。これに対しては、「疾病が事故に起因するか、または事故によって悪化したものであるか否かの判断を迫られるという問題が生じることを見逃している[38]」、あるいは、「ウッドハウス・レポートが掲げた五原則からはずれたものであって、論理的に説明できない[39]」といった批判が後に出されている。しかし、ウッドハウス・レポートにおいては全面的に疾病を除外すべきとしているのではなく、画期的な制度改定においてはとりあえず実現可能な部分を優先すべきであり、越えるべき課題が大きい部分はその後の制度改定において取り上げるべきであるとしたにすぎず、このような現実的な選択はそれなりに評価できるものである。

　いずれにしても、本制度はウッドハウス・レポートの趣旨に従い疾病を

36　Woodhouse Report, para. 289.

37　Woodhouse Report, para. 390 (b).

38　J. M. Matheson, *Compensation for Personal Injury in New Zealand*, 18 THE INTERNATIONAL AND COMPARATIVE LAW QUARTERLY 191, 202-203 (1969).

39　G. Palmer, *What Happened to the Woodhouse Report?*, NZ LAW JOURNAL, Dec. 1981, 568.

172　第1部　諸外国のノーフォルト自動車保険制度

除外する形でスタートすることとなったが、その主な理由は、財源の問題
であった[40,41]。そして、本制度発足後も疾病担保の問題は議論され続けて
いる。たとえば、1982年法の問題点を包括的に検討した法制委員会報告書
では、本制度における疾病担保問題を重大課題の一つとして取り上げた。
しかし、本報告書では結果として疾病を担保することを否定している[42]。
また、本制度発足時に中心となって活躍したパーマー（Geoffrey Palmer[43]）
が首相となった1990年には、労働党政府により疾病担保を目的とする事故
補償法改正法案（The Rehabilitation and Incapacity Bill 1990）が国会に提
出されている。しかし、この法案は政治的状況の変化により結局廃案とな
った[44]。

　疾病担保問題は現在でもニュージーランド内外で議論の対象となってい
る。もっとも、最近では、従来のウッドハウス原則からのアプローチより
も、社会保障や年金などの全体的な収入維持制度の中での給付水準の整合
性からのアプローチや、全般的な医療制度との関係の議論が中心となって
きている[45]。たしかに、疾病担保の問題は、損害補償制度としての事故補償
制度の問題として扱うよりも、社会保障制度の課題として検討するほうが
問題の性質からして妥当なアプローチと思われる。なぜなら、疾病担保の
最大の課題は財源であり、それは疾病という障害原因の性質上、潜在的加

40　当時の試算として、疾病を担保した場合には補償コストが4倍になるとする推定
　もある（浅井尚子「ニュージーランド事故補償法—その運用実態と改革の方向—」私
　法53号260頁（1991））。

41　なお、同時期にオーストラリアにおいて疾病を含む包括的な補償制度（1974年連
　邦補償法案）が検討されていたが、こちらは政権交代のために実現しなかった。この
　経緯については、副田隆重「オーストラリア連邦補償法案とその後の展開」『損害賠
　償から社会保障へ』257頁以下（三省堂、1989）参照。

42　Law Commission, supra note 24, para.6.

43　パーマーは従来から本制度における疾病担保を主張してきおり（浅野有紀「ニュ
　ージーランド事故補償法の20年—G.パーマー論文の検討」金沢法学38巻1・2号133
　頁（1996））、1982年法下でACC担当大臣となった折に本格的に疾病担保を検討した。
　しかし、上記の法制委員会報告の否定的な結論もあり、このときは法案化に至らな
　かった（G. Palmer, *Accident Compensation in New Zealand: Looking Back and
　Looking Forward*, [2008] 1 NZ LAW REVIEW 85)。

44　Palmer, supra note 43, at 85.

45　Id. at 90。なお、浅井教授も同様の問題意識を呈している（浅井尚子「ニュージーラ
　ンド事故補償法の改革と生計維持システムの統合」『家族・労働・福祉—桑原洋子教
　授還暦記念論文集』479頁（永田文昌堂、1991））。

害者を想定することが困難であることから財源は公的資金とせざるを得な
いことになり、そうであれば、公的資金の分配の問題として社会保障など
全般的な収入維持制度の制度設計として検討することが適切であるからで
ある。ただし、疾病の中でも職業性疾病など人為的要素が関与するものに
ついては本制度の中で取り上げることも考えられる[46]。もっとも、その場
合に財源をどうするのか、またその徴収方法など具体的な課題の克服が必
要となる。

5 ．運営主体の問題

(1) 労災事故補償における民間参入の経緯

　現在、本制度の運営はACCが独占しているが、これに対して、本制度の
運営主体として民間保険会社も認めるべきであるとする議論が制度発足当
初よりなされている。この議論が具体化したのは、労災事故補償について
の民間保険会社の参入問題においてである。

　まず1998年に、時の国民党政府は、事故補償制度の労災事故補償部分
（ACCにおける使用者口座）について民間保険会社への付保を認める
1998年法を成立させ、この改革はその翌年である1999年から実施された。
ところが、1998年法施行直後に政権交代があり、1999年に成立した労働党
政府は2000年改正法を制定し、ACCの独占を復活させた。これにより民間
保険会社の参入は1999年7月よりわずか1年間継続しただけで終了するこ
とになった。

　一方、2008年11月の総選挙により9年ぶりに政権に返り咲いた国民党政
府は、労災事故補償への民間保険会社参入を再度提案した[47]。労働省作成
の文書[48]によれば、これはACCの赤字対策から検討を開始した結果の提

46　このような観点から事故補償制度の対象を人為的疾病にも拡張すべきであるとす
　る主張として、M. Hook, *New Zealand's Accident Compensation Scheme and Man-
　Made Disease*, 39 VUWLR 289（2008）。
47　国民党は、2011年6月に総選挙に向けた政策提言として事故補償制度の民営化の
　パンフレットを作成し、この政策を主張して政権を奪取した。
48　Department of Labour, Increasing Choice in Workplace Accident Compensation –
　Discussion Document on Options for Extending the Accredited Employers
　Programme and Introducing Choice in the ACC Work Account（2011）.

案であるとし[49]、具体的な提案として、①認定使用者制度（Accredited Employers Programme）[50]の拡大やその他のリスクシェアリングの導入、②ACCの労働口座への民間保険会社との選択制の導入、の二点を示している[51]。そしてその目的として、事故補償制度における給付の改善、すなわち、治療・リハビリテーション・補償の効率化および傷害数の削減を挙げている[52]。

　なお、新聞報道によれば、国民党自体は本政策にさほどこだわっているわけではないが、本政策を強く主張している連立与党であるACT（Association of Consumers and Taxpayers）党[53]との連立協定の関係から本政策を実現せざるを得ない政治的状況にあるとしている[54]。すなわち、国会の総議席数である121議席のうち、現在の国民党の議席は過半数を割った59議席であり、連立を組んでいるACT党および統一未来党の協力が不可欠となっていることによる。

　その後の展開について、事故補償制度の専門家であるミラー弁護士（John Miller）からの情報によれば、国民党政府は本提案を撤回し、民間会社参入をあきらめたとのことである。その理由として、ミラーによれば、労働口座の賦課金収入は巨額であるが、一方で、民間保険会社に門戸開放した場合には外国保険会社が市場を席巻することが予想され、ACCに入っていた資金が外国に流出することになることを懸念したと説明されている。いずれにしても、事故補償制度の民営化は再び頓挫したことになる。

49　Id. at 3.

50　国（ACC担当大臣）により特に認定された使用者は、労災補償の一部について自家保険ができるとする制度。認定使用者はACCと契約（Accreditation Agreement）を締結し、事故補償法の規定する補償の一部もしくは全部を支払う義務を負うが、その代わりに労働口座の賦課金が減額される（184条）。

51　Department of Labour, supra note 48. at 6.

52　Id. at 7。なお、2011年4月に労働口座にメリット・デメリット制度（過去の事故率により保険料率を上下させる制度）を導入しているが、これもこのような目的のためであるとする。

53　自由主義経済を標榜した政党であり、従来から事故補償制度の民営化を強く主張してきた。

54　2012年2月27日付The Dominion Post紙。

(2) 保険会社と事故補償制度

　ニュージーランドにおける民間保険会社と事故補償制度との関わりについては、本制度の設計段階から様々な経緯を経てきている。

　まず、事故補償制度の検討段階において、保険業界は、強制保険である労災保険と自動車対人賠償責任保険の大きなマーケットを失うことを懸念した[55]。保険会社のこの懸念は必ずしも杞憂とは言えず、国会に提出された白書においても本制度発足に伴う保険業界への影響が以下のように報告されている[56]。すなわち、保険業界では年間3,000万ドルの保険料収入を喪失することになり、これは全損害保険ビジネスの6分の1に相当する。これによって小規模な保険会社は市場から撤退せざるを得なくなり、また、すべての保険会社において人員リストラが必要となる。このため、保険業界では多くの合併が行われるであろうとしている。一方で、このことにより保険会社の国債引受能力にも影響が出ることになろうが、これは新しい機関による投資により埋めあわされるであろうとも指摘している[57]。

　いずれにしても、保険業界としては事故補償制度の発足に全面的反対の立場をとった。当時、様々な団体がウッドハウス・レポートに対する意見を述べているが、同レポートの基本原則に明確に反対した圧力団体は保険協会のみであった。しかし、この主張が世論の支持を得られないとみるや、保険業界は、今度はウッドハウス・レポートの内容をそのまま実現するような民間保険の案を特別委員会に提出した。すなわち、ACCの代わりに民間の保険会社が事故補償制度の運営主体となるとする案である。しかしこれも実現するには至らなかった[58]。

　このように、保険業界の主張はことごとく否定されたが、かかる保険業界のロビー活動により、新たに発足した事故補償制度において民間保険会社が活動する余地を認めた条項が事故補償法に入ることになった。すなわ

55　このほかにも、傷害保険や賠償責任保険などにも影響が出ることが予想されたが、これらはいずれも任意保険であり、その影響は強制保険ほどには大きくない。

56　Personal Injury: A Commentary on the Report of the Royal Commission of Inquiry into Compensation for Personal Injury in New Zealand, October 1969 (Presented to the House of Representatives by Leave).

57　Id. at 41 (para. 81).

58　林弘子「ニュージーランドの1972年事故補償法―人的傷病に関するコモンローの廃止」海外事情研究3巻2号16頁注13 (1975)。

176　第1部　諸外国のノーフォルト自動車保険制度

ち、1972年法25条によれば、保険会社が事故補償委員会[59]の代理機関となり得ることを規定している。もっともその後、本条項が具体的に機能した実績はなく、結局、保険会社は事故補償制度と完全に決別してしまった。なお、1982年法では代理機関条項は残ったが保険会社がその候補であるという条文はなくなり、1992年法では代理機関条項自体が削除されている。

　その後、保険会社が事故補償制度との関わりを持つようになったのは、1998年法における労災事故補償の民間参入による。1998年法は産業界の強い要望によって成立したものであるが、保険業界はその中心となってロビー活動を行った[60]。保険業界としては、失ったマーケットのうち産業界のバックアップが得られる労災保険に絞ってACC独占の牙城を崩すことを狙ったものである。この活動が奏功し、保険会社ははじめて事故補償制度に参入することになった。しかし、前述のようにこの参入も政治的状況の変化によりわずか1年間で終了した。このような短期間では、保険会社としてはビジネスの成果を挙げることがほとんど不可能であった。

　その後10年が経過して2011年に至り、前述のように国民党政権により保険会社が事故補償制度に再参入するチャンスが訪れた。しかし、今回は保険業界の動きは前回ほど活発ではない。前回、中心となって活動したニュージーランド保険協会も、今回はほとんどロビー活動を行っていない。

　保険業界のこのような変化については、二つの理由が考えられる。一つは、前回の事故補償制度の参入がわずか1年間であったことに懲りたことである。いかにロビー活動を行って事故補償制度に参入したとしても、また政権交代により短期間で退出させられるようであればビジネスとして成り立たない。二つ目は、前回の短期間の経験から、労災保険がそれほど利益が見込める市場ではないことが分かってきたことによる。もともと労災保険は必ずしも保険引受成績が良い商品とはいえなかったが、事故補償制度への参入は公的機関であるACCとの競争に曝されることにより、さらに厳しい利益状況になることが予測される。このような理由から、保険業

59　1972年法では、事故補償委員会（Accident Compensation Committee）が本制度の運営主体となっていた。その後1980年改正法により、事故補償委員会に代わってACCが運営主体となった。

60　1998年に筆者はニュージーランドに出張する機会があり、その折に保険協会を訪問したが、同協会が主唱したCIAC（Choice in Accident Compensation Campaign）というロビー活動により1998年法が成立したことを大いに自慢していた。

界は今回の政府による提案についてはいささか冷ややかともいえる態度
で、その成り行きを見守っていた[61]。

　いずれにしても、結果としては、今回の提案が実現しなかったことは前
述の通りである。

⑶ 事故補償制度民営化の論点

　ニュージーランド国内の議論においては、ACCによる運営主体の独占
について、これを評価するものと、ACCを民間保険会社との競争にさらす
べきであるとする見解が対立する。現行制度を評価する見解は、事故補償
制度のような公的な制度の運営についてはACCのような公的機関が行う
べきであるとし、その理由として、ACCよりも民間保険会社の方が効率性
が劣り、むしろコスト高になるとする[62,63]。一方、ACC独占を批判する見
解は、公的機関による運営の独占は非効率となり、民間企業に行わせる、
あるいは少なくとも民間企業を参入させて公的機関と競わせるべきである
とする[64]。結局、ここでの主たる論点は、民営化や民間参入によりコスト削
減などの効率化がなされるのか、そしてその効率化を反映して賦課金（保

61　筆者は2012年の現地出張時にも保険協会にヒアリングする機会を持ったが、対応
　した担当者は政府の提案に対して客観的なコメントをするだけで、前回のような熱
　意がほとんど感じられなかった。

62　Palmer, supra note 43 at 95、PricewaterhouseCoopers, Accident Compensation
　Corporation New Zealand Scheme Review (2008), available at site; http://www.acc.co.
　nz/PRD_EXT_CSMP/groups/external_communications/documents/reports_results/
　prd_ctrb076534.pdf。なお、後者はACCに対するコンサルティングペーパーである
　が、1998年法における実態からして機能的には民間参入は可能であるが、効率性の
　観点からはACC独占が望ましいとする（28頁）。

63　その他、民間参入に否定的な論考として、G. Duncan, Administrative Efficiency,
　REBUILDING ACC BEYOND 2000 Papers on Accident Compensation &
　Rehabilitation Policy, Wellington, July 1999 at 60、H. Armstrong, *Vocational
　Rehabilitation and Long-term Claims*, [2008] 1 NZ LAW REVIEW 21、などがある。

64　ビクトリア大学経済学部教授のエバンスとクイグリーは、法と経済学の立場から、
　民間参入によりコスト上昇に対する一般的抑止力が働くことを理由に民間参入に賛
　成する（L. Evans & N. Quigley, *Accident Compensation: The Role of Incentives,
　Consumer Choice and Competition*, 34 VUWLR 423 (2003)）。同様の見解としてB.
　Wilkinson, The Accident Compensation Scheme: A Case Study in Public Policy
　Failure, 34 VUWLR 313 (2003)。

険料）レベルが低下するのか、という点にある[65]。

　一般的に、国営独占事業は官僚化の弊害があることにより、民営化によって事業の効率的な運営がなされると理解されており、これが近時、わが国をはじめ、世界各国における国営事業の民営化を推進してきた基本理念であった。ニュージーランドでは、1990年代に他国に先駆けて多くの分野で民営化が進んだ。事故補償制度において一部民間参入を認めた1998年法もこの流れの中にある。しかし実際に行われた民営化において、本当にそのすべてが効率化したのかどうかについては疑問が呈せられており、民営化された各分野における効率化実現状況の検証はまだ途上にある。ところが、事故補償制度の民間参入についてはわずか１年で終了してしまったため、効率化の検証対象としては極めて不十分なものになってしまった。これにより、事故補償制度の民間参入についての実証研究は困難となり、効率化の議論はあくまで仮定をおいた理論的レベルのものに限定されている。

　もともと事故補償制度自体、壮大な社会実験と評される画期的な制度であり、試行錯誤の繰り返しにより40年間継続してきたものである。民営化、民間参入の問題も、試行錯誤の一環として挑戦することにより、いずれの制度設計がより効率的であるのかの検証が可能となる。

　もっとも、労災事故における民間参入問題については以下のような実際的な課題があり、その克服が政府提案実現の前提となる。

　まず、労災事故とその他事故との境界問題がある。事故補償制度としてACCが一元的に運営している体制においては、ある事故が労災事故に該当するかどうかという問題は顕在化しない。すべての事故をACCが補償し、それを拠出するのが労働口座なのか就労者口座なのかはACCの内部問題と考えられるからである。これに対して、労災事故を保険会社、非労災事故をACCが補償するとすれば、いずれの運営主体に責任があるのか

---

[65]　なお、浅井尚子「効率的運用とは何か―ニュージーランド事故補償制度一部民営化の経験から―」名古屋大学法政論集201号660頁（2004）は、前掲Duncan論文（注63）を紹介した上で、1998年法を巡る政治的議論は制度の目標や意義を明らかにしないで続けられたとし、効率性の検討には本制度の目的と到達点（ウッドハウス五原則）を前提とすべきであるとする。ウッドハウス五原則の内の「共同体の責任」の項目を前提とすると、本制度の運営主体は公的機関に限定すべきとする見解に近づくと思われる。その意味で、浅井教授自身も民間参入に批判的なスタンスのようである。

が問題となりうる。もっとも、事故補償制度全体から見ればあくまですべての事故を担保するという制度には変わりはないので、境界事故についてはACCと保険会社との間の事前の協定により、たとえば微妙なケースでは当面双方が折半して支払い、後に精算するというような迅速な補償が可能となる制度設計もありうるであろう。

　二つ目の問題は、無保険問題である。現在の制度では、ある使用者が労働口座の賦課金を支払っていなかったとしても、その従業員の労災事故はACCによって補償される。これは自動車口座でも同様であり、いわゆる無保険自動車問題は生じない。しかし、使用者が特定の保険会社との付保を選択できるとすると、その使用者の従業員の補償は付保された保険会社により行われることになり、したがって、使用者がいずれの保険会社にも付保していなかった場合、あるいは付保していても保険料を支払っていなかった場合には、従業員に対する補償はなされない。この問題に対しては、無保険使用者や保険料未払い使用者の従業員に対する特別な補償制度が必要となろう[66]。

　三つ目の問題は、保険会社の破綻リスクである。わが国の保険業界でも1996年の市場自由化後に複数の保険会社の破綻が生じたが、状況はニュージーランドでも同様である。したがって、付保していた保険会社が破綻した場合に補償が継続されるような制度が必要となる。この点については、1998年法では保険会社が破綻した場合の特別の基金を設定し、被害者の保護を図った[67]。これに対して今回の政府提案では、付保保険会社が破綻した場合は、そのポートフォリオをACCが引き継ぎ、それに要した費用は全保険会社によりまかなわれるとしている[68]。

　四番目の問題は、保険業界から提起されているものであるが、保険会社とACCとの間の公正な競争環境が保証されていないというものである。ACCは公的機関として税制等で優遇されており、このような優遇策を受けていない民間保険会社がACCよりも低額な保険料を提示できるのかは

66　1998年法では、この場合に被害者を救済するための基金（付保義務違反者基金（Non-Compliers Fund））を設立して対応した。

67　支払不能保険者基金（Insolvent Insurers Fund）と称するものである。詳細は、佐野誠「ニュージーランドにおける事故補償制度の最近の動向」交通法研究28号91頁（2000）参照。

68　Department of Labour, supra note 48, at 7.

疑わしいとする。この問題は、わが国における郵政民営化においてもみられるように、公的事業の民営化において常に生じるものである。市場競争により、より効率的な制度運営を図ることを目指すならば、公正な競争環境の整備は不可欠であろう。

　五番目の問題は、制度としての民間参入が実現したとしても、実際に保険会社が参入してこなければ意味がないということである。この点で懸念されるのは、前述のように、今回の政府提案に対して保険業界が積極的に対応しなかったことであるが、これは主として前回の民間参入が政権交代によってわずか1年間しか継続しなかったことに理由がある。保険会社が経営判断として本ビジネスに参入するためには、ある程度の期間における安定的な見通しが必要である。しかし、この点については、野党労働党は民間参入に反対しており、今後の総選挙の動向によっては政権交代により制度の再改定がなされ、1年で改廃された1998年法の二の舞になる可能性は否めない。

6．不法行為訴訟との関係

　不法行為訴権の廃止は、ニュージーランド事故補償制度の最大の特徴である。本制度においては人身事故に係る不法行為訴権は全面的に廃止されており、被害者は加害者に対して損害賠償請求を行うことができず[69]、事故補償制度からの補償を受けるほかは、自ら任意に付保する傷害保険金等を受け取れるに過ぎない。しかし一方で、本制度における不法行為訴権廃止に関連して議論となっているものがある。それは懲罰的損害賠償と精神的傷害に対する損害賠償である。

(1)　懲罰的損害賠償

　事故補償制度における不法行為訴権の廃止が懲罰的損害賠償（Exemplary Damages）にかかる請求訴訟にまで及ぶのかどうかについては、制度発足当初は明確でなかった。その後、判例において懲罰的損害

---

[69]　2001年法では、「ニュージーランド国内の裁判所に提訴できない」と規定されており（317条(1)）、正確には、廃止されているのは訴権のみであって実体法上の損害賠償請求権は存在しているとも理解できる。

賠償は事故補償法では禁止されていないと判示され[70]、1998年法でこれが明文化された（98年法396条）。この規定は2001年法にも受け継がれている（319条）。

懲罰的損害賠償制度は英米法独自の損害賠償制度であるが、事故における加害者の悪性が強い場合に被害者が被った実損害額に関係なく認められる請求権であり、その賠償金は被害者が受け取ることができる。実損害額とは無関係に加害者の懲罰目的で課されるという意味では刑事罰的な色彩が強いが、一方で、その金額が被害者に全額支払われるという点では民事損害賠償制度の範疇といえる。

ニュージーランドも英米法国であるので、従来から判例によって懲罰的損害賠償が認められていた[71]。その対象は故意行為に限定されていないが、過失行為の場合には加害者の悪質性が高い場合に限定されている。一方、巨額な懲罰的損害賠償金が問題となっている米国などと異なり、ニュージーランドにおいては認められる賠償金額は比較的制限されている[72]。なお、犯罪行為に対する懲罰的損害賠償が認められるかどうかについては議論があったが、最近の判例では、二重処罰に当たるので懲罰的損害賠償は認められないとされている[73]。

事故補償制度においても懲罰的損害賠償が認められているということは、本制度における不法行為訴権廃止規定に対する国民の不満を緩和する機能を有しているといえるであろう。不法行為制度の持つ補償的機能はノーフォルト給付により代替されるが、一方で不法行為制度の制裁的機能を重視する立場に立てば、不法行為制度の完全廃止は国民の重要な権利を剥奪するものとみなされることになる。この点、加害者が悪質であるケースに限定されるが、懲罰的損害賠償を認めることができれば、不法行為制度の制裁的機能に代替することが可能となる。

また、事故補償制度においては前述のように被害者が被った損害の全て

70　Donselaar v Donselaar［1982］1 NZLR 97（CA）.

71　判例の経緯については、佐野隆「懲罰的賠償の現状―ニュージーランドおよびイングランド―」比較法研究72号116頁以降（2010）参照。

72　佐野隆・前掲（注71）120頁によれば、その金額は2万ドル前後が通常であるとされる。一方、筆者の現地弁護士（John Miller）へのヒアリングによれば、最近の懲罰的損害賠償金の平均は3万ドル程度であるとのことであった。

73　Daniels v Thompson［1998］3 NZLR 22（CA）。なお、佐野隆・前掲（注71）117頁参照。

を補償することになっていないが、懲罰的損害賠償によりその補償レベルの不足を補っている側面もある。ただし、懲罰的損害賠償の金額がせいぜい2万～3万ドルであるとすると、不法行為制度における損害賠償額のすべてが回収できているわけではない。

　一方で、不法行為制度における一般的事故抑止力が懲罰的損害賠償で代替できるかどうかは疑問である。懲罰的損害賠償の対象が故意事件や加害者の悪性が強い過失事故に限定されているからである。

(2) 精神的傷害の損害賠償請求
ア．問題の所在

　ニュージーランドでは、1992年法施行以後、精神的傷害についての損害賠償請求訴訟が急増した。これは、従来事故補償制度の補償対象とされていた事故に起因する純粋な精神的傷害（肉体的傷害を伴わない精神的傷害）が1992年法において対象外とされ、したがってこのような精神的傷害については民事賠償訴訟禁止の対象からはずれたのではないかと理解できることに起因すると指摘されている[74]。そして、この精神的傷害の損害賠償請求が認められるかどうかをめぐって訴訟で争われることになった。その論点は次の通りである。

　事故補償制度の補償対象は「事故による人身障害（20条(2)(a)）」だが、この人身障害の中に精神的傷害（mental injury）が含まれるかどうかがまず問題となる。2001年法では人身障害の定義として死亡や肉体的傷害の他に三種類の精神的傷害が含まれるとされている。それらは、①肉体的傷害の結果としての精神的傷害、②性犯罪の被害者が被った精神的傷害、③労働に起因した精神的傷害、である（26条(1)）。したがって、これら以外の精神的傷害は、仮に事故に起因するものであっても事故補償制度の対象外となる。

　そこで次に、事故補償制度の対象外とされた精神的傷害について、その被害者は加害者に対して損害賠償請求を行うことができるのかどうか問題となる。民事訴訟の禁止を規定した317条(1)は、「本法によりカバーされる人身障害から直接的または間接的に生じた損害」についてのみ適

74　J. Miller, *Compensation for Motor Vehicle Injuries in New Zealand*, LES CAHIERS DE DROIT, NUMÉRO SPÉCIAL, 205, 209 (1998).

用されるので、事故補償制度の対象外とされた精神的傷害については許された不法行為訴訟の対象となりそうである。しかし、たとえば事故で近親者が死亡したことを目撃した者がそのショックで精神的傷害を被った場合などでは、その精神的傷害は事故補償制度によってカバーされる人身障害から間接的に生じた損害であるとも考えられる。ところが、このような精神的傷害自体は事故補償制度の補償対象外であるので、この精神的傷害の被害者は事故補償制度からも、不法行為訴訟からも補償されないことになってしまう。

それでは、なぜ1992年法ではこのような精神的傷害を事故補償制度の対象から除外したのか、また、除外された精神的傷害について不法行為訴訟が許されるのであろうか。

イ. 1992年法制定の経緯

1982年法においては精神的傷害も人身障害に入るとして、事故補償制度の対象となっていた。すなわち、同法2条(1)において、人身障害は「傷害や事故の肉体的および精神的影響（the physical and mental consequences of any such injury or of the accident)」と定義されていた。

これに対して1992年法4条(1)では、人身障害の定義として「人の死亡もしくは肉体的傷害、および肉体的傷害の結果として当該被害者が被った精神的傷害（the death of, or physical injuries to, a person, and any mental injury suffered by that person which is an outcome of those physical injuries to that person)」と規定した。これにより、肉体的傷害を伴わない精神的傷害は人身障害とはみなされず、事故補償制度の補償対象外となった。

このような1992年法の意図について、当時の労働大臣であったバーチは以下のように書いている[75]。

　　単なるストレスによる請求は、諸外国の労災制度においてコスト増大の要因となっている。事故補償制度においては、これは従来から除外しているし、今後も除外すべきである。ただし、これを除外する理由はコストの問題だけではなく、ストレスは多くの要因がからむとい

75　B. BIRCH, ACCIDENT COMPENSATION: A FAIRER SCHEME, at 32 (1991).

うこともある。

検討委員会は、精神的傷害の請求には肉体的傷害を前提とすべきであると勧告した。これは一見恣意的に見えるが、ストレスによる請求の抜け道を断つために必要であるとしている。政府としてもこの見解に同意する。

労働現場において精神的ストレスは日常的であるが、それが原因となって精神疾病に至るようになれば労災制度の対象とするのが一般的な法制度である。しかし、バーチも指摘するように、精神的ストレスは種々の要因が重なって起こることが通常であり、少しでも労働との関係が認められる請求について個別に判断し、労災制度の対象外とすることは困難を伴うことも多く、結果的に労災制度のコスト増加の要因となるという説明もあながち否定できない。そこで、このような微妙なケースについては明確に事故補償制度の対象外としたいとする意図は理解できなくもない。しかし、その手段として、精神的傷害については肉体的傷害を前提とすると規定してしまったために、あきらかに事故が原因である精神的傷害についても事故補償制度の対象から除外してしまうことになり、そしてそのことが、精神的傷害についての訴訟の頻発を招き、結果的に事故補償制度が目指した「民事訴訟における社会的コストの排除」とは逆の方向に行ってしまったことになる。

ウ．不法行為訴訟の推移

このようにして、1992年法以降、精神的傷害に関する損害賠償訴訟が多発することになった。そこでの論点は種々にわたるが、その中でも注目すべき判例として、パーマー事件とソエスト事件が挙げられる[76]。

パーマー事件は、事故により死亡した家族の精神的傷害についての不法行為訴訟が認められるのかが争われたケースであるが、その概要は以下の通りである[77]。アメリカからニュージーランドに旅行に来たパーマ

---

76 この二つはニュージーランド国内で重要判例として注目されており、ほとんどの不法行為法の教科書に判決文が掲載されている。たとえばB. ATKIN & G. MCLAY, TORTS IN NEW ZEALAND 5TH ED., 278, 601 (2012)参照。

77 Queenstown Lakes District Council v Palmer [1999] 1 NZLR 549 (CA)。本判例の評釈として、G. McLay, *Nervous Shock, Tort and Accident Compensation*, 30 VUWLR 197 (1999)がある。

第3章　ニュージーランド事故補償制度の現状と課題　　*185*

一夫妻は、ニュージーランド南島のショットオーバー川でラフティング
（ゴムボートによる川下り）を楽しんでいたが、ボートが転覆してパー
マー夫人が溺死した。この事故においては、ラフティングを実施した会
社、および地元自治体に過失が認められたとされている。

　夫人の死亡による損害賠償請求は1992年法14条(1)の不法行為訴訟禁止
条項により認められないが、パーマー氏は夫人の死亡を目撃したことに
よる自身の精神的損害賠償を求めて、自治体およびラフティング会社を
提訴した。訴額は、通常の損害賠償（general and special damages）とし
て15万ドル、懲罰的損害賠償として５万ドルである。このうち、懲罰的
損害賠償については前述のように訴権廃止の例外として認められている
が、問題は通常の損害賠償請求が可能かどうかである。

　原審のインバーカーギル高等法院（High Court, Invercargill）[78]では
1992年法14条(1)の訴訟禁止条項は、事故の二次的被害者には及ばないと
して原告の請求権を認めた。これに対して被告側が控訴した。控訴審に
おいてウエリントン上訴裁判所（Court of Appeal, Wellington）は以下の
ように判示して控訴を棄却し、これをもって本件は確定した。

　　「次のような、条文の自然で通常の解釈からして、原告の請求は1992
　年法14条(1)によって妨げられると解すべきでない。すなわち、(a)本条
　は同法８条(2)により人身障害をカバーされる被害者本人に関する規定
　である、(b)そのように解することが同法の目的に適合する、(c)「その
　本人またはそれ以外の人間」とは、たとえば被害者の法定代理人が訴
　訟を提起するような場合を想定したものである。」

　本判決では、事故被害者本人ではなく、その家族の精神的傷害が問題
となっている。ここで問題となったのは、1992年法14条(1)において不法
行為訴訟が禁止されている者について「当人であるとその他の者である
とを問わず（whether by that person or any other person）」とされてお

78　ニュージーランドの通常裁判所としては、地方裁判所（District Court）、高等法院
　（High Court）、上訴裁判所（Court of Appeal）、最高裁判所（Supreme Court）があ
　り、通常の民事・刑事訴訟では高等法院が第一審となる。なお、裁判所名の邦語訳に
　ついては、ニュージーランド学会編『ニュージーランド百科事典』141頁（春風社、
　2007）によった。

り、パーマー事件における直接の被害者である妻のみならず夫についても対象となると解釈できることである。これに対して上訴審ではこの文言を狭く解釈し、14条(1)の対象者は基本的に直接被害者本人のみであり、「その他の者」とは被害者の法定代理人などに限定されるとした。これは通常の文言解釈からするとかなり無理のある解釈といわざるを得ない。しかし、ここでその他の者に妻の死亡を目撃した夫も含まれるとすると、夫の精神的傷害は事故補償制度からも不法行為訴訟からも回収できないことになり、このような者を救済するために政策的な解釈をしたということであろう。そうであればこの判決自体はやむをえないものと思われるが、問題はむしろ、1992年法14条(1)の条文文言であるということになる。このためその後、2001年法においては「当人であるとその他の者であるとを問わず」の文言は削除されている（317条(1)）。これはパーマー事件が契機となった改正と思われる。

一方、ソエスト事件においては損害賠償請求の対象となる精神的傷害とは何かが争われているが、その概要は次の通りである[79]。外科医の過誤により死亡した複数の患者の近親者が、原告自身の精神的損害の賠償を請求して病院を訴えた。ウエリントン上訴裁判所は、以下のように判示して原告の訴えを棄却した。

「認識可能な精神障害や精神疾病（recognisable psychiatric disorder or illness）が存在しない場合には、患者の死亡や傷害を知ったことにより近親者が被った精神的な被害(mental suffering)に対する損害賠償を請求することができない。原告が、第二次被害者の精神的被害が第一次被害者に対する被告の過誤の結果であると合理的に予測できることを立証しただけでは足りない。さらに以下の三点が考慮されなければならない、すなわち、(a)第二次被害者の精神的被害の性質、(b)第一次被害者の事故と第二次被害者との物理的近接性、(c)第一次被害者と第二次被害者との間の親密性、である。」

すなわち、事故被害者（第一次被害者）の近親者（第二次被害者）が被った精神的損害は加害者に対する損害賠償請求の対象となり得るが

---

79 Van Soest v Residual Health Management Unit [2000] NZLR 179 (CA).

（前掲パーマー事件参照）、それは単なる怒りや悲しみの程度では足りずに、認識可能な精神障害、あるいは精神疾病と認められるものでなければならないとされた。そして判決文では、それを判定する際の視点として上記の具体的な三点を挙げている。

　ところで、事故補償法では精神的傷害の定義として、「医学的に重大な行動上の、認識力における、または心理学上の機能障害（a clinically significant behavioural, cognitive, or psychological dysfunction）」と規定している[80]。これは事故補償制度において補償対象となる第一次被害者の精神的傷害の定義であり、ソエスト事件判例で問題となった損害賠償請求の対象としての精神的損害と直接の関係はない。しかし、補償や賠償の対象となる精神的損害について制限的に解釈しようとする方向性は同一のものであり、少なくとも、裁判所においては、事故補償法の定義規定を相当程度参考にし、これと平仄を合わせたものとみられる。

第3節　制度の基本理念の考察

1．不法行為訴権廃止の評価

　ニュージーランド事故補償制度における最大の特徴の一つが、人身事故にかかる不法行為訴権の完全廃止である。ノーフォルト制度による補償との引き換えに過失責任を基礎とする不法行為訴権を廃止する制度は、世界各国で、特に自動車事故被害者救済制度の検討の中で従来から提案されてきており、すでに部分的ではあるが実施されているものもある。たとえば、米国のいくつかの州におけるノーフォルト自動車保険制度においては、ノーフォルト制度からの補償の限度で事故被害者の加害者に対する不法行為訴権を廃止している[81]。しかし、ニュージーランド事故補償制度における不法行為訴権の廃止は、ノーフォルト制度からの補償額にかかわらず全面的であること、および自動車事故に限定せずすべての人身事故を対象とすることによって、世界で最も徹底した制度となっている。

80　2001年法27条。同様の規定は、1998年法（30条）、1992年法（3条）にも存在した。
81　第1章末別表1参照。

188　第1部　諸外国のノーフォルト自動車保険制度

　この制度については、ニュージーランド国民の間では周知徹底され、おお
むね受け入れられているように見える。ノーフォルト給付による補償との引
き換えに不法行為制度を完全に廃止することにより、事故被害者の迅速・確
実な救済が図られ、訴訟制度における経済的コストを大幅に削減できるとい
うメリットがある。ところが、どのような些細な事故においてもすぐに提訴
されるような訴訟社会といわれている米国などは極端な例としても、不法行
為制度における制裁的機能や抑止的機能を無視できないこともあり、他のい
ずれの国においてもニュージーランドのような徹底的な不法行為訴訟廃止と
いう制度を採用しておらず、また、そのような方向での立法動向は見えない。
そのような中でニュージーランドにおいては本当に本制度が評価されて受け
入れられているのであろうか、またそうであれば、それはいかなる理由によ
るものなのか（なぜニュージーランドなのか）、という疑問が生じる。

(1)　ニュージーランド国内での評価

　　前述の通り、ニュージーランド国内において本制度は40年の間ほぼ順調
　に運営されてきており、表面上は不法行為訴権廃止についてはコンセンサ
　スを得ているようにみえる。学説においても本制度を肯定的に評価するも
　のが主流である[82]。

　　しかしその中で、不法行為制度の機能を評価する見解も少数ながら見受
　けられる。その中の一人がビクトリア大学教授のマックレイである。彼は
　不法行為制度の情報機能の側面を評価しており、たとえば米国におけるア
　スベストス訴訟やタバコ訴訟において評価されるのは原告が被告から回収
　した金額ではなく、むしろ開示手続において事実関係が明らかになったこ
　とにあったとし[83]、この観点からニュージーランドにおいても不法行為制
　度についてもっとオープンに検討すべきであるとする[84]。

　　さらに直裁に不法行為訴権の復活を主張するのが、ハワイ大学教授のR.
　S. ミラーである。彼は事故補償制度の財政悪化の原因が事故件数の増加に
　あるとし、事故抑止のために、補助制度としての不法行為制度の導入を提

82　中でも1972年法立法過程から本制度にかかわってきたパーマーは、本制度を最大
　　限に評価し、もはや不法行為制度への復帰は考えられないとする（Palmer, supra
　　note 43, at 90）。
83　McLay, supra note 4, at 62.
84　McLay, supra note 77, at 197.

案している[85]。

　また、不法行為制度の事故抑止機能を評価する立場からは、現行事故補償制度における事故抑止機能の不全について批判がなされよう[86]。

　一方で、事故補償制度の歴史を仔細に観察すると、国民の不法行為訴権廃止に対する微妙な反応が読み取れる。ニュージーランド国内では1992年法施行後に不法行為訴訟の件数が大幅に増加したが、その原因として、①精神的傷害が補償対象から除外されたこと[87]、②後遺障害に対する一時金が廃止されたこと[88]、③懲罰的損害賠償が過失行為にも認められるようになったこと[89]、が挙げられている[90]。このうち③は事故補償制度の域外での問題であるが、①と②は事故補償制度の財政問題克服のための改善策である。しかし、結果的にこの制度改定が不法行為訴訟への関心を呼び起こしたことになる。このようなことからは、ニュージーランド国民の心理の根底部分では不法行為制度の価値観が残存しており、わずかなきっかけによって不法行為訴権廃止に対する不満が表面化するという事実が読み取れると思われる。

　かかる国民の素朴な不満感情の背景としては、不法行為訴権廃止によって加害者に対する制裁機能が低下したこと、および、事故補償制度からの所得補償や精神的損害に対する補償が不法行為制度における賠償額よりも低額となっていることがあると考えられる。これらの国民感情は素朴であるだけに、理論的な説明では説得しきれないものを含んでいるといえ、その意味で、ニュージーランドにおいてすら不法行為制度からの完全な決別には困難が伴うといえよう。

85　R. S. Miller, *The Future of New Zealand's Accident Compensation Scheme*, 11 U. HAW. L.REV. 1, 64（1989）.

86　ハンブルグ大学教授のケッツによれば、このような理由でドイツの支配的学説はニュージーランド事故補償制度に批判的であるとする（Hein Kötz（藤岡康宏訳）「ドイツ損害賠償法改正の当面する諸問題」比較法学30巻1号163頁（1996））。

87　第2節6.(2)参照。

88　第2節3.参照。したがって、2001年法において後遺障害に対する一時金を復活させたことは、不法行為制度への流れを阻止する意図を含んでいたとも解釈できる。

89　第2節6.(1)参照。

90　Miller, supra not 74, at 205.

190 第1部 諸外国のノーフォルト自動車保険制度

(2) 制度成立の背景

　　ニュージーランドにおいて、不法行為訴権廃止という世界的に珍しい画期的制度が誕生しえた背景は何か。これについては、現地や外国においても時に断片的な議論がなされることがあるが、まとまった法社会学的考察はいまだなされていないようである。そこで以下では、現地における識者の見解等をもとにこの問題についての私見を述べてみたい。

　　まず、ニュージーランドにおける独自のカルチャーを指摘する見解がある[91]。ニュージーランドは英国の植民地であり、本国から遠く離れた未開の地での植民活動において、住民相互間の強い連帯がはぐくまれた歴史がある。これによって争いを好まない文化が醸成され、不法行為訴権廃止に対する抵抗感が他の地域よりも薄かったことが想定できる[92]。同じ英国の植民地であった米国が世界的に名だたる訴訟社会となっていることと対照的であるが、ニュージーランドの場合はほとんどが英国からの移住者であり、比較的均一な人種構成であったことが[93]、種々の人種による混合社会としての米国と異なる点であると考えられる[94]。なお、このような文化的背景は、ニュージーランドにおいて社会保障制度が充実していた背景とも共通するであろう。

　　また、ニュージーランドにおいては医療事故について被害者が加害者と向き合う制度や、適性のない医師についての再教育・懲戒制度があり、これが不法行為訴権廃止を正当化する（納得させる）理由の一つになってい

91　Palmer, supra note 43, at 89.

92　オークランド大学教授のヴェネル（Margaret A. Vennell）は、筆者によるヒアリングにおいて、これを「パターナリスティックな文化」と表現していた。

93　ニュージーランドには原住民としてのマオリ族がいるが、マオリ自身も同様の文化を有しているのみならず、著名な1840年のワイタンギ条約に見られるように、英国からの移住者とマオリとが平和的に共存している点も同国内におけるこのような文化的特徴の背景を構成していると見られる。

94　甲斐・前掲（注28）95頁は、ニュージーランドが修復的司法発祥の地であることを指摘するが、これも同様の文化的背景の指摘であろう。修復的司法においては、矯正的司法と異なり、責任追及よりも損害や関係の修復に重点を置き、また、地域共同体の参画がなされることになる。ニュージーランドにおける修復的司法については、ジョージ・ムスラキス（荻野太司・吉中信人訳）「修復的司法：現今の理論と実践に関する考察（1）～（4）」広島法学29巻1号176頁、2号43頁、3号90頁、4号204頁（2005、2006）、細井洋子他編著『修復的司法の総合的研究』489頁以下［高橋貞彦］（風間書房、2006）参照。

るのではないかとする指摘があるが[95]、これも遡れば上記の文化的背景によるものと説明できるかもしれない。

次に、現実的な問題として、ニュージーランドにおける圧力団体の力の弱さが指摘される[96]。本制度が実施された場合に最も影響を受けるのは、保険業界と弁護士である。保険業界については前述した通り[97]、本制度発足時に明確な反対活動を行ったが、結局、力不足で挫折した経緯にある。これに対して弁護士会は目立った反対活動は行っておらず、本制度の発足とともに人身事故民事訴訟という大きなビジネスフィールドを失うことに手をこまぬいていただけであった。これはニュージーランド国内の弁護士数が少ないことと、歴史的に弁護士会がロビー活動に熱心でなかったことに起因するものと思われる。

最後に、ニュージーランドにおける革新的な政治風土と、それを可能とするコンパクトな国家規模が背景にあると考えられる。ニュージーランドはいまだに英国女王を元首とする伝統的な政治体制をとっているが、歴史的に画期的な政策を世界に先駆けて打ち出してきた。たとえば、1950年には国会における上院を廃止して二院制を一院制に変更した。1980年代には行政組織の徹底的な民営化を行い[98]、世界各国の官庁が参考とすべく多くの見学者がニュージーランドを訪れた。このような大胆な政策決定を可能としたのが、人口450万人というニュージーランドの国家規模である。このような小回りのきく規模の国家であったからこそ、迅速・大胆な政策決定が可能となり、またその政策の不備が判明した場合には比較的容易に方向転換がなされてきた。その点、わが国を含む欧米諸国のような大規模国家においては、かかる大胆な政策決定は困難を伴うことになろう。

95　水野・前掲（注22）342頁以下。

96　Palmer, supra note 43, at 89.

97　第2節5.(2)参照。

98　労働党政権の財務大臣であったロジャー・ダグラスによって進められた経済政策であり、ロジャーノミクスと称されている。その詳細については、河内洋佑「草の根から見たニュージーランドの行政改革」ニュージーランド研究4巻（1997）参照（available at site; http://ha5.seikyou.ne.jp/home/touhokudai-syokuso/docs99/nz_rep.html）。

2．ウッドハウス原則をめぐる価値観の選択問題

　ウッドハウス・レポート（Report of the Royal Commission of Inquiry, Compensation for Personal Injury in New Zealand（1969））は、最高裁判事のウッドハウス卿（Sir Owen Woodhouse）が委員長となった王立委員会によって1967年に発表された報告書であり、事故補償制度の基礎となった文書である。本レポートの中でも、特に、制度設計にあたっての以下の五つの指導原則[99]（ウッドハウス原則）は、その後における事故補償法の制度論、解釈論の基準となってきた。

① 共同体の責任（Community Responsibility）：
　　国家的利害として、また国家の責任として、共同体は、すべての市民（自営業者を含む）および主婦が、肉体的に働けなくなることにより労働による公共の福祉に寄与する能力が損なわれたときに、そのような突然個々人が損失を負担することから守らなければならない。
② 包括的な受給資格（Comprehensive Entitlement）：
　　すべての傷害を負った者は、その傷害の原因のいかんにかかわらず、同一の統一された評価方法によって、共同体が出資する制度から補償を受けることができる。
③ 完全なリハビリテーション（Complete Rehabilitation）：
　　本制度は、被害者が被った損失に対する金銭的補償という現実的な手当てだけでなく、市民の肉体的および職業的な回復を促進するように慎重に設計されなければならない。
④ 現実的な補償（Real Compensation）：
　　現実的な補償とは、働けない期間を通じての逸失所得に対する所得補償の規定と、永久の身体的損傷は、稼働能力に対する影響の程度にかかわらず、それ自体で損害であるという単純な事実の認識とを必要とする。
⑤ 効率的な運営（Administrative Efficiency）：
　　補償給付の遅延、補償給付の査定における一貫性の欠如、あるいは、制度運営における不経済性などがあれば、その範囲で本制度の成果は損なわれることになる。

99　Woodhouse Report, para. 55。なお、各項目はpara. 56-62で詳説されている。

ニュージーランドにおける議論では、ウッドハウス原則そのものを否定する論調は見られず、いずれの論者もウッドハウス原則を前提とし、その解釈論として議論を進めている。その意味で、ウッドハウス原則はニュージーランドにおいては基本経典─バイブル─とでもいうべき位置づけにあり、事故補償法を巡る議論は、いわばバイブルの解釈をめぐっての宗派対立の様相を呈していると言っても過言ではない。

　このうち、ウッドハウス原則の基本に忠実な解釈をする見解は、いわば「ウッドハウス原理主義」とでも称するものであるが、不法行為訴権の復活やACCの民営化などには断固として反対し、また事故補償制度を疾病にも拡大すべきとの立場をとる。これに対してウッドハウス原則を柔軟に解釈する見解[100]においては現行制度の改革に積極的であり、不法行為制度や民営化などの諸問題についても前向きに検討すべきであるとする一方で、事故補償制度への疾病の導入には否定的である。

　前者の代表がジェフリー・パーマー（Sir Geoffrey Palmer）である。パーマーは、まだ若手研究者であったころに懇請されて労働省のコンサルタントとなり、1972年法成立に尽力した[101]。その後、ウエリントンのビクトリア大学教授を務めたが、労働党から総選挙に出馬し政界に打って出た。国会議員に当選後、ACC担当大臣などを歴任して、1989年には第33代首相に選出されたが、首相在任時には前述のように本制度への疾病の導入を図る法案を提案したこともある。この経歴を見てもわかるように、パーマーは事故補償制度の発足以来長年にわたって本制度にかかわってきており、まさに「事故補償制度の申し子」とでもいうべき存在である。その意味で、パーマーがウッドハウス原理主義の立場に立つこともうなずける。

　このパーマーの思想については、浅野教授が法哲学の視点から分析を行っている[102]。浅野教授によれば、事故補償制度をめぐる議論は法に対する価値観の選択の問題と捉えることができるとする。すなわち、法制度が目指すべき法的正義としては、分配的正義、矯正的正義、交換的正義といった選択肢

100　たとえば、J.ミラー、G.マックレイなど。
101　パーマーはウッドハウス・レポート自体の作成には関与していないが、ウッドハウス・レポートを評価した政府委員会の白書（前掲（注56））の作成から中心となって関与している。
102　浅野・前掲（注43）117頁以下。

がある中で、パーマーの立場は分配的正義の強調であるとする[103]。そして、パーマーは分配的正義による一元的事故補償制度を主張するが、この選択肢が、もう一方の選択肢、すなわち、分配的正義の達成度の低下を容認しつつ矯正的正義と交換的正義をも基準とする多元的事故補償制度に優越する説得的な理由を明らかにするには至っていないとしている[104]。

これを言い換えれば、社会保障アプローチ（分配的正義）、不法行為制度アプローチ（矯正的正義）、私保険アプローチ（交換的正義）の間の選択問題といえる。パーマーは事故補償制度を基本的に社会保障制度としてとらえており、その観点からすると彼の主張は一貫しているといえよう。しかし、不法行為制度や私保険制度を取り入れた多元的な制度も考えられるわけで、最適な制度設計という視点からはいずれのアプローチが望ましいかという検討が必要とされるのではないか。そのような観点からウッドハウス原則を柔軟に解釈する見解が現れてきており、近時の事故補償制度をめぐる議論は価値選択の議論であるともいえる。

このような価値観の対立は、ニュージーランドにおける政治対立として顕在化する。上記の分類でいえば、労働党がウッドハウス原則に忠実な立場であるのに対して、国民党はウッドハウス原則を柔軟に解釈しようとする立場である[105]。このため、事故補償制度の制度改革が往々にして選挙の争点となる傾向がある[106]。このようにして、この価値観の対立は究極的にニュージーランド国民により選択されることとなる。

第4節　小括

ニュージーランド事故補償制度は史上かつてない画期的な制度であり、創設当時から壮大な社会実験としてその成り行きが世界中から注目されてい

103　浅野・前掲（注43）135頁。
104　浅野・前掲（注43）141頁。
105　なお、このような政治的対立は事故補償法の名称にも表れている。国民党政権時代の1992年法や1998年法の正式名称には「保険法」という名が入っており、一方で労働党政権によって1998年法を改正した2001年法の当初の名称は「傷害予防、リハビリテーションおよび補償法」となっている。
106　直近の2011年総選挙でも、労災補償に対する民間参入の是非が争点となり、これを実現するとした国民党が勝利した。

た。特に不法行為訴権の完全廃止については、その過激な変革について国民の間での支持が継続されうるのか、疑問も呈せられていた。それが種々の議論や個別制度の修正という経緯があったにしても、制度の基本的な根幹部分は変わらずに40年もの間継続してきたことは、それ自体で評価に値すると思われる。

　一方で、本制度の40年にわたる経験が、わが国を含む世界各国の事故被害者補償制度のあり方に対して与える示唆については、今後、検討すべき重要なテーマである。しかし、紙幅の関係もあり、本章ではこの点についてまでは踏み込むことができなかったので後日を期したいと思う。以下では、わが国に対する示唆として考えられる項目を指摘するにとどめたい。

　まず、わが国における自動車事故被害者救済制度としての自賠責保険制度の検討に本制度の経験が参照されよう。自賠責保険制度は自動車保有者に準無過失責任を課し、それを強制賠償責任保険で担保するという制度であるが、同制度については、被害者救済の観点からの問題点や課題が指摘されている。たとえば、過失相殺、免責三要件等により救済されない被害者が存在する。この問題を克服するため、自賠責保険をノーフォルト化する、あるいは災害保険化するという提案は従来よりなされてきているが、そこでの論点の一つが不法行為訴権の存否である。この論点については様々な視座からの検討が必要とされるが、この場合にニュージーランドでの経験が参考となろう[107]。

　次に、ニュージーランドにおける労災事故補償の民間参入問題は、わが国における官民の役割分担を考える際に参考とされるべきであろう。わが国では、労災保険は公営、自賠責保険は民営としているが、同じ事故被害者救済制度でこのような区分をする合理性があるのかは検証されるべきであると思われる。

　また、わが国の事故被害者救済制度は労災保険制度や自賠責保険制度など個別制度の集合体であるが、制度間の不均衡や制度の狭間問題[108]などの克服のため、総合的な救済制度の創設を検討する余地があり[109]、この場合、ニ

107　わが国の自賠責保険制度のノーフォルト化については、第3部第3章で検討する。

108　たとえば、同じ道路交通事故被害者であっても、自転車事故の被害者は自賠責制度の対象外となっている。

109　わが国においても、加藤教授の「総合救済システム」（加藤雅信「不法行為法の将来構想―損害賠償から社会保障的救済へ―」『損害賠償から社会保障へ』1頁以下（三省堂、1989））などの提案がすでになされている。詳細は、第3部第2章第6節参照。

ュージーランド事故補償制度は先行事例として貴重な資料である。

　最後に、本制度は一種の傷害保険であり、わが国の傷害保険商品内容の検討に資するところがあると思われる。たとえば、医療過誤事故については現在の傷害保険商品では免責条項により全く担保されていないが、事故性が認められる医療被害について傷害保険の担保対象とするニーズも考えられる。このような商品改定の検討の際には、ニュージーランドにおける議論が参考となろう[110]。

110　この点については、本書第2部第3章で検討する。

第4章　欧州におけるノーフォルト自動車保険制度提案

第1節　序説

　欧州では、北欧諸国においてノーフォルト自動車保険制度が実施されているが、それ以外の国では従来型の損害賠償責任を賠償責任保険でカバーする方式により自動車保険被害者の救済が行われている。しかし、欧州の主要国である英国、ドイツ、フランスなどにおいては、かつて、いくつかのノーフォルト自動車保険制度の提案が行われていた。これらの提案は提案者の母国では実現されることはなかったが、現在、ノーフォルト自動車保険制度を採用している国の制度設計にそれなりの影響を与えたことは否めない。また、わが国におけるノーフォルト自動車保険制度導入可否の検討においても、現実に実施されている制度のみならず、これらの提案をも考慮に入れることは有益であると考えられる。そこで本章では、上記の提案の中でも著名な英国、ドイツ、フランスにおける三つの提案（ピアソン案、ヒッペル案、タンク案）について、その内容を概観しておくこととする（以下の記述は発表された年代順に行う）。また最後に、ここで取り上げた各提案にキートン・オコンネル案（第2章第2節4.参照）を加えてそれぞれの内容の比較検討を行う。

第2節　タンク案（1966年）

　フランス・パリ大学のタンク教授は、その著書[1]においてノーフォルト自動車保険制度である交通災害保障法案（Esquisse d'une loi sur les accidents de la circulation）を提案している[2]。本草案は、全16条の条文として規定され

1　André Tunc, La sécurité routière, Esquisse d'une loi sur les accidents de la circulation（1966）.

2　本案に関する邦文文献として、アンドレ・タンク（山口俊夫訳）「フランスの交通災害に関する法律の草案」立教法学8号183頁以下（1966）、金澤理「フランスの自動車保障法案」同『交通事故と責任保険』265頁以下（成文堂、1974）、同「フランスに

ており[3]、その骨子は以下の通りである。

1．強制保険

自動車の所有者は、当該自動車によって惹起された事故による損害を補償するための保険契約を締結することを強制される（1条1項）。この損害には、人身損害と物的損害を含む（2条）。

2．補償される被害者

当該自動車の運転者を含め、すべての交通事故被害者が対象となる。運転者については、運転していた自動車に付保されていた保険から補償され（6条1項）、この場合はファースト・パーティ型保険となる。運転者以外の者が被害者となった場合は、事故に関与した自動車に付保されていた保険から補償され（2条1項、3条1項）、この場合はサード・パーティ型保険となる。なお、二両以上の自動車が事故に関与した場合には、各自動車の保険者が連帯して給付を行い、保険者間では自動車の馬力の大きさに応じて分担する（3条1項）。

3．免責事由

意識的に損害を惹起した運転者、その相続人および被扶養者は給付を受ける権利を喪失する（10条1項）。盗難車の運転者、および盗難車であることを知っている同乗者は給付を受けられない（12条）。事故の加害者として2週間以上の禁固刑に処せられた場合には、裁判所は、保険者の給付義務の全部または一部を免除することができる（13条）。

おける自動車事故による損害の補償」田辺康平他編『損害保険双書2自動車保険』329頁以下（文眞堂、1974）、同「自動車事故による損害の補償―フランス」比較法研究35号24頁以下（1974）、フランス不法行為法研究会「フランスの交通災害保障法案―タンク草案の紹介と論議―」ジュリスト691号222頁以下（1979）がある。
3　金澤・前掲（注2）「フランスの自動車保障法案」277頁以下に、条文の邦訳がある。

４．保険給付項目

(1) 死亡の場合

医療費、葬儀費、被扶養者に対する逸失利益が給付される（８条）。精神的損害は対象外である。

(2) 死亡以外の場合

医療費、付随費用、逸失利益（ただし、上限を設ける）、肉体的完全性の喪失の補償、特に重大な人の外観に対する損害の補償が給付される（７条）。精神的損害のうち、「愛情についての損害」や「肉体的苦痛」などについては対象とならない。

(3) 運転者の特則

運転者の逸失利益については、あらかじめ申告された収入をベースに給付される。申告がない場合は、最低賃金の金額がベースとなる（６条１項）。ただし、衝突の相手車の運転者が２週間以上の禁固刑に処せられた場合は、申告額と実収入のいずれか高い額がベースとなる（６条３項）。

５．民事訴権の廃止

自動車の所有者および運転者と自転車搭乗者および歩行者の間において、本法に定める以外のいかなる損害賠償をも生ぜしめるものではない（15条）。

６．社会保障との関係

損害の補償については本制度からの給付が優先され、その限りで社会保障給付は減額される（11条）。

７．リザルト・レーティング

１年に２回以上給付を受けた場合は、次年度の保険料が増額される。ただし、給付を受けた事故において、無過失であったことを証明した場合はこの限りでない（16条）。

第3節　ヒッペル案（1968年）

ドイツ・ハンブルグ大学のアイケ・フォン・ヒッペル教授[4]は、その著書[5]において交通保険法草案（Entwurf eines Verkehrsversicherungs-Gesetzes）を提案している[6]。本草案は、13条の条文として規定されているが（いくつかの条文には代案も示されている）[7]、その骨子は以下の通りである。

1．対象となる被害者

本制度の対象となる被害者は、自動車により国内で招致されるすべての事故によって損害を被った者である（1条）。

2．保険者

本保険の保険者は自動車交通保険団体であるとし、民間保険会社を想定している（2条）。ただし、代案として自動車交通保険のための連邦施設、すなわち公的機関を提案している。

4　本著書執筆当時は、ハンブルグにあるマクス・プランク外国法・国際私法研究所の所員であった。

5　EIKE VON HIPPEL, SCHADENSAUSGLEICH BEI VERKEHRSUNFÄLLEN, HAFTUNGSERSETZUNG DURCH VERSICHERUNGSSCHUTZ, EINE RECHTSVERGLEICHENDE UNTERSUCHUNG, (1968).

6　本案に関する邦文文献として、五十嵐清「交通事故の損害補償についての一つの提案―Eike von Hippel, Schadensausgleich bei Verkehrsunfällen, 1968の紹介―」判例タイムズ236号69頁（1969）、藤岡康宏「自動車事故による損害の補償―西ドイツ」比較法研究35号41頁以下（1974）、石田満「西ドイツにおける自動車事故による損害の補償―改革案を中心として―」田辺康平＝石田満編『損害保険双書2自動車保険』285頁（文眞堂、1974）、同「西ドイツにおける交通被害の補償」同『増補自動車保険の諸問題』129頁（損害保険企画、1979）がある。

7　本草案条文の邦訳として、五十嵐・前掲（注6）78頁以下、石田・前掲（注6）（1974年）313頁以下がある。

３．財源

本制度の財源は、以下のうち①の保険料を主財源とするが、②および③も補充的財源とする（３条）。
①　自動車所有者が支払う保険料
②　自動車製造業者、修理業者、交通安全義務者、動物保有者からの分担金
③　公的資金からの補助金

４．給付金の項目および金額

(1)　傷害の場合（６条）
　　　被害者が傷害を負った場合には、以下の損害が補償される。
①　治療費等の積極損害
②　逸失利益
　　　ただし、上限を設ける（たとえば月3,000マルク）
　　なお、運転者の逸失利益については、あらかじめ申告していた収入に基づき計算する
③　非経済的損害
　　　不具、身体の完全性についての継続的侵害および異常に強いかまたは継続的な苦痛に限定して補償される

(2)　死亡の場合（７条）
　　　被害者が死亡した場合には、葬儀費用および被扶養者に対する扶養損害が補償される。

(3)　物的損害（10条）
　　　滅失または毀損した物については、原則として完全に補償される。ただし、自損事故の場合は補償されない。自動車自体の損害については免責金額を設ける。

5．免責事由

(1) 全面免責（4条）

　　以下の項目に該当する者には補償は行われない。
　① 故意の事故招致、犯罪実行中の事故、酩酊運転、薬物飲用運転
　② 無免許運転
　③ 無免許運転、酩酊運転、薬物飲用運転と知りながら搭乗した者
　④ 無保険車または盗難車と知って運転した者
　⑤ 盗難車と知りながら搭乗した者

(2) 一部免責（5条）

　　以下の項目に該当する者については、補償は縮減する。ただし、①および②については、この危険と事故との間に因果関係がない場合、または、被害者が信義誠実の原則により増加危険をも付保したとみなされる場合は、この限りでない。
　① 被害者に「許し難い過失」がある場合
　② 違法かつ有責に生ぜしめた付加危険（たとえば、交通安全性を欠く車両の運行）
　③ 正当な理由のない治療の拒否
　　なお、①、②の代案として、縮減金額を5,000マルクとする（5,000マルクまでは自己負担とする）案を提示している。

6．加害者に対する被害者の民事訴権（13条）

　加害者に対する被害者の民事訴権は認められない。ただし、加害者が故意の場合、被害者は加害者に対して保険給付で填補されない損害（慰謝料を含む）の賠償請求をすることができる。

7．保険者の加害者に対する求償権（11条）

　保険者は、以下の場合のみ加害者に求償できる。
　① 故意の事故招致
　② 犯罪実行中の事故

③　無免許・酩酊・薬物飲用による運転
④　無免許・酩酊・薬物飲用による運転をさせた者
⑤　無保険車・盗難車と知りながら運転した者
⑥　許し難い過失もしくは違法行為がある場合
　　なお、代案として、⑥の場合には保険者は加害者に5,000マルクの範囲内で求償することができるとする案を提示している。

第4節　ピアソン案（1978年）

　英国では、1973年に、人身障害に対する民事責任および補償に関する王立委員会（Royal Commission on Civil Liability and Compensation for Personal Injury）が設置された。この委員会の委員長がピアソン卿（Lord Colin Pearson）であるところから、本委員会はピアソン委員会と呼ばれている。本委員会は、設置以降5年間にわたる調査・検討を経て1978年に報告書（ピアソン・レポート）を公表した[8]。本報告書は、自動車事故のみならず、労災事故、医療事故、製造物事故など各種の人身障害事故被害者救済制度を取り上げているが、その中で、自動車事故の被害者救済についてはノーフォルト制度（「道路制度―Road Scheme」と称する）を提案しており[9]、その骨子は以下の通りである（括弧内の数字は、報告書の段落番号である）。

1．制度運営主体

　本制度は、保健・社会保障省（Department of Health and Social Services）が運営する（1027）。

8　Report of Royal Commission on Civil Liability and Compensation for Personal Injury（Pearson Report）, Cmd. 7054, 1978.
9　本報告書に関する邦文文献として、飯塚和之「イギリスにおける身体侵害（人身損害）補償論―ピアソン委員会報告書―」ジュリスト691号214頁（1979）がある。また、本報告書の抄訳として、自動車保険料率算定会企画室「ピアソン委員会報告書(1)〜(4)」企画室資料32−(1)〜(4)（1978）がある。

２．財源

本制度の財源は、ガソリンへの課税とする（1054）。すなわち、自動車保有者によって支払われる保険料ではない。

３．給付内容

被害者への補償は、金銭的損害の補償のみとし、精神的損害に対する補償は認めない。その給付内容は労災保険の給付（これについても本報告書において改善提案がなされている）と同じとする（1015）。就労していない者に対する給付は、基本的均一額給付と機能喪失に対する障害給付が認められる（1020）。

４．対象となる被害者

道路上および他の一般公衆の立入る土地における自動車が含まれる事故の被害者（非居住者もカバーされる）を対象とする（1010）。

５．免責事由

犯罪を遂行中の自動車事故については、担当大臣の裁量により補償は行われない（1034）。ただし、被害者が死亡した場合の寡婦又は被扶養者への補償は行われる（1035）。

６．加害者に対する被害者の賠償請求権

現行の過失責任による損害賠償制度は存続する（1068）。また、過失についての立証責任の転換も行わない（1075）。ただし、12歳未満の被害者に対しては寄与過失の抗弁権は認めない（1077）。これらの損害賠償責任を担保するために、現行の強制損害賠償責任保険制度は維持する（1079）。

第5節　各提案の比較

　以上の３案に、米国のキートン・オコンネル案（第２章第２節4.参照）を加えた四つのノーフォルト提案について、いくつかの視点から比較検討を行う。

１．制度の枠組み

　キートン・オコンネル案、タンク案、ヒッペル案は、自動車保有者にノーフォルト自動車保険の付保を義務付けることで自動車事故被害者救済を図ろうとしている。この場合、制度の財源としては自動車保険料ということになり、その負担者は自動車保有者である（ただし、ヒッペル案においては、補助財源として、自動車製造業者等からの分担金と公的資金を想定している）。この３案は、保険制度を基礎としたものと理解される。また、保険カバーのタイプとしては、歩行者などが被害者になった場合にはサード・パーティ型の保険として機能し、運転者が被害者となった場合にはファースト・パーティ型の保険として機能することは３案とも同じである。

　これに対してピアソン案では、強制自動車保険制度ではなく、ガソリン税を財源としたノーフォルト給付の制度という制度設計を行っている。これは、現行の労災補償制度を参考としたものであり、社会保障制度の色彩がかなり強く出ている。もっとも、ガソリン税の負担者は自動車保有者であり、その意味では財源の負担者という観点からは上記の３案と同様の制度設計といえる。

２．制度運営者

　ノーフォルト制度の運営者としては、民間保険会社と公的機関が考えられる。この点について、ヒッペル案では、制度運営者は民間保険会社としているが、公的機関を制度運営者とする代案も提示している。これに対して、ピアソン案では制度運営者は公的機関（保健・社会保障省）としている。キートン・オコンネル案およびタンク案では、この点の言及はない。ピアソン案のように本制度を社会保障制度の一環と位置付けようとすると、公的機関を運営主体とする考え方が強くなると思われる。

３．補償対象となる損害

タンク案とヒッペル案では、人身損害のみならず物的損害も対象とする。これに対して、キートン・オコンネル案およびピアソン案では人身損害のみを対象とする。

人身損害については、いずれの案においても、原則として経済的損害のみを対象とし、非経済的損害（精神的損害）は対象としていない。もっとも、非経済的損害について、例外的に対象とする項目を挙げている例がある。たとえば、タンク案では肉体的完全性の喪失の補償および特に重大な人の外観に対する損害が、ヒッペル案では不具、身体の完全性についての継続的侵害および異常に強いかまたは継続的な苦痛が、それぞれ補償対象項目として規定されている。

人身損害のうちの経済的損害については原則としてすべての損害を補償するが、ヒッペル案およびキートン・オコンネル案では、逸失利益や休業損害などの収入損害について上限を設けている。

４．免責事由

各案とも、被害者がノーフォルト制度からの給付を認められない免責事由を規定している。このうち、タンク案、ヒッペル案、キートン・オコンネル案では被害者の故意の事故招致を免責としている。これに対して、ピアソン案では故意免責の明記はない。この点、ピアソン案において故意招致事故を有責とする制度設計を意識的に選択したのかどうかについては不明である。

その他の免責事由としては、タンク案が盗難車の運転および交通犯罪による２週間以上の禁固刑を受けた場合を挙げ、ヒッペル案では犯罪実行中の事故、無免許・酩酊・薬物飲用運転、無保険車・盗難車の運転を挙げている。一方、ピアソン案では犯罪遂行中の事故について担当大臣の裁量による免責を規定する。なお、ヒッペル案では、一部免責となる事由（許し難い過失、違法かつ有責に生ぜしめた付加危険、正当な理由のない治療拒否）について規定する。

5．加害者に対する被害者の賠償請求権

　ノーフォルト制度の設計において、最も大きな選択肢は、ノーフォルト給付を行う代わりに被害者の加害者に対する損害賠償請求権を廃止するか（純粋ノーフォルト制度）、それとも損害賠償請求権を残すのか（付加型ノーフォルト制度）、あるいは、その中間として、損害賠償請求権を限定的に認めるか（修正ノーフォルト制度）、という論点である。

　この点については、各案は際立った対立を見せる。まず、タンク案およびヒッペル案では損害賠償請求権を完全に廃止するとしている。これに対して、ピアソン案では損害賠償請求権を残している。一方、キートン・オコンネル案では、損害額に応じて損害賠償請求権を制限する（金額による訴権制限）。

6．保険者の加害者に対する求償権

　保険者が被害者に保険給付をなした場合に、その保険者が加害者に対してその給付金額を請求できるか、という請求権代位の問題は、上記の被害者の加害者に対する損害賠償請求権の存否の問題と表裏をなす。請求権代位の対象となる被害者の加害者に対する損害賠償請求権が存在しなければ、保険者の代位請求権も存在しないことになる。一方、被害者の加害者に対する損害賠償請求権を認めても、保険契約において請求権代位を認めないという制度設計も考えられる。

　上記のように、被害者の加害者に対する損害賠償請求権を廃止するという立場に立つのはタンク案とヒッペル案であるが、このうち、タンク案については保険者の代位請求権についての記載がない。したがって、前記の原則からすると、タンク案では保険者の加害者に対する請求権は認められないと解される。これに対して、ヒッペル案では、故意の事故招致等に限定して保険者の加害者に対する求償権を認める。これは加害者の悪性に対する制裁とその抑止という政策目的から認められたものであると考えられるが、理論的には、被害者の加害者に対する賠償請求権が認められていない以上、保険契約における請求権代位による求償権とは法的性質が異なるものと理解される。

　一方、被害者の加害者に対する損害賠償請求権を全面的に認めるピアソン案や、一部に限定して認めるキートン・オコンネル案においては、保険者の求償権の記載はない。

7．事故抑止機能の担保

　ノーフォルト制度、特に、損害賠償請求権を廃止もしくは制限する制度においては、不法行為制度が有していた事故抑止機能が喪失するのではないかという批判を受けることがある。これに対して、タンク案では、次年度の保険料をリザルト・レーティングすることにより事故抑止機能を担保しようとしている。また、故意免責などの免責事由や加害者に対する保険者の求償もこの機能を有すると解される。一方、キートン・オコンネル案においては、そもそも事故抑止は不法行為制度における主目的ではないという視座を提示している。

8．社会保障給付との関係

　ノーフォルト制度からの給付と社会保障制度からの給付が競合する場合に、いずれの制度を優先して適用させるかが問題となる。この点、タンク案ではノーフォルト制度が優先適用されることを明記しているが、他の3案では明記されていない。

第2部

人身傷害保険の諸相

第2部　人身傷害保険の諸相

　第2部では、わが国におけるファースト・パーティ型ノーフォルト自動車保険である人身傷害保険を取り上げる。人身傷害保険は任意保険としての自動車保険商品であるが、諸外国におけるノーフォルト自動車保険と対比し得るものであり、また、発売開始後20年近くたって保険実務における問題点や本保険をめぐる法的紛争が顕在化してきている。そこで以下では、いくつかの側面からノーフォルト自動車保険としての人身傷害保険の課題を検討することとする。

第1章　人身傷害保険概論

第1節　序説

1．人身傷害保険とは

　人身傷害保険[1]は、1998年より発売が開始された、わが国における初めての本格的なファースト・パーティ型ノーフォルト自動車保険である。「初めての本格的な」という意味は、それ以前にもファースト・パーティ型ノーフォルト自動車保険として搭乗者傷害保険[2]が存在していたからである[3]。

1　発売当初は「人身傷害補償保険」と称されていたが、現在ではほとんどの損害保険会社で「人身傷害保険」と称しているので、本稿でも人身傷害保険という用語を用いる。なお、本保険は単体での商品ではなく、自動車保険普通保険約款に人身傷害条項として組み込まれている。

2　搭乗者傷害保険も単体の商品ではなく、自動車保険普通保険約款に搭乗者傷害条項として組み込まれたものである。

3　なお、ファースト・パーティ型の自動車傷害保険としては、他にも自損事故保険と無保険車傷害保険があるが、これらはノーフォルト自動車保険ではない。

212　第2部　人身傷害保険の諸相

　搭乗者傷害保険は、被保険自動車の搭乗者を被保険者として自動車事故による傷害について保険金を支払う傷害保険であるが、定額給付としているので、モラル・ハザード防止の観点からその保険金額は一定額に制限されており、被保険者に生じた損害の填補という観点からは不十分なものであった[4]。

　これに対して人身傷害保険は実損填補型の傷害保険として構成されており、保険金額の制限は設けられておらず、十分な保険金額を付保していれば被保険者に生じた損害をほとんど完全に填補することが可能となっている[5]。

2．人身傷害保険開発の経緯

　人身傷害保険は、損害保険市場の自由化の過程で開発されたものである。わが国の損害保険市場は、第二次大戦後は商品、料率について監督庁である大蔵省によるいわゆる護送船団行政により厳しく規制されていた。具体的には、損害保険料率算出団体に関する法律（料団法）により、料率算出団体である損害保険料率算定会と自動車保険料率算定会[6]が、火災保険や自動車保険などの主な損害保険商品の保険料率を算出し、各損害保険会社はこの料率を使用する義務が課されていた。この料団法が1998年7月に改正され、損害保険各社は独自の商品や保険料率を自由に設計できるようになった。このような中で、1998年10月に東京海上社が発売を開始したのが人身傷害保険（当時は人身傷害補償保険）であり、その後、他の損害保険会社も追随して本保険を引受けるようになった。

　人身傷害保険の開発担当者によれば、同保険のコンセプトは車両保険の人身版であるとする[7]。すなわち、自動車車両の損害については、相手加害者の過失部分については相手車に付保されている対物賠償責任保険からの給付がなされ、自分の過失部分については自車に付保されている車両保険から給付がなされることにより、全ての損害が填補されることになる。これに対して人身損害については、相手加害者の過失部分については相手車に付保されて

4　さらに、搭乗者傷害保険の被保険者は被保険自動車に搭乗中の者のみであり、自動車事故により損害を被った歩行者や自転車運転者などは対象とならない。この点、後述のように人身傷害保険は被保険者の範囲や担保対象事故の範囲を拡大し、このような被害者についてもカバーしている。

5　多くの損害保険会社では、保険金額無制限の人身傷害保険を引受けている。

6　この二団体は2002年に合併し、現在では損害保険料率算出機構となっている。

7　星野明雄「新型自動車保険TAP開発について」損害保険研究61巻1号99頁（1999）。

第1章　人身傷害保険概論　*213*

いる自賠責保険および対人賠償責任保険から給付がなされるが、自分の過失部分については保険カバーがなかった[8]。人身傷害保険はこの部分をカバーする保険であるとする。すなわち、車両保険と同様に人身損害について人身傷害保険を付保することにより、被保険者が被る損害の全ての部分が填補されることになる。

第2節　人身傷害保険の商品内容と損害額基準

1．人身傷害保険の商品内容

　人身傷害保険の商品内容は、損害保険会社により若干の違いがある。以下の記述は、東京海上日動社の約款（総合自動車保険普通保険約款第2章第1節、2014年10月1日版）による（記載した条文番号は、当該約款のものである）。

(1)　被保険者
　　人身傷害保険の被保険者は以下の者である（2条1項）。

　①　記名被保険者
　②　次のいずれかに該当する者
　　　　記名被保険者の配偶者
　　　　記名被保険者またはその配偶者の同居の親族
　　　　記名被保険者またはその配偶者の別居の子
　③　被保険自動車の正規の乗車装置または正規の乗車装置のある室内に搭乗中の者
　④　①または②のいずれかに該当する者が自ら運転者として運転中の被保険自動車以外の自動車等の正規の乗車装置または正規の乗車装置のある室内に搭乗中の者
　⑤　被保険自動車の保有者

8　もっとも、搭乗者傷害保険を付保していればある程度の保険給付がなされ、また、自損事故の場合は自損事故保険からの給付がなされる。

214　第2部　人身傷害保険の諸相

⑥　被保険自動車の運転者

　この被保険者の範囲は、搭乗者傷害保険の被保険者の範囲よりも広い。搭乗者傷害保険の被保険者としては、上記③に該当する者のみが対象となっている。この違いは、搭乗者傷害保険では被保険自動車の搭乗中の事故のみを担保するのに対して、人身傷害保険では被保険者が歩行者や自転車運転者として自動車事故の被害者となった場合なども担保することによる。

(2)　担保対象事故
　人身傷害保険の担保対象事故は「人身傷害事故」と呼ばれ、以下に該当する急激かつ偶然な外来の事故により傷害を被ることであるとされる（1条2項）。

①　自動車または原動機付自転車の運行に起因する事故
②　自動車または原動機付自転車に被保険者が搭乗している場合で、その自動車または原動機付自転車の運行中の、次のいずれかに該当する事故
　ア　飛来中または落下中の他物との衝突
　イ　火災または爆発
　ウ　その自動車または原動機付自転車の落下

　前記のように、搭乗者傷害保険では被保険自動車の運行に起因する事故等が対象となるのに対して、人身傷害保険では被保険者が被害者となるような自動車事故全般を担保する。
　なお、「自動車の運行に起因する事故」という規定に、さらに「急激かつ偶然な外来の事故」という限定が加わっている。後者は一般的な傷害保険の対象事故の要件（傷害事故三要件）であり、人身傷害保険も傷害保険の一種として位置づけられているところから、この三要件が追加されたものと思われる。この点については、後記（第3章第4節）で検討する。

(3)　支払保険金
　保険者は、人身傷害事故により被保険者またはその父母、配偶者もしくは子に生じた損害に対して、保険金を支払う（1条1項）。支払保険金の額

は、基本的に損害の額である（4条1項）。そして、その場合の損害の額とは、約款に付帯された「人身傷害条項損害額基準（以下、損害額基準という）」により算定された額とされる（4条2項）。損害額基準は、損害保険会社の任意保険支払基準に準じた水準であると推定される[9]。

(4) 保険金請求権者
　　保険金請求権者は、人身傷害事故によって損害を被った以下のいずれかに該当する者である（2条4項）。

① 被保険者
② 被保険者の法定相続人（但し、被保険者が死亡した場合のみ）
③ 次のいずれかに該当する者
　ア　被保険者の配偶者
　イ　被保険者の父母または子

　　被保険者が傷害を被った場合、通常は被保険者自身が損害を被ることになるので、①の被保険者が保険金請求権者となる。一方、被保険者が死亡した場合には、被保険者自身が保険金を請求することができないので、②の被保険者の法定相続人が保険金請求権者となる。もっとも、この場合に法定相続人の保険金請求権は死亡した被保険者から相続により承継されたものなのか、それとも法定相続人が固有権として原始取得したものであるのかという問題がある（第2章第2節参照）。
　　③の保険金請求権者は、被保険者の死亡により固有の損害を被ると考えられる者である。すなわち、第三者加害行為により死亡した者の父母、配偶者、子は、当該加害者に対して固有の慰謝料請求権を有するが（民法711条）、これを敷衍して、これらの者は被保険者死亡時に固有の精神的損害を被ると考え、これらの者を保険金請求権者と規定した。しかし、損害額基準では被保険者死亡における精神的損害の額は総額で示されており、③の者に発生した固有の精神的損害の額については個別に規定してない[10]。実

9　星野・前掲（注7）115頁。
10　損害賠償における弁護士会基準でも、死亡慰謝料については総額で規定されており、近親者の固有慰謝料については規定していない（日弁連交通事故相談センター東京支部『民事交通事故訴訟損害賠償額算定基準（赤い本）』155頁（2015）。

務的には、②の者と③の者が共同で保険金請求を行い、その分配は当事者
間で話し合ってもらうことになろうが、③の者が単独で保険金請求をした
場合の対応は問題として残ると思われる。

⑸　免責事由
　　戦争危険等の損害保険契約に一般的な免責事由（3条1項）の他、他の
傷害保険契約と同様の免責事由が規定されている（3条2項）。すなわち、
被保険者等の故意または重大な過失、被保険者の脳疾患、疾病または心神
喪失である。
　　このうち、被保険者等の重大な過失については、人身傷害保険発売当初
は「極めて重大な過失（事故の直接の原因となりうる過失であって、通常
の不注意等では説明のできない行為（不作為を含みます）を伴うものを言
います）」と規定されていた。通常の「重大な過失」に「極めて」という条
件を付し、さらにその内容の説明をつけているが、このような免責事由の
規定方法は極めて珍しい。これは、「精神的損害まで含めた広範な担保を行
う保険については、不正防止に特段の対応を用意しておくことが必要」と
の観点から、モラル・ハザード対策として規定したとされる[11]。
　　開発担当者の思惑としては、この免責事由によって明らかに故意としか
考えられないような悪質なケースを排除することを狙ったのであり、通常
の重大な過失程度のものに適用すべきではないと考えていたようであ
る[12]。しかし、本免責事由の解釈をめぐる紛争が続発し、そこでは本免責事
由は通常の重大な過失と同趣旨であると判示する下級審も現れてきた[13]。
結局、その後、開発会社も含めてこの「極めて重大な過失」という規定を
通常の「重大な過失」に変更した。これによって、人身傷害保険の免責事
由をめぐる解釈は、「重大な過失」に関する従来の解釈が適用されることと
なった。
　　なお、人身傷害保険において疾病免責を規定することの適否については
後記（第3章第4節）で検討する。

11　星野・前掲（注7）121頁。
12　星野・前掲（注7）122頁。
13　大阪高判平成14年12月26日判時1841号151頁。

(6) 請求権代位

　人身傷害保険には請求権代位規定が適用されている（約款第4章第7節2条[14]）。人身傷害保険の開発は保険法制定前であり、改正前商法には傷害保険契約の規定がなかったことから、そもそも傷害保険において請求権代位を行うことができるのかについての議論も存在した。しかし、本保険を実損填補型の傷害保険として構成したことにより、大方の学説の肯定的評価を受けることとなった[15]。保険法においては、疾病傷害損害保険契約として請求権代位規定（同法25条）が適用されることについては異論がない。

　請求権代位において議論されてきたのは保険者が代位する範囲の問題であり、これについては後記（第2章第3節）で詳述する。

2．人身傷害保険の損害額基準

(1) 弁護士会基準との乖離

　人身傷害保険では保険金支払の対象となる損害の額について、約款上の損害額基準により算定するとしている。前述のように、この損害額基準は損害保険会社の内部基準である任意保険支払基準と同水準であるとみられているが、いわゆる弁護士会基準[16]との間で乖離があることが指摘されている。そして、これがいわゆる請求権代位の範囲問題の原因となっている（第2章第3節）。以下では、その乖離を具体的に検証する。

ア．精神的損害（慰謝料）

　精神的損害は、人傷損害額基準が低額に抑えられている損害項目の代表的な例であると指摘されている[17]。実際、弁護士会基準との比較でも人傷損害額基準は軒並み低額であり、特に金額が大きい死亡や重度後遺

14　この規定は、保険法25条の文言と同じである。

15　西嶋梅治「人身傷害補償条項つき自動車保険の特色と問題点—賠償から手厚い補償へ—」損害保険研究61巻1号23頁（1999）。

16　弁護士会で作成している算定基準である。赤い本・前掲（注10）の他、日弁連交通事故相談センター『交通事故損害額算定基準—実務運用と解説—（青本）』（2014）がある。なお、大阪地裁民事交通訴訟研究会『大阪地裁における交通損害賠償の算定基準［第2版］』（判例タイムズ社、2009）は、弁護士会によるものではないが、弁護士会基準とほぼ同様の水準を示している。

17　星野・前掲（注7）119頁。

障害ではかなりの乖離が認められる（表2-1-1）。

　人身傷害保険では加害者のいない単独事故についても担保しており、この場合には加害者に対する請求としての「慰謝料」なる概念は存在しない。ただその場合でも、被害者の痛みや残念感などの精神的損害は発生するであろうという前提で、人傷損害額基準では「精神的損害」という項目を立てている。このため、弁護士会基準との乖離が生じるのはある意味当然とも考えられる。

表2-1-1　精神的損害

		弁護士会基準	人傷損害額基準		
		赤い本2015年	A社約款	B社約款	C社約款
死亡	一家の支柱	2800万円	2200万円	2000万円	2000万円
	その他	2000〜2200万円	1600万円	1750万円	1600万円
後遺障害 （近親者なし）	1級	2800万円	1400万円	2100万円	1600万円
	2級	2370万円	1200万円	1500万円	1300万円
	3級	1990万円	1000万円	1100万円	1100万円

　イ．逸失利益

　死亡や重度後遺障害事案における賠償額の中で、精神的損害以上に大きな割合を占める損害項目が逸失利益である。しかしこの損害項目については、人傷損害額基準が弁護士会基準から乖離していると一概にはいえない。逸失利益の計算における要素については、人傷損害額基準と弁護士会基準はかなり似かよったものになっている（表2-1-2）。

　目立った違いは、①被扶養者がない女性の事案における生活費控除率が人傷損害額基準の方が高い（すなわち損害額は低い）、②人傷損害額基準の中には中間利息控除方法としてライプニッツ方式ではなく新ホフマン方式をとるものがある（この場合も損害額は低くなる）、の2点である。一方、計算基礎となる被害者の収入については、弁護士会基準では原則として実収入を採用しているが、人傷損害額基準の多くでは実収入と平均収入のいずれか高い額を採用しており、このため事案によっては人傷損害額基準の方が高額となることがある。

表2-1-2　逸失利益

	弁護士会基準	人傷損害額基準		
	赤い本2015年	A社約款	B社約款	C社約款
中間利息控除方法	ライプニッツ	ライプニッツ	新ホフマン	ライプニッツ
死亡事案での生活費控除率　被扶養者なし	男50%、女30%	50%	50%	50%
1人	40%	40%	40%	40%
2人	30%	35%	35%	35%
3人以上	30%	30%	30%	30%

ウ．将来の介護費用

　　重度後遺障害事案における将来の介護費用についても乖離が認められる。特に、職業付添人による介護の場合には、弁護士会基準では実費全額であるのに対し、人傷損害額基準では定額（近親者付添人による介護と同額）としている。いずれの基準でも平均余命までの介護費用を認めるので、総額の乖離はかなり大きくなる。

表2-1-3　介護費用

	弁護士会基準	人傷損害額基準		
	赤い本2015年	A社約款	B社約款	C社約款
職業付添人	実費全額	月額20万〜10万円	月額20万〜10万円	月額16万円
近親者付添人	日額8,000円			

(2)　乖離をどう考えるか

　　このような乖離は、人身傷害保険の商品開発当初から予定されていたものである。すなわち、ノーフォルト自動車保険における迅速な保険金支払のためには損害額の迅速・簡易な評価が必要であり、このために保険契約内に支払基準を設定することにしたが、裁判によって損害額が定まるのはレアケースであり、自動車事故の大多数が保険会社と被害者との間の示談によって解決されていることから、その場合の支払基準は任意保険支払基準としたという[18]。このような制度設計は、ノーフォルト制度においては

18　星野・前掲（注7）115頁。

よくみられるものである。たとえば、ニュージーランド事故補償制度や[19]、わが国で紹介されることの多い米国のノーフォルト自動車保険も、迅速な損害額評価がなされることを目的として独自の支払基準を規定しており、また、わが国の労災保険も同様の制度となっている。

これに対して、ノーフォルト自動車保険でも保険契約内に独自の支払基準を設定せず、その都度損害額を評価・協定するという商品設計も可能である[20]。このような商品ならば弁護士会基準と人傷損害額基準との乖離という問題は発生しない。しかしこの場合には損害額評価に時間がかかることから、迅速な保険金支払いが困難となり、ノーフォルト自動車保険のメリットが減殺される。人身傷害保険は、独自の支払基準を設定することによって迅速な保険金支払を可能としているのである[21]。

乖離問題を解決するためのもう一つのアプローチは、人傷損害額基準を弁護士会基準にできるだけ近づけることである[22]。このような方向性は、被害者救済の観点からは望ましいといえよう[23]。また、保険会社としても新しい人傷損害額基準に基づいてアンダーライティング（保険料設定）すればよいので、理論上はこのような方策もありうる。

しかし、このような全体的な支払保険金レベルの上昇は、また別の困難な問題を引き起こすことになる。まず、保険料コストが引き上げられることになり、人身傷害保険加入者の負担が増加する。これにより、人身傷害保険の加入率が低下することが懸念される。

さらに重大な問題は、人身傷害保険の高い普及率を考えると、この保険における損害額基準の安易な増額は人身事故賠償実務全般にも少なからざる影響を与えるおそれがあることである。すなわち、従来の人傷損害額基準は示談ベースの金額を基礎としたいわば被害者全体の最大公約数的なも

19　もっとも、ニュージーランドにおいては人身事故についての民事訴権が廃止されているところから、そもそも裁判における評価額という概念自体が存在しない（第1部第1章第4節1.）。

20　スウェーデンにおけるノーフォルト自動車保険（交通保険）はこのような制度設計となっている（第1部第1章第3節1.）。

21　西嶋・前掲（注15）18頁は、人身傷害保険の損害額基準を「客観的な物差しとして利用可能な基準としての明確性・画一性が具備され」たものであるとして評価する。

22　鈴木辰紀「人身傷害補償保険考」損害保険研究65巻1・2号65頁（2003）。

23　もっとも、精神的損害については、単独事故の受傷者に対する填補額を加害者が存在する場合の慰謝料額と同額にすることについては問題があると思われる。

第1章　人身傷害保険概論　*221*

のであると位置づけられるが、これを個別訴訟における基準にまで増額させた場合、その金額が自動的に支払われることになる。これはあくまで人身傷害保険という傷害保険の保険金支払の局面であるが、人身傷害保険の損害査定実務は対人賠償責任保険の損害査定実務と密接な関係をもっており、前者の動向が後者に影響することは十分に考えられる。そして、これにより示談ベースの損害賠償額の上昇を招くことが考えられる。特に、前述のように保険実務においては多くの場合任意保険支払基準（すなわち人傷基準）に近い金額での示談で解決しているところから、この賠償額の上昇の影響は大きい。このことは、自動車保険に限らず賠償責任保険全体の保険料コストの上昇を招くことを意味し、ひいては賠償責任保険カバーの入手可能性にも影響を及ぼすことまで考えられる。すなわち、賠償水準の高騰により保険購入が困難となった米国の保険危機[24]の二の舞が懸念されることになる。

第3節　人身傷害保険の機能と位置付け

1．人身傷害保険の機能

　人身傷害保険の機能は、当該事故における被保険者（被害者）と加害者の過失の状況により異なる。

(1)　損害賠償制度における陥穽の補填

　　加害者のいない自損事故を招致した運転者が被った損害を考えてみる。この場合、サード・パーティ型制度である損害賠償制度においては、このような被害者は救済されない。自動車同士の衝突事故であっても、被害者側の過失が10割であるような場合も同様である。このようなケースでは、人身傷害保険はノーフォルト自動車保険として被害者救済の機能を発揮する。また、加害者が存在し加害者側の過失が10割である場合でも、加害者が無資力のため救済を受けられないことがありうるが、この場合も同様の

24　米国の保険危機は、1970年代半ばと1980年代半ばの2回あった。保険危機の詳細は、小林秀之編『新製造物責任法大系Ⅰ』186頁以下（弘文堂、1998）参照。

機能といえる。すなわち、損害賠償制度においては救済されない被害者に対して保険給付が行われることにより、制度の陥穽を補填していることになる。

(2) 加害者に対する損害賠償請求の肩代わり

　一方、加害者側の過失が10割の場合は、被害者は加害者に対して損害賠償請求することが可能である。しかし、加害者との示談交渉は被害者にとって経済的、時間的、精神的に大きな負担となる。訴訟になった場合にはその負担はさらに増大する。

　このような被害者としては、人身傷害保険から保険給付を受けることによりこれらの負担から逃れることができる。加害者との示談交渉や訴訟遂行は、人身傷害保険の保険者が請求権代位として行うことになる。すなわち、このようなケースでは、人身傷害保険は被保険者の損害賠償請求というロードを肩代わりする機能を有することになる。

(3) 両機能の併存

　被害者、加害者両当事者に過失がある場合、たとえば双方の過失割合がそれぞれ５割のケースでは、上記の両機能が併存することになる。すなわち、被害者過失部分の５割についてはサード・パーティ型制度からは補填されない部分の給付が行われ、加害者過失部分の５割については被害者は加害者に損害賠償請求する代わりに人身傷害保険金を受取り、その保険者が請求権代位によって加害者への損害賠償請求を肩代わりする。

　もっとも、加害者過失部分の５割については人身傷害保険者への保険金請求ではなく加害者への損害賠償請求を選択したいとする被害者も存在すると思われる。なぜなら、前述のように人傷損害額基準と弁護士会基準との乖離があることにより、加害者への損害賠償請求を選択した方が高額の給付を得る可能性が高いからである。このような肩代わり機能を不要とする被保険者のために、人身傷害保険約款では被害者過失部分のみの請求という制度（一部請求制度）を置いている（５条２項）。この部分の保険金支払いについては、当然のことながら請求権代位は行われない（５条４項）。

　このようにして、事故の両当事者に過失がある場合、被害者が加害者に対して損害賠償請求を行わないケースでは人身傷害保険から全額の給付が行われ（全部請求制度）、加害者に対して損害賠償請求を行うケースでは人

身傷害保険に一部請求を行うという実務が当初は想定されていた[25]。

　ところが実際には、全部請求を行った後で被害者が加害者に対して人傷損害額基準と弁護士会基準との差額を損害賠償請求するケースが頻発した。この場合、被害者の損害賠償請求権と保険者の代位請求権とが競合することとなり、その関係をどう解釈するのかが問題となった。これが請求権代位の範囲問題である。この問題については第2章第3節で詳述する。

２．人身傷害保険の位置付け

　ノーフォルト自動車保険制度については、序論第3節においていくつかの基準により分類を行った。人身傷害保険は制度としてのノーフォルト自動車保険制度ではなく、商品としてのノーフォルト自動車保険であるが、ここではその違いを踏まえた上で、それぞれの基準に基づいて人身傷害保険の位置付けを検討する。

(1)　強制制度と任意制度

　前述のように、ノーフォルト自動車保険制度には強制制度と任意制度があると分類した[26]。しかし、この分類は自動車事故被害者救済のためにノーフォルト自動車保険を利用する制度としてのノーフォルト自動車保険制度の分類であり、ここで任意制度と分類された制度（米国の7州やカナダのニューファンドランド州）においては法制上何らかの形でノーフォルト自動車保険が規定されている（たとえば、保険者はノーフォルト自動車保険の存在を提示しなければならない等）。

　これに対して、人身傷害保険は制度上の保険ではない。すなわち、人身傷害保険は任意保険商品としてのノーフォルト自動車保険である。

(2)　法的構成

　ノーフォルト自動車保険制度は、法的構成により独立型制度、責任型制度、合併型制度に分類され、さらに独立型の中にファースト・パーティ型、

25　星野・前掲（注7）116頁。
26　序論第3節5.。

サード・パーティ型、独立合併型という類型があるが（図0-4）、これにあてはめれば、人身傷害保険は独立型の中のファースト・パーティ型に分類される。

図0-4　法的構成による分類（再掲）

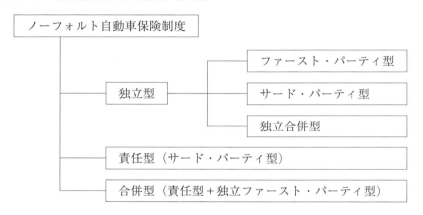

制度としてのノーフォルト自動車保険制度においては、車外の自動車非保有者（たとえば歩行者）の救済をも考慮しなければならないので、ファースト・パーティ型だけでは不十分であり、独立合併型や合併型として制度設計する必要がある。これに対して人身傷害保険は自動車事故被害者救済制度に組み込まれていない任意保険であり、純粋にファースト・パーティ型保険として構成されている[27]。

(3) 民事訴権との関係

人身傷害保険は不法行為制度を前提としているので、民事訴権との関係による分類でいえば付加型ノーフォルト制度（add-on no-fault）ということになる。これによって、人身傷害保険における請求権代位が可能となり、これは事故抑止や保険料率の低減化に資することになる。

27　もっとも、商品設計としてサード・パーティ型カバーを組み込みこんで独立合併型とすることは可能である。ただし、この場合、サード・パーティ型カバー部分に対する保険契約者のニーズがあるのかは疑問である。

⑷　給付内容による分類

　　諸外国のノーフォルト自動車保険制度についての給付内容による分類は表０‒３の通りである。

表０‒３　給付内容による分類（再掲）

	不法行為法による損害額	独自の給付額
給付限度額あり	スウェーデン(実質的には無制限) デンマーク	米　国 カナダ(３州は民事訴権なし) オーストラリア(１州は民事訴権なし) ニュージーランド(民事訴権なし) 台　湾
給付限度額なし	フィンランド ノルウェー(慰謝料は不担保) イスラエル	

下線部分は、実質的に紛争解決機能を持っている制度

　　この表において、人身傷害保険がどのように位置づけられるかは若干微妙である。人身傷害保険からの給付は民法上の損害額ではなく人傷損害額基準に基づいて算定された金額であることを考慮すれば、「独自の給付額」に分類されるとも考えられる。しかし、人傷損害額基準も訴訟外和解（示談）の金額を表象していると考えれば、「不法行為法による損害額」の範疇に入れることも可能であるとも思われる。

　　なお、給付限度額については、保険金額が設定されている場合には「給付限度額あり」に分類されるが、保険金額無制限の契約の場合は「給付限度額なし」になる。

⑸　その他

　　序論第３節では、その他の分類基準として運営主体、財源を挙げている。この基準に従えば、当然のことながら、人身傷害保険の運営主体は民間保険会社であり、その財源は自動車所有者が支払う保険料ということになる。

　　一方、序論第３節7.では、諸外国のノーフォルト自動車保険制度を以下の４類型に分類している。

226　第2部　人身傷害保険の諸相

　　　ニュージーランド型
　　　スウェーデン型
　　　米国型
　　　デンマーク型

　人身傷害保険は制度としてのノーフォルト自動車保険制度ではなく商品
としてのノーフォルト自動車保険であるので単純な比較は困難であるが、
商品内容としてみた場合に比較的近いのはスウェーデン型であると思われ
る[28]。但し、人身傷害保険とスウェーデンの交通保険とは以下のような違
いがある。

①　人身傷害保険は任意保険であるのに対して、交通保険は強制保険であ
　　る。
②　人身傷害保険は人身損害のみを対象とするが、交通保険は人身損害と
　　物的損害を対象とする[29]。
③　人身傷害保険はファースト・パーティ型であるのに対し、交通保険は
　　独立合併型（自動車非保有者もカバーされる）である。
④　人身傷害保険においては故意・過失ある加害者に対して代位求償する
　　が、交通保険では故意・重過失・酩酊運転の加害者に対する代位求償の
　　みが認められている。

28　本保険開発担当者も人身傷害保険はスウェーデンの交通保険に類似するとしてい
　　る（星野・前掲（注7）132頁）。本保険開発にあたっては諸外国の制度を調査したと
　　のことであるので、商品設計においてはスウェーデンの制度を参考にしたのではな
　　いかと思われる。
29　ただし、物的損害についてはノーフォルト制度ではなく、過失責任制度である。

第2章　人身傷害保険の法的性質と商品性のあり方

第1節　序説

　本章では、人身傷害保険についての最近の具体的な事案をめぐる議論を手掛かりとして同保険の法的性質を検証し、さらに、今後の商品性のあり方を検討する。ここでとりあげる最近の議論とは、死亡保険金請求権の帰属の問題、および、請求権代位の範囲の問題、の二つである。

　前者は、人身傷害保険の被保険者が死亡した場合に支払われる保険金の請求権者について、約款上「被保険者の法定相続人」となっているが、この法定相続人は自己の固有の権利として保険金請求権を取得するのか、それとも、被保険者が取得した保険金請求権を相続するのか、ということである。

　従来、人身傷害保険は実損塡補型の傷害保険であると説明されるのが一般的であった[1]。この理解によると、人身傷害保険は、保険法においては、同法2条7号で定義されている傷害疾病損害保険契約ということになると思われる[2,3]。傷害疾病損害保険契約は傷害疾病が生じた者が受ける損害を塡補する

1　人身傷害保険が登場したのは1998年であり、保険法施行（2010年）前のことであるが、保険法以前の議論においても、同保険を損害保険の一類型であると解する説が多数であった。西嶋梅治「人身傷害補償条項つき自動車保険の特色と問題点―賠償から手厚い補償へ―」損害保険研究61巻1号25頁（1999）、肥塚肇雄「人身傷害補償保険契約と商法」香川法学23巻3・4号16頁（2004）等。なお、本保険の商品開発担当者もこのように理解していたようである（星野明雄「新型自動車保険TAP開発について」損害保険研究61巻1号100頁（1999））。

2　山下典孝「人身傷害補償保険に基づく保険金の充当の問題」自保ジャーナル1820号5頁（2010）、江頭憲治郎『商取引法（第7版）』415頁（弘文堂、2013）。なお、金澤理「傷害保険契約の本質と保険法」『新保険法と保険契約法理の新たな展開』407頁（ぎょうせい、2009）も本保険契約の法的性質について傷害損害保険契約であるとするが、一方で、精神的損害部分について定額給付の保険契約であるとする説があることを紹介している（金澤博士自身のこの説に対する見解は定かでない）。

3　これに対して、赤津貞人「傷害・疾病保険の意義・性質と人身傷害補償条項・無保険車傷害条項」『新保険法と保険契約法理の新たな展開』443頁（ぎょうせい、2009）は、本保険契約は、保険法では規定されていない非典型契約としての不定額給付型傷害保険契約であるとする。なお、ここでいう不定額給付型傷害保険契約とは、傷害

228 第2部 人身傷害保険の諸相

保険契約であるから、人身傷害保険の死亡保険金も被保険者自身が受ける損害を填補するために被保険者自身に支払われることになり、法定相続人は被保険者が取得した保険金請求権を相続により承継取得すると理解されるように思える[4]。

ところが、下級審判例の中には、法定相続人は自己の固有の権利として死亡保険金の保険金請求権を取得すると判示するものがある（盛岡地判平成21年1月30日 LEX/DB25480033）[5]。この判例によると、人身傷害保険は傷害疾病損害保険契約ではないと理解するのか、また、その場合、本保険の法的性質をどのように捉えるのだろうか。

後者の問題は、被保険者に対して保険金を支払った保険者が請求権代位規定によって取得する権利の範囲の算定において基礎となる損害の額は、約款中の損害額基準により算定された額か、それとも、裁判所が被害者と加害者との間の訴訟における判決において認定した損害額か、ということである。

人身傷害保険の約款では損害額基準によって算定された額を損害額としており、同保険が損害保険であるとすると、これは保険法18条にいう「てん補損害額」を契約当事者間で協定したものと考えられる。そうであれば、請求権代位の範囲の基礎となる損害の額（保険法25条1項2号括弧書の「てん補損害額」）は約款中の損害額基準により算定された額（協定損害額）である、となりそうである。

しかし、近時の最高裁判例はこのような解釈を採用せず、請求権代位の範囲を算定する際の基礎となる損害額とは裁判所が当該事案において認定した損害額であるとした（最判（一小）平成24年2月20日民集66巻2号742頁、最判（三小）平成24年5月29日判時2155号109頁）[6]。

保険契約のうち損害保険契約でも定額保険契約でもないものと定義している（同論文446頁）。

4　わが国の損害賠償に関する判例実務では、死亡事故の損害賠償については、財産的損害、精神的損害を問わず、死亡した被害者が有する損害賠償請求権を法定相続人が相続するという「相続構成」によっている（精神的損害に関する最判昭和42年11月1日民集21巻9号2249頁参照）。ただし、学説にはこれに批判的なものも多い（四宮和夫『不法行為』483頁（青林書院、1985））。これに対して、諸外国では、死亡した被害者によって扶養されていた者の損害の賠償と捉える「扶養構成」が主流である（佐野誠「諸外国における人身賠償額の水準」判タ1086号83頁（2002））。

5　なお、本件は保険法施行前の事案である。

6　ただし、両最高裁判例とも保険法施行前に締結された保険契約の事案であり、後述のように、そこでの代位条項は、保険法25条の文言とは異なっていた。

第2章　人身傷害保険の法的性質と商品性のあり方　　*229*

　ところで、これが物保険の場合はどうなるか。たとえば、約定保険価額（保険法9条但書）が設定されておりそれが保険価額（時価）と異なっていた場合、前者が後者を著しく超えない限り、前者により「てん補損害額」が算定され（同法18条2項）、それが請求権代位の範囲を算定する基準である「てん補損害額」（同法25条1項2号括弧書）となりそうである。そうであれば、この物保険との対比では、本件最高裁判例はこれとは異なった判断を下していることになるが、その理由は何か。さらに、最高裁判例は約款中の損害額基準の機能をどのように捉えているのだろうか。

　以上のような問題意識から、本章では以下、これらの論点を踏まえた上で人身傷害保険の法的性質をどのように理解すべきかについて考察する。そして、その上で、人身傷害保険の商品性という観点から今後の本保険のあるべき姿について検討してみたい。

第2節　死亡保険金請求権の帰属問題からの考察

1．盛岡地判の判旨

　前述の盛岡地判平成21年1月30日[7]の概要は、次の通りである。人身傷害保険の被保険者であるAは同保険の保険事故である自動車事故によって死亡したが、Aの法定相続人（妻および二人の子）はいずれも相続放棄し、相続人が不在となり、Bが相続財産管理人となった。本件は、BがAの相続財産を代表して人身傷害保険の死亡保険金を請求したものである。盛岡地裁は、以下のように判示して原告の請求を棄却した[8]。

　「これらの約款は、被保険者が死亡した場合において、保険金請求権の帰属を明確にするため、被保険者の法定相続人に保険金を取得させることを定めたものと解するのが相当であり、その権利関係は、保険金受取人を法定相続

7　判批として、大塚英明・法律のひろば2011年2月号54頁（2011）、洲崎博史・損害保険研究74巻4号215頁（2013）がある。

8　なお、原告は、人身傷害保険のほか、搭乗者傷害条項、自損事故条項に基づく死亡保険金についても請求しているが、いずれも請求が棄却されている。また、本件は控訴されたが、控訴審において和解している。

人と指定した場合と異なるところはないというべきである。そして、保険金受取人を法定相続人と指定した保険契約は、被保険者死亡時の法定相続人のための契約であり、その保険金請求権は、保険契約の効力発生と同時に法定相続人の固有財産に帰属し、被保険者の相続財産には属さないものと解すべきである。」

2．人身傷害保険の法的性質

(1) 約款規定の解釈

人身傷害保険の約款規定は各損害保険会社により必ずしも同一でないが、盛岡地判に記載されている被告損害保険会社の以下の約款規定の部分は各社ともほぼ同じ内容であると思われる。

① 補償内容としては、保険者は、被保険者が自動車の運行に起因する急激かつ偶然な外来の事故により身体に傷害（死亡も含む。）を被ったことにより、被保険者またはその父母、配偶者若しくは子が被る損害に対し、保険金を支払う、としている。なお、支払うべき損害の額は、約款中の損害額算定基準に定める算定基準に従い算出した金額の合計額としている。

② 保険金請求権者としては、人身傷害事故により損害を被った被保険者とし、被保険者が死亡した場合は、その法定相続人、としている。

このうち、本件で問題となったのは②の解釈であるが、その前提として①の解釈をも考慮する必要がある。

①についてはまず、人身傷害保険は「損害に対し、保険金を支払う」とされているところから、損害を塡補する保険であるとする解釈がありうる（①ア）。一方、人身傷害保険は損害額算定基準に定める算定基準に従い算出した金額を、保険法2条9号にいう「一定の保険給付」の額として支払うという、いわば「定額を給付する保険」であるとする解釈も考えられる（①イ）。

つぎに②については、死亡の際の保険金請求権者として法定相続人と規定しているのは、生命保険契約及び傷害疾病定額保険契約における保険金受取人（保険法2条5号）の指定と同様の意味を有するので、ここでの法

定相続人は自己の固有権として保険金請求権を原始取得するとする解釈がありうる（②ア）。これに対して、②の規定は、被保険者が死亡した場合には被保険者が取得する保険金請求権を法定相続人が承継取得することを確認的に規定したものであるとする解釈も成り立ちうる（②イ）。

(2) 法的性質をどう考えるか

　上記のうち、①アと②イの組み合わせ（損害保険契約説）と①イと②アの組み合わせ（定額保険契約説[9]）[10]が素直な解釈だが、①アと②アとの組み合わせも理論的には考えられる（第三の契約説[11,12]）。

9　定額保険契約においては支払保険金の額を特定の金額として定めておくのが一般的であるが（搭乗者傷害保険契約の死亡保険金等）、そうでなくとも、支払保険金の額の算定方法が特定されていれば定額保険契約として差し支えないと考える。たとえば、搭乗者傷害保険契約の医療保険金は入院日数や通院日数に応じた保険金を支払うことになっている。また、団体信用生命保険契約では保険金額が残債務額に連動して変化するが、これも定額保険契約としての生命保険契約であると解されている（山下友信『保険法』615頁（有斐閣、2005））。なお、肥塚・前掲（注1）11頁は、このように捉えた場合には、「人身傷害補償保険は定額給付方式に近い準定額給付方式という意味で、損害填補方式と定額給付方式との間の中間方式ということになる」としているが、定額給付と準定額給付との違いについては明確には示されていない。そしてその「中間型説」を前提として、肥塚肇雄「人身傷害保険契約の法的性質と「保険金請求権者」の変更の可能性」『企業と法の現代的課題』249頁（成文堂、2014）では、人身傷害保険の死亡保険金は死亡被保険者の法定相続人に自己固有の権利として原始取得されるとする。ただし、傷害疾病定額保険契約の保険金受取人変更（保険法72条）とは異なり、保険契約者による保険金請求権者の変更は認められないとする（同論文252頁）。

10　定額保険契約における死亡保険金受取人は、被保険者からの承継取得ではなく自己の固有の権利として保険金請求権を原始取得するというのが判例である（生命保険契約についての最判（三小）昭和40年2月2日民集19巻1号1頁、傷害定額保険契約についての最判（二小）昭和48年6月29日民集27巻6号737頁）。

11　この説では、損害を填補する保険契約でありながら、定額保険契約のように保険金受取人という概念を導入することになる。ここで保険契約者が保険金受取人を自由に指定・変更できるものとすれば、厳密にいえば、それはもはや「損害を填補する」保険契約とはいえないのではないかとも考えられる。すなわち、ここでは支払保険金の額の算定に損害額という概念を借用したものであり、それは一種の定額保険契約であるとも考えられる。もっとも、後述するように、人身傷害保険の現行約款では保険契約者は保険金受取人を自由に指定・変更できるとはしないで、法定相続人に限定している。

12　金澤・前掲（注2）405頁は、保険法35条における読み替え規定から、傷害疾病損害保険契約の「被保険者が死亡したときは「被保険者の相続人」が、自動的に法定の

232　第2部　人身傷害保険の諸相

　前述のように、人身傷害保険は被保険者に生じた損害を填補する損害保険契約であるとするのが、従来の学説・実務の大方の理解であった。保険法の下では、2条7号の傷害疾病損害保険契約ということになる[13]。この立場からは、上記のうちの損害保険契約説となり、②の解釈としても②イ説を採用することが素直である[14]。

　しかし、盛岡地判では②ア説をとった。この場合、人身傷害補償保険の法的性質について定額保険契約説か第三の契約説をとったことになるが、判旨からはいずれの説によったのかは明確でない。学説としては②の解釈として、約款の文言解釈と保険契約者の期待を理由として②ア説をとるものがあるが、この場合の法的性質としては第三の契約説を採用しているようである[15]。

　ところで、上記①アと②アの組み合わせについては第三の契約であるとしたが、その場合には保険法において規定されていない非典型契約ということになろう。この場合、保険法の下でこのような非典型契約の引受けが許されるのかどうかという問題が生じる。この点について保険法において「契約類型を明文化したことから、保険契約の契約内容の形成について硬直的な影響が及ぶことは適切でない[16]」とする見解もあるが、保険法が、従

　　保険金請求権者となる。つまり、傷害疾病定額保険契約の場合の「保険金受取人」（法2条5号）と同じ立場に立つことになる」としているが、これによって、ここでいう第三の契約説に立つことになるのかは明確でない。

13　ただし、保険法2条7号括弧書からすると、民法711条による父母、配偶者、子の精神的損害についてはこの者たちの固有の損害であり、この部分の保険カバーは傷害疾病損害保険契約以外の損害保険契約（2条6号）であると理解される。

14　もっとも、損害保険契約説をとる従来の多くの学説や実務においては①の解釈論のみが行われており、②の議論について自覚的な議論をしていたわけではない。その意味では、盛岡地判は人身傷害補償保険の法的性質をめぐる議論に対して新たな論点を提示したものといえよう。

15　洲崎・前掲（注7）232頁は、②ア説をとった場合の法的性質について「損害保険契約ではない」と記述するが、それが定額保険契約を意味するのか、第三の契約を意味するのかは必ずしも明確ではない。しかし、同233頁以下では、保険法の下では、第三の契約という類型は許されないので損害保険契約説に立ち②イの説を採用するとしており、保険法以前の解釈としても第三の契約説に立っていると思われる。なお、同237頁では、定額保険契約説を否定する理由として、定額保険契約であるとすると請求権代位規定も約定代位ということになるが、それは保険実務家にとって強い違和感があるという点を挙げている。

16　山下友信「新しい保険法—総論的事項および若干の共通事項」ジュリスト1364号13頁（2008）。

第2章　人身傷害保険の法的性質と商品性のあり方　　*233*

来規定していなかった傷害疾病保険契約について法律上の明確な地位を与えたこと、および、それらの類型ごとに被保険者保護の観点からの適切な規律を設けたことからすると、保険法の下では、非典型契約の引受けは許されないと考えることもできる[17]。そして、後者の立場からは、保険法施行後は①アと②アの組み合わせ説をとることはできないことになる[18]。

(3)　私見

　一方、私見では、①アと②アの組み合わせも、保険法が規定する損害保険契約の範疇である、と理解する余地もあるのではないかと考える。なぜなら、本保険契約の約款では被保険者が死亡した場合の保険金請求権者として法定相続人を指定しており、これを法定相続人の原始取得として構成したとしても、このような保険金請求権者は定額保険契約における保険金受取人（保険法2条5号）とは性格が異なると考えられるからである。すなわち、定額保険契約における保険金受取人は保険契約者により自由に指定・変更できるが（保険法43条、72条）、これは定額保険契約においては原則として被保険利益を考慮しないことによる。これに対して、本保険の約款において被保険者の法定相続人を死亡保険金の保険金請求権者としたのは、法定相続人が類型的にみて被保険者が取得するべき保険金請求権を承継する立場にあることから、その立場を保険者と保険契約者との間の約定で確定したものとみることができる。したがって、このような保険金請求権者の地位は保険契約者により変更することはできない。そしてこのような保険金請求権者の指定は、被保険利益の存在をあらかじめ契約当事者間で協定（あるいは擬制）したものと解することができる[19]。そうであれば、このような保険契約も被保険利益の存在を前提としているという意味で、損害保険契約の一種であるとみることができるのではないかと思われ

17　洲崎・前掲（注7）237頁。

18　このような観点から、洲崎・前掲（注7）239頁は、保険法施行前の盛岡地判の事例では②ア説を採用すべきとするが、保険法施行後は②イ説を採用せざるを得ないとする。

19　一方、定額給付型の傷害保険契約である搭乗者傷害保険においても「死亡保険金は法定相続人に支払う」としており、ここだけ見ると人身傷害保険と同じ内容の規定になっている。しかし、搭乗者傷害保険では、被保険利益を考慮したためというよりも、あらかじめ被保険者を確定することができないために保険実務上の観点から保険金受取人を限定したと考えられる。

る[20]。このように理解することができれば、①アと②アの組み合わせ説を保険法の下でも維持することは可能となるだろう[21]。

3．商品性のあり方

　盛岡地判のような紛争が生じるのは、約款文言が複数解釈を許しているからである。約款はできるだけ二義を許さない明確な文言であることが望ましい。それでは、人身傷害保険の商品性の観点からはいずれの制度設計が望ましいのか。

　法定相続人の死亡保険金請求権取得を原始取得とした場合と承継取得とした場合とで具体的な差が生じるのは、まずは、本件のように法定相続人が相続放棄した場合である。原始取得とすれば法定相続人が取得し、承継取得とすれば相続財団に属することになり、相続債権者の利益に供することになる。

　また、被保険者が死亡保険金請求権を譲渡できるかどうかでも差が生じ得る。承継取得とした場合には保険金請求権は相続財産となるので、被保険者は遺贈によってこれを第三者に譲渡することが可能となろう。これに対して原始取得とした場合には、もはや被保険者の処分権は及ばないことになる。

　このような状況を考慮した場合、本保険に対する一般消費者の期待という観点からは、一概にいずれが望ましいということはできないと思われる[22]。

20　大塚・前掲（注7）56頁は、「当該保険の構造自体をすべて拘束する被保険利益論とは別に、支払保険金の範囲を制約するものの、その他については契約の自由を許す被保険利益論が存在してもよいのではないか」とするが、このような被保険利益論を認めることができれば、定額保険契約におけるような保険金受取人概念を有する損害保険契約も認められることになろう。しかし、私見はそこまで踏み込むものではない。あくまで、保険金を受け取る者の範囲まで制約する被保険利益概念を前提としている。

21　金澤・前掲（注2）404頁は、保険法において類型化した損害保険契約と定額保険契約は概念として連続したものではないので、その間に谷間が生じることがあり得るが、この問題は、損害保険ないし損害填補概念の外延を延長してグレーゾーンをも包摂する方向で解決すべきとする。この見解は、私見と同様のアプローチであると思われる。

22　大塚・前掲（注7）58頁は、搭乗者傷害保険や自損事故保険などが浸透していることから、消費者サイドの慣習的な期待は原始取得構成であるとするが、本保険はこれらの定額保険と対置する形で開発されたものであり、それは消費者としても認識していることであると思われる。したがって、消費者の期待が原始取得構成であるとは一概にはいえないのではないか。また、洲崎・前掲（注7）232頁も、保険金を

第2章　人身傷害保険の法的性質と商品性のあり方　*235*

　一方、本保険のコンセプトである実損填補型の自動車傷害保険という視点からすると、現行の損害賠償実務を前提とした場合には承継取得構成の方が自然であり、また、死亡保険金とその他の保険金（傷害保険金および後遺障害保険金）とでその構成を変えることは商品として複雑になりかねない。

　以上からすると、本保険の商品性としては死亡保険金請求権は承継取得構成をとることが望ましく、これを明確にするような約款文言にすべきであろう。

第3節　請求権代位の範囲問題からの考察

1．論点

　これは、人身傷害保険における損害額基準により算定された額と実際の訴訟における判決中の認定損害額との間に乖離があることから発生した問題であるが、保険実務上の紛争が多発し、これに対応した下級審判例が分かれており、また、学説も対立していたところ[23]、近時の最高裁判決（前掲最判（一小）平成24年2月20日、最判（三小）平成24年5月29日）によって公権解釈が確定したものである。

　この問題の具体例は以下の通りである。まず前提として、民法上認められるべき過失相殺前の損害額（裁判基準損害額）が1億円、約款所定の算定基準（損害額基準）に従い算定された金額の合計額（人傷基準損害額）が8,000万円、被害者（人身傷害保険の被保険者）の過失割合が40％（被害者の加害者に対する損害賠償請求権の額は6,000万円）、人身傷害保険の保険金額が

　相続債権者ではなく遺族に取得させたいとするのが平均的保険契約者の期待する約款解釈運用であるとする。しかし上述のように、死亡保険金請求権の処分性の問題などを考慮すると、やはりこのように断定することはできないと思われる。

[23]　裁判基準差額説、人傷基準差額説、比例配分説、絶対説などがあったが、保険法25条が請求権代位の範囲について差額説を明確化したこともあり、近時の議論は前二者に絞られている。下級審判例、学説の詳細については、佐野誠「人身傷害補償保険における損害把握―訴訟基準と人傷基準の乖離問題―」損害保険研究71巻2号26頁以下（2009）参照。なお、私見では、裁判基準差額説、人傷基準差額説のいずれでもなく、「裁判基準損害額×加害者の過失割合＋人傷基準損害額×被害者の過失割合」によって計算された額を基準とする差額説が最も理論的であると考えている（同論文32頁）。

5,000万円とする。また、約款における請求権代位の文言は「保険金請求権者が他人に損害賠償の請求をすることができる場合には、保険者は、その損害に対して支払った保険金の額の限度内で、かつ、保険金請求権者の権利を害さない範囲内で、保険金請求権者がその他人に対して有する権利を取得する。」であったとする[24]。この場合に、5,000万円の保険金を支払った保険者が代位取得する金額はいくらか。

　裁判基準差額説[25]によると、被害者は、保険金として5,000万円を受け取ったが、裁判基準損害額である1億円との比較では、まだ5,000万円の損害が残っているので、加害者に対する損害賠償請求権の額である6,000万円のうち5,000万円分を被害者に確保させるとすると、保険者が代位取得する損害賠償請求権の額は1,000万円となる。一方、人傷基準差額説によると、被害者と保険者との間では人傷基準損害額である8,000万円が被害者が被った損害額であると認められるので、保険金として5,000万円を受け取った被害者の未填補損害額は3,000万円となり、保険者は残りの3,000万円分を代位取得することになる。

　このうち、最高裁判例は裁判基準差額説を採用した。その理由としては、「本件約款によれば…被保険者に過失があるときでも、その過失割合を考慮することなく算定される額の保険金を支払うものとされているのであって、上記保険金は、被害者が被る損害に対して支払われる傷害保険金として、被害者が被る実損をその過失の有無、割合にかかわらず填補する趣旨・目的の下で支払われるもの」であるとし、この趣旨・目的に照らすと裁判基準差額説を採用すべきであるとしている。

　このうち、過失割合を考慮しないで支払うという部分は人傷基準差額説にも当てはまることから、裁判基準差額説を採用する実質的な理由は、「被害者が被る実損を…填補する」という部分にあると解せられる。すなわち、最高裁は人身傷害保険を実損填補型保険と理解し、それを根拠として裁判基準差額説を採用していることになる。

　それでは、最高裁のいう「実損」とは何を指すのか、また、最高裁は約款

24　これは、二つの最高裁判例の事案における約款文言である。現在の約款文言は保険法25条に準じた文言となっている。

25　従来、学説において「訴訟基準差額説」と称されていたものであるが、前掲最判（一小）平成24年2月20日が「民法上認められるべき過失相殺前の損害額」として「裁判基準損害額」という用語を用いたことから、その後は学説においても「裁判基準差額説」と称するようになった。

第2章　人身傷害保険の法的性質と商品性のあり方　*237*

上の損害額算定基準の機能をどのように捉えているのであろうか。さらに、最高裁の解釈とは異なり、人身傷害保険を定額保険契約と捉えることはできないのだろうか。

2．損害保険契約という理解

(1)　民法上認められるべき損害額を填補する保険

　上記のように、請求権代位の範囲を巡る判決において、最高裁は人身傷害保険を実損填補型保険（損害保険）と理解したことは間違いないと思われる。そこで問題となるのは、この「実損」とは何を指すのかということである。ここでいう「実損」は、人傷基準損害額ではなく裁判基準損害額を意味するものであるとすると、最高裁は、人身傷害保険の法的性質を民法上認められるべき過失相殺前の損害額を填補する保険であると理解していることになる。この場合、少なくとも被害者と加害者との間の訴訟における判決において認定損害額が確定しているような場合には、人身傷害保険の保険金は人傷基準損害額ではなく裁判基準損害額を支払うべきであるということになりそうである[26]。また、このような保険においては、請求権代位の範囲を算定する基準となる損害額も裁判基準損害額を採用することが理論的帰結である。

　この説をとった場合の問題は、人身傷害保険約款における損害額基準をどのように位置付けるのかということである。約款上、保険金支払額を算定する基礎となる損害額は損害額基準をもとに算定された損害額とされており、これは必ずしも「民法上認められるべき過失相殺前の損害額」である裁判基準損害額とは一致しない。それにもかかわらず人身傷害保険では裁判基準損害額を填補するとすれば、この約款文言をどのように解釈することになるのか。

26　ただし、判決以外で「裁判基準損害額」が認められる場合があるのかという問題は残る。「裁判基準損害額」とは「民法上認められるべき過失相殺前の損害額」であるとする定義からすると、判決によって示されたものに限定されないとも考えられる。しかし、たとえば裁判上の和解や交通事故紛争処理センターなどのADR、あるいは当事者間の裁判外和解（示談）による場合には、そもそも認定損害額が明確に示されず、過失相殺後の最終賠償金額のみが示されることもありえ、この場合には何が「民法上認められるべき損害額」なのか確定することが困難となることもありうる。この問題については後に詳述する。

一つの考え方は、約款上の損害額基準により算定された額は支払保険金の限度額を規定するものであるとする解釈である（ア a 説）。すなわち、人身傷害保険は裁判基準損害額を填補する保険だが、その支払保険金は人傷基準損害額（この解釈ではもはや「損害額」とはいえないが、便宜上、この言葉を使用する。）を限度とすることになる。この解釈によれば、請求権代位の場面で基礎となる填補損害額は裁判基準損害額であると解することが可能となる。ただし、この解釈によると、被保険者と加害者との間の訴訟による判決で確定した裁判基準損害額が存在したとしても、被保険者が本保険の保険者に請求しうる保険金の額は人傷基準損害額に制限され、それは被保険者と保険者との間の訴訟においても同様であろう。そうだとすると、この解釈では、請求権代位の範囲問題で論点となった、保険金請求が先行した場合と加害者に対する損害賠償請求が先行した場合とで被保険者が受け取る総額が異なるという問題[27]を克服することはできない[28]。

考えられるもう一つの解釈は、約款上の損害額基準は裁判基準損害額を推定する機能を持つにすぎないとするものである（ア b 説）。すなわち、人傷基準損害額は当事者間で異議を申し立てない限り填補すべき裁判基準損害額として扱われるが、いったん判決によって真の裁判基準損害額が認定された場合には、人傷基準損害額はその効力を失うことになるという理解である[29]。この解釈によれば、請求権代位の局面だけでなく、支払保険金の

27　ただし、保険金請求と損害賠償請求との先後によって被保険者の受け取る金額の総額が異なってはいけないということが論理必然として言えるのかという点については疑問がないではない。たとえば、保険金請求が先行した場合、その後の加害者からの回収には不確定性が伴うのであり、既に回収済みである損害賠償請求先行ケースとは必ずしも同じ状況ではないという考え方もありうるかもしれない。もっとも、制度設計としては、手順の先後によっても結論が異ならないとするほうがわかりやすいといえるだろう。

28　さらに、人傷基準損害額が裁判基準損害額よりも高額となるケースがあれば、この場合の保険金としては後者の額しか支払われないことになる、という問題がある。現行約款においては、後者の方が前者の額よりも高額となることが一般的だが、たとえば、逸失利益の計算基礎となる被害者の収入については、赤い本などの弁護士会基準では原則として実収入としているのに対し、人身傷害補償保険約款の損害基準では実収入と年齢別平均給与額のうち高い額を採用していることが多いので、この場合に人傷基準損害額の方が高額となる可能性がないわけではない（第 1 章第 2 節2.(1)イ．）。

29　石田満「判批」保険毎日新聞2012年11月28日号 5 頁は、人身傷害保険の損害額基準には拘束力はないとするが、この見解も同様の発想によるものと思われる。なお、こ

第 2 章　人身傷害保険の法的性質と商品性のあり方　　*239*

額についても裁判基準損害額を基礎とすることが認められ、前述の保険金
請求と損害賠償請求の先後問題は克服される。加害者への損害賠償が先行
した場合における支払保険金の額について、約款上で人傷基準損害額を支
払うと規定されている部分は裁判基準損害額と読み替えるべきであるとす
る前掲最判平成24年 2 月20日の宮川裁判官補足意見も、同様の発想を基礎
としているのではないかと考えられる[30]。ところで、この解釈によると、訴
訟を提起した被保険者と裁判外和解で解決した被保険者とで受け取る保険
金の額に差ができることになるが、それでは被保険者間の公平性を損なう
のではないかという問題点が指摘されよう[31]。

(2)　協定損害額を支払う保険

　　一方で、人身傷害保険を損害保険とした上で、人傷基準損害額は損害額
を当事者間で協定したものであるとする考え方があり得る。人身傷害補償
保険を実損填補型の人保険、すなわち、(保険法における) 傷害疾病損害保
険であるとしても、その損害額を当事者間で協定することは可能であり、
人傷約款上の損害額基準はまさにその金額を算定するためのものであると
する理解である[32]。この理解に立った場合、支払保険金の額については (た
とえ、被害者・加害者間の訴訟において認定損害額が確定していたとして

のような解釈は、自賠責保険の支払基準は裁判所を拘束しないとした最判 (一小) 平
成18年 3 月30日民集60巻 3 号1242頁と同じ発想である。
30　この点が争われた下級審判例として、大阪高判平成24年 6 月 7 日判時2156号126頁
がある。原審 (京都地判平成23年 6 月 3 日交民44巻 3 号751頁) が裁判基準損害額説
をとったのに対し、本判例は人傷基準損害額説を採用し、宮川補足意見を明確に否
定した。本件は上告・上告受理申立されているが、その後の経緯は不明である。
31　この点については、自賠責保険の支払基準について同様の問題が発生するが、前
掲・最判 (一小) 平成18年 3 月30日が以下のような判示をしている。すなわち、これ
によれば保険会社が訴訟外で保険金等を支払う場合の支払額と訴訟で支払を命じら
れる額が異なることがあるが、「保険会社が訴訟外で保険金等を支払う場合には、公
平かつ迅速な保険金等の支払の確保という見地から、保険会社に支払基準に従って
支払うことを義務付けることに合理性があるのに対し、訴訟においては、当事者の
主張立証に基づく個別的な事案ごとの結果の妥当性が尊重されるべきであるから」
それは不合理とは言えないとする。
32　「てん補損害額はその損害が生じた地及び時における価額によって算定する」とし
た保険法18条 1 項は任意規定であると解されており (萩本修編著『一問一答保険法』
123頁 (商事法務、2009)、同様の規定である改正前商法638条 1 項も同じように解さ
れてきた (山下・前掲 (注 9) 397頁)。

も）人傷基準損害額を算定基礎とすることになろう。それでは、この立場からは、請求権代位の場合に基礎となる損害額について裁判基準損害額とするのか、人傷基準損害額とするのか。

この問題については、物保険における約定保険価額と時価評価額の議論が参考になると思われる。すなわち、物保険における約定保険価額と時価評価額とが異なる場合に、請求権代位においていずれの金額を基準とすべきかという問題があるが、これは人身傷害保険における人傷基準損害額と裁判基準損害額との乖離と同じ構造の問題といえる。

これについては、平成20年改正前商法下での議論がある。具体例を示すと、約定保険価額が1,000万円、保険金額が1,000万円、時価評価額が1,200万円の保険目的物が全損となったが、賠償義務者に対する請求権の金額は過失相殺により800万円であった場合の保険者の代位額はどうなるか、というものである。この場合には当事者間で約定した保険価額全額が支払われているところから、被保険者は当該保険契約においては完全な満足を得たということになり、保険者は請求権の全部である800万円について代位するとする説（人傷基準差額説的な説）がある[33]。これに対して、この場合は時価評価額の一部を約定保険価額としたということで、一種の一部保険的なものとみて、当時の一部保険の扱いについての判例[34]・多数説である比例説により保険者は667万円（800万円×1,000万円/1,200万円）について代位するとする説がある[35]。一方、被保険者に時価評価額に基づく損害額である1,200万円の全額を確保させるために、保険者の代位額を600万円（800万円－200万円）とすべきであると明確に論じる説（裁判基準差額説的な説）はない。ただし、過失相殺による請求権の減額ではなく、賠償義務者の資力不足によって800万円までしか回収できないケースについて、改正前商法662条2項[36]を類推適用して保険者は600万円までしか回収でき

---

33 田辺康平『保険契約の基本構造』286頁（有斐閣、1979）。

34 最判昭和62年5月29日民集41巻4号723頁。

35 小町谷操三「保険者の求償権代位に関する各論」損害保険研究28巻3号21頁（1966）。これに対して田辺・前掲（注33）286頁は、このような考え方は「評価済保険たることを無視するものである」と批判する。すなわち、この説のように扱うと、保険価額を約定した場合と約定しない場合とで差がなくなり、保険価額を約定した意味がない、とする。

36 本項は「保険者カ被保険者ニ対シ其負担額ノ一部ヲ支払ヒタルトキハ保険契約者又ハ被保険者ノ権利ヲ害セサル範囲内ニ於テノミ前項ニ定メタル権利ヲ行フコトヲ

ないとする説がある[37]。

この問題について、保険法においては条文上明確化されたように見える。すなわち、約定保険価額があるときは、「てん補損害額」は当該約定保険価額によって算定され（保険法18条2項）、その「てん補損害額」と保険給付された額との差額を被保険者債権の額から控除することになる（保険法25条1項2号括弧書）。したがって、上記の例では「てん補損害額」は1,000万円、保険給付された額も1,000万円となり、被保険者債権の額である800万円からの控除はなされずに、保険給付の額（1,000万円）と被保険者債権の額（800万円）との少ない額である800万円が代位額となり（保険法25条1項）、時価評価額（1,200万円）が考慮される局面はないことになる[38,39]。

得」と規定しており、本来は、保険者が支払うべき保険金の額の一部のみを支払った場合の規定である。

37　今村有『海上損害論』512頁（巌松堂、1957）。これに対して田辺・前掲（注33）286頁は、今村説において理論的につじつまを合わせるならば、過失相殺による請求権の減額においてもこの見解をとることになるのではないか、とする。

38　なお、保険法の見直しに関する中間試案段階では、保険法25条1項2号括弧書に相当する部分として、「①にかかわらず、保険者がてん補すべき損害の額が被保険者の損害額に満たない場合において、被保険者の有する権利の額が被保険者の損害額を下回るときは、保険者は、被保険者の有する権利の額から被保険者がてん補を受けていない損害の額を控除した額（保険者がてん補した損害の額がこれに満たないときは、その額）の限度において、①に定める権利を当然に取得するものとする。」と規定されていた（中間試案　第2・3⑿②）。ここで、「保険者がてん補すべき損害の額」を約定保険価額によって定める額（中間試案　第2・3⑷イ①）とし、「被保険者の損害額」を時価評価額と解すると、約定保険価額ではなく、時価評価額を基準として請求権代位の範囲を定めているようにも読める。もっとも、同項目についての補足説明では、「保険者がてん補すべき損害の額」を保険金額、「被保険者の損害額」を（約定していない）保険価額とした事例で解説しており（補足説明49頁）、そもそも約定保険価額については念頭に置いていないとも解釈できる。この中間試案の「保険者がてん補すべき損害の額が被保険者の損害額に満たない場合」という表現は、保険法の見直しに関する要綱案（第2次案）において、「（ア）に掲げる額（当該保険者が行った保険給付の額：筆者注）がてん補損害額に不足するとき」と変更され、それが保険法の条文に引き継がれているが、この点については法制審議会保険法部会で議論された形跡がなく、中間試案から現行条文への変更の理由については不明である。

39　もっとも、このような理解に対しては代位規定の片面的強行規定性から疑問を呈する見解がある（山本哲生「請求権代位における損害概念—人身傷害補償保険を契機として」『変革期の企業法』315頁以下（商事法務、2011））。すなわち、差額説が片面的強行規定であり、填補されない損害がある以上代位を認めないというのが差額説の趣旨だとすると、「（約定保険価額による）損害の評価は自由である」ということ

242 第2部 人身傷害保険の諸相

　以上のような物保険における学説の議論と現行保険法の規定からすると、人身傷害保険における人傷基準損害額を協定損害額と見る限り、請求権代位の局面でも人傷基準差額説を採用することが素直ではないかと思える（イ a 説）。

　とはいうものの、協定損害額説に立ったとしても、請求権代位の局面で裁判基準差額説が理論的に採れないわけではない（イ b 説）。損害額の協定はあくまで保険契約当事者間での問題であり、請求権代位のように加害者という第三者が関与する局面においては保険契約当事者間であってもその協定には拘束されないとする考え方も可能と思われる。あるいは、請求権代位の局面でも原則として保険契約当事者は協定損害額に拘束されるが、その額が民法上認められるべき損害額から不当に乖離している場合にはその拘束力は及ばなくなると理解することも可能であろう。すなわち、協定損害額が不当に高額である場合には、利得禁止原則から協定自体の無効が導かれるし（保険法18条2項但書も同様の考え方であろう）、協定損害額が不当に低額である場合には、被保険者保護の観点から協定損害額を否定するということになろう[40]。

　もっとも、人身傷害保険について協定損害額を支払う損害保険契約であると構成した上で請求権代位の局面では裁判基準差額説を採用した場合には（イ b 説）、保険金支払が先行した場合と加害者からの損害賠償金の回収が先行した場合とで被害者が受け取る金額の総額に違いが生じるという前述した問題が顕在化する。協定損害額という概念を認める以上、支払保険金の額

───────────

　はこの趣旨とは実質的に相いれず、したがって、約定保険価額による填補損害額が合理的でなければその約定は無効とされる、とする。この見解によれば、保険法18条2項にいう「てん補損害額」と、同法25条1項2号括弧書にいうそれとは意味が異なることになると思われる（この説では、保険者の責任負担額の算定の基準としては約定保険価額を自由に設定することを認めているからである）。

40　山本・前掲（注39）324頁は、人傷基準は弁護士会基準などとの比較でほぼ定型的に過小評価がなされその程度も大きくなり得ることから、その紛争回避効果や保険料圧縮効果などを勘案しても、代位の判断基準としては無効であるとし、この場合、時価評価として評価された損害額（裁判基準損害額）が代位の基準となるとする。また、鈴木達次「判批」判例評論650号146頁（2013）は、人身傷害保険には評価済保険規定が類推適用されうるが、それは人傷基準損害額が裁判基準損害額の具体化と評価できる場合のみであり、人傷基準損害額が裁判基準損害額より低いことが常態化している場合は、人傷基準が損害額の評価方法を定めているとはいえない可能性が出てくる、とする。

の算定の基礎となる填補損害額は協定損害額とならざるを得ず、加害者からの賠償金回収が先行した場合には人傷基準損害額からその回収額を控除して支払保険金を算定することが理論的帰結であり、約款上もそのように明記されている。

3．定額保険契約という理解

　最高裁の理解とは異なり、また現行約款の文言からは相当乖離した解釈にはなるが、人身傷害補償保険を定額保険契約であると理解した場合はどうなるか[41]。この場合、約款上の損害基準は支払保険金の額を算定するための基準であると捉えることになろう。この保険においては、被保険者が被った損害額（裁判基準損害額）とは関係なく、約款によって算定された額が支払われることになる。

　問題は、約款における請求権代位の規定である。学説上、定額保険契約においては法律上の制度としての請求権代位がないことは明らかであるとされている[42]。保険法においても、傷害疾病定額保険契約に関する第4章には請求権代位の規定は置かれていない。これを前提とすると、人身傷害保険を定額保険契約と理解した場合には、約款上の請求権代位規定は法律上の制度としての請求権代位ではなく、当事者間での債権譲渡の合意と理解することになろう[43]。それでは、この場合に保険者が譲渡を受ける被保険者債権の範囲をどのように解すべきであろうか。この問題は、損害保険契約における請求権代位規定のような法律上の規定がない以上、当事者間における合理的意思の解釈によることになろう。この場合、被保険者の裁判基準損害額回収の意向を重視すれば裁判基準差額説を採用すべきであろうし、一方、損害賠償先行ケースにおける支払保険金額の算定規定との平仄（約款規定の整合性）を重視すれば人傷基準差額説を採用することも可能と思われる。結局、人身傷

41　前掲（注9）参照。
42　山下・前掲書（注9）547頁。
43　西嶋・前掲（注1）24頁は、定額保険契約においては法律上の請求権代位規定の適用または類推適用はできないので、約款において創設的に請求権代位を規定したものとする。また、肥塚・前掲（注1）17頁は、損害率の高騰を抑止・改善するため保険者による保険金請求権者の権利の代位行使をより円滑にする必要があるから定められた「債権譲渡」の規定であって、商法662条の趣旨とは別の目的から創設された規定である、との考え方も示している。

244　第 2 部　人身傷害保険の諸相

害保険を定額保険契約と理解した場合、現行約款の解釈としてはいずれかの
説が理論的に演繹されてくるわけではないことになる。

4．損害保険会社の理解

(1)　当初約款

　　それでは、約款作成者である損害保険会社は、人身傷害保険の法的性質
についてどのような理解をしているのであろうか。まず、本保険発売当初
の約款においては、開発担当者によると本保険の法的性質を損害保険契約
の一種であると捉えていたことは間違いないが[44]、これに対して損害額基
準の位置づけについては必ずしも明確ではない。この開発担当者によれば、
人身傷害にかかる損害の金銭的評価方法については現行の損害賠償の実務
慣行に基づくことにしたが、「損害は損害賠償の実務にならって定める」趣
旨をそのまま約款に規定した場合には保険金支払い実務において種々の問
題を残すことになるので、何らかの基準が必要と考えたとしている[45]。そ
して、現実の交通事故紛争が裁判外で解決しているところから、ここで使
用されている保険会社の支払基準に準じて損害額を定めることにしたとさ
れる[46]。この記述からは、人傷基準損害額を協定損害額としてこれを填補
する保険として構成したように見えるが、一方、人身傷害保険は裁判基準
損害額を填補する保険であり、人傷基準損害額は裁判基準損害額と推定さ
れるとする考え方（前述のアb説）をとった可能性も否定できない。しか
し、その後の訴訟における対応を見る限り、損害保険会社としては人傷基
準損害額を協定損害額として扱い、かつ、請求権代位においては協定損害
額を基準とすべきとする説（前述のイa説）の立場をとってきたことは明
白である。

44　星野・前掲（注 1 ）100頁。なお同論文115頁には、本保険における損害額の評価を
　極端に簡単になるようにすると「それは定額給付となってしまい、そもそもこの保
　険で意図した機能が失われてしまう」という記述があり、商品開発時点では定額保
　険という選択肢はなかったようである。
45　星野・前掲（注 1 ）115頁。
46　星野・前掲（注 1 ）116頁。

(2) 近時の約款改訂

近時、多くの損害保険会社は人身傷害保険の約款を改訂している。改訂内容は各社により若干異なるところがあるが、支払保険金の算定において限定的に裁判基準損害額を導入したことではほぼ共通している。すなわち、保険金請求権者が賠償義務者から既に取得した損害賠償金等があり、これを保険金の額から控除する場合に、「賠償義務者があり、かつ、<u>判決または裁判上の和解において</u>、賠償義務者が負担すべき損害賠償額がこの人身傷害条項の別紙の規定と異なる基準により算定された場合であって、その基準が社会通念上妥当であると認められるときは、自己負担額の算定にあたっては、その基準により算出された額を(2)の規定により決定された損害額とみなします[47]」（下線は筆者）と規定する[48]。また、請求権代位の規定中の「損害の額」についても、「賠償義務者があり、かつ、判決または裁判上の和解において、賠償義務者が負担すべき損害賠償額が算出された場合であって、その算出された額が社会通念上妥当であると認められるときは、その算出された額を損害の額とみなします[49]」と規定する。これにより、判決または裁判上の和解に限ってではあるが、人傷基準損害額に代わって裁判基準損害額が本保険における填補損害額となることになった。

もっとも、この規定は保険金請求前に加害者から損害賠償金を回収した場合および保険金支払後の請求権代位の場合に限定して適用されるので、たとえば、被害者（被保険者）と加害者との間の訴訟における判決で裁判基準損害額が認定されたが、加害者が無資力であるために被保険者がその全額を人身傷害保険の保険者に請求するというケースでは適用されない。また、被保険者が裁判基準損害額の認定とその支払いを求めて人身傷害保険の保険者を提訴することも認められないと思われる。

---

47 東京海上日動社総合自動車保険普通保険約款（2016年4月1日以降始期契約用）第2章（傷害保険）第4条(4)による。その他の会社の約款もほぼ同文言である。

48 このような裁判基準損害額条項の導入は、2008年4月の損保ジャパン社の約款改訂を嚆矢とする。この時点では、請求権代位の範囲問題について裁判基準差額説と人傷基準差額説の間でまだ下級審判例の見解が分かれている状況であり、その意味で、かなり事態を先取りした改訂といえるであろう。この約款改訂の詳細については佐野・前掲（注23）22頁以降参照。

49 東京海上日動社・前掲（注47）約款、第4章（基本条項）第7節（その他事項）第2条(1)による。ただし、この請求権代位規定における裁判基準損害額の導入については、このような規定を設けていない会社もある。

246　第2部　人身傷害保険の諸相

　それでは、この改訂約款においては本保険の法的性質をどのように把握することになるのか。判決・裁判上の和解の場合に限り人傷基準損害額ではなく裁判基準損害額が協定損害額となると理解すれば、本保険は協定損害額を塡補する保険であるという損害保険会社の従来の理解に変更は生じないことになる。しかし一方で、判決等によって裁判基準損害額が示された場合には人傷基準損害額の推定機能が停止すると理解することもできる（ア b 説）。客観的にはいずれの理解も可能であるが、裁判基準損害額の適用場面を判決・裁判上の和解からさらに拡張すべきとする立場[50]に立てば後者の理解が親和的であり、裁判基準損害額の適用は例外であるべきとの立場からは前者を採用することになろう。

5．商品性のあり方

　以上のように、人身傷害保険の法的性質、特に損害額基準の位置づけを巡って、現行約款の解釈としては（かなり無理筋と思われるものも含めて）上記のいくつかの選択肢が可能であり、それぞれの立場から裁判基準差額説、人傷基準差額説を採用する場合の理論構成を検討した。それでは、この問題を考慮した場合に、人身傷害保険のあり方としてどのような方向が望ましいのか。以下では、現行約款を離れ、ゼロベースで、ファースト・パーティ型ノーフォルト自動車保険としての商品性という視点からこれを検討する。

⑴　商品性を検討する上で考慮されるべき項目

　本保険の商品性を検討する上で、まず考慮すべきはファースト・パーティ型ノーフォルト自動車保険における被保険者の立場からのニーズである。従来のサード・パーティ型賠償責任保険との対比でいえば、そのニーズとは被保険者（被害者）側の過失部分を含めた被保険者に生じた全ての損害の塡補ということになるが、その場合に重要視されるべきは補償の迅速性と十分性である。自ら保険料コストを負担してまでファースト・パーティ型保険を付保する理由は、損害塡補を受けるための交渉ロードやコストを低減させ、また資産不足など相手側の事情に左右されずに、迅速・十分な損害塡補を求めることにあるからである。

───────────
50　鈴木・前掲（注40）146頁。

第2章　人身傷害保険の法的性質と商品性のあり方　　*247*

　次に、保険契約者の立場からのニーズとして保険料コストを考慮する必要がある。保険制度は給付反対給付均等原則を基礎としており、保険カバーの内容は保険料に反映される。したがって、合理的な保険料のレベルとするべく填補額を設定する必要がある。また、請求権代位による支払保険金の回収も、保険料レベルの合理化に資することになる。

　その他、被保険者相互間の公平性や保険実務上の混乱を生じさせないことも商品性を検討する上で考慮すべきことである。これらは、請求権代位の範囲問題の議論の中で指摘されてきた問題である。

(2)　裁判基準損害額を填補する保険

　まずは、人身傷害保険を傷害疾病損害保険として設計する場合を検討する。この場合、その填補する損害額を民法上認められるべき損害額（裁判基準損害額）とするか、協定損害額とするかが問題となる。

　前者の方式においては人傷基準損害額という概念がないので、請求権代位の範囲を巡る前述のような紛争は発生しないし、保険金請求と損害賠償請求の先後問題も発生しない。この点は保険金支払い実務上、大きなメリットである。また、基本的に被保険者が期待する金額が填補されることになり補償の十分性は満たされる。

　他のファースト・パーティ型ノーフォルト自動車保険においても、このような商品設計とすることがありうる。諸外国の例では、スウェーデンの交通保険（Trafikförsäkring）がこの方式を採用している[51]。また、ノーフォルト保険ではないが、ファースト・パーティ型自動車保険であるわが国の無保険車傷害保険も類似の構成をとっている[52]。

51　和久利昌男『事故補償の諸問題と北欧諸国の交通事故補償制度』67頁（損害保険企画、1995）。スウェーデン交通損害法（Trafikskadelag 15 ec. 1975）9条は、「交通損害填補については、損害賠償法（1972：207）第5章ならびに損害賠償終身年金の修正に関する法律（1973：213）が準用される」と規定する。なお、同法の邦語訳は、山下丈・広島法学5巻2号147頁以下（1981）による。

52　ただし、無保険車傷害保険では被保険者が被った損害額を填補するのではなく、加害者が負担すべき損害賠償額を填補する。自動車保険標準約款の無保険車条項8条1項は「当会社が保険金を支払うべき損害の額（略）は、賠償義務者が被保険者またはその父母、配偶者もしくは子が被った損害に対して法律上負担すべきものと認められる損害賠償責任の額によって定めます」と規定する。なお、同条2項では、「第1項の損害額は、保険金請求権者と賠償義務者との間で損害賠償責任の額が定められているといないとにかかわらず、次の手続きによって決定します。①当会社

248 第2部 人身傷害保険の諸相

　一方、この方式をとった場合の問題点は、被保険者と保険者との間での「民法上認められるべき過失相殺前の損害額」の決定方法である。加害者と被害者（被保険者）との間の訴訟において判決が確定し、その中で認定損害額が示されていればそれを採用すればよい。しかし、自動車人身事故紛争の大半は訴訟外和解（示談）で終結しており、そこでは最終和解額のみが示され認定損害額が提示されないことも多いと思われる[53]。さらに、加害者のいない自損事故においては、加害者との交渉という手続もない。そうだとすると、加害者・被害者間の交渉とは無関係に、人身傷害保険の被保険者と保険者との間で独自に「民法上認められるべき過失相殺前の損害額」を協議・合意することになる。ここでは保険者は対人賠償責任保険についての社内支払基準に基づいて交渉することになると思われるが、被保険者がこれに納得しなければ訴訟にならざるを得ない。これでは従来のサード・パーティ型賠償責任保険における手続とあまり変わらず[54]、迅速な損害填補という本保険の目的の達成が阻害されるのではないかという懸念がある。

(3)　協定損害額を填補する保険

　これに対して、現行約款のように損害額基準を規定しそれに基づいて算定される額を填補損害額として協定する方式では、保険者と被保険者との間での交渉ロードや時間が縮減でき、迅速な損害填補という観点からは制度目的に沿うものである、と一応は評価されよう。このような観点から、諸外国のノーフォルト自動車保険制度においても、制度内において独自の損害額基準を設けている例は少なくない。たとえば、ニュージーランド事故補償制度では事故補償法（Accident Compensation Act 2001）において具体的な補償項目ごとに支払損害額を明記している[55]。

――――――――――

と保険金請求権者との間の協議、②①の協議が成立しない場合は、当会社と保険金請求権者との間における訴訟、裁判上の和解または調停」とし、被害者・加害者間の訴訟の判決額には拘束されないとしている。

53　加害者・被害者間の交渉過程で過失相殺前の損害額が合意されることはあるだろうが、それが和解内容として表示されることはあまりないのではないか。

54　ただし、過失割合をめぐる交渉は不要であり、この部分は賠償責任保険実務とは異なる。

55　第1部第1章第4節1.参照。なお、ニュージーランドでは民事訴権を廃止しているため、裁判基準損害額と人傷基準損害額との乖離という問題は発生しない。

第 2 章　人身傷害保険の法的性質と商品性のあり方　*249*

ア．損害額基準の水準

　この方式の課題は、損害額基準の水準をどこに設定するかである。こ
の水準が低い場合には被保険者が受け取る保険金の額が被保険者の期待
よりも減じることになり、この場合、ファースト・パーティ型ノーフォ
ルト自動車保険のもう一つの制度目的である損害填補の十分性が損なわ
れることになる。これを克服するためには、損害額基準の水準をできる
だけ被保険者の期待値に近づけることが求められる。問題は、この被保
険者の期待値とは何かということである。

　いわゆる裁判基準（民法上認められるべき過失相殺前の損害額の基準）
がこの期待値であるとすると、損害額基準をこれに一致させればよいと
思われる。しかし、民法上認められるべき過失相殺前の損害額を「判決
によって示された認定損害額」であると捉えると、これはそれぞれの訴
訟において個別に認定されるものであり、この意味での裁判基準として
は客観的に明確な基準があるわけではない。そこで、弁護士会や一部の
裁判所が公表している算定基準はこの裁判基準に近い水準であると見る
ことができるので[56]、これをもとに損害額基準を設定することになろ
う[57]。

　一方で、前述のように、訴訟による判決まで到達する自動車事故紛争
はごく一部であり、大半は訴訟外での和解で解決されている。このよう
な観点から、現行の損害額基準は対人賠償責任保険における損害保険会
社の社内的な支払基準に準じて設定されてきた[58]。ここでは、被保険者
の期待値については、訴訟外和解において一般的に認められている金額
として捉えていることになる。

　一般論でいえば、被保険者にとっては保険金の額が高額である方が望
ましいのであるから、その観点からは、被保険者の期待値とは上記のう
ちの弁護士会基準などの水準であるということができよう。あるいは、
それ以上であればさらに望ましいことになる。しかし、ここで問題とす

56　日弁連交通事故相談センター『交通事故損害額算定基準—実務運用と解説—』（青
　本）、日弁連交通事故相談センター東京支部『民事交通事故訴訟・損害賠償額算定基
　準』（赤い本）、大阪地裁民事交通訴訟研究会『大阪地裁における交通損害賠償の算定
　基準（第 2 版）』（判例タイムズ社、2009）などである。

57　この方式によれば、十分な保険金額を付保している限り、受け取った保険金の額
　についての不満から別途加害者への損害賠償請求を行うということはなくなる。

58　星野・前掲（注 1 ）116頁。

べき期待値とは「もらえればありがたい」という金額ではなく、ファースト・パーティ型ノーフォルト自動車保険の商品設計における種々の要素（これには保険料コストも含まれる）を勘案した上で一般的な被保険者が合理的に期待すべき金額である。

　このような観点からは、現行約款における損害額基準の水準も被保険者の期待値の具体化として認められないわけではない。被保険者が被害者として自ら加害者と賠償交渉する場合に訴訟まで進むケースは稀であること、保険料コストはできるだけ低廉であることを望んでいること、等を考慮すると、少なくとも訴訟外和解における一般的な金額について自己が手配した保険から支払われれば、かなり多くの被保険者としては一応の満足を得ることができるのではないかと考えられるからである。さらに加害者がいない自損事故については、たとえば、そもそも慰謝料という概念は存在しないし、仮に自損事故において精神的損害の額を考慮するにしても、それは加害者が賠償すべき慰謝料額とは異なったものとなるであろうことを考えると、現行約款の損害額基準の水準は被保険者の期待値を大きく下回るとはいえないと思われる。

　一方で、被保険者によっては、自ら加害者に対する訴訟を提起してまでより高額な損害賠償金を確保したいと考えるケースもあり得るが、このような被保険者のニーズをどのように人身傷害保険の商品設計に組み込むのかが問題となる。これを損害額基準の水準の中で対応するとすれば、そこまで望まない被保険者に対しては予想以上の保険料負担を強いることになる。むしろ、そのような被保険者のニーズは、保険金の支払いにより満足させるよりも、保険制度の外枠で自ら加害者に請求することにより充たすほうが、全体的な制度設計としては合理的ではないかと思える。

イ．被保険者による加害者への損害賠償請求との関係

　以上のように、保険金請求とは別に被保険者から加害者に対する損害賠償請求を認める制度設計をとった場合、①人身傷害保険金全額を受け取った上で未填補損害額を加害者に請求する方式と、②自分の過失割合部分のみを人身傷害保険で請求し残りの部分を加害者に請求する方式の二種類が考えられる。

　人身傷害保険の開発当初、想定されていたのは後者（いわゆる一部請

求方式[59]) である[60]。一部請求方式では請求権代位を行わないので、請求権代位の範囲を巡る前述のような問題は発生しない。ところが、本保険発売後の実務においては前者の全部請求方式が主流を占めることになり、これによって請求権代位の範囲問題が生じることとなった。

　ここで問題となるのは、加害者に対して自ら訴訟を提起してまで高額な損害賠償金を確保したいとする被保険者が、保険金と損害賠償金との合計額としてどの程度の金額を期待しているのかということである[61]。

　これを裁判基準損害額の全額であると理解すれば、一部請求方式ではこの期待に応えることができない。しかし、前述のような「ファースト・パーティ型ノーフォルト自動車保険の商品設計における種々の要素を勘案した上で一般的な被保険者が合理的に期待すべき金額」という観点からは、このような理解には疑問がある。すなわち、このような被保険者としても、提訴して加害者から回収できるのは裁判基準損害額の全額ではなく、加害者の過失割合部分のみである。一方で自己の過失割合部分については、もともと加害者からの回収可能性がないのだから、その意味では自損事故と同様と考えられ、前述のように人傷基準損害額を基準とした金額で一応満足できるのではないかと思われる。そうだとすると、このような被保険者の期待値は裁判基準損害額に加害者の過失割合を乗じたものと人傷基準損害額に自己の過失割合を乗じたものとの合計額と考えられ、これは一部請求方式における合計回収額である。このように、一部請求方式はそれなりに被保険者の合理的な期待値に基づく制度設計であると考えられる。

　そしてこの一部請求方式を原則とすれば、賠償請求先行事案においては一部請求のみを認め、全部請求として協定損害額から回収賠償金を控除する方式は削除するべきであろう[62]。また、保険金請求先行事案にお

59　一般的に用いられている用語ではないかもしれないが、本書ではこのように称しておく。なおこれに対して、損害額全額を請求する方式を全部請求方式と称しておく。

60　星野・前掲（注1）116頁。なお現在、一部の損害保険会社の約款ではこの一部請求方式を廃止しているようであるが、その理由は定かでない。

61　請求権代位の範囲問題における裁判基準差額説と人傷基準差額説との差もこの点にある。

62　一般的には、控除方式よりもこの方式の方が被保険者に有利になると思われる。ただし、回収された賠償額が人傷基準損害額を基礎とした金額よりも少ない場合は、

いて、全部請求として保険金全額を支払った場合の請求権代位の範囲を算定する基礎となる損害額も、裁判基準損害額や人傷基準損害額ではなく「一部請求方式により回収できる金額の合計額」とすることが理論的である[63]。

ウ．判決・裁判上の和解の例外規定の存否

　ところで、前述のように損害保険各社の近時の約款改訂では、従来の水準による損害額基準による金額を協定損害額とすることを原則としながらも、保険金請求前に加害者から損害賠償金を回収した場合および保険金支払後の請求権代位の場合に限定し、かつ、判決および裁判上の和解によって認定損害額が示された場合に限定して、その金額を協定損害額とみなすとした。この改訂は請求権代位条項の解釈を示した最高裁判例に対応したものであり、かつ、事案の太宗を占める訴訟外和解案件については従来の実務対応を継続するという観点からは、それなりに合理性が認められるものといえる。

　一方で、この例外規定によると被保険者間の公平性の問題が生じる。加害者から損害賠償金を収受した被保険者でも、それが判決または裁判上の和解によるものであれば例外規定が適用され、訴訟外和解によるものであればこの例外規定は適用されない。これが合理的な差異といえるかどうかが問題である。

　裁判による判決や裁判上の和解において認められた認定損害額については、裁判所が関与していることから「民法上認められるべき過失相殺前の損害額」と認定する上での客観性が担保されているが、ADR[64]や当事者間の示談による認定損害額についてはそのような客観性が必ずしも

例外的に控除方式を採用するという選択肢もありうる（「いいとこ取り」を認めることにはなる）。

63　この場合、請求権代位の範囲については裁判基準差額説と人傷基準差額説との中間的な解決となる。私見では、現行約款の解釈としてもこのように理解することが理論的帰結であると考えている（佐野・前掲（注23）32頁以下）。

64　肥塚肇雄「人身傷害補償保険契約と交通事故紛争処理センターの役割の可能性・限界」『交通事故紛争処理の法理』564頁（ぎょうせい、2014）では、ADRである交通事故紛争処理センターにおける和解斡旋又は裁定は、改訂約款における「判決および裁判上の和解」にはあたらないとする。

十分ではないと考えられれば、このような差異もありうるといえる[65]。また、ロードとコストをかけて訴訟まで起こした者と、そこまで手を尽くしていない者とでは差をつけることもやむを得ないという考え方もありうるだろう。

　しかし、「民法上認められるべき過失相殺前の損害額」という以上、必ずしも裁判所の関与が不可欠であるとはいえない。約款においても、判決や裁判上の和解という要件に加えて「社会通念上妥当である」という要件が規定されており、その内容を実質的に判断する構造になっている。そうだとすると、「民法上認められるべき過失相殺前の損害額」という概念を前提とすると、例外規定の対象を判決と裁判上の和解に限定することには問題がありそうである。

　さらに、このような例外規定を置くことにより、保険実務上の問題が発生することも危惧される。すなわち、判決や裁判上の和解まで至れば高額の金額が回収できるということで、今まで以上に訴訟が増加するのではないかという問題や、加害者・被害者間の訴訟が終結するまでは人身傷害保険の保険者の代位額が確定しないので、保険者の代位請求権が時効消滅に直面するといった問題が指摘されている[66]。

　以上のような点を考慮すると、制度設計としては、むしろ、このような例外規定を置かず、前述の一部請求方式を原則とすることが合理的ではないかと思われる。この場合、判決・裁判上の和解により認定損害額を得た被保険者にとっては、例外規定を置く現行約款よりも不利になるが、一方、訴訟外和解によって損害賠償金を回収した被保険者にとっては有利になる可能性が高い。このように現行約款との比較では有利・不利の問題が発生するが、結果的には被保険者間の公平性が確保されることになる。

65　被害者と加害者との間のなれ合い交渉により異常に高額な損害額を協定することが懸念されるかもしれない。もっとも、訴訟においても原告・被告間でのなれ合いが全く生じないとは限らない。

66　これらは、請求権代位の範囲問題において人傷基準差額説から裁判基準差額説に対して指摘されてきた問題であるが、本件の例外規定に対しても同様の指摘が成り立つ。

254　第2部　人身傷害保険の諸相

(4)　請求権代位規定の存否

　　人身傷害保険において請求権代位規定を削除するという制度設計は可能
であろうか、また、仮に可能であってもそれは望ましいものであろうか[67]。
この規定が削除されれば、当然のことながら、請求権代位の範囲問題も発
生しないことになる。

　　保険法25条は片面的強行規定とされているので（同法26条）、損害保険契
約において請求権代位を行わないという約款は同条よりも被保険者に有利
であることから有効であると一応は考えられる[68]。もっとも、請求権代位
制度が利得禁止原則を根拠とするものであり、損害保険契約においては利
得禁止原則が強行法的に適用されるという理解からは、被保険者に重複取
得を認めることが社会的に容認されるべきではないと思われる場合には請
求権代位削除特約は制限的に解すべきであるとする見解もある[69]。しかし、
人損害保険については財産損害保険よりも利得禁止原則も柔軟に適用され
るべきではないかという観点から、学説においても請求権代位の排除を認
める傾向が強い[70]。すなわち、請求権代位規定を削除すると、たとえば加害
者の過失割合が100％のような事案では、被保険者は完全に二重補償を受
けることになるが、死亡事故において典型的に見られるように、人身損害
についてはその損害額の把握は必ずしも一義的に定まっているのではな
く、人身傷害保険が基礎としている損害賠償における差額説も（裁判実務
で認められてきたものではあるものの）損害額把握方法の一つに過ぎない
ともいえるものであり、このような観点からは保険者と加害者から二重補

67　人身傷害保険の開発段階でも、請求権代位規定を入れない制度設計について検討
　　された節がある（伊藤文夫他「座談会」保険毎日新聞2013年4月16日号6頁（伊藤発
　　言）および同紙2013年5月17日号4頁の訂正記事参照）。
68　萩本・前掲（注32）141頁。
69　笹本幸祐「保険代位に関する議論の推移と保険法改正」『保険法改正の論点』171頁
　　（法律文化社、2009）、落合誠一監修・編著『保険法コンメンタール（損害保険・傷
　　害疾病保険）』86頁［岡田豊基］（損害保険事業総合研究所、2009）。
70　洲崎博史「保険代位と利得禁止原則（二）・完」法学論叢129巻1号30頁（1991）は、
　　人保険においては定額保険契約も認められているところから、商法の請求権代位規
　　定も人保険については任意法規として働くにとどまるとする。なお、損害保険法研
　　究会『損害保険契約法改正試案・傷害保険契約法（新設）試案理由書（1995年確定
　　版）』131頁（損害保険事業総合研究所、1995）では、損害填補方式の傷害保険契約に
　　ついて、「とくに弊害の生ずるおそれのないものについては、保険者の代位を排除す
　　る旨の特約を約款に挿入することを許してよいと思われる。」とする。

償を受けたとしても、それが社会的に許されない不当な利得であるとは言い難いといえよう[71]。

それでは、人身傷害保険の商品設計として請求権代位規定を削除すべきであろうか[72]。この場合の問題点はむしろ保険料コストであろう。請求権代位を廃止することによりどの程度の保険料増額になるかは定かでないが、保険契約者の一般的なニーズとして高額の保険料を支払ってまでも二重補償のメリットを求めるかどうかは疑問である。この点は損害額基準の水準による部分が大きいと思われるが、現行約款の損害額基準を前提とすると、保険契約者のニーズとしては請求権代位を前提とした上での低廉な保険料にあるのではないかと思われる。そうであるとすると、今後も請求権代位は存続させることが望ましいということになろう[73]。

(5) 定額保険契約

前述のように、現行の人身傷害保険の法的性質を定額保険と理解することも理論的には可能であるが、あるべき方向性としては人身傷害保険をあえて定額保険として商品設計するメリットはさして大きいとは思えない。定額保険型のノーフォルト自動車保険としてはすでに搭乗者傷害保険があり、この保険では基本的に損害額とは無関係に設定された固定保険金額が支払われる[74]。したがって、これとは異なった被保険者ニーズに対応するべく人身傷害保険を定額保険として構成するのであれば、支払保険金の算定を被保険者が被った実損害額に連動する形で約定することになろう。こ

71　それだからこそ、人保険においては定額保険が認められていると考えられる。

72　なお、ノーフォルト自動車保険においては、民事賠償制度の事故抑止力を損なう側面があることが指摘されていることにかんがみ、加害者免責の阻止という観点から請求権代位規定を入れるべきであると主張されることがある（吉川吉衞『事故と保険の構造』354頁（同文館出版、1988））。しかし、ニュージーランド事故補償制度のようにノーフォルト制度外での民事訴権が廃止されている場合（いわゆる「単線型補償制度」）と異なり、人身傷害保険では請求権代位規定を廃止しても被害者の加害者に対する損害賠償請求権は残存するので、事故抑止力の問題は生じないと思われる。

73　さらに、人身傷害保険の商品性として加害者に対する損害賠償請求の肩代わり機能を重視すべきであるとする見地からは（西嶋・前掲（注1）19頁）、請求権代位制度は不可欠ということになる。

74　もっとも、搭乗者傷害保険の保険金額については損害保険会社の引受基準により上限額が設定されており、その意味では、この保険金の額と被保険者が被るべき損害額が全く無関係であるとは必ずしも言えない。

の場合、損害保険（特に協定損害額を支払う構成）とほとんど変わない形になり、あえて定額保険とする必要はない。

第4節　小括

　本章の検討結果を要約すると、次の通りである。まず、現行の約款を前提とした場合、人身傷害保険の法的性質としては、損害保険契約[75]と定額保険契約の二つの理解が可能である（なお、損害填補方式の保険でありながら、死亡保険金請求権については被保険者の法定相続人が固有権として原始取得するとする場合も損害保険契約の範疇であると解する）。そして、本保険を損害保険契約と理解した場合に、裁判基準損害額を填補する契約であるという理解と、人傷基準損害額を協定損害額として填補する契約であるという理解が可能である。

　次に、本保険のあるべき商品性という視点からすると、本保険は損害保険契約として構成し、死亡保険金請求権は被保険者の法定相続人に承継取得されるとすべきである。そして、損害保険契約としては、人傷基準損害額を協定損害額として填補する契約とし、請求権代位規定を挿入すべきである。被保険者が保険金支払額で満足できず別途加害者に対して損害賠償請求を行う場合には、原則として一部請求方式による。ただし、損害賠償請求に先立って全部請求方式で保険金が支払われた場合には、その請求権代位の範囲を算定する際の基準となる金額は、一部請求方式により回収される保険金の額および賠償金の額（判決、裁判上の和解、裁判外和解を問わない）の合計額であることを約款上明記すべきである。

　以上、本章では、死亡保険金請求権の帰属問題および請求権代位の範囲問題から人身傷害補償保険の法的性質を考察し、それに基づいて本保険の商品性のあり方について検討してきた。最後に、これら二つの問題が発生した原因について、思うところを述べておきたい。

　まず、死亡保険金請求権の帰属問題が発生した根本の原因は、複数の解釈を許す保険金請求権者についての約款文言の不明確さにある。種々の状況か

75　保険法においては、2条7号の傷害疾病損害保険契約となる。ただし、民法711条による父母、配偶者、子の精神的損害についての保険カバー部分は、傷害疾病損害保険契約以外の損害保険契約と理解される。

ら考えると、当初、商品開発担当者としては承継取得説を想定していたと思われるが、その後の損害保険会社の実務対応では原始取得説によったものも存在すると仄聞する[76]。この問題は、人身傷害保険の法的性質を考える上で興味深い論点を提示してくれたものと評価されるが[77]、本章で検討したように、いずれかの解釈が理論的に演繹されてくるものではなく、要は制度設計の問題であり、保険実務上は約款文言を明確化することにより決着すべき問題であろう。

　一方、請求権代位の範囲問題が発生した原因は、約款文言というよりは、損害保険会社による情報発信の誤りにあったと考えられる。損害保険会社としては、本保険を損害額基準に基づく協定損害額を支払う保険として開発し、そのコロラリーとして請求権代位については少なくとも人傷基準差額説を想定していたことは間違いないと思われる。ところが、発売後の宣伝活動において、本保険のコンセプトを「被害者自身の過失部分を含むすべての人身損害を填補する保険」であるとし、加害者過失部分については被害者の加害者に対する損害賠償請求を保険会社が肩代わりする機能を持つことを強調してきた。このような中で協定損害額という概念は正確に保険契約者に伝わらず、被保険者としては、少なくとも加害者からの損害賠償金と併せれば、本保険によって民法上認められるべき損害額が填補されることを期待するに至ったこともやむを得ないというべきであろう。

　本章においては、今後の商品性のあり方として従来と同様の協定損害額填補方式が望ましいという結論を示したが、その前提として、本保険のコンセプトを保険者と保険契約者との間で正確に共有することが必要であることを強調しておきたい。

76　2012年11月10日開催の損害保険判例研究会（そこでの研究報告は洲崎・前掲（注7）参照）における実務家からの発言。

77　洲崎・前掲（注7）223頁。

第3章　人身傷害保険と疾病

第1節　序説

　人身傷害保険は、自動車事故被害者に対してその損害を填補するファースト・パーティ型ノーフォルト保険である。それは、従来、加害者が付保するサード・パーティ型保険である対人賠償責任保険（および自賠責保険）がカバーしてきた部分を被害者自身が付保する保険によりカバーするものであり、その意味で、人身傷害保険は対人賠償責任保険の裏返しの保険であるともいえる。しかし、人身傷害保険のカバー範囲は対人賠償責任保険のそれと必ずしも一致するものではない。カバー範囲の設定方法が違うからである。対人賠償責任保険のカバー範囲は損害賠償責任法制および責任保険約款によって規定されるのに対して、人身傷害保険は傷害保険として構成されているので傷害保険約款によりカバー範囲が規定されることになる[1]。

　もっとも、一般的な自動車事故の場合にはこの差異が顕在化することは少ない。自動車事故により人身傷害が発生した場合には、通常、自動車の運行によって他人の生命又は身体を害した（自賠法3条）といえるので損害賠償責任（運行供用者責任）が発生し自賠責保険や任意対人賠償責任保険が発動するであろうし、自動車の運行に起因する急激かつ偶然な外来の事故[2]といえるので人身傷害保険も発動するであろう。

　一方で、自動車事故の原因や結果に被害者の疾病が関係している場合には、両者における取り扱いが異なる可能性がある。具体的には、①自動車事故の原因に疾病が関与している場合、および、②自動車事故による被保険者の傷害が、同人が有した既存の疾病により重篤となった場合、である。

　このうち、①は疾病起因性の問題である。被害者の疾病が自動車事故の原因の一つであった場合には、損害賠償においては加害者責任の阻却事由や賠

1　なお、人身傷害保険はノーフォルト保険であるので、自賠法3条の免責三要件により加害者が免責される場合や過失相殺が行われる場合に対人賠償責任保険とカバー範囲が異なることは当然である。

2　東京海上日動社・総合自動車保険約款第2章第1節第1条(2)（2014年10月1日版）。

償額減額事由となりうるであろう。これに対して、人身傷害保険は傷害保険の一種であるので、外来の事故による傷害に対して保険金が支払われるのであり、疾病によるものは担保対象外となるはずである。ところが近時、疾病起因性についての最高裁判例によって、疾病が自動車事故の原因である場合でも人身傷害保険金が支払われる可能性が出てきた[3]。

　一方、②は、自動車事故の損害賠償における素因減額の問題が、人身傷害保険においてどのように取り扱われるかという問題である。これは、従来、あまり議論されてこなかった問題であるが、最近、いくつかの下級審判例が出てきた。

　本章では、これら二つの項目について、損害賠償の局面と人身傷害保険の局面とでそれぞれどのような扱いがなされるのかを検証し、損害賠償からの塡補と人身傷害保険のカバーとの間に齟齬が発生することにより、サード・パーティ型制度からの救済よりも人身傷害保険からの給付の方が手薄くなる可能性があることを示す。そして、それを踏まえたうえで、人身傷害保険における疾病の扱いのあり方を再検討する。

第2節　事故の疾病起因性

1．損害賠償の局面

　まず、自動車事故の発生に被害者の疾病が関与した場合を考える。たとえば、被害者が自動車を運転中に心疾患や癲癇等で意識を消失し、これによって衝突事故が発生したというケースである[4]。

　この場合、相手方車両が存在しない自損事故（側壁への衝突、河川への転落等）であれば、加害者となるべき者がいないので損害賠償の問題は発生しない。一方、車両間の衝突の場合には、相手方車両の運行供用者責任が問題

3　これに対して、人身傷害保険約款に疾病免責条項をあらたに挿入する損害保険会社の動きがあることは後述の通りである。

4　今一つ考えられるケースとしては、歩道を歩いていた人身傷害保険の被保険者である歩行者が心疾患等により意識を消失して車道に倒れこみ、走行してきた加害車両に礫過されたような場合である。この場合も、加害者の損害賠償責任という観点からは、車両間衝突事故とほぼ同様に考察できると思われる。

となりうる。この場合、相手方車両の運転者等の運行供用者は、自賠法３条の免責三要件を立証しない限り有責となる。

免責三要件のうちここで問題となるのは、「自己及び運転者が自動車の運行に関し注意を怠らなかったこと」（第１要件）、および「被害者又は運転者以外の第三者に故意又は過失があったこと」（第２要件）である。

第１要件については、相手方車両の運転者が運転操作によって被害車両との衝突を避けることができたのかどうかが問題となる。被害車両の運転者が意識喪失し、被害車両が制御不能となったとすると、相手方車両の運転者の無過失が認められる場合も考えられる。

一方、第２要件については、被害者の疾病を被害者の過失と同視できるかどうかが問題となる。条文の文言からすると、過失と疾病はあきらかに異なるが、被害者の疾病も被害者側で発生した事由により事故原因となったという意味では被害者の過失と同様に評価してもよいかもしれない。一方で、被害者救済という自賠法の理念からすると、条文を被害者側に不利に拡張解釈することは問題であるとも考えられる。疾病については、被害者に帰責性を問いうる過失とはやはり異なると言わざるを得ないであろう。もっとも、被害者が癲癇の発作がおこりうることを認識しながら自動車の運転をしていたというような場合には、被害者の過失を認定することができることもありうる。

なお、自賠法で明記された免責三要件以外にも、学説上、不可抗力と正当防衛が運行供用者責任における独立の免責事由とされている[5]。しかし、ここでいう不可抗力とは、地震、落雷、がけ崩れ、野獣の飛び出し、野鳥の襲来などが想定されており[6]、被害者の疾病を不可抗力とすることは困難なように思える。

以上を勘案すると、被害者の疾病に起因する自動車事故であっても、相手方車両の運行供用者の責任は発生する可能性が高い。もっとも、このように運行供用者責任が認められる場合であっても、被害者の疾病が事故の一因となっていることから、後述の素因減額と同様、過失相殺規定の類推適用により賠償額が減額されることは考えられる。

5　加藤一郎編『注釈民法(19)債権(10)』103頁［池田浩一］（有斐閣、1965）。

6　篠田省二「自賠法における免責」吉岡進編『現代損害賠償法講座３交通事故』151頁（日本評論社、1972）。

２．人身傷害保険の局面

(1)　約款規定

　一方、人身傷害保険はノーフォルト保険であるので、相手方のある事故と自損事故とで区別する必要はない。そこで、以下では疾病に起因した自損事故を例にとって検討する。

　人身傷害保険も傷害保険の一種であるので、事故による傷害を担保するのであり、疾病による身体の不具合は担保しない。したがって、たとえば、被保険者が自動車を運転中に心筋梗塞によって死亡し、そのため自動車が操縦不能となり壁に激突するという事故が発生したような場合、被保険者の死亡は疾病によるものであるので、人身傷害保険では免責となることは明確である。

　これに対して、被保険者が自動車を運転中に心疾患や癲癇発作のために意識不明となり、そのため自動車が操縦不能となって壁に激突し、それによって被保険者が死亡したというような場合には人身傷害保険における有無責が問題となりうる。

　これは人身傷害保険の約款解釈の問題である。現行の人身傷害保険の約款は以下のように規定する[7]。

(1)　当会社は、人身傷害事故により…被保険者…に生じた損害に対して…保険金を支払います。

(2)　人身傷害事故とは…下表のいずれかに該当する<u>急激かつ偶然な外来の事故</u>により、被保険者が身体に傷害を被ることをいいます。

①　自動車または原動機付自転車の運行に起因する事故（以下略）

　上記下線部の「急激かつ偶然な外来の事故」という文言は、わが国の損害保険会社の傷害保険契約において保険事故を規定するために伝統的に使用されてきた文言であり[8]、人身傷害保険の約款においてもこの文言を使用して

7　東京海上日動社約款・前掲（注２）第２章第１節第１条。なお、人身傷害保険の約款文言は損害保険各社により若干異なるが、この部分は他社もほぼ同様である。

8　これに対して、わが国の生命保険会社の傷害保険の約款では「急激かつ<u>偶発的な外来の事故</u>」という文言を使用しているが、その意味するところは損害保険会社の傷害保険約款文言と同じである。

いる。ここで「外来の事故」と限定する意味は、従来の通説では、身体に生じた事故が身体の内部に原因があるのではなく、外部からの作用に原因があることを要件とするものであり、疾病による身体の事故を傷害から除外することに要件としての意味があるとされてきた[9]。そして、このような理解を前提として、事故原因に疾病が関与した場合の外来性要件の成否が議論されてきた。

(2) 従来の議論

　この議論においては、原因としての疾病と結果としての身体傷害との間の相当因果関係の有無が問題とされている。たとえば、被保険者が心臓発作で倒れたところに自動車が走行してきてこれに轢かれて死亡したような場合には、疾病と死亡との相当因果関係を認めることは困難であり、この場合は事故による死亡であるとして保険者有責という説が主流である[10]。一方、入浴中に疾病の発作で意識不明となり風呂桶の中で溺死したような場合には、日常生活で通常行われる入浴というプロセスの中で疾病による発作が生じてそれをもっぱらの原因として溺死しているのであるから、自動車に轢かれたケースとは同日に論じられず、死亡は疾病による結果であるとみるべきとする主張もある[11]。

　いずれにしても、この従来の議論は、事故の原因として疾病が関与した場合には、原因疾病と結果としての身体傷害との間の因果関係を問題としており、その意味で外来性の有無の判断に間接原因である疾病の影響を考慮するという判断枠組みをとっていた。また、従来の下級審判例においても、有無責判断の結果は異なっているが、判断枠組みとしてはこのような学説のそれと同一であった[12]。

　なお、従来の人身傷害保険においては疾病免責条項が挿入されていなかっ

9　山下友信『保険法』454頁（有斐閣、2005）。

10　江頭憲治郎『商取引法（第7版）』526頁（弘文堂、2013）では、疾患による発作が生じた場所が悪かったため外来的力が作用した場合等には保険金の支払いを認めるべきであるとする。一方、加瀬幸喜「保険事故−外来性」『傷害保険の法理』90頁（損害保険事業総合研究所、2000）は、疾病の発作のみでは被保険者は死亡しなかったと思われる場合には保険者有責とすべきとする。

11　山下・前掲（注9）482頁。

12　従来の下級審判例については、佐野誠「浴室での溺死と傷害保険における外来性の要件」損害保険研究69巻3号240頁（2007）参照。

たが、それ以外の主な傷害保険（普通傷害保険等）においては疾病免責条項が入っていた。その場合、外来性要件と疾病免責条項とが同じ内容を規定していることになり、その二つの関係が問題となる（ただし、外来性要件の立証責任は保険金請求者にあり、疾病免責の立証責任は保険者にある）。これについては、疾病免責条項は念のための規定であり、疾病の影響についての立証責任は、外来性要件の立証責任者である保険金請求者にあるという理解が一般的であった[13]。

このような理解を前提として、上記の設例（心疾患等による意識障害が原因となって発生した自動車事故による被保険者の死亡）における有無責を検討してみると、被保険者の死亡という結果の直接の原因は自動車事故であるが、その自動車事故の原因（被保険者死亡の間接原因）は疾病である。すなわち、ここでの問題は疾病が死亡の「間接原因」である場合に疾病起因性が認められるのかということになる。そして、そのことは疾病と死亡との間の因果関係の有無の問題であり、どのような因果関係論を採用するかにより結果が異なりうる[14]。

しかし、近時、最高裁は全く別の解釈を示した。すなわち、外来性とは被保険者の身体の外部からの作用によるものを意味するだけであり、疾病に起因しないという要件は含まないというものである。これによれば、間接原因が疾病であっても、死亡が自動車事故という外部からの作用によるものであれば外来性要件を充たすことになり、疾病起因性の問題は外来性要件ではなく疾病免責条項の問題となる。したがって、当該傷害保険契約に疾病免責条項が付されていない場合には、このケースでは保険者有責となる。このような解釈は、従来の下級審判例や学説の趨勢からはかなり異なったものであった。

(3)　最高裁判例の内容

　ア．平成19年7月最判

　　　外来性要件についての最高裁判例は、まずは、傷害共済契約[15]に関す

13　佐野・前掲（注12）244頁。
14　保険契約における各種の因果関係論については、佐野誠「傷害保険における外来性要件と疾病免責条項」石田重森編著『保険学のフロンティア』238頁（慶應義塾大学出版会、2008）参照。
15　この傷害共済契約では、通常の傷害保険契約と同様、傷害事故の定義の中に外来

264　第 2 部　人身傷害保険の諸相

る事案において示された（最判（二小）平成19年 7 月 6 日民集61巻 5 号
1955頁—以下「平成19年 7 月最判」と称する[16]）。本件では、被共済者で
ある A が餅を喉に詰まらせて窒息し、低酸素脳症による意識障害が残
り、常時介護を要する状態になった。A はパーキンソン病に罹患してお
りパーキンソン病患者には嚥下障害の症状が出ることがあるが、A につ
いては飲食に支障はなく、医師から食事に関する指導等はされていなか
った。

　原審は、補償金（共済金）受領権利者からの補償金支払請求を認容し
たが、共済者が上告した。最高裁は、以下のように判示して上告を棄却
した。

　本件規約は、補償費の支払事由を被共済者が急激かつ偶然な外来の
事故で身体に傷害を受けたことと定めているが、ここにいう外来の事
故とは、その文言上、被共済者の身体の外部からの作用による事故を
いうものであると解される。そして、本件規約は、この規定とは別に、
補償の免責規定として、被共済者の疾病によって生じた傷害について
は補償費を支払わない旨の規定を置いている。

　このような本件規定の文言や構造に照らせば、請求者は、外部から
の作用による事故と被共済者の傷害との間に相当因果関係があること
を主張、立証すれば足り、被共済者の傷害が被共済者の疾病を原因と
して生じたものではないことまで主張、立証すべき責任を負うもので
はないというべきである。

　これを本件についてみるに、前記事実関係によれば、本件事故が被
共済者の身体の外部からの作用による事故に当たること及び本件事故
と傷害との間に相当因果関係があることは明らかであるから、被共済
者は外来の事故により傷害を受けたというべきである。

───────────
　性要件が含まれていた。なお、保険法では共済契約は保険契約の一種とされている
　（保険法 2 条 1 号）。
16　本判例の判批として、中村心・ジュリスト1351号109頁（2008）、永石一郎・金商
　1285号10頁（2008）、白井正和・法学協会雑誌125巻11号234頁（2008）、山野嘉朗・ジ
　ュリスト1354号119頁（2008）、竹濵修・私法判例リマークス37号108頁（2008）、藤井
　正夫・別冊判例タイムズ22号172頁（2008）、榊素寛・判例時報2036号158頁（2009）、
　中村心・法曹時報62巻 3 号187頁（2010）、鈴木達次・別冊ジュリスト202号（保険法
　判例百選）198頁（2010）。

イ．平成19年10月最判

　平成19年7月最判は疾病免責規定のある傷害共済契約について判示したものであるが、その後、疾病免責規定を持たない人身傷害保険[17]に係る最高裁判例が示された（最判（二小）平成19年10月19日判時1990号144頁―以下「平成19年10月最判」と称する[18]）。本件の事実概要は次の通りである。

　人身傷害保険の被保険者であるBは、昭和57年ころに狭心症との診断を受け、平成9年6月12日に冠動脈バイパス手術を受けた後、狭心症発作予防薬等を定期的に服用していた。Bは、平成15年6月10日午前10時10分ころ、普通乗用車を運転して事務所を出発したが、その約3分後、本件車両ごと溜池に転落し、同日午前11時55分ころ死亡した。Bの死因は、溺死であった。本件事故の現場は、緩やかな下り坂の先の三差路の交差点である。この下り坂の前方には溜池があったが、Bは、下り坂を直進し、三差路を左右に曲がることなく、急ブレーキ等の回避措置もとらずそのまま溜池に転落した。なお、本件事故はBの自殺ではないと認定されている。

　原審は原告の人身傷害保険金請求を棄却したので、原告が上告した。最高裁は、以下のように判示して原審を破棄、差し戻した。

　　前記事実関係によれば、本件特約は、急激かつ偶然な外来の事故のうち運行起因事故及び運行中事故に該当するものを保険事故としている。本件特約にいう「外来の事故」とは、その文言上、被保険者の身体の外部からの作用による事故をいうと解されるので、被保険者の疾病によって生じた運行事故もこれに該当するというべきである。本件特約は、傷害保険普通保険約款には存在する疾病免責条項を置いておらず、また、本件特約によれば、運行事故が被保険者の過失によって

17　当時は「人身傷害補償保険」と称しており、また、疾病免責規定は存在していなかった。

18　本判例の判批として、肥塚肇雄・民商法雑誌138巻4＝5号616頁（2008）、山下典孝・速報判例解説（法学セミナー増刊）2号143頁（2008）、加瀬幸喜・法律のひろば62巻1号57頁（2009）、榊素寛・判例時報2036号158頁（2009）、甘利公人・石田満編『保険判例2009』15頁（保険毎日新聞社、2009）、増永謙一郎・別冊判例タイムズ25号152頁（平成20年度主要民事判例解説）（2009）、潘阿憲・別冊ジュリスト202号（保険法判例百選）84頁（2010）。

生じた場合であっても、その過失が故意に準ずる極めて重大な過失でない限り、保険金が支払われることとされていることからすれば、運行事故が被保険者の疾病によって生じた場合であっても保険金を支払うこととしているものと解される。

このような本件特約の文言や構造等に照らせば、保険金請求者は、運行事故と被保険者がその身体に被った傷害（本件傷害除外条項に当たるものを除く。）との間に相当因果関係があることを主張、立証すれば足りるというべきである。

前記事実関係によれば、本件事故は、被保険者が本件車両を運転中に本件車両ごとため池に転落したというものであり、被保険者は本件事故により溺死したというのであるから、仮に被保険者がため池に転落した原因が疾病により適切な運転操作ができなくなったためであったとしても、保険者が本件特約による保険金支払義務を負うことは、上記説示に照らして明らかである。

(4) 最高裁判例の論理構造と射程

上記二つの最高裁判例の判旨の内容とその射程については必ずしも明確でない。

まず、平成19年7月最判では、原告は外部からの作用による事故と被共済者の傷害との間に相当因果関係があることを主張、立証すれば足り、被共済者の傷害が被共済者の疾病を原因として生じたものではないことまで主張、立証すべき責任を負うものではないとする。この判旨は事故の原因である疾病の存否についての立証責任を保険金請求者には負わせないということを述べているだけであるので、外来性要件の中身として疾病起因性ではないことが入るのかどうかについては明言していない。したがって、平成19年7月最判では、外来性要件には非疾病起因性も含まれるとの解釈をとった可能性と（この場合、保険者が疾病起因性を立証した場合は外来性要件が充たされず、仮に疾病免責条項が付されていなかったとしても保険者免責となる）、外来性要件には非疾病起因性は含まれないとする解釈をとった可能性（この場合、保険者が疾病起因性を立証したとしても外来性要件は満たされるので、疾病免責条項が付されていない限り保険者有責となる）の両方が存在する。

これに対して、平成19年10月最判では、被保険者の疾病によって生じた

第3章　人身傷害保険と疾病　*267*

運行事故も外来の事故に該当するとしており、外来性要件には非疾病起因
性は含まれないと解していることは明らかである。この判旨によれば、疾
病免責が置かれていない傷害保険においては疾病が事故の原因であるよう
な場合には外来性要件が充足され、すべて有責とされることになる。

　問題は、平成19年10月最判の射程が、人身傷害保険、あるいは自動車保
険中の傷害保険に限定されるか否かである[19]。私見では、平成19年7月最
判と併せて考慮すると、平成19年10月最判の射程は人身傷害保険や自動車
保険中の傷害保険には限定されず、したがって、疾病免責条項を置いてい
ない生命保険会社の傷害保険にもこの判旨は適用されると解する。

　いずれにしても、本章で問題としている人身傷害保険についてはこの二
つの判例、特に平成19年10月最判により、外来性についての公権解釈が確
定したといえる。

(5)　最高裁判例に対する私見

　私見では、外来の事故の判定においては疾病を含めたすべての事実関係
を総合的に判断すべきであると考えている。すなわち、事実関係の中に疾
病の要素が少しでも入ったからといって外来性を否定すべきではなく、ま
た、最高裁判例のように疾病の要素を外来性の判断基準から全く除外する
べきではない。そして、傷害の原因が「主として」外部からの作用による
ものである場合に、外来の事故と評価することができる。

　このような私見の立場からは、最高裁判例の考え方には疑問がある。す
なわち、最高裁判例によれば、疾病が原因となって事故が発生しそれによ
って身体傷害を被った場合には、事故がなくとも疾病で死亡したであろう
場合にも外来性を認めることになりそうであるが、それは妥当であろうか。
たとえば、そのまま放置すれば死亡するような脳内出血を発症し、このた
め意識を失い転倒して頭部を打撲して死亡したような場合、最高裁判例に
よると頭部打撲という外部からの作用による事故と傷害・死亡との間に相
当因果関係があるとして外来性要件を充たすことになりそうである。私見
では、このような死亡は、事故死というよりも疾病死と評価する方が常識
的であり、妥当であろうと考えている。

19　これを肯定するものとして、山下典孝「本件判批」速報判例解説4頁（TKCローラ
　イブラリー）LEX/DB 文献番号28132282（2008）。

268　第2部　人身傷害保険の諸相

　　最高裁がこのような解釈をした背景には、ドイツにおける議論を参考とした学説[20]があるとみられるが、直接的には、このように解することによるメリットを考慮したものと思われる。そのメリットとは、疾病が関与して傷害事故が発生したという事案において、間接原因である疾病の存否を確定することが困難であることによる保険金請求者の立証負担の軽減である。また、このような解釈によれば、保険事故の要件として外来性を規定していながら別途疾病免責を規定していることの整合性が説明しやすいということもある。

　　しかし、一連の事実関係の流れの中で、外部からの作用によるものとその原因である疾病とを分断し、前者のみを外来性要件存否の判断材料としながら、後者は疾病免責条項で考慮するという分析的なアプローチは、いささか作為的な解釈といわざるを得ない。傷害という結果を発生させた事実関係について「外来の事故」といえるかどうかを判断する場合、傷害の直接の原因である外部からの作用だけでなく、その原因となった疾病についても考慮に入れて評価するほうが自然な解釈ではないだろうか。最高裁判例のような分析的解釈を行うことによって、上述した脳内出血のケースのように、常識からは違和感のある結論が導かれることは、これが無理な解釈であることの証左といえよう。

(6)　最高裁判例後の下級審判例の動向

　　上記二つの最高裁判例の後、いくつかの下級審判例が出されているが、いずれも基本的に最高裁判例に準拠しているとみられる[21]。ただし、以下のように、最高裁判例の解釈と完全に一致しているのか疑問があるものも存在する。

　　大阪地判平成20年6月25日（交民41巻3号764頁）は、心臓病の既往症のある被保険者が自動車事故で死亡した事案であるが、判旨は「疾病により本件事故の有無にかかわらず死亡していた可能性を否定できないときは外来の事故とはいえない」とした。最高裁判例によれば、疾病の状況がどうあれ、自動車事故と傷害との間に相当因果関係が認められれば外来の事故

20　潘阿憲「傷害保険約款における傷害事故の外来性の要件について」法学会雑誌46巻2号209頁（2006）。

21　最高裁判例以降の下級審判例については、佐野誠「傷害保険における外来性問題―約款解釈と判例動向―」賠償科学39号28頁（2013）参照。

といえるはずであるが、その意味では、本判例は最高裁判例と矛盾するようにみえる。

　東京高判平成22年4月28日（事例研レポ255号11頁）は、アルツハイマー型認知症である生命保険会社の傷害保険契約の被保険者が蒲鉾を誤飲し窒息死した事案であるが、判旨は「事故の原因がもっぱら疾病であるときは外来性の事故ということはできない」としつつ、本件では蒲鉾誤飲事故がもっぱらアルツハイマー型認知症によるとは認められないとして外来性は肯定し、一方で「疾病による嚥下障害、精神神経障害の状態にある者の嚥下による気道閉塞または窒息」という除外条項に該当するので免責とした。最高裁の解釈によれば、事故の原因がもっぱら疾病であっても、それによって発生した事故と傷害との間に相当因果関係が認められる限り外来性は認められることになるので、上記下線部分については最高裁判例の考え方に反するのではないかと思われる。

(7)　損害保険会社の対応と新約款の解釈

　一方、損害保険会社は最高裁判例を受けて、従来疾病免責条項が入っていなかった人身傷害保険に新たに以下のような疾病免責条項[22]を挿入した[23]。なお、この免責条項によれば、疾病による意識喪失だけでなく、疾病に起因しない心神喪失による自動車事故も免責となることは注目されてよい。

　　　当会社は、下表のいずれかに該当する事由によって生じた損害に対しては、保険金を支払いません。
　　⑧　被保険者の脳疾患、疾病または心神喪失によって生じた事故

　この免責条項の解釈において問題となるのは、被保険者の疾病等と自動車事故との間の因果関係が認められるか否かである。すなわち、従来の学説・下級審判例では外来性要件において議論されてきた因果関係の問題が、今度は疾病免責条項の適用において問題とされることになる。

22　東京海上日動社約款・前掲（注2）第2章第3条(1)。
23　すべての損害保険会社の約款を調査したわけではないが、少なくとも大手損保会社の人身傷害保険約款では疾病免責条項が新たに挿入されている。一方、生命保険会社の傷害保険では依然として疾病免責条項は入っていないようである。

270 第2部　人身傷害保険の諸相

　　疾病による意識消失が自動車事故の唯一の原因である場合には、本免責
条項により保険者免責となることは明確であろう。一方、自動車事故の原
因として相手方車両の運転者の過失等も関与した場合には、保険者免責と
されるのかどうかは一応は問題となる。たとえば、被保険者が自動車を運
転中に心疾患によって意識不明となり制御不能となった車両が反対車線に
飛び出して、反対車線を走行してきた車両と衝突して被保険者が死亡した
ケースを考えてみる。このときに、反対車線を走行してきた車両の運転者
が、通常であればハンドル操作によって衝突を回避することができたにも
かかわらず、わき見運転をしていたために衝突してしまった場合などが考
えられる。

　　この場合、保険契約における因果関係論の通説と思われる相当因果関係
説[24] によれば、疾病による意識消失により自動車事故が発生することが通
常であれば相当因果関係が認められて保険者免責となろう。意識消失から
自動車事故が発生することが「通常」かどうかは具体的な状況によって異
なるであろうが、一般的には運転者の意識が消失するような事態になれば、
相手方運転者の運転操作によりその車両との衝突事故は回避されることが
あるとしても、いずれ何らかの事故（自損事故を含む）が発生するであろ
うから、ほとんどのケースでは保険者免責となろう。

第3節　既存疾病による傷害の重篤化

1．損害賠償の局面

　　人身傷害保険と疾病をめぐる次の問題は、自動車事故による被害者の傷害
が、被害者が罹患していた既存の疾病により重篤となった場合である。

　　このようなケースは、損害賠償の実務においては素因減額、あるいは素因
減責の問題として民法722条2項（過失相殺）を類推適用するという扱いが定
着している[25]。ここでいう素因とは「被害者が被害を受ける以前から有して

24　「ある事実から別の事実が発生することが当該事例においてのみならず他の一般
　　的な場合でも同様といえる場合に相当因果関係説がある」と説明されている（山下・
　　前掲（注9）383頁）。

25　素因減額についての近時の文献として、森健二「交通損害賠償における「あるがま

いたところの当該被害を誘発または拡大する性質をもつ何らかの体質的原因[26]」と説明されているが、賠償実務では、体質的原因以外に心因的原因についても素因として扱われている。そこで、素因としては、①心因的原因、②体質的原因のうち疾患、③体質的原因のうち身体的特徴、④加齢によるもの、の４種類が挙げられることになる。

　従来の最高裁判例によれば、①心因的原因[27]と、②疾患[28]について民法722条２項の類推適用による減額を認め、一方、③身体的特徴[29]については減額を認めていない。なお、④加齢については特に判示された判例はないようであるが、②疾患と③身体的特徴のいずれに該当するかにより減額の可否が判断されるように思われる。もっとも、同じ体質的原因である疾患と身体的特徴との区分は、具体的な事例においては困難な場合もある。

　そこで、自動車事故による傷害が、被害者が有していた疾病により重篤となった場合の具体例として、被害者が運転していた自動車に加害者が運転し

ま」判例タイムズ1326号38頁（2010）、永下泰之「損害賠償法における素因の位置（６・完）」北大法学論集65巻１号89頁（2014）、石橋秀起『不法行為法における割合的責任の法理』（法律文化社、2014）、窪田充見「判批」別冊ジュリスト224号（民法判例百選Ⅱ債権）204頁（2015）等。

26　平井宜雄『債権各論Ⅱ不法行為』159頁（弘文堂、1992）。

27　最判昭和63年４月21日民集42巻４号243頁。追突事故により外傷性頭頸部症候群との診断を受けた被害者が入退院を10年以上継続した事案で、事故と相当因果関係にあると認定された事故後３年の間に各症状に起因した損害について「損害がその加害行為のみによって通常発生する程度、範囲を超えるものであって、かつ、その損害の拡大について被害者の心因的要因が寄与しているとき」は、その損害の拡大に寄与した被害者の事情を斟酌することができるとして、心因的要因による減額を是認した。

28　最判平成４年６月25日民集46巻４号400頁。一酸化炭素中毒という体質的素因を有していた被害者が交通事故により頭部外傷等と診断された後、多様な精神障害が発症し、事故から３年後に呼吸麻痺で死亡した事案について、「被害者に対する加害行為と加害行為前から存在した被害者の疾患とがともに原因となって損害が発生した場合において、当該疾患の態様、程度などに照らし、加害者に損害の全部を賠償させるのが公平を失するときは、裁判所は、損害賠償の額を定めるに当たり、民法722条２項の規定を類推適用して、被害者の疾患をしんしゃくすることができる」とした。

29　最判平成８年10月29日民集50巻９号2474頁。平均的体格に比して首が長く多少の頸椎の不安定症がある被害者が追突され、左胸郭出口症候群やバレリュー症候群を生じ、その症状の悪化拡大に心因的要素も存在したという事案において、「被害者が平均的な体格ないし通常の体質と異なる身体的特徴を有していたとしても、それが疾患に当たらない場合には、特段の事情の存しない限り、被害者の右身体的特徴を損害賠償の額を定めるに当たり斟酌することはできない」とした。

272　第 2 部　人身傷害保険の諸相

ていた自動車が追突したが、通常であれば被害者の傷害はむちうち症（外傷
性頚部症候群）程度であると判断されるところ、被害者が重度の心臓疾患を
有していたために死亡してしまったというケースを考える。この場合、最判
平成 4 年 6 月25日[30]の判旨からすると、過失相殺規定を類推適用して、心臓
疾患が死亡という結果発生に寄与した割合を損害賠償額から控除することに
なりそうである。もっとも、同判旨には「当該疾患の態様、程度などに照ら
し、加害者に損害の全部を賠償させるのが公平を失するとき」という条件が
付されており、この部分の解釈次第では素因減額の可否の判断に影響を与え
ることもありうると思われる。

2．人身傷害保険の局面

(1)　約款規定

　　上記で取り上げた具体例、すなわち、被保険者である被害者が運転して
いた自動車に加害者が運転していた自動車が追突したが、通常であれば被
害者の傷害はむちうち症（外傷性頚部症候群）程度であると判断されると
ころ、被害者が重度の心臓疾患を有していたために死亡してしまったとい
う場合、人身傷害保険においてはどのように取り扱われるか。
　　現在の損害保険実務においては、このようなケースには以下の条項[31]（以
下「限定支払条項」という。）を適用することが通常であると思われる。

　　　当会社は、下表のいずれかに該当する事由により、第 1 条（この条項
　　の補償内容）(2)の傷害が重大となった場合は、その事由がなかったとき
　　に相当する額を損害の額として決定して保険金を支払います。
　　　①　被保険者が第 1 条(2)の傷害を被った時に、既に存在していた身体
　　　　の障害または疾病が影響したこと

　　これによれば、人身傷害保険では死亡保険金は支払われず、被保険者が
心臓疾患を有していなかったであれば被ったであろう損害を仮定して、傷
害保険金や後遺障害保険金を算定して支払うことになる。

30　前掲（注28）。
31　東京海上日動社約款・前掲（注 2 ）第 2 章第 4 条(7)。

第3章　人身傷害保険と疾病　　*273*

　ここで注意すべきは、この限定支払条項によれば、かならずしも既存の疾病や障害の寄与率に比例した減額になるのではないということである。すなわち、被害者の被った損害が傷害のみであり、元の傷害による入院日数が10日間、既存疾病による加重部分が10日間というような場合には、既存疾病の寄与率に比例した減額が行われることになるが、ここで想定したような元の事故では傷害のみであるにもかかわらず既存疾病によって加重されたことで死亡という結果が生じたような場合には、死亡保険金の割合的減額が行われるわけではない。

　その意味で、損害賠償の局面での素因減額の結果と、人身傷害保険の局面での限定支払条項適用の結果は必ずしも一致しない。

　また、限定支払条項は、損害賠償の局面での素因減額と結果的に同じ機能を有することもあるが、素因減額を規定した条項ではない。素因減額は損害の負担における加害者と被害者の間の衡平という理念から行われるものであるのに対して、限定支払条項はそのような理念から規定されているのではない。あくまで、疾病ではなく事故による身体障害を担保するという傷害保険の保険商品としての特性から規定されたものである。

　その意味で、この限定支払条項は損害保険会社が引受けている傷害保険約款に一般的に付されているものであり[32]、人身傷害保険に特有の規定ではない。本条項は自動車保険中の他の傷害保険、すなわち、自損事故保険[33]や搭乗者傷害保険[34]にも入っている[35]。

　なお、生命保険会社の傷害保険においてはこのような限定支払条項は規定されていない。その一方で、対象となる不慮の事故の定義の中で「急激かつ偶発的な外来の事故（ただし、疾病または体質的な要因を有する者が、軽微な外因により発症しまたはその症状が増悪したときには、その軽微な外因は急激かつ偶発的な外来の事故とはみなしません。）」と規定している。この但書は、限定支払条項とはその位置づけや効力において違いがあるが、被保険者が有する身体内部的要因を除外するという意味では、限定支払条項と同様の方向性を有しているといえる。

32　たとえば、損害保険料率算出機構が策定した標準約款の傷害保険普通保険約款第10条。
33　自動車保険標準約款第2章第11条。
34　自動車保険標準約款第4章第11条。
35　ただし、後述のように無保険車傷害保険には本条項は入っていない。

274　第 2 部　人身傷害保険の諸相

(2)　判例

　このように、限定支払条項と素因減額とは異なるものであるが、人身傷害保険は自動車事故の損害賠償と密接な関係があるところから、限定支払条項と素因減額との関係が争われることがある。以下のように、近時、この問題を扱った下級審判例が出ている。

ア．大阪地判平成24年 9 月19日交民45巻 5 号1164頁（判例Ａ）[36]

　本件は、人身傷害保険の被保険者がタクシー乗車中に追突され頸椎捻挫の傷害を負ったが、その後、脊髄症状を発症し後遺障害等級表 5 級 2 号[37]の後遺障害が残ったものである。被保険者にはもともと後縦靭帯骨化症の素因があって事故前には無症状であったが、事故を契機として経時的に頸椎後縦靭帯骨化症による脊髄症状を発症したものであると認定されている。被保険者は人身傷害保険金を受け取ったが、さらに、加害者に対して損害賠償請求訴訟を提起した。また、人身傷害保険金を支払った保険者も加害者に対して請求権代位条項に基づき提訴した。本件の主な争点は、①素因減額の可否及びその割合、②人身傷害保険金が素因減額部分に優先的に填補されるか、である。

　これに対して判旨は、①については 5 割の素因減額を認め、②については、以下のように判示して、人身傷害保険金は素因減額による減額部分から優先的に充当されると解釈することはできないとした。

　　本件保険契約の約款の人身傷害条項は、その文理上、自動車事故による人身損害に対して人傷保険金を支払うが、素因があった場合は、支払う人傷保険金は素因がない場合の損害相当額であると定めていることが明確であり、素因がある場合の人傷保険金は、素因がない場合の人身損害（素因減額後の損害）を対象として支払われるものと解するほかない。

　　原告は、過失相殺の場合との類似性を指摘するが、同約款上、過失

36　判批として、肥塚肇雄・損害保険研究76巻 4 号401頁（2015）がある。なお、藤村和夫「人身傷害保険と素因減額」『民事法学の歴史と未来』80頁以下（成文堂、2014）でも本判例を検討している。

37　神経系統の機能または精神に著しい障害を残し、特に軽易な労務以外の労務に服することができないもの。

に関しては素因と同様の規定（過失があった場合は、支払う人傷保険金は過失相殺後の損害相当額である旨の規定）がない以上、支払われる人傷保険金は自動車事故による人身損害の全体を対象としたものと解されるのに対し、素因に関しては上記規定がある以上、扱いが異なるのは当然であり、不公平とはいえない。法の適用関係としても、素因減額の場合は通常は民法722条が類推適用されるにすぎず、過失相殺と同じく同条が適用されるわけではない。実質的にみても、自動車事故の被害者側にも過失があったとしても、その際に生じた人身損害が当該事故を原因として生じたことに変わりはないのに対し、素因があった場合は、その際に生じた人身損害は当該事故と素因の両者を原因として生じたものといえるのであり、必ずしも人身損害の全体が当該事故によって生じたとはいえない（例えば、割合的因果関係を肯定する立場からは、因果関係レベルの問題として、素因による部分は「自動車事故による人身損害」ではないと扱われることになると解される。）のであって、本来的には過失と素因とは異質なものである。

　また、原告が指摘する同約款の一般条項23条1項は、「その損害に対して支払った保険金の額の限度内で、かつ、被保険者等の権利を害さない範囲内で」と定めているのであり、この規定から、被保険者が保険金と損害賠償金を併せて損害の全部の填補を受けられるようにしたものと解するのは飛躍がある。この一般条項と人身傷害条項からは、過失があった場合は、人傷保険金は人身損害の全体（過失相殺による減額分を含む。）を対象として支払われ、それを、過失相殺後の損害部分から充当するか、過失相殺による減額部分から充当するかなど、複数の充当方法が考えられるところ、被保険者等の権利を害さない範囲で充当していくと定めているのであるから、まずは過失相殺による減額部分から優先的に充当することが導かれるのに対し、素因があった場合は、人傷保険金は素因がない場合の人身損害（素因減額による減額部分を含まない。）を対象として支払われるにすぎないから、それを、まずは素因減額による減額部分から優先的に充当するという解釈を導くことはできないし、これをもって被保険者等の権利（被保険者等は、もともと、加害者に対して素因減額後の損害部分しか請求できないことはもとより、保険契約上、人傷保険金としても素因減額後の損害部分しか支払を受けられないこととなっている。）を害するものとはい

えない。

イ．大阪地判平成25年10月3日自保ジャ1918号158頁（判例B）

本件は、人身傷害保険の被保険者が歩行中に自転車と接触して転倒し、左環指関節脱臼で後遺障害等級表14級9号[38]の後遺障害が残ったとして加害者に損害賠償請求訴訟を提起したものである。被保険者は本件事故前に同じ左環指関節に脱臼症状がありこれの手術を受けていたので、加害者は素因減額を主張した。また、被保険者は本件事故について人身傷害保険金を受け取っており、この保険者も加害者に対して請求権代位に基づく請求をしている[39]。本件の主な争点は、①素因減額の可否及びその割合、②人身傷害保険金が素因減額部分に優先的に填補されるか、である。

これに対して判旨は、①については5割の素因減額を認め、②については、以下のように判示して人身傷害保険金は素因減額部分に充当されるとした。

保険者は、人身傷害補償保険金[40]として19万4,519円を支払ったとして、保険代位にもとづく請求をするところ、保険者と被保険者はともに、素因減額が行われた場合には、人身傷害補償保険金は素因減額によって被保険者の負担となった部分に充当される旨主張しており、被保険者と保険者との間においてそのような合意があったものと認められる。この合意は加害者の支払総額に影響を与えるものではなく、また保険契約者である被保険者にとって不利になるものでもないから、特段このような合意の効力を否定すべき理由はない。そうすると、本件においては被保険者らの意向に沿う形で代位に関する処理を行うべきものである。

そうすると、保険者が支払った19万4,519円については、加害者の負担部分ではなく、被保険者の負担部分に先に充当されることとなる。

38　局部に神経症状を残すもの。

39　人身傷害保険の対象は自動車または原動機付自転車の運行に起因する事故であることが通常であり、本件において、自転車事故に対して人身傷害保険金が支払われた経緯は不明である。

40　本判決文では「人身傷害保険」ではなく「人身傷害補償保険」と表記している。

第3章　人身傷害保険と疾病　*277*

　　そして、本件における素因減額の金額は保険金支払額を大きく上回っ
　　ているから、同保険金について加害者負担部分に充当される部分はな
　　く、被保険者の請求について既払金としての取扱いをすべき部分は残
　　らない。

ウ．大阪地判平成25年11月21日交民46巻6号1479頁（判例Ｃ）

　　本件は、人身傷害保険の被保険者が自動車を運転中に加害者が運転す
　る自動車に追突され、頸椎捻挫及び背部打撲の傷害を被ったとして加害
　者に対して損害賠償請求訴訟を提起したものである。被保険者は本件事
　故の直前まで鬱病及びパニック障害の治療を継続してきており、このた
　め、加害者はこれによる心因性の素因減額を主張した。また、被保険者
　に対して人身傷害保険金を支払った保険者も、加害者に対して請求権代
　位にもとづいて提訴している。本件の主な争点は、①素因減額の可否及
　びその割合、②加害者の被保険者に対する損害賠償額として素因減額後
　の金額から人身傷害保険金を差し引くべきか、である。

　　これに対して判旨は、①については1割の素因減額を認め、②につい
　ては、以下のように判示して素因減額後の金額から人身傷害保険金を差
　し引くことを認め、これによって保険者の請求権代位による請求は支払
　った人身傷害保険金全額の範囲で認めた。

　　　本件において、被保険者と保険者との間で損害の填補に関する特段
　　の合意があったとは認められないところ、本件保険契約の約款の人身
　　傷害条項は、自動車事故で身体に傷害を被ることによって生じる損害
　　に対して人身傷害保険金を支払うが、上記傷害を被った時に既に存在
　　していた身体の障害または疾病があった場合で、同障害または疾病の
　　影響により、上記傷害が重大となった場合は、その影響がなかったと
　　きに相当する金額を支払うとされている。したがって、上記条項は、
　　素因によって拡大した損害を人傷保険金でまかなうことが予定されて
　　いるとはいえない。よって、前記素因減額後の金額から、上記人身傷
　　害保険金を差し引く。

(3) 判例の検討

ア．限定支払条項不適用の際の請求権代位の範囲

上記 3 判例に共通するのは、いずれも、被保険者（被害者）の加害者に対する損害賠償請求および人身傷害保険金を支払った保険者の請求権代位に基づく請求の局面における問題であって、被保険者の人身傷害保険者に対する保険金請求における限定支払条項の適用の可否が争われているわけではないことである。これは、そもそも、人身傷害保険金の支払段階では限定支払条項を適用していないことによるのではないかと推測する[41]。しかし、そうであるとすると、判例ＡおよびＣのように、加害者に対する損害賠償請求の局面で、支払われた人身傷害保険金は素因減額部分には充当せずに加害者負担部分に充当するということには疑問がある。

まず、限定支払条項が適用された場合を考える。この場合、保険金は加重傷害部分（損害賠償の局面では素因減額の部分）を除いた部分に対する支払いということであるから、それは素因減額の部分には充当されない（すなわち、加害者負担部分に充当される）と解することができよう[42]。

これに対して、保険金支払の局面で限定支払条項を適用しなかった場合には、保険金は加重傷害部分を含む全ての損害に対する支払いと見ることができるので、請求権代位の局面では、たまたま素因減額が行われたとしても、差額説の観点から素因減額の部分に優先して充当されると解するべきである。限定支払条項を適用しなかったということは、保険者としては、保険金支払の段階では既存の疾病や障害が被保険者の傷害の程度に影響しなかったと判断したわけであり、後に損害賠償の段階で裁判所によって素因減額が認められたからといって、その利益を享受するというのは信義に反すると考えられる。

もっとも、人身傷害保険における算定損害額が保険金額を大幅に超過

41　判例Ｃの判決文では人身傷害保険金の内訳が示されており、そこから限定支払条項を適用してないことが推定される。判例ＡおよびＢについては人身傷害保険金の内容が不明であるが、限定支払条項を適用したという記述はない。

42　これに対して、限定支払条項が適用された場合でも、請求権代位の局面では支払保険金は素因減額部分に優先充当すると解すべきとの説がある（榎本光宏「判批」法曹時報66巻 6 号261頁（2014））。

第3章　人身傷害保険と疾病　　*279*

するため、限定支払条項を適用してもしなくても支払保険金の額は変わらないという場合もありうる（判例Ａはこのようなケースかもしれない）。しかし、この場合にも保険者としては被保険者に保険金を支払う段階で限定支払条項適用の有無を伝えるべきであり[43]、それが行われない場合には限定支払条項は適用されなかったと判断されてもいたしかたあるまい。

イ．当事者間の合意

　結果的にみると、判例Ａ、Ｃと判例Ｂで結論が分かれた。判例Ｂでは、素因減額が行われた場合には、人身傷害保険金は素因減額によって被保険者の負担となった部分に充当されるという合意が保険者と被保険者との間にあったと認定されたが、判例Ａ、Ｃではそのような合意は認定されなかったことが、結論が分かれた原因である。

　判例Ｂの保険者が如何なる意図でこのような合意を行ったのかは明確でないが、限定支払条項を挿入している保険者の一般的な意図としては、上記のように限定支払条項が適用される場合には人身傷害保険金は加害者の負担となった部分に充当するということであろう。しかし、支払保険金額が少額であってコスト的に請求権代位を行うことが考えられないような場合など、被保険者の立場に配慮してこのような合意を行うことはあるかもしれないし、また、請求権代位における被保険者との間の無用な紛争を回避するという観点から政策的に行うこともありうるであろう。

ウ．心因的素因の扱い

　限定支払条項が素因減額における身体的素因のうちの疾患を対象としていることは、「既に存在していた身体の障害または疾病」という文言からして明確である。これに対して、心因的素因が限定支払条項の対象となるのかはかならずしも明確でない。条文通りに解すれば、疾病に該当するような心因的素因は対象となり、それ以外は対象外ということになろう。

43　人身傷害保険金支払実務においては、保険金の額の算定過程を被保険者に提示しているのではないかと思う。

判例Cでは、心因的素因が問題となったが、ここでは鬱病やパニック障害という精神疾患であるところから限定支払条項の適用があると解される。

エ．人身傷害保険における限定支払条項の適用
　判例Aでは、原告は素因減額について過失相殺と同様に扱うべきであると主張している。人身傷害保険はノーフォルト保険である以上、過失相殺を行わないことは当然である。一方で、人身傷害保険は急激かつ偶然な外来の事故を保険事故とする傷害保険商品として構成されており、そこから疾病リスクを除外することになる。このような理由から、人身傷害保険においては過失相殺と素因減額とを分けて扱うことになる。このような観点から限定支払条項が挿入されているのであり、その文言上、素因減額を過失相殺と同様に扱うことは無理である。もっとも、人身傷害保険に限定支払条項を置くこと自体の適否については、後述のように議論がありうる。

第4節　小括

1．サード・パーティ型制度からの填補との比較

　人身傷害保険はファースト・パーティ型のノーフォルト保険である。本保険の商品性としては、ファースト・パーティ型保険であることにより被害者は自分で付保した保険者から迅速な損害填補を受けることができるという手続き面でのメリットもさることながら、ノーフォルト保険であることによりサード・パーティ型制度からの填補よりも手厚い給付が得られる（被害者自身の過失の存在による減額が行われない）という填補内容面でのメリットが最も重要な特長といえる。このような人身傷害保険の商品性からすると、填補内容についてサード・パーティ型制度より劣る部分があることは望ましいことではない。このような視点から、本章で取り上げた疾病が関与するケースを再検討してみる。
　まず、自動車事故の原因に被保険者の疾病が関与していた場合を考える。最高裁判例の解釈に従えば、このケースでは疾病免責条項の適用の問題とな

るが、疾病と被保険者の被った損害との間に相当因果関係があれば保険者免責となり、人身傷害保険からの填補は皆無となる。

この場合、自損事故であればサード・パーティ型制度からの填補もなされないので、この部分では人身傷害保険のカバーはサード・パーティ型制度のそれと同じである。

一方、相手車が存在する場合には、前記のように相手車の運行供用者の責任が発生する可能性があり、過失相殺の類推適用がなされたとしても、被保険者としてはなんらかの填補を受けられる可能性はある。したがって、全面免責としている人身傷害保険のカバーは、この点ではサード・パーティ型制度よりも劣っていると評価される場合がありうる。

次に、既存疾病によって被保険者の傷害が重篤になった場合はどうか。人身傷害保険では限定支払条項が適用される結果、既存疾病の影響がない部分についてのみ填補が行われる。

これに対して、サード・パーティ型制度においては素因減額が適用されることになり[44]、その意味では、人身傷害保険のカバー範囲はサード・パーティ型制度による填補と同様であると評価されるようにみえる。しかし、前記で示したように、素因減額においては素因の寄与割合に比例した減額がなされるのに対して、限定支払条項においてはかならずしも比例的な減額ではなく、結果的に素因の寄与割合よりも大きな減額がなされる可能性が大きい。そして、その場合には人身傷害保険のカバーはサード・パーティ型制度からの填補に及ばないことになる。

2．人身傷害保険における疾病の扱いの検討

このような人身傷害保険のカバーにおける陥穽（サード・パーティ型制度からの填補よりも劣る部分があること）は、前述のように人身傷害保険が傷害保険の一種として構成されていることに由来する。そこでは、急激かつ偶然な外来の事故を保険事故とし、疾病免責条項や限定支払条項を置くことで、疾病の要素を徹底的に排除している。したがって、人身傷害保険のコンセプ

44　ただし、自賠責保険においては実務上素因減額を行っていないとのことである。なお、自賠責保険の支払基準には因果関係の有無の判断が困難な場合には５割減額する（逆にいうと、事故と傷害との因果関係が完全に立証されなくとも５割は支払う）という規定があるが、これは素因減額とは局面を異にする。

トの観点から上記の陥穽を除去しようとすれば、人身傷害保険の担保内容に
（程度の差こそあれ）疾病リスクを持ちこまざるを得ず、基本的な商品設計
を変更する必要がある。

　そもそも、傷害保険の商品であるからといって、保険事故の定義に急激性、
偶然性、外来性といういわゆる傷害事故三要件を規定し、また疾病免責条項
や限定支払条項を付することが必須のものであるわけではない。たとえば、
無保険車傷害保険は加害者が負担する損害賠償責任の額を支払うという約款
構成をとり、疾病免責条項や限定支払条項を置いていない。この保険では、
保険事故として「無保険自動車の所有、使用または管理に起因して」、被保険
者が死亡しまたは後遺障害が生じることと定義しており[45]、傷害事故三要件
は規定されていない。これは、対人賠償責任保険の保険事故である「被保険
自動車の所有、使用または管理に起因して他人の生命または身体を害するこ
と[46]」という表現をそのまま採用したものである。

　人身傷害保険の開発時、無保険車傷害保険と同様の保険事故の規定にする
ことも可能であったと思われるが、結果的には一般的な傷害保険の保険事故
規定である傷害事故三要件方式を採用し、さらに、疾病免責条項や限定支払
条項を挿入することとなった[47]。おそらく、これらの規定は傷害保険実務に
おいて長年使用されてきており、その解釈についても判例や保険実務の積み
重ねがあることを勘案したものと思われる。

　しかし、人身傷害保険の保険事故の規定については、傷害事故三要件方式
よりも対人賠償責任保険方式の方が、ファースト・パーティ型ノーフォルト
自動車保険によるサード・パーティ型制度からの填補の代替という人身傷害
保険のコンセプトに、より適合するように思える。その意味で、人身傷害保
険が登場して以来、保険金支払に係る判例、実務も蓄積されてきた現在、あ
らためて傷害事故三要件方式を見直して独自の保険事故の定義を検討しても
よいのではないかと考える。また、無保険車傷害保険のように疾病免責条項
や限定支払条項を削除することも検討の余地があると思われる。このような
商品においては、傷害保険でありながら結果的に疾病リスクを担保すること
になるが、それはあくまで自動車事故に関係するものに限定されるのであり、

45　自動車保険標準約款第3章第1条。
46　自動車保険標準約款第1章1条。
47　ただし、疾病免責条項は外来性に関する平成19年7月および10月最判が出た後に
　　挿入された。

傷害保険の本質論から否定されるべきとはいえないと考えられる。

　仮に、約款構成を見直して人身傷害保険に自動車事故に伴う疾病リスクが持ちこまれた場合、実務的に問題となるのは危険選択（アンダーライティング）である。人身傷害保険は自動車保険の一部として引受けられており、被保険者の疾病リスクについて危険選択を行うための告知義務（既往症等）が課されていない。このため、個々の被保険者が有するリスクに応じた保険料率設定、すなわち、給付反対給付均等原則に基づく危険選択は不可能である。これを可能ならしめようとすれば自動車保険の引受時に疾病リスクについての告知義務を課すことになるが、そのような対応は実務的にみて望ましいとは言い難い。

　自動車事故に伴う疾病リスクの量は自動車事故全体のリスク量からみて極めて限定されており、その意味で、人身傷害保険における疾病リスクに限れば、個別契約における危険選択の必要性がそれほど高いとは思えない。したがって、この問題は収支相等原則に基づき全体としての保険料率水準の設定の中で対応することが適当であると思われる。

第３部

わが国におけるノーフォルト自動車保険制度

第3部　わが国におけるノーフォルト自動車保険制度

　第3部では、「わが国におけるノーフォルト自動車保険制度」として、わが国における自動車事故被害者救済制度のノーフォルト化について考察する。まず、第1章では自動車事故被害者救済に係るわが国の現行制度の概要とその課題を概観する。次に第2章では、現在までなされてきたわが国におけるノーフォルト自動車保険制度の提案を整理する。そして第3章において、現行制度のノーフォルト化について検討する。なお、第2部で取り上げた人身傷害保険もファースト・パーティ型ノーフォルト自動車保険として位置づけられているが、あくまで任意自動車保険の一つである。これに対して、ここで取り上げるノーフォルト化とは強制保険制度を含む制度全般のノーフォルト化のことである。また、その検討対象は主として人身事故とし、必要に応じて物損事故にも言及する。

第1章　現行制度の概要と課題

第1節　序説

　本章では、わが国の現行の自動車事故被害者救済制度についてのノーフォルト化を検討する前提として、その現状と課題を概観する。

288　第3部　わが国におけるノーフォルト自動車保険制度

表3-1-1　自動車人身事故被害者救済制度と財源負担者

制　　度		財源負担者
サード・パーティ型制度	自賠責保険	潜在的加害者
	任意対人賠償責任保険	
	政府保障事業	
	NASVA被害者支援事業*	
	無付保	加害者
ファースト・パーティ型制度	自動車傷害保険	潜在的被害者
	生命保険、傷害保険、所得補償保険等	
	無付保	被害者
その他の制度	社会保険・生活保護等	潜在的被害者、国庫等

＊NASVA：独立行政法人自動車事故対策機構

　わが国の自動車人身事故被害者救済制度は表3-1-1のように複数の制度から成り立っており、各制度について異なる財源負担者が認められる。ここで、サード・パーティ型制度とは自動車事故加害者[1]（責任保険が付保されている場合は潜在的加害者）が被害者救済の財源を負担する制度であり、ファースト・パーティ型制度とは被害者自身（保険が付保されている場合は潜在的被害者）が救済財源を負担する制度である。

　以下、サード・パーティ型制度、ファースト・パーティ型制度の順で、被害者救済という視点からそれぞれの制度の現状と課題をみてゆく。

第2節　サード・パーティ型制度

　サード・パーティ型制度では、自動車事故の加害者等に被害者救済の責任を負わせ、その責任負担を前提として、責任負担者が付保した損害保険（責任保険）でこれを填補することになる。以下では、サード・パーティ型制度の前提となる責任制度と、損害保険などの資力確保制度に分けて論じる。

1　必ずしも、加害行為の実行当事者とは限らない。たとえば、加害自動車の所有者は、自身が運転していない場合にも、運行供用者として被害者救済の責任を負うことがある（自賠法3条）。

１．責任制度

　責任制度における問題は、責任を負う主体と、その主体が責任を負う要件である。なお、ここで責任を負う主体とは、必ずしも加害行為の実行当事者（多くの場合は加害自動車の運転者）とは限らない。また、これらの者と責任保険を付保し最終的に財源を負担する者とが一致するとも限らない（ただし、無付保の場合は責任負担者と財源負担者は一致する）。このような、加害行為実行当事者、責任負担者、財源負担者の乖離問題は、自動車人身事故被害者救済制度の制度設計において重要な論点となりうる。

　わが国の自動車事故責任制度は、理論的には民法709条を中心とした不法行為制度が一般制度となり、これに対して自動車損害賠償保障法（自賠法）などの特別法による制度が特別制度と位置付けられる。しかし現実には、ほとんどの事案で自賠法の制度によって紛争解決がなされており、民法の一般制度が適用される事例は少ない。また、自賠法以外の特別法（たとえば、製造物責任法）の制度が適用される事案も例外的である。

(1)　不法行為制度
ア．責任を負う主体

　　　不法行為制度により責任を負う主体は、原則として「故意又は過失によって他人の権利又は法律上保護される利益を侵害した者」(民法709条)であり、これはほとんどの場合、加害行為の実行当事者と一致する。自動車事故の場合には、加害自動車の運転者がこれに該当することが多い。自動車事故の原因が土地の工作物の設置又は保存の瑕疵である場合には当該工作物の占有者が責任を負担するが（民法717条1項本文)、この者も加害行為の実行当事者と認められることが多いであろう[2]。

　　　一方、加害行為の実行当事者以外の者に責任を負担させる場合として、責任無能力者の監督義務者（民法714条）、使用者（民法715条）、請負人の注文者（民法716条）、土地の工作物の所有者（民法717条1項但書)、実行行為者以外の共同不法行為者(民法719条)が民法上規定されている。

2　また、極めて稀ではあるが、自動車事故において動物の占有者の責任が発生する可能性も否定できない（民法718条、自動二輪車の事故について犬の飼い主の損害賠償責任を認めた判例として京都地判平成19年8月9日LEX/DB28132000がある)。この場合も加害行為の実行当事者と認められることがあろう。

イ．責任要件

　不法行為制度の基本である民法709条の責任要件は、故意又は過失によって他人の権利又は法律上保護される利益を侵害することである。このうち、自動車人身事故においては「他人の権利又は法律上保護される利益を侵害する」という要件が問題となることはほとんどない。被害者の損害は、身体傷害、後遺障害、死亡であり、これらは同条により保護される利益の侵害であることは明確だからである。

　自動車人身事故において問題となるのは、「故意又は過失によって」の要件である。本要件の立証責任は被害者側にあると考えられるが、自動車人身事故の被害者が加害者の故意又は過失を立証することは容易ではない。加害者は加害車両の中におり、被害者が事故時の加害者の行動を把握することは困難だからである。

　これに対して、加害行為の実行当事者以外の者に責任を負担させる規定においては、責任負担者の過失等の立証責任を被害者側から責任負担者側に転換し（民法714条、715条、717条1項の占有者）、もしくは責任負担者の過失等を要件としない（民法717条1項の所有者）規定がある。しかし、たとえば自動車事故において最も適用可能性が高いと思われる民法715条で使用者の責任が認められるためには、その前提として加害行為の実行当事者である被用者の民法709条責任が認められる必要があり[3]、その意味で被害者が使用者責任を追及することはやはり容易ではない。

ウ．免責事由

　民法では、不法行為責任が発生しない場合として、加害行為実行当事者が未成年者で自己の行為の責任を弁識するに足りる知能を備えていなかったとき（民法712条）、精神上の障害により自己の行為の責任を弁識する能力を欠く状態にある間に他人に損害を加えた場合（民法713条）、正当防衛又は緊急避難に当たる場合（民法720条）を規定している。このうち、自動車事故で最も問題となりうるのが民法713条である。運転中に癲癇発作を起こして意識不明に陥った場合や、薬物使用による意識障害

3　判例・通説である（大判大正4年1月30日刑録21輯58頁、加藤一郎編『注釈民法19 債権10』292頁［森嶋昭夫］（有斐閣、1965））。

などが考えられる。もっとも、同条但書では「故意又は過失によって一時的にその状態を招いたとき」は免責されないとされており、薬物運転等はこれに該当することが多いと思われる。一方、癲癇発作等の場合には本条但書の適用可否が問題となるが、運転者が事前に自己の癲癇等の病状を認識していた場合には本条但書が適用される可能性もある[4]。

エ．賠償額の減額

　被害者側に過失があった場合は過失相殺が行われ、賠償額が減額される（民法722条2項）。法文上は、減額を行うかどうか、及びその減額の程度については裁判官の裁量とされているが、自動車事故損害賠償の実務においては事故態様により減額割合が定型化されている[5]。伝統的な英米法における寄与過失（contributory negligence）では、被害者にわずかでも過失があれば賠償は一切認められない[6]。これとの比較では、わが国の過失相殺制度は過失の程度に応じた減額であるので、被害者と加害者との当事者間の公平性の観点からは合理的な制度という評価となろう。しかし、被害者救済の観点からは、加害者から填補されない損害が残ることになり、この損害については、社会保険や被害者自身が付保した傷害保険等により填補がなされなければ被害者の自己負担となる。

(2)　自賠法による制度

　自賠法は、第二次大戦後の日本経済復興により自動車保有台数が増加しそれにより自動車事故も増加してきたことを踏まえて、自動車事故被害者の保護と自動車運送の健全な発達に資することを目的として（自賠法1条）、1955年に制定された。同法の眼目は、①運行供用者責任の導入による不法行為制度の修正、②強制保険制度の導入による加害者の賠償資力の確保、③政府保障事業の創設による強制保険制度適用漏れ被害者の救済、の三つである。

4　癲癇発作による事故について運転者の責任を認めた近時の事例として、宇都宮地判平成25年4月24日判時2193号67頁がある。

5　東京地裁民事交通訴訟研究会編『民事交通訴訟における過失相殺率の認定基準（全訂五版）（別冊判例タイムズ38）』（判例タイムズ社、2014）が訴訟外の実務においても使用されている。

6　もっとも、現在では多くの法域において比較過失（comparative negligence）制度が採用されており、過失の程度に応じた減額がなされている。

292　第3部　わが国におけるノーフォルト自動車保険制度

　このうち、以下では①について述べる。ここで問題となるのは以下の条文である。

　　自賠法3条
　　　自己のために自動車を運行の用に供する者は、その運行によつて他人の生命又は身体を害したときは、これによつて生じた損害を賠償する責に任ずる。ただし、自己および運転者が自動車の運行に関し注意を怠らなかつたこと、被害者又は運転者以外の第三者に故意又は過失があつたこと並びに自動車に構造上の欠陥又は機能の障害がなかつたことを証明したときは、この限りでない。

　　自賠法4条
　　　自己のために自動車を運行の用に供する者の損害賠償の責任については、前条の規定によるほか、民法(明治29年法律第89号)の規定による。

ア．責任を負う主体
　　自賠法3条により損害賠償責任を負う主体は、「自己のために自動車を運行の用に供する者(運行供用者)」である。民法709条が加害行為の実行当事者を責任主体としているのに対して、運行供用者は必ずしも加害行為の実行当事者とは限らない。たとえば、会社所有の運転手つき役員用自動車が事故を起こした場合、その運転手は加害行為の実行当事者として民法709条の不法行為責任の主体となるが、自賠法上は「他人のために自動車の運転に従事する者」として「運転者」となると規定されており(自賠法2条4項)、運行供用者ではないので自賠法3条の責任は負わない。この場合の帰責主体である運行供用者は、自動車所有者である当該会社となろう[7]。
　　このように、加害行為の実行当事者とは別に運行供用者という責任主体を規定したのはドイツ道路交通法(Strassenverkehrsgesetz)7条の保有者(Halter)概念を参考にしたとされているが[8]、わが国においては

7　その他に、当該自動車に搭乗していた役員も運行供用者となる可能性もある。
8　潮見佳男『不法行為法Ⅱ(第2版)』309頁(信山社、2011)。

自賠法制定以来、運行供用者概念について判例・学説で議論されてきている[9]。判例[10]、通説[11]によれば、運行供用者とは事故を起こした自動車（加害車両）について「運行支配」と「運行利益」が帰属する者をいうとしている[12]。

このメルクマールによって運行供用者とされた者を責任主体とすることが、加害行為の実行当事者を責任主体とするよりも、被害者救済や事故抑止の観点から、制度設計として優れているのかどうかについては必ずしも明確ではない。まず、自家用自動車の所有者が自ら運転中に事故を起こしたという典型的な事例では、加害行為の実行当事者と運行供用者は同一となる。一方、所有者から自動車を借用した者が事故を起こした場合には、所有者と借用者双方が運行供用者とみなされる可能性があり[13]、その場合には責任主体が複数になるので被害者救済に資するといえよう。これに対して、前述の会社の役員車の運転手が事故を起こした場合には、運転手は責任主体ではなく、会社のみが運行供用者として責任主体となる。この場合、賠償資力という観点からは運転手個人よりも会社を責任主体とした方が被害者救済に資するといえるが、事故抑止の観点からは加害行為の実行当事者である運転者に責任を負わせる方が効果的であるとも考えられる。

イ．救済対象となる被害者

運行供用者責任制度によって救済対象となる被害者は、自賠法3条にいう「他人」である。判例によれば、この「他人」とは「自己のために自動車を運行の用に供する者および当該自動車の運転者を除く、それ以

9　潮見・前掲（注8）311頁以下参照。

10　本説を採用した嚆矢と思われる最判昭和43年9月24日判タ228号112頁以降、多くの判例がある。近時のものとして、最判平成9年11月27日判時1626号65頁がある。

11　川井健他『注解交通損害賠償法（新版）』41頁［青野博之］（青林書院、1997）等。

12　この見解を二元説と称する。これに対して、運行供用者の判断基準としては「運行支配」のみを用い、「運行利益」は運行支配の一徴表として位置づける見解を一元説と称する。なお、判例は現在も基本的には二元説を維持しているが、実際には運行支配を中心に判断しており、一元説と結論的には大差がないとの指摘がある（北河隆之他『逐条解説自動車損害賠償保障法』21頁［北河隆之］（弘文堂、2014））。

13　最判昭和50年5月29日判時783号107頁は、自動車を賃貸したレンタカー業者の運行供用者性を認めている。

外の者」とされている[14]。当該自動車の運転者については、加害行為の実行当事者であるので、民法の不法行為制度においても救済対象とはならないと思われる。これに対して、被害者である運行供用者については不法行為制度では救済対象となりうる者が運行供用者責任制度では救済対象とならない可能性がある。すなわち、運行供用者が当該自動車事故により人身損害を被った場合にも、他に運行供用者とされる加害行為の実行当事者が存在する場合には、不法行為責任を追及することは可能だが、運行供用者責任を追及することはできないことになる。具体的には、自動車の所有者が助手席に搭乗し、借り受け人が運転している間に自損事故を発生させ、助手席の所有者が負傷した場合などが考えられる。

　もっとも、このような共同運行供用者間の事故については一律に運行供用者責任を排除するのではなく、各運行供用者の属性や事故時の状況を考慮して責任の有無を判定するという判断枠組みが判例によって形成されてきている[15]。これによれば、運行供用者と認められる者が被害者となった場合でも自賠法3条で救済されうる場合があることになる。しかし、この判断枠組みにおいても依然として救済されない被害者が存在することも確かである。

　なお、加害行為の実行当事者自身が被害者となるような事例（車両単独事故で運転者自身が負傷した場合等）では不法行為責任による救済はなされないが、この点は運行供用者責任においても同様である。

ウ．責任要件

　運行供用者責任の要件は、「運行によって他人の生命又は身体を害した」ことのみである。ここでは故意・過失要件を削除したことにより、不法行為責任に比較して被害者の立証負担が大幅に削減されている。この点は、まさに、被害者救済を目的とした自賠法の肝といえる。

　一方で、自賠法3条の但書により運行供用者責任が発生しない場合がある。すなわち、①自己および運転者が自動車の運行に関し注意を怠らなかったこと[16]、②被害者又は運転者以外の第三者に故意又は過失があ

14　最判昭和42年9月29日判時497号41頁。

15　著名なものとして、最判昭和50年11月4日民集29巻10号1501頁（代々木トルコ事件）、最判昭和57年11月26日民集36巻11号2318頁（青砥事件）などがある。

16　この免責要件があることにより、運行供用者責任の性格として完全な無過失責任

ったこと、③自動車に構造上の欠陥又は機能の障害がなかったこと、の三点を証明したときは、運行供用者責任は発生しない。これを免責三要件と称している。免責三要件は、原則としてすべて立証しなければならないが、当該事故の発生と因果関係のない要件については、その因果関係がないことを立証すれば足りるとするのが判例である[17]。このように、立証の負担が若干緩和されている部分があるものの、基本的には運行供用者にとって免責三要件の立証はハードルが高いといえよう。

　もっとも、被害者が死亡した場合には、免責三要件により運行供用者責任が発生しないことがままあると指摘されている。これはいわゆる「死人に口なし問題」といわれるものであり、被害者が死亡した場合には、事故の一方当事者のみの主張で事故状況が判断されることになり、したがって免責三要件の成立が容易になるというのである。これを示す統計資料はないが、この指摘が事実であるとすると、本来自賠法により救済されるべき被害者（この場合にはその遺族）が救済されていないことになる。

　ところで、三要件のうちの③では、当該自動車の構造上の欠陥や機能の障害の不存在を運行供用者免責の条件としている。本来であれば、自動車の欠陥等が原因の事故については自動車製造業者や整備業者が製造物責任を負うべきであり、したがって、運行供用者は免責されてしかるべきとも考えられるが、自賠法では逆に自動車の欠陥等を運行供用者の責任発生要件としている。理論的には、損害賠償を行った運行供用者は自動車製造業者等に求償して賠償金を回収することができるが[18]、現実にはこのような求償は困難であり、ほとんど行われていない。その意味で、自賠制度では製造物責任リスクを運行供用者（およびその保険者）に負わせていることになる。

　このように運行供用者に責任を集中することは被害者救済の観点からは望ましいと考えられるが、自動車事故被害者救済の財源の最終負担者

とはいえないことになる。もっとも、さらに二要件があるので、単に過失の立証責任を転換した過失推定責任であるともいえず、「準無過失責任」、「相対的無過失責任」「無過失責任に近いもの」などと表現されることがある。

17　最判昭和45年1月22日民集24巻1号40頁。

18　実際には運行供用者ではなく、自賠責保険や任意保険の保険者が求償することになる。

を誰にすべきかという制度設計上の観点からは、自動車保有者にすべての財源を負担させ製造業者等が実質的に責任を逃れている現状は問題なしとしない。特に、近時、自動停止装置などの先端技術による事故回避システムが普及してきており、事故原因として運転者の過失のみならずシステムトラブル等が事故発生に寄与する可能性も増大していることを勘案すると[19]、システム設置者、製造業者等に財源負担させることも検討課題であるように思われる。

エ. 免責事由

運行供用者責任の免責事由としては、上記の自賠法3条による免責三要件のほか、自賠法4条の民法の適用によるものが考えられる。すなわち、自賠法4条は、運行供用者責任については同3条の規定によるほか、民法の規定によるとする。これによれば、形式的には運行供用者責任についても民法712条（未成年者）、713条（精神障害）、720条（正当防衛、緊急避難）が適用され、免責となるように解釈できる[20]。しかし、これらの条文の適用の可否については判例、学説において争いがある[21]。適用否定説に立つと、運行供用者責任においては不法行為責任よりも免責の範囲が限定され、それだけ被害者救済機能が増進されることになる。

オ. 賠償額の減額

自賠法4条により、運行供用者責任にも民法722条2項が適用され[22]、被害者側に過失がある場合には過失相殺減額が行われる。自賠法が被害者救済を目的として運行供用者責任を創設したにもかかわらず、過失相

19　自動停止装置など、最先端の情報技術を用いて交通事故を抑止するシステムをITS（Intelligent Transport System）と称する。ITSの普及による新たな事故形態およびその法的問題を検討したものとして、山下友信編『高度道路交通システム（ITS）と法』（有斐閣、2005）参照。

20　さらに、民法の特定の条文によるものではないが、事故が天災など不可抗力による場合には運行供用者は免責されるかという問題がある（藤村和夫＝山野嘉朗『概説交通事故賠償法（第3版）』50頁（日本評論社、2014）は免責されるとする）。

21　最近の状況について、北河他・前掲（注12）61頁以下［小賀野晶一］参照。近時の下級審判例では、民法713条の運行供用者責任への適用を否定している（東京地判平成25年3月7日判タ1394号250頁）。

22　この点については、前述の民法712条等と異なり、民法722条2項を運行供用者責任に適用することに異論がない（北河他・前掲（注12）80頁以下［小賀野晶一］）。

殺減額については不法行為制度からの変更を行っていないという点については、制度設計上、検討を要すると思われる。すなわち、過失相殺減額は加害者・被害者間の衡平の観点からの制度であるが、これにより被害者救済機能が一部ではあるが損なわれることになる。制度設計としては、運行供用者責任においては過失相殺減額を適用しないとする選択肢もありうる。わが国の自賠制度では、後述のように、自賠責保険の実務において過失相殺減額を緩和しているが、これはあくまで自賠責保険の範囲内のことである。一方、諸外国の制度においては、被害者救済の観点から法的に過失相殺減額を緩和しているものもある[23]。また、ノーフォルト自動車保険制度においては、過失相殺減額はそもそも問題とならない。

(3) その他の制度

自動車事故に関する責任制度としては、上記の民法による不法行為制度および自賠法による運行供用者責任制度が主なものであるが、その他の立法による責任制度として以下のものがある。

ア．製造物責任法による制度

民法の特別法である製造物責任法では、製造物の欠陥による事故について製造業者等に無過失責任を負わせている。同法3条は以下のように規定する。

製造業者等は、その製造、加工、輸入又は前条第3項第2号若しく

---

23 フランスの「交通事故被害者の地位の改善および補償手続の迅速化に関する1985年7月5日の法律第85-677号」（通称「バダンテール法」）3条では、被害者の過失は以下のように扱われている。
① 被害者が運転者以外の場合
A 被害者の年齢が16歳未満もしくは70歳超の場合は、被害者の過失を考慮しない。
B 年齢を問わず80％以上の後遺障害の場合も、被害者の過失を考慮しない。
C 上記2ケース以外の場合、「事故の唯一の原因である許し難い過失（faute inexcusable）」を除いて被害者の過失を考慮しない。
② 被害者が運転者の場合は、その過失を考慮する（過失相殺減額もしくは全面免責）。
③ 被害者の故意による事故招致の場合は、加害者は免責される。

は第3号の氏名等の表示をした製造物であって、その引渡したものの欠陥により他人の生命、身体又は財産を侵害したときは、これによって生じた損害を賠償する責めに任ずる。ただし、その損害が当該製造物についてのみ生じたときは、この限りでない。

　これにより、自動車の欠陥が原因となって発生した事故[24]については、その自動車の製造業者が無過失責任を負うことになる。自動車メーカーのみならず、自動車の部品メーカーや、輸入業者についても同様の責任が発生する。

　自動車の製造物責任については、米国での高額訴訟が良く知られている[25]。わが国の自動車メーカーも、米国における製造物責任訴訟に悩まされている。これに対して、わが国においては自動車の製造物責任が追及されることは少ない[26]。これは、前述のように運行供用者責任において製造物責任リスクも包含していること、技術的な観点から欠陥の立証が困難なこと、懲罰的損害賠償制度がないわが国では自動車事故被害者が直接自動車メーカーの責任を追及するインセンティブが低いこと、などが理由と思われる。また、被害者に損害賠償責任を履行した運行供用者から自動車メーカーに対する求償請求も少ない。これは、そのほとんどが自賠責保険、任意保険により保険者が賠償額を負担していること、保険者としては効率性や自動車メーカーとの営業的関係などを考慮して求償を行わないこと、などが理由と思われる。

イ．国家賠償法による制度
　国又は公共団体が自動車事故の加害当事者となった場合には、国家賠

24　自賠法と異なり、人身事故だけでなく物損事故も対象となる。

25　中でも著名なのは、ゼネラルモータース（GM）が被告となった訴訟で、1999年にカリフォルニア州上級裁判所において出た49億700万ドル（約5,000億円）の評決（jury verdict）である。このうち、填補賠償は1億700万ドルに過ぎず、残りの48億ドルは懲罰的損害賠償（punitive damages）であった。その後、48億ドルの懲罰的損害賠償は裁判官により10億9,000万ドルに減額された。なお、本件は上訴裁判所において和解している。本件を含め、米国における高額な製造物責任訴訟の実態については、杉野文俊『米国の巨額PL訴訟を解剖する』112頁以下（商事法務、2004）参照。

26　判例も少なく、被告敗訴となった例はさらに少ない。近時の事例としては、エアバッグが破裂した事故で自動車輸入業者の製造物責任が認められた例がある（東京地判平成21年9月30日判タ1338号126頁）。

償法により損害賠償責任を負う。すなわち、公権力の行使に当たる公務員がその職務を行うについて自動車事故を起こした場合は、故意・過失の存在を要件として国又は公共団体が損害賠償責任を負う（同法1条1項）。また、公の営造物の設置又は管理の瑕疵により自動車事故が発生した場合は、国又は公共団体に無過失責任を負わせている（同法2条1項）。同法1条1項が問題となった例としては、パトカーに追跡されていた自動車が事故を起こしたケースがある[27]。また、同法2条1項が問題となった例として、国道を走行中の自動車が落石にあい、搭乗者が死亡したケースがある[28]。

2．資力確保制度

前項でみた自動車事故に係る責任が発生した場合、責任を負う主体が被る損害を填補する資力確保制度が自動車責任保険制度である[29]。わが国における自動車責任保険制度[30]は、強制保険としての自動車損害賠償責任保険（自賠責保険）と、その上乗せカバーとしての任意保険（対人賠償責任保険）との二元制度をとっている[31]。一方、このような自動車責任保険制度が適用にならない事故による被害者救済制度として、自賠法による政府保障事業がある。本制度も、サード・パーティ型制度における資力確保制度の一種と見ることができる。

27　ただし、このケースでは公共団体の責任は否定されている（最判昭和61年2月27日民集40巻1号124頁）。

28　本件では、国道の管理に瑕疵があったとして国の責任を認めた（最判昭和45年8月20日民集24巻9号1268頁）。

29　このほか、自動車メーカー等が負担する製造物責任を担保する保険として、生産物賠償責任保険があるが、ここでは省略する。

30　責任保険という用語は、2010年施行の保険法で初めて使用された。もっとも、同法で責任保険として想定しているものは、損害保険業界でいうところの賠償責任保険であり（同法17条2項）、損害賠償責任以外の契約責任を担保する保険（たとえば再保険）は（用語を素直に解釈すると責任保険の一種となりそうだが）責任保険の範疇外である。その意味で、保険法における責任保険という用語については疑問がある。

31　これは人身事故についての記述である。物損事故については、強制保険制度は存在しない。なお、世界的に見ると、このような二元制度は珍しく、特殊日本的な救済制度ともいわれている（鈴木辰紀編著『自動車保険（第3版）』242頁（成文堂、1998）。

(1) 自賠責保険

ア．付保強制と引受強制

自動車は自賠責保険（または自賠責共済）の契約が締結されているものでなければ運行の用に供してはならないとされ（自賠法5条）、自賠責保険は法により付保が強制されている[32]。この付保義務に違反した場合には、1年以下の懲役又は50万円以下の罰金という罰則がある（自賠法86条の3第1号）。法文上、付保義務者は運行供用者ということになるが、実際には自動車の所有者が付保手続を行うことになる。これは自動車検査登録制度（車検制度）とリンクさせることにより、付保義務の履行を確実化させている[33]。

保険会社は、政令で定める正当な事由がある場合を除き、自賠責保険の締結を拒絶してはならないとされ（自賠法24条1項）、保険会社に引受義務を負わせている。付保強制と引受強制は必ずしもリンクするものではないが[34]、引受けを強制することにより付保義務の遂行を確実にすることができる。

自賠責保険は強制保険である以上、被害者救済の観点からは100％付保を実現することが目標とされるべきであり、上記の車検リンク制や引受強制制度はそれに資するものである。とはいえ、未だ無保険車が存在することも事実である（特に、車検制度がない原動機付自転車について問題がより大きいと思われる）。その実態を示す資料はないが、政府保障事業における無保険車事故の件数が年間数百件[35]というレベルにあることからすると、かなりの無保険車の存在が推定される。この無保険車の数をいかに減少させるかが今後の課題である。

32　国等がその業務に使用する自動車や、構内専用車は付保義務の適用除外とされている（自賠法10条）。

33　自賠責保険証が車検時の必要書類とされている。また、車検制度対象外の自動車や原動機付自転車については、自賠責保険の保険標章の表示義務がある（自賠法9条の3）。

34　たとえば、原子力事業者は原子力賠償責任保険の付保を強制されているが（原子力損害の賠償に関する法律6条、7条）、同法では保険会社の引受強制は規定されていない。

35　平成25年度の受付件数は320件であった（損害保険料率算出機構『自動車保険の概況平成26年度（平成25年度データ）』80頁（2015）。

第 1 章　現行制度の概要と課題　*301*

イ．被保険者

　自賠責保険の被保険者は、運行供用者責任を負った保有者、および、その場合の運転者[36]である（自賠法11条 1 項）。保有者とは、運行供用者のうち自動車の所有者その他自動車を使用する権利を有する者である（自賠法 2 条 3 項）。したがって、たとえば他人の自動車を無断で運転した者は運行供用者とはなっても保有者ではなく、自賠責保険の被保険者にはならない。すなわち、この場合は自賠責保険のカバーはなく、実質的に被害者が損害填補を受けることができない。この場合には後述の政府保障事業により損害填補がなされる。

ウ．担保対象事故

　自賠責保険の担保対象となる事故は、保有者が運行供用者責任を負った事故である（自賠法11条 1 項）。したがって、保有者の運行供用者責任が発生せず、民法上の不法行為責任のみが発生した場合には自賠責保険は発動しない。このような例としては、共同運行供用者間の事故が考えられる（本節1.(2)イ.）。すなわち、所有者が助手席に搭乗し、所有者の承諾を得た者が運転中に自損事故を起こし、助手席の所有者が負傷したような場合である。このケースでは、加害者である運転していた者は被害者である所有者に対して不法行為責任を負うが、所有者が共同運行供用者とみなされる場合には（被害者は他人性を欠くので）運行供用者責任は発生しないことがある。この場合、後述の任意対人賠償責任保険では担保対象事故となりうるので、この保険を付保していればそこから損害填補されうる。逆に、任意保険を付保していなければ、保険カバーが皆無となる。

エ．免責事由

　自賠責保険の免責事由は、保険契約者又は被保険者の悪意（自賠法14条）、及び、重複契約において後に契約した場合（自賠法82条の 3 ）のみ

36　運転者は運行供用者ではないから（自賠法 2 条 4 項）運行供用者責任は負わないが、民法上の不法行為責任を負うことがある。そしてこのような運転者は、保有者が運行供用者責任を負う場合のみ自賠責保険の被保険者となる。したがって、保有者が運行供用者責任を負わない場合には、運転者が民法上の不法行為責任を負ったとしても自賠責保険による填補はなされない。

302 第3部 わが国におけるノーフォルト自動車保険制度

である。後述の任意対人賠償責任保険との比較で、免責事由が極めて限定されており、その分、被害者救済性が高い。

このうち悪意免責については、保険契約者又は被保険者の悪意の場合であっても、後述の被害者請求制度においては保険者から被害者に対して填補がなされるので（自賠法16条4項）、被害者にとっては問題がない。この場合、政府は保険者に対してその支払金額を補償し、加害者に対してこれを求償する（自賠法76条2項）。すなわち、被保険者の故意の事故招致の場合には、自賠責保険は純粋に被害者救済制度として機能することになる[37,38]。

一方、重複保険における後契約免責（自賠法82条の3）については、前契約が有効である限り被害者救済の観点からは問題が生じない。

また、自賠責保険契約が解除されると被害者の補償がなされないという意味で免責と同様の効果が発生するが、自賠責保険は原則として当事者の合意による解除が認められず（自賠法20条の2第2項）、法定の解除事由も限定されている（自賠法20条の2第1項）。すなわち、①被保険自動車が適用除外車となった場合、②告知義務違反の場合、③重複保険の場合である[39]。

オ．減額事由

自賠責保険は被保険者の運行供用者責任を填補するものではあるが、

---

37 それ以外の事故の場合は、被害者救済としての機能に加えて、被保険者の損害填補の機能も有している。

38 なお実務上、悪意免責については心中事件が問題となると指摘されている。すなわち、夫が自己所有の自動車に妻を同乗させて無理心中した場合には、被保険者の悪意による事故招致となり、自賠法16条4項で損害賠償額が支払われることには問題がない。これに対して、妻が心中に同意していた場合には、被害者の悪意が自賠責保険で免責とはなっていないことから、保険金が支払われるのかが問題となる。すなわち、ファースト・パーティ型保険であれば被保険者の故意により免責となることが明確であるが、サード・パーティ型保険の場合には、被保険者の損害賠償責任が発生するのか微妙であることから問題となる。この場合には、保険の有無責以前の問題として、妻は共同運行供用者となることにより夫の運行供用者責任が発生しないとして、結果的に保険金は支払わないとしているようである（伊藤文夫＝佐野誠編『自賠責保険のすべて（12訂版）』90頁（保険毎日新聞社、2014））。

39 この他、国土交通省令により被保険自動車の抹消登録等が解除事由とされている（自賠法20条の2第1項4号、自賠法施行規則5条の2）。また、民法の一般規定により、錯誤無効、詐欺取消が適用される可能性はある。

過失相殺減額については、その減額を緩和している。すなわち、後述の支払基準により、表3-1-2のような減額が行われており、これを重過失減額という。

表3-1-2　自賠責保険支払基準による重過失減額

減額適用上の被害者の過失割合	減額割合	
	後遺障害又は死亡に係るもの	傷害に係るもの
7割未満	減額なし	減額なし
7割以上8割未満	2割減額	
8割以上9割未満	3割減額	2割減額
9割以上10割未満	5割減額	

　支払基準では、さらに、受傷と死亡又は後遺障害との間の因果関係の有無の判断が困難な場合に、5割の減額が行われるとする。すなわち、因果関係の有無が明確とならない場合には、その立証責任は被害者側にあることから、被保険者は全く賠償責任を負わないとすることが理論的帰結であるが、この場合にも自賠責保険からは5割の保険金が支払われることになる。

　これらの緩和措置は、責任保険としての自賠責保険の法的性格に影響を与えることになる。すなわち、この制度によると被保険者の賠償責任が存在しない部分について保険給付が行われることになり、その部分は、理論的には、責任保険契約とは異なる特殊な保険契約[40]と理解することになるのではないかと思われる。

　被害者救済の観点からはこのような減額の緩和自体は評価できるが、制度設計としてみた場合には中途半端であるといわざるを得ない。過失相殺減額を全廃しないのは事故抑止の観点から被害者側のモラールハザードを考慮したのであろうが、たとえば、傷害事故では9割の過失があってもわずか2割の減額であり、このような措置で事故抑止機能が発動するのかは疑わしい。

40　たとえば、費用保険契約としての構成などが考えられる。

304　第3部　わが国におけるノーフォルト自動車保険制度

カ．保険金額

　　自賠責保険の保険金額は法定されており、現在は以下の通りである（自賠法13条1項、自賠法施行令2条）。

表3-1-3　自賠責保険の保険金額

死　亡	3,000万円
傷　害	120万円
後遺障害	4,000万円〜75万円

　　自賠責保険創設当初の保険金額は、死亡で30万円、傷害で10万円（軽傷では3万円）であった。その後、数次の改訂により現在の金額となっている[41]。二元制度における強制保険部分の保険金額の妥当性については、種々の観点から検証する必要がある。

　　たとえば、現在までの判例における死亡事故の認定総損害額の最高値は5億2,853万円であるとされているが[42]、これとの比較では自賠責保険の死亡保険金額（3,000万円）はそのわずか1割以下ということになる。一方で、任意対人賠償責任保険（共済を含む）の付保率は87.3％であり[43]、その保険金額は「無制限」が99.4％となっている[44]ことを考慮すると、現時点でも強制・任意を合わせるとかなりの割合で高額事故についても対応できているとも評価できよう。いずれにしても、自賠責保険の保険金額のレベルについては、強制制度と任意制度との役割分担という視点からの検討が必要と思われる。

キ．被害者直接請求制度

　　自賠法では、自賠責保険への給付請求には、被保険者からの請求と被害者からの請求の二種類が規定されている。自賠法15条では、被保険者による保険者に対する保険金請求権を規定する（これを15条請求、また

41　死亡保険金額が3,000万円となったのは1991年であり、傷害保険金額が120万円となったのは1978年である。また、後遺傷害保険金額の最高額は、従来、死亡保険金額と同額であったが、2002年に死亡保険金額よりも高額の4,000万円となった。

42　損害保険料率算出機構・前掲（注35）122頁。

43　損害保険料率算出機構・前掲（注35）115頁。

44　損害保険料率算出機構・前掲（注35）99頁。これは、共済は含まない保険のみのデータである。

は加害者請求という）。ただし、被保険者は被害者に損害賠償として支払った額の限度でのみ保険者に請求できる。これは、被保険者から被害者への支払がなされなくとも被害者の承諾があれば保険者に請求できるとする責任保険の一般原則（保険法22条２項）よりも厳格な規定であり、被害者に対して確実に支払がなされることを目的とする[45]。もっとも、実務上は後述の16条請求がほとんどであり、本条による請求が行われることは稀である。

　自賠法16条では、被害者による保険者への損害賠償額の支払請求権を規定する（これを16条請求、または被害者請求という）。被害者は責任保険契約の当事者ではなく、責任保険契約により当然に請求権を付与されるものではない。自賠法は、被害者に対する支払が確実に行われることを目的として、被害者に対して特別の請求権を規定したと解される[46]。そして、前述の通り、この請求権は保険契約者や被保険者の悪意の場合でも発生する（自賠法16条４項）。

　16条請求において注目すべきは、後述の任意対人賠償責任保険における被害者直接請求と異なり、被害者の被保険者に対する損害賠償請求権が発生した場合にはただちに16条請求権が発生することである。すなわち、被害者は損害賠償請求権の有無及びその額について、被保険者ではなく保険者と交渉することになる[47]。本来、損害賠償責任及びその額については被害者と被保険者との合意で決定されるものであり、第三者である保険者には（被保険者からの代理権の授与がない限り）被害者との間でこれを決定する権限はないし、実務的にもこのような交渉は困難である。それにもかかわらず、長年にわたって自賠責保険の実務において16条請求が行われてこられた背景には、被保険者の損害賠償責任（運行供用者責任）の免責がほとんど認められないこと、および、損害賠償の額については後述の支払基準によっているということがあると思われ

45　川井健他編『新版注解交通損害賠償法１』157頁［鈴木啓資＝伊藤文夫］（青林書院、1997）。

46　被害者の請求権は、損害賠償額の請求権であり保険金請求権ではない。これは、理論的には併存的債務引受と解される（川井他編・前掲（注45）166頁［伊藤文夫]）。

47　ただし、被保険者の損害賠償債務と保険者の損害賠償額支払債務とは別個独立のものであり、後者において論理的前提として確定される損害賠償責任・額は、必ずしも前者の実体的な責任関係を拘束するものではない（川井他編・前掲（注45）167頁［伊藤文夫]）。

る。

いずれにしても、被害者直接請求制度は被害者救済の視点からは相当に先進的な制度といえる。すなわち、加害者が不誠実である場合や、加害者の破産の場合には、責任保険が付保されているにもかかわらず被害者が給付を受けられなくなる事態が発生することがあり、これを救済するために、2010年施行の保険法では被害者のために保険金請求権上の先取特権を創設した（保険法22条1項）。しかし先取特権の実行のためには司法手続きが必要であることを考えると、任意手続で損害填補を受けることができる直接請求権は被害者にとって先取特権よりも便宜であり有益であると評価されよう。

ク．支払基準

自賠責保険の保険金は、国土交通大臣及び内閣総理大臣が定める支払基準[48]に従って支払われる（自賠法16条の3第1項[49]）。自賠責保険も責任保険であるから、被保険者である運行供用者が損害賠償の責任を負うことによって生ずることのある損害を填補するのであり（保険法17条2項、自賠法11条1項）、具体的には、被保険者が実際に負った損害賠償の額が保険金として支払われるはずである（ただし、保険金額が限度となる）。この損害賠償の額については、判決、裁判上の和解、裁判外の和解などにより決定されることになるが、実際には、支払基準の金額はこの損害賠償額よりも低額となっていることが多い（ただし、上記の重過失減額については、支払基準の方が請求者側に有利になる）。たとえば、死亡事故の慰謝料について自賠責保険支払基準を弁護士会基準と比較すると、表3-1-4の通り明らかに差がある[50]。

---

48 平成13年12月21日金融庁・国土交通省告示第1号、平成22年3月8日金融庁・国土交通省告示第1号。

49 本条は、2002年の自賠法改正で新たに規定されたものである。それ以前にも自賠責保険の支払基準は存在していたが、それは法的根拠のないものであった。

50 ただし、弁護士会基準が判決等により決定された損害賠償額に一致するわけではない。実務的には、弁護士会基準は被害者側が加害者側に請求するときの基準として機能しているようである。したがって、特に訴訟外和解においては、実際の損害賠償額は弁護士会基準を下回ることが多いと思われる。しかし、そうであっても自賠責保険支払基準が損害賠償額を下回るという事実は認められよう。

第1章 現行制度の概要と課題 *307*

表3-1-4 死亡慰謝料比較

自賠責保険支払基準	1,300万円（350万円＋750万円＋200万円）
赤い本基準[51]	2,800万円

前提：一家の支柱の死亡、被扶養者3人

　問題は、この支払基準の法的位置づけである。判例は、支払基準が適用されるのは裁判外での請求に限定され、請求者が保険者を相手取って請求訴訟を提起した場合にはもはや支払基準は機能せず、裁判所は保険者に対して実際の損害賠償額を支払うよう命じることができるとする[52]。

　しかし、このような判例の考え方には疑問がある。まず、判例の解釈は自賠法16条の3の条文文言に反する。条文では、保険会社は支払基準に従って保険金等を支払わなければならないとだけ規定し、裁判による確定判決がある場合は除くという但書は付されていない。判例によれば、解釈によりこのような但書を付加することになるのだろうが、条文文言は明確であり、このような解釈は不可解である。これに対して、判例は、自賠法16条の3は、支払基準は保険会社を拘束するだけであり、保険会社以外の者は拘束されないとする[53]。ここで「保険会社以外の者」が何を意味しているのかは明確でないが、考えられるとすると、債権者である被害者（16条請求の場合）等か、あるいは、裁判所ということになろう。しかし、保険会社が支払基準に拘束されるということは、保険会社の債務の額が支払基準によって確定することを意味しており、そうであれば債権者の債権額もこの金額となり、結果的に債権者である被害者も支払基準に拘束されることになる。一方、裁判所は保険会社の実体法上の債務額を認定することが使命であり、その債務額が自賠法により支払基準

51　日弁連交通事故相談センター東京支部『民事交通事故訴訟損害賠償額算定基準（2015年版）』155頁（2015）。

52　最判平成18年3月30日民集60巻3号1242頁、最判平成24年10月11日判時2169号3頁。通説もこの判例を支持するが（西嶋梅治「判批」民商法雑誌135巻3号559頁（2006）、洲崎博史「判批」旬刊商事法務1901号57頁（2010）、福田弥夫「判批」別冊ジュリスト202号62頁（2010）等）、私見は後述のように本判例に反対である（佐野誠「判批」自保ジャーナル1638号8頁（2006））。

53　最判平成18年3月30日・前掲（注52）。

308　第3部　わが国におけるノーフォルト自動車保険制度

によるとされるものである以上、結局、裁判所も支払基準に拘束されることになる[54]。

　次に、判例の考え方によると被害者間の不公平が生じる。訴訟外で保険会社に請求した被害者は支払基準による金額しか受け取れないが、保険会社を相手に訴訟をした被害者はそれより高額な金額を受け取れることになる[55]。これに対して、判例は、訴訟外での支払では公平かつ迅速な保険金等の支払の確保が重視されるのに対して、訴訟においては個別的な事案ごとの結果の妥当性が尊重されるべきであるので、このような違いは「不合理であるとはいえない」とする[56]。これは、制度設計の思想にかかわる問題である。判例のように、自賠責保険からの給付を受ける被害者を二つに分け、簡易、迅速な手続きでの給付を求める者については支払基準による金額が給付され、保険会社を相手とした訴訟手続きまで進める者については法律上の損害賠償額が給付されるとする制度設計も理論的には考えられる。しかし、このような複雑な制度は自動車事故被害者救済制度としては必ずしも望ましいものとは思えない。この制度によれば、高額な給付を望む被害者は保険会社に直接請求するだけでなく、保険会社を相手取って訴訟を提起しなければならないが、その訴訟においては、保険会社側は損害賠償額について争いがなければただちに原告の訴えを認めることになるであろう[57]。このような形式的な訴訟手続き

54　なお、判例に賛成する説の中には、自賠法16条の3の規定を公法的規定（行政取締規定）と把握し、同条には私法的効力がないとするものがある（西嶋・前掲（注52）568頁）。同条の「保険会社は……支払わなければならない」という文言からは、そのような解釈も不可能ではない。そして同条が私法的効力を持たない保険会社を規制する公法的規定ということであれば、それは裁判所を拘束しないと理解できよう。しかし、その場合には裁判外においても私法的効力は認められないことになり、それでは同条制定前と同様の状況である。迅速、公平な支払という同条の立法目的（岩川勝「自賠責保険の制度改正について」法律のひろば2001年12月号15頁）からからすると、公法的効力のみならず私法的効力をも認めることが、より立法趣旨に沿う解釈であると思われる。

55　例外的に、損害賠償額の方が支払基準による金額より低いことがありうるが（重過失減額の適用など）、この場合、被害者が保険会社を訴えることはないと思われる。

56　最判平成18年3月30日・前掲（注52）。

57　損害賠償額が自賠責保険の保険金額を超過することが明らかであるような場合には、保険会社は金額を争うことはしないであろう。

58　さらに、判例の射程も明確でない。たとえば、「個別的な事案ごとの結果の妥当性が尊重されるべき」という点からすると、裁判上の和解や交通事故紛争処理センタ

を求める意義がどこにあるのか、甚だ疑問である[58]。

　私見では、2002年の自賠法改正によって16条の3が規定されたことにより、自賠責保険が実損填補型責任保険から準定額払型責任保険に変容したと考えている[59]。すなわち、自賠責保険の契約内容は自賠法によって規定されているところ、自賠法11条と16条の3の条文を素直に解釈する限り、自賠責保険とは、被保険者の損害賠償責任（運行供用者責任）を填補するが、その支払額については予め定められた支払基準により計算された額が支払われるような保険であると考えられる[60]。自賠法改正前にも、実務では支払基準[61]によって計算された金額が支払われていたが、この当時の支払基準は法律上の根拠を持たず、その意味で任意自動車保険の支払基準と同様、損害賠償額を算定するときに用いられる保険会社における内部基準と位置付けられ、被害者等が納得しなければあらためて損害賠償額を争うことが可能であったと考えられる[62]。すなわち、理論上は、自賠責保険は実損填補型責任保険であったことになる。これに対して、自賠法16条の3が規定されたことにより、理論上も上記のように自賠責保険が支払基準による金額を支払うという保険、すなわち準定額払型責任保険になったと解釈される。

(2)　任意対人賠償責任保険

　法律上付保が強制されている自賠責保険に対して、それ以外の自動車保険（自動車共済を含む）は付保が任意である。この任意自動車保険のうち、サード・パーティ型制度における資力確保制度が対人賠償責任保険である。1996年からの損害保険市場の自由化[63]により、任意自動車保険の約款およ

　ーなどのADRによる裁定なども支払基準に拘束されないとも考えられうるが、そうであれば、裁判外和解との区別が明確でなくなるのではないか。いずれにしても、二重基準を設定することによる制度の複雑化は望ましいものではない。

59　佐野誠「自賠法の改正と自賠責保険の変容」損害保険研究64巻4号131頁以下（2003）。

60　責任保険ではないが、人身傷害保険も支払基準による金額を支払う準定額払型損害保険である。

61　当時は「自動車損害賠償責任保険損害査定要項」と称していた。

62　これは法律的な位置づけであり、実際には支払基準による支払がほとんどであった。

63　損害保険市場の自由化の経緯については、佐野誠編著『損害保険市場論（八訂版）』116頁以下（損害保険事業総合研究所、2015）参照。

310　第3部　わが国におけるノーフォルト自動車保険制度

び料率はそれぞれの損害保険会社によって異なることとなった。とはいうものの、自由化以前の統一約款からの継続性もあり、各社の約款内容は現在でもほぼ同様なものとなっている。また、自動車保険の参考純率を算出するために損害保険料率算出機構が作成している「自動車保険標準約款（以下、標準約款という。）」の存在が、各社の約款の近似性を担保している面もある。以下では、標準約款に基づいて叙述を進める。

ア．被保険者

　本保険の被保険者は、記名被保険者および被保険自動車を使用または管理している者[64]である（標準約款第1章第7条）。前述のように、自賠責保険の被保険者は保有者および運転者であり、本保険の被保険者の定義と必ずしも同一文言ではない。被害者救済の観点からは、本保険の被保険者の範囲が自賠責保険のそれを包摂しておれば問題はないと考えられる。保有者とは運行供用者のうち被保険自動車を使用する権利を有する者であり（自賠法2条3項）、運行供用者とは自己のために被保険自動車を運行の用に供する者であるので（自賠法3条）、一般的には保有者は本保険の被保険者の範囲に包摂されると考えられる。また、運転者も同様と理解される。

イ．担保対象事故

　本保険の担保対象事故は、被保険自動車の所有、使用または管理に起因して他人の生命または身体を害すること[65]により被保険者が法律上の損害賠償責任を負担することである（標準約款第1章第1条）。自賠責保険が原則として自賠法3条の運行供用者責任のみを対象としているのに対して、本保険は不法行為責任等[66]をも対象とするので、本保険の方が担保範囲が広い。また、自賠責保険が被保険自動車の「運行」をキーワードとしているのに対して、本保険では「所有・使用・管理」がキーワ

64　記名被保険者の配偶者等の家族は自動的に被保険者となるが、それ以外の者は、被保険自動車の使用・管理につき記名被保険者の承諾がある場合に限り被保険者となる。

65　約款上、これを「対人事故」と称している。

66　不法行為責任以外にも、債務不履行責任（商法590条）や事務管理者からの費用償還請求権に基づく責任（民法702条）なども対象となる。

ードとなる。一般的な用語としては、所有・使用・管理の方が運行よりも広い概念であるので、ここでも本保険の担保範囲は自賠責保険のそれを包摂していると理解される。自賠責保険が発動しない場合には任意保険が（上乗せカバーではなく）第一次保険として機能するが（標準約款第1章第2条(2)）、後述のように、任意対人賠償責任保険では保険金額が無制限の契約がほとんどであるので、この場合でも十分な保険カバーが供されることになり、被害者救済上は問題が生じないと考えられる。

ウ．免責事由

　自賠責保険の免責事由が前述のように保険契約者又は被保険者の悪意（自賠法14条）と重複契約において後に契約した場合（自賠法82条の3）だけであるのに対して、任意対人賠償責任保険においては以下のように多くの事由が免責とされている。

　a）故意免責

　　故意免責の対象者のうち保険契約者と被保険者については自賠責保険と同様だが、本保険ではこの他に記名被保険者が含まれており（標準約款第1章4条(1)①、②）、この部分では免責の範囲が広がっている。またそもそも、自賠責保険の16条請求では被害者に対しては悪意免責が適用されないが（自賠法16条4項）、本保険では被害者の直接請求においても故意免責が適用されており（標準約款第1章11条(1)）、被害者に対して故意免責が実質的な意味を持つことになる。

　　立法論としては、直接請求においては故意免責を適用せず保険者から故意行為者に求償するという制度設計も考えられうる[67]。これが実現すれば、自賠責保険との乖離は実質的に解消される。一方、ファースト・パーティ型保険においては、加害者側の故意行為免責が問題と

67　保険法17条1項は任意規定と解されているが（萩本修編著『一問一答保険法』222頁（商事法務、2009）、特に被保険者についての故意免責は公益の観点からの要請であり絶対的強行規定であるとする見解もありうる（山下友信『保険法』369頁（有斐閣、2005）。しかし、このような見解に立ったとしても、保険者から故意行為者への求償を前提とすれば直接請求において故意免責を削除することは問題ないと思われる。もっとも、このような保険契約は、必ずしも責任保険の被保険者の損害を填補するものとはいえないところから、法的には責任保険契約とは別の種類の保険契約となるとも考えられる。

なることはない。

b）異常危険による免責

本保険では、異常危険による免責として、戦争危険、地震危険、台風などの異常気象危険、核燃料危険、危険運転等を免責としている（標準約款第1章4条(1)③〜⑩）。これらは自賠責保険では免責とされていないが、民間損害保険会社の保険商品では一般的な免責事由であり、本保険も民営の私保険であることから約款上の免責とされているものである。

もっとも、自動車人身事故における賠償責任を担保する本保険において、これらの異常危険のすべてが本当に免責としなければならないものであるのかはそれほど明白ではない。異常危険免責の理由としては、損害が集中的・累積的に発生して膨大な損害額にのぼるおそれがあるために民間保険会社の引受能力を超えること、あるいは、異常危険に対応する保険料が高額となるためそれを除外して引受けることにより適切な保険料レベルを維持することなどが挙げられている[68]。しかし、たとえば大地震の際に自動車事故が発生したとしても、不可抗力によるものとして運行供用者責任が発生する可能性は低いであろうと思われ、家計地震保険におけると同様の引受能力の問題が生じるとは思われない。また、異常危険に対する追加保険料レベルについては、物保険と自動車事故の賠償責任保険とではおのずと異なると思われ、かつ個々の異常危険ごとに精査する必要があると思われる。一方で、故意免責と同様、運行者側に帰責事由のある異常危険については直接請求では免責を削除した上で有責者に求償するという制度設計も可能と思われる。

いずれにしても、本免責については、被害者救済の観点からは今一度再検討する必要があるのではないかと考える。

c）被害者の属性による免責

被害者の属性による免責としては、①記名被保険者、②被保険自動車を運転中の者、③被保険自動車を運転中の者の家族、④被保険者の

68　鴻常夫他編『註釈自動車保険約款(上)』152頁［西嶋梅治］（有斐閣、1995）。

第1章　現行制度の概要と課題　　*313*

家族、⑤被保険者の業務に従事中の使用人、⑥被保険者の使用者の業務に従事中の使用人が被る損害を免責としている（標準約款第1章5条）。自賠責保険には、このような免責条項はない。

　このうち、①記名被保険者を免責としているのは、同人が本保険の本来の被保険者であるところから、別の被保険者による事故により記名被保険者が傷害を負ったとしても、それは自損事故に準ずるものとみなされるからであるとされている[69]。しかし、このようなケースでは自損事故保険は発動しないのであり、この免責の理由としては説得的であるとは言い難い。

　②被保険自動車を運転中の者を免責としているのは、運転者は事故について加害者側として賠償責任を負う立場にあるのが典型的なケースであると予想されること、および、運転者は自賠法3条における他人に該当しないので[70]運行供用者責任は発生せず自賠責保険の適用がないことから本保険においても同様の扱いとしたことが理由とされている[71]。しかし、運行供用者責任が発生しない場合でも不法行為責任が発生することはありうるので、それを本保険で担保することは考えられる。もっとも、わが国の自動車事故被害者救済制度は自賠法における運行供用者責任を主軸として構築されるべきであるとする理念に立てば、本免責もあながち不当とはいえないかもしれない。

　③被保険自動車を運転中の者の家族、及び④被保険者の家族を免責としているのは、法律上はこれらの場合にも被保険者の損害賠償責任が成立するが、社会感情としては被保険者に対して賠償請求権を行使することを抑制するものがあり、通例この場合の権利行使が行われないのに、保険がついているために権利行使が促進される結果にならないようにしたものとされている[72]。しかし、自賠責保険においてはこの場合にも有責処理されているところから、この免責事由については立法論的に問題があると思われる[73]。

　⑤被保険者の業務に従事中の使用人、及び⑥被保険者の使用者の業

69　鴻他編・前掲（注68）157頁［西嶋梅治］。

70　最判昭和42年9月29日判時497号41頁。

71　鴻他編・前掲（注68）157頁［西嶋梅治］。

72　鴻他編・前掲（注68）158頁［西嶋梅治］。

73　鴻他編・前掲（注68）158頁［西嶋梅治］も約款を変更すべきとする。

務に従事中の使用人を免責としているのは、労災保険制度との制度調整であるとされており[74]、それはそれで合理的な理由であると考えられる。もっとも、労災保険の制度調整についても自賠責保険に合わせるという制度設計もありうると思われる。

　以上のように、本免責条項についてもその存否について種々の角度、特に被害者救済の観点から検討しなおす余地があると考える。

d）事実上の免責事由—保険契約の解除等

　自動車保険契約には契約当事者が契約を解除できる場合を規定しているが、保険契約が解除された場合には被害者としては補償が得られなくなるという意味で、これも事実上の免責事由ということができる[75]。

　まず、保険契約者はいつでも保険契約を解除することができる（標準約款第6章12条(3)、保険法27条）。一方、保険者が保険契約を解除することができるのは、告知義務違反（標準約款第6章4条(2)、12条(2)、保険法28条1項）、通知義務違反（標準約款第6章5条(2)、12条(2)、保険法29条1項）、被保険自動車の譲渡または入替における保険者による非承認（標準約款第6章12条(1)）、重大事由の存在（標準約款第6章13条(1)、保険法30条）に限定されている。すなわち、保険契約の解除はいずれも保険契約者側の事情によるものである。

　前述のように自賠責保険では保険契約解除の事由が限定されているが、これとの比較では、任意対人賠償責任保険においては加害者側である保険契約者の事情により被害者に対する保険カバーが喪失する可能性が高くなっている。これは、サード・パーティ型制度に内在する限界といえよう。

エ．減額事由

　自賠責保険と異なり、任意対人賠償責任保険では重過失減額制度は適用されず、通常の過失相殺が適用される。ここで問題となるのは、自賠

74　鴻他編・前掲（注68）159頁［西嶋梅治］。
75　解除以外にも、保険契約が無効とされた場合や（標準約款第6章9条、民法90条、同95条）、保険契約が取り消された場合（標準約款第6章10条、民法96条）も同様である。

第1章 現行制度の概要と課題 *315*

責保険と任意対人賠償責任保険の両方が対象となる事案での過失相殺の
適用方法である。

設例（死亡事故）：認定損害額：6,000万円、被害者の過失割合：50%

Ａ案
自賠責保険からの支払額：3,000万円
任意対人賠償責任保険からの支払額：

0円（6,000万円×50%－3,000万円）

Ｂ案
自賠責保険からの支払額：3,000万円
任意対人賠償責任保険からの支払額：

1,500万円（(6,000万円－3,000万円)×50%）

　現在の損害保険会社の実務では、Ａ案によって行われている。Ｂ案の
方が被害者が受取る金額の合計は多くなるが、約款文言からすると、Ａ
案でゆくこともやむをえないとも考えられる[76]。また、保険金の額では
ないが加害者の損害賠償額の計算方法について、認定損害額から強制保
険金の給付分を控除した残額についてのみ過失相殺をすべきとする原告
の主張を否定した下級審判例もある[77]。しかし、Ａ案によると、自賠責保
険の保険金額を超過する事案においては、自賠責保険において被害者救
済の観点から過失相殺を緩和した趣旨が結果的に没却されうることにな
る。
　自賠責保険支払基準の効力を過小評価する前述の最高裁判例[78]のよう
な考え方によれば、そもそも重過失減額制度も法的に保証されたものと
はいえないということになろうが、支払基準は自賠法により自賠責保険
の契約内容となったと理解する私見によれば、重過失減額制度も法によ

76　約款上、支払保険金の計算方法としては「被保険者が損害賠償請求権者に対して
　負担する法律上の損害賠償責任の額」から「自賠責保険等によって支払われる金額」
　を控除したものとされている（標準約款第1章13条(1)）。
77　名古屋高判昭和48年10月30日交民6巻5号1467頁。
78　前掲（注52）参照。

って認められたものであると解することができる。そして、この立場か
らは、過失相殺の適用時期について自賠責保険についても社会保険と同
様の議論が可能であると思われる。すなわち、社会保険からの給付の控
除と過失相殺の先後関係については、相殺後控除説（上記Ａ案）と控除
後相殺説（上記Ｂ案）が対立している。現在のところ、健康保険につい
ては控除後相殺説（上記Ｂ案）が定説とされているのに対して[79]、労災
保険については相殺後控除説（上記Ａ案）が判例である[80]。したがって、
自賠責保険についてこれらと同様の議論が可能であるからといっても、
必ずしもＢ案が結論付けられるものではない。しかし、被害者救済の視
点からＢ案を採用するという議論が可能となるということは過小評価さ
れるべきではあるまい。

オ．保険金額

自賠責保険の保険金額が法定されているのに対して、任意対人賠償責
任保険の保険金額は保険契約者の選択により決定される。前述のように、
最近では保険金額無制限の契約がほとんどを占めており[81]、被害者救済
の財源としてはほぼ問題はないと考えられる。

カ．被害者直接請求制度と示談代行

任意対人賠償責任保険においても、自賠責保険と同様、被害者から保
険者に対する直接請求権が認められている[82]（標準約款第１章11条(1)）。
ただし、自賠責保険と異なり、加害者と被害者との間で損害賠償の額が
確定することを条件としている（標準約款第１章11条(2)）。すなわち、自
賠責保険の直接請求においては、被害者は保険者と損害賠償額の交渉を
行うことになるが、本保険では被害者はまず加害者との間で交渉し損害
賠償額を確定しなければ保険者に対する請求はできないことになる。し

79　高野真人「社会保険給付と損益相殺・代位の問題点」『交通賠償論の新次元』212頁
　　（判例タイムズ社、2007）。
80　最判平成元年４月11日民集43巻４号209頁。これに対して労災保険について控除後
　　相殺説（Ｂ案）を主張する論者もある（高野・前掲（注79）209頁以下等）。
81　前掲（(1)カ）参照。
82　本保険における被害者の直接請求権も、保険金請求権ではなく、損害賠償額の請
　　求権である。本請求権の法的性質としては、併存的債務引受または履行の引受と解
　　されている（鴻他編・前掲（注68）124頁［金澤理］）。

かし、本保険では保険者の示談代行義務を認めており[83]（標準約款第1章10条）、これにより実質的に自賠責保険の直接請求権と同様の実務が可能となっている[84]。

キ．支払基準

　任意対人賠償責任保険では、基本的に被保険者が負担した民事上の損害賠償責任の額を支払うことになっており、その意味で、自賠責保険における支払基準と同様の性格のものは存在しない。しかし一方で、各損害保険会社は独自の支払基準を作成しており、実務においてはその支払基準をもとに被害者との示談交渉を行っている。この支払基準はあくまで損害保険会社の社内書類であり、その内容は公表されていない。

　歴史的に見ると、本保険における支払基準は、損害保険会社にとって外的要因により始められている。すなわち、前述のようにわが国の損害保険会社は1974年に自動車保険において示談代行サービスを始めたが、その際、日本損害保険協会と日弁連との間で協議がなされ[85]、その結果として、保険金または損害賠償額の支払内容に不公平が生ずることのないことを目的として本保険の支払基準が作成されることとなった[86]。その支払基準は各社共通であり、その内容も公表されていた。しかしその後、各社が同じ内容の支払基準を使用することは独占禁止法の禁ずる共同行為に該当する可能性があることが懸念され、また、1996年以降の損害保険市場の自由化にともない、各社は独自の支払基準を策定する方向に向かってゆき、その内容も社内基準という理由により非公開となっていった。

　このように、現在、支払基準は非公開となっているが、その内容は人

83　わが国の自動車保険においては、1974年から対人賠償責任保険における示談代行サービスが開始された。

84　もっとも、示談代行は被保険者の同意が条件であり、また保険金額の範囲内に限定されているところから、被害者が望んだとしても示談代行が行われないケースが皆無とはいえない。

85　損害保険会社が行う示談代行サービスが、弁護士法72条で禁止されている非弁行為（弁護士以外の者が報酬を得る目的で、業として、他人の法律事務を取り扱うこと）に当たるのではないかという問題提起が発端である。

86　「自動車保険の解説」編集委員会『自動車保険の解説2012』18頁（保険毎日新聞社、2012）。

身傷害保険の損害額基準（これは約款に取り入れられているので公開されていることになる）に反映されているといわれており[87]、それが事実であればそこから現行支払基準の水準を推測することも可能であると思われる。このようにして推定した任意保険支払基準の水準（特に慰謝料などの定額化された賠償項目）は、自賠責保険の支払基準よりも高額であるが、赤い本[88]や青本[89]などのいわゆる弁護士会基準よりは低額であると評価される[90]。これは、弁護士会基準が訴訟における賠償水準を念頭に置いているのに対して、任意保険支払基準は裁判外和解（示談）の水準をベースとしたものであることによる差であると一応は説明できよう。しかし、実務上は示談交渉において、弁護士会基準は被害者側の、任意保険支払基準は加害者側の、それぞれ主張根拠として機能しているとみることができる。

　このように、任意保険支払基準が示談交渉における加害者側の主張のスタートラインであるとすると、それは事実上、示談による解決額の下限値をなしていることになる。そうであるとすると、任意対人賠償責任保険の付保率が高率であること[91]、および、任意保険支払基準の額は各損害保険会社で似たようなものであることを考慮した場合、この任意保険支払基準の額が被害者救済の水準に大きな影響を与えている、いいかえれば、資力確保制度としての任意保険が責任制度に影響を与えているということができよう[92]。

87　星野明雄「新型自動車保険 TAP 開発について」損害保険研究61巻 1 号116頁（1999）。もっとも、これは人身傷害保険開発会社である東京海上社（現東京海上日動社）の当時の状況であり、現時点での各社の支払基準が人身傷害保険損害額基準と同水準であるという保証はない。

88　日弁連交通事故相談センター東京支部・前掲（注51）（各年版）。

89　日弁連交通事故相談センター『交通事故損害額算定基準─実務運用と解説─』（各年版）。

90　人身傷害保険損害額基準と弁護士会基準との詳細な比較は、第 2 部第 1 章第 2 節 2.参照。

91　自動車共済を含む任意対人賠償責任保険の付保率は、2013年 3 月末で87.1％である（損害保険料率算出機構・前掲（注35）115頁）。

92　このことは、損害保険会社が任意保険支払基準の額を決定する場合に考慮されることになる。すなわち、被害者救済の観点から任意保険支払基準の水準が低いのではないかという批判がなされることがあるが、損害保険会社としてはこの水準の引き上げには慎重になる傾向がある。たしかに、この水準を引き上げて保険金支払額を増額することになれば損害保険会社の収支は悪化するが、それは収支相等原則に

(3)　政府の自動車損害賠償保障事業

　　政府の自動車損害賠償保障事業（政府保障事業）は自賠法により創設された制度であり、政府によって被害者の損害を填補するものであるが、後述のように、その財源は自賠責保険料であるところから、これもサード・パーティ型制度と位置付けられる。

　ア．制度の概要

　　政府保障事業とは、自動車の運行によって生命又は身体を害された者がある場合において、①その自動車の保有者が明らかでないため被害者が自賠法３条の規定による損害賠償の請求をすることができないとき、②自賠責保険の被保険者以外の者が自賠法３条の規定によって損害賠償の責めに任ずる場合に、被害者の請求によって政令で定める金額の限度において政府がその受けた損害を填補する制度である（自賠法72条１項）[93]。本制度の対象となる事故の具体例としては、①についてはひき逃げ事故、②については自賠責保険が付保されていない自動車が加害車両となった事故（無保険車事故）が挙げられる。なお、政府が被害者に対して本事業に基づく給付を行ったときには、被害者が加害者に対して有する損害賠償請求権を代位取得する（自賠法76条１項）。本制度は、自賠責保険制度では救済されない被害者を救済するための制度であり、自賠責保険制度を補完する制度である。

　　本制度は政府による保障制度とされているが[94]、その財源は自賠責保険の保険者等が納付する自動車損害賠償保障事業賦課金（自賠法78条）

　より保険料率を引き上げて解決することが一応は可能である。しかし、任意保険支払基準の水準の引き上げが一般的な損害賠償水準の引き上げにつながるとすると、これは一損害保険会社の収益の問題に留まらず、社会全体としてのコスト増の問題となるという判断が働くのであろう。

93　政府保障事業としては、この他に、①被保険者の悪意による事故について16条請求によって被害者に損害賠償額を支払った自賠責保険者に対して補償をする（自賠法16条４項）、②自賠責保険者が被害者に対して仮渡金を支払ったが結果的に保有者の損害賠償責任が発生しなかった場合に当該保険者に補償をする（自賠法17条４項）ことも行う（自賠法72条２項）。

94　本制度の執行のために特別会計が設定されている。具体的には、自動車安全特別会計の保障勘定である。

でほとんど賄われている[95]。この賦課金は自賠責保険料の一部から賄われるので[96]、結局、本制度の実質的な財源負担者は自賠責保険の保険契約者、すなわち、潜在的加害者ということになる。

また、本制度の業務の一部は政府から損害保険会社に委託されている（自賠法77条）。委託されているのは、請求の受理、損害額に関する調査、支払などであり（自賠法施行令22条１項）、これにより損害保険会社が実質的に政府保障事業の窓口となっている。

イ．自賠責保険との差異

政府保障事業における填補金の限度額は、自賠責保険の保険金額と同額である（自賠法施行令20条）。また、自賠責保険の支払基準（自賠法16条の３参照）と同内容の填補基準が定められている（平成19年国土交通省告示第415号）。この填補基準においては、自賠責保険と同様、重過失減額制度が適用されている[97]（前記告示・第６）。

このように、政府保障事業は基本的には自賠責保険と同様の保障を行うが、以下の通り異なる点もある[98]。

① 親族間事故の不担保

自賠責保険では、加害者と被害者が親族関係にあったとしても給付が行われるが、政府保障事業では原則として損害填補が行われない。これは加害者に対する代位求償を考慮したものとされている[99]。

---

95 自賠法上は本事業の執行経費の一部に充当するために一般会計から資金を繰り入れることになっているが（自賠法82条２項）、この繰り入れは、現在は行われていない（自賠法付則２項）。

96 保険会社が納付する賦課金の金額は締結した自賠責保険契約ごとに計算され、その計算式は、自動車損害賠償保障事業賦課金等の金額を定める政令の別表第一に規定されている。

97 ただし、政府から加害者に対する代位請求は民法に従って行われるので、通常の過失相殺が適用されることになる。

98 なお、これら制度的な差異の他に、実務上の問題点として、自賠責保険と比較して支払手続が長期化しているとの指摘がある（木宮高彦＝羽成守＝坂東司朗＝青木荘太郎『注釈自動車損害賠償保障法（新版）』299頁［羽成守］（有斐閣、2003）。

99 川井他・前掲（注45）310頁［原口宏房］。なお、被害者が加害者の相続を放棄するなどの特別の事由がある場合は、例外的に請求を認めるとしている（運輸省自動車局長発昭和47年10月18日自保第241号の２）。

② 複数自動車が関与した場合

　共同不法行為など加害自動車が複数ある場合には、自賠責保険では各自動車の保険金額に台数を乗じた額が限度額となる。これに対して、加害自動車の中に無保険車があった場合には、他の加害自動車に自賠責保険が付保されている限り政府保障事業は適用されない。また、複数の無保険車が関与した事故の場合は、１台の無保険車の場合と同様の限度額となる[100]。

③ 社会保険からの給付額の控除

　自賠責保険では、通常、医療費について自由診療による金額が認められる。一方、政府保障事業においては、被害者が健康保険などの社会保険から給付を受けることができる場合にはその金額を控除することになっている（自賠法73条）。これによって、政府保障事業においては自由診療による金額ではなく健康保険による金額しか填補されないことになる。

④ 仮渡金制度の不存在

　自賠責保険における仮渡金制度（自賠法17条）に相当する制度は、政府保障事業では存在しない。

　問題は、これらの差異が合理的なものであるのかにある。自賠責保険との間でこのような差が生じる理由としては、自賠責保険が基本保障であるのに対して、政府保障事業は最低保障とされていることにある。そしてその理由としては、①政府に何らの責めに帰すべき事由がないのに、保障金の支払義務が課せられているのは、社会保障的な発想に基づくものであって、支出は、最低限に抑えられる必要がある、②被害者に自賠責保険と同等の救済を与える場合には、自動車保有者の自賠責保険加入に対する義務感を低下させ、無保険車を増加せしめる危険がある、③法に違反して自賠責保険に加入していない者と加入者とのバランスの保持、および、ひき逃げという反社会的行為を行った加害者に代わって支

100　国土交通省自動車局保障制度参事官室監修『新版逐条解説自動車損害賠償保障法』225頁（ぎょうせい、2012）。

322　第3部　わが国におけるノーフォルト自動車保険制度

払うことに対する抵抗感、などが挙げられている[101]。

　しかし、上記のような理由付けの合理性にはかなり疑問があり、被害者救済の観点から現行制度の在り方として学説から批判されているのも当然といえよう[102]。

ウ．制度の存在意義

　政府保障事業は自賠責保険制度から漏れてしまった自動車事故被害者の救済制度であり、一種のセーフティネットである。同様の制度設計は、欧米等諸外国でも採用されている。強制自動車保険制度を採用する限り、無保険車もしくは加害車不明の事故の被害者救済問題は残るのであり、具体的な制度設計の選択肢[103]はともかくとして、セーフティネットとしての制度自体は必要とされる。これはサード・パーティ型制度をとる限りノーフォルト制度をとった場合でも同様である[104]。

　ただし、ファースト・パーティ型のノーフォルト制度の場合は別の考慮を必要とする。たとえば、ファースト・パーティ型ノーフォルト自動車保険の付保が強制されていたにもかかわらず当該自動車が無保険であった場合、自損事故の被害者について、他の保険契約者の負担により救済することはそれらの者の納得感を得られないであろう。この場合は、セーフティネットにより救済するよりも、むしろあえて無保険とした被害者の自己責任とされるべきとの判断がありうると思われる。

3．NASVA被害者支援事業

　独立行政法人自動車事故対策機構（National Agency for Automobile Safety & Victims' Aid － NASVA －ナスバ）は、自動車事故の発生防止及びその被害者への援護を主な目的とし、独立行政法人自動車事故対策機構法に

101　木宮他・前掲（注98）313頁［羽成守］。
102　木宮他・前掲（注98）314頁［羽成守］。
103　制度の運営主体や財源負担者については、わが国のような制度以外の選択肢もありうる。
104　もっとも、ニュージーランドのような制度においては、個別の保険契約をベースとしていないのでこのようなセーフティネットは不要となる。というよりも、本体の制度の中にこのようなセーフティネットが組み込まれていると見るべきであろう。

よって設立された国土交通省所管の独立行政法人である[105]。NASVA では、以下の被害者支援事業を行っている。

① 重度後遺障害者の援護（療養施設の設置・運営）
② 介護料の支給
③ 交通遺児等貸付

　本制度は、自動車事故被害者救済の観点から、自賠責保険、任意対人賠償責任保険、政府保障事業などの制度を補完するものである。
　これらの事業の財源は基本的に国庫（自動車安全特別会計の自動車事故対策勘定）からの交付金であるが、この交付金は、自賠責保険の政府再保険時代[106]に再保険料を積み立てた基金の累積運用益等を財源としている[107]。したがって、本制度の最終的な財源負担者は自賠責保険の保険契約者であり、本制度もサード・パーティ型制度の一種であると位置づけられる。ただし、加害者・被害者間の損害賠償責任とは関係なく給付が行われるところから、賠償義務者の資力確保制度の一環とみられる政府保障事業とは異なり、ノーフォルト型の被害者救済制度といえる。
　政府再保険が廃止された現在では新たな再保険料収入は見込めず、したがって、本制度の財源は残存基金の運用実績によらざるをえない（現実には、必要な運用益を得ることができないために基金を取り崩している状況にある）。その意味で、本制度が恒久的な制度として運営可能であるのかには疑問が残る。

105　NASVA の前身は1973年に設立された自動車事故対策センターであり、2003年に現行の組織となった。
106　自賠責保険の政府再保険は2002年に廃止されたが、それまでは自賠責保険の6割を政府に出再することになっていた。
107　なお、1994年度に当時の大蔵省は、一般会計の財政難を理由にこの基金から1兆710億円を借り入れたが、その返済が滞り、現在、基金規模が大幅に縮小している。このため、自動車事故被害者団体が財務省に対して残額の5,500億円の早期返済を求めたとの記事がある（朝日新聞2014年11月27日朝刊）。

第3節　ファースト・パーティ型制度

1．自動車傷害保険

(1)　自動車傷害保険の種類

　　現在、わが国における自動車保険契約においては以下の4種類の傷害保険商品が存在するが、すべて任意保険である。これらは基本的に自動車所有者が付保し、被保険自動車の搭乗者が被保険者となっているところから、ファースト・パーティ型制度に位置づけられる[108]。

　　　　非ノーフォルト型自動車傷害保険
　　　　　①　自損事故保険（定額填補）
　　　　　②　無保険車傷害保険（実損填補）
　　　　ノーフォルト型自動車傷害保険
　　　　　③　搭乗者傷害保険（定額填補）
　　　　　④　人身傷害保険（実損填補）

　　これらの自動車傷害保険を、担保事故と填補方式で分類したものが表3-1-5である。このように、これら4種類の自動車傷害保険はそれぞれ担保範囲や填補方法が異なることから、保険契約者のニーズによりその付保する商品を選択する意味がある。なお、従来、自損事故保険と無保険車傷害保険は基本的に追加保険料なしで基本契約に自動付帯されてきたが、人身傷害保険と担保範囲が重複することから、人身傷害保険を付保した契約には付帯されないことが多い。

108　正確にいうと、保険契約者自身が被保険者となった場合にはファースト・パーティ型制度であるが、それ以外の者が搭乗者として被保険者となった場合にはサード・パーティ型制度になる。しかし、被保険自動車の搭乗者は基本的に（タクシーなどを除いて）保険契約者側の人間であるとみなすことができるので、この点を考慮するとこれらの保険はいずれもファースト・パーティ型制度であるとみることができよう。

第1章　現行制度の概要と課題　*325*

表3-1-5　担保事故・填補方法による自動車傷害保険の分類

	自損事故	加害車のある事故	
		加害車無保険	それ以外
定額填補	自損事故保険		
	搭乗者傷害保険		
実損填補		無保険車傷害保険	
	人身傷害保険		

(2)　自動車傷害保険の免責事由

　　被害者救済の観点から見た場合、自動車傷害保険も任意自動車保険の一部であるところから、任意対人賠償責任保険において見られたものと同様な免責事由の問題がある（第2節2.(2)ウ参照）。このうち、異常危険による免責と事実上の免責事由については任意対人賠償責任保険と同様の状況であるので、そこでの記述に任せる[109]。

　　一方、任意対人賠償責任保険で問題となった被害者の属性による免責については、自動車傷害保険においては当然のことながら規定されていない。また、故意免責については、故意の主体が被保険者とされているところから[110]、運転者の故意による事故で被保険者である同乗者が傷害を被った場合にも有責となる。なお、通常、傷害保険契約においては保険契約者の故意も免責とされるが[111]、自動車傷害保険では保険契約者の故意は免責とされていない。これによって、被保険自動車の所有者が保険契約者となり、同人が被保険自動車を運転するという典型的なケースで、運転者の故意により同乗者が傷害を被った場合にも自動車傷害保険では有責となり、この点では被害者救済が促進されている。

　　ところで、自動車傷害保険の中で、搭乗者傷害保険と人身傷害保険では被保険者の重過失が免責とされている（自損事故保険と無保険車傷害保険

109　なお、自動車傷害保険の被保険者（原則として被保険自動車の搭乗者）の例外として「極めて異常かつ危険な方法で被保険自動車に搭乗中の者」が規定されているが（標準約款第2章第5条、第3章第6条、第4章第5条等）、この例外部分は、事実上異常危険による免責と同様の機能を果たす。ただし、免責条項と異なり、極めて異常かつ危険な方法による搭乗と事故との間の因果関係は要求されてない。

110　標準約款第2章第3条、第3章第3条、第4章第3条等。

111　普通傷害保険標準約款2章3条。なお、保険法80条2号参照。

では被保険者の重過失は免責とされていない）[112]。この免責条項が発動する典型事例としては、運転者の重過失による事故により運転者自身が傷害を被った場合が考えられる。重過失の認定基準にもよるが、飲酒や薬物運転などではなく（この場合は別途免責条項がある）、純粋な運転技術上の過失が重大であったことにより免責とされるとすると、被害者である被保険者にとって酷な結果となることもありうると思われる。

　もともと搭乗者傷害保険においては重過失免責が規定されておらず[113]、また、人身傷害保険においては「極めて重大な過失」を免責としていたところ、保険法におけるデフォルトルールが傷害保険では重過失を免責としたこともあり（保険法80条1号）、搭乗者傷害保険や人身傷害保険でも重過失免責をあらたに導入したという経緯がある[114]。その意味では、この二つの傷害保険において重過失免責がアプリオリに認められるものとはいえず、制度設計（商品設計）として被害者救済の観点から重過失免責を削除するという選択肢もありうると考えられる。保険者側としては暴走行為や無謀運転などを懸念していると思われるが、それらの行為については、飲酒運転や薬物運転などと同様、個別に免責を規定することが望ましいのではないかと考える[115]。

(3) 自動車傷害保険の事故性
　自動車傷害保険において特徴的であるのは、その保険事故の規定方法である。すなわち、保険事故としては基本的に「被保険自動車の運行に起因する事故[116]」とされるが、さらに「急激かつ偶然な外来の事故」という限定が付されている[117]。この急激性、偶然性、外来性（傷害事故の三要件）

112　標準約款4章3条等。
113　鴻編・前掲（注68）334頁[西嶋梅治]。
114　普通傷害保険でも、従来規定されていた重過失免責を1975年に削除したが（損害保険料率算定会業務第二部『傷害保険普通保険約款の変遷』49頁（1994））、近時、また重過失免責が復活した（普通傷害保険標準約款2章3条）。
115　この免責については、飲酒運転等と同様、状態免責にすることにより、抑止効果を高めることが考えられる。
116　これに対して、任意対人賠償責任保険では「自動車の所有、使用または管理に起因」する事故としており、自動車傷害保険の保険事故の概念よりも広い概念を用いている。
117　ただし、無保険車傷害保険だけはこの限定が付されていない。これは、無保険車傷害保険は任意対人賠償責任保険と対をなすものとして設計されていることによる。

はわが国の傷害保険契約における保険事故を画する基準として使用されてきた概念であり[118]、自動車傷害保険も傷害保険の一種として構成されているところから保険事故の定義の中にこの三要件を導入したものと思われる。

この三要件が入ったことにより、いわゆる自動車事故により傷害を被った場合であっても自動車傷害保険の対象とならない場合が出てくる。その中でも問題となるのは外来性であり、たとえば、疾病に起因する傷害は外来性の欠如を理由として免責となる可能性がある。この点については人身傷害保険について詳述したので（第2部第3章）、ここでは繰り返さない。

(4) 保険金と損害賠償請求権との関係

傷害保険の保険金と加害者に対する損害賠償請求権との関係は、一般的には填補方式により異なると理解されている。すなわち、傷害保険のうち定額填補方式のものについては、給付された保険金は損害賠償請求権とは無関係であり、被害者は保険金を受け取っても別途損害賠償請求権を行使できる。一方、実損填補方式のものについては、受取った保険金の限度で損害賠償請求権は保険者が代位取得し、先に加害者から損害賠償金を受け取った場合はその分を保険金から控除することになる。このような理解は、その傷害保険が傷害定額保険（保険法2条9号）であるか傷害損害保険（保険法2条7号）であるかにより請求権代位規定（保険法25条）の有無が決定されるとする保険法の構造を前提としている。しかし、保険法25条は片面的強行規定であるところから（保険法26条）、傷害損害保険であっても請求権代位を行わない契約も可能であり、また、傷害定額保険において請求権代位を行うことも理論上は可能と思われる。したがって、保険金と損害賠償請求権との関係は、結局のところ個別の約款規定によることになる。

まず、自動車傷害保険のうち自損事故保険はそもそも加害車がいないことが前提となっており、通常は保険金と損害賠償請求権との関係が問題となることはない。ただし、例外的に自損事故の原因が自動車の欠陥や道路の瑕疵などにある場合には、自動車製造業者への製造物責任の追及や、道

---

118 この三要件は、わが国だけでなく、諸外国の傷害保険においても保険事故の定義として同様の概念が使用されている。もっとも、この三要件が傷害保険の保険事故として必須のものであるとはいえず、保険法でも傷害保険契約の保険事故について三要件を入れていない（保険法2条7号、9号）。

路管理者への損害賠償請求が問題となりうる。この点、約款においては請求権代位を行わないことが明記されている[119]。

　次に、無保険車傷害保険は加害者の損害賠償責任を代替するものであるので、約款上も請求権代位が行われることが明記されている[120]。

　これに対して、搭乗者傷害保険は定額填補ということもあり、約款上、請求権代位が行われないことを規定している[121]。もっとも、保険契約者が加害者となった場合に、被保険者（被害者）が受取った保険金を損害賠償額から控除できるか否かについては議論がありうる。被害者が受取った保険金は、加害者が負担した保険料の対価であるとも考えられ、保険契約者の意図としては損害賠償額の一部に充当する目的で搭乗者傷害保険を付保したと考えることもできるからである[122]。

　なお、人身傷害保険における保険金と損害賠償請求権との関係については前述した（第2部第2章）。

2．その他の人保険

　自動車事故の被害者が自身で付保している生命保険や傷害保険[123]などの人保険も、ノーフォルト型のファースト・パーティ型被害者救済制度である。

　これらの保険で問題となるのは、上記自動車傷害保険においても検討した、給付される保険金と被害者による加害者への損害賠償請求権との関係である。現在発売されている多くの生命保険や傷害保険は定額填補方式で請求権代位を行わない方式であり、損害賠償請求権とは無関係に保険金が支払われる形になっている。ただし、これには例外もある。たとえば、損害保険会社が引受けている所得補償保険は、被保険者が疾病や傷害によって稼動できなくなった場合に減少した所得を填補するものであり、疾病保険と傷害保険の

119　標準約款2章13条。
120　標準約款3章13条。
121　標準約款4章13条。
122　判例は損害額からの控除を否定したが（最判平成7年1月30日民集49巻1号211頁）、学説では判例に賛成するものの他、損害額からの控除を認めるものや、控除は否定するが慰謝料算定の際に斟酌の余地を認めるものもある（落合誠一「判批」別冊ジュリスト202号83頁（2010））。
123　場合によっては（たとえば、自動車事故による負傷を原因とする破傷風の発病）、疾病保険もこれに含まれる。

両要素を有する保険契約である。この保険では実損填補方式をとり、請求権代位規定を置いているのが通例である[124]。

第4節　小括─現行制度における課題の整理

　わが国の自動車事故被害者救済制度は、サード・パーティ型制度である運行供用者責任制度および自賠責保険制度を中核としたうえで、それを種々の制度で補完している。すなわち、責任制度では、運行供用者責任の他に、一般不法行為責任、製造物責任、営造物責任などが認められる可能性があり、一方、資力確保制度としては、自賠責保険を補完するものとして任意対人賠償責任保険が機能しており、また、政府保障事業やNASVAによる填補がある。これに対して、自動車傷害保険などのファースト・パーティ型制度は、潜在的被害者の自己防衛装置として機能している。

　このようなわが国の現行制度は、創設以来若干の内容改定があったものの、その根幹は変更せずに現在に至っている。そして、現在までのところ、自動車事故被害者の救済について、概ね適切に機能してきたと評価されよう。

　一方で、自動車事故被害者救済制度ではすべての被害者に対して十分な填補が行われるべきであるという視点から見た場合、わが国の現行制度では救済しきれていない部分が課題として残っていることも事実である。これらの課題の詳細については上記第2節および第3節で論じたところであるが、以下ではこれらをもう一度整理して提示する。

1．サード・パーティ型制度の限界

　サード・パーティ型制度は加害者もしくは潜在的加害者の負担により被害者救済を行うものであり、自動車事故における加害者と被害者という両当事者の存在を前提としてのみ機能する。したがって、加害者が存在しない事故、たとえば純粋な自損事故などでは、本制度は発動しようがない[125]。これは本制度の制度的限界といえる。

124　なお、同様のリスクに対する保険として、生命保険会社が引受けている就業不能保険があるが、これは基本的に定額給付で請求権代位を行わない方式のようである。

125　なお、一般に自損事故といわれるもの（単独で運転中に自動車を壁に衝突させて、

330　第3部　わが国におけるノーフォルト自動車保険制度

　現行制度では、この問題を自動車傷害保険などのファースト・パーティ型保険の任意付保という形で解決しようとしているが、このような任意保険を未付保の被害者を自己責任という理由で救済しなくてよいのかという問題がある。

２．運行供用者責任制度の限界

　自賠法が民法による不法行為責任の特別規定として運行供用者責任を規定したことにより、被害者から過失立証責任の負荷を軽減させ、自動車事故被害者救済が大幅に増進されたことは評価されてよい。しかしながら、この運行供用者責任には内在する限界がある。すなわち、免責三要件を規定したことにより、その分、被害者救済機能が減殺されていることになる。
　一方で、運行供用者責任の外延における限界もある。すなわち、不法行為責任における責任阻却事由については運行供用者責任においても基本的に引き継いだことにより、依然として救済されない被害者が存在することになる。特に問題となるのが、過失相殺の適用を認めたことである。これによって、多くの事案で被害者が必ずしも十分な損害填補を受けられないことになっている。

３．資力確保制度の限界

　現行制度は、責任保険として強制保険と任意保険との二階建ての制度をとっているが、これから派生する問題がある。
　まず、自賠責保険の保険金額の適切性の問題がある。自賠責保険の保険金額が低額である場合には、制度全体としての被害者救済機能の発揮度は、任意保険の保険金額および付保率によることになる。もっとも、この点は、前述の通り[126]、任意保険の付保率が87.3％、保険金額無制限の割合が99.4％となっているところから、実質的な問題はかなりクリアされていると評価し得るかもしれない。

　運転者が傷害を被った場合など）であっても製造物責任や営造物責任を問うことができる場合があるが、これはここでいう「純粋な自損事故」ではない。このような場合には、サード・パーティ型制度による被害者救済が可能である。
126　第2節2.(1)カ.参照。

第1章　現行制度の概要と課題　*331*

　より深刻な問題は、自賠責保険と任意対人賠償責任保険における免責事由
の差異である。後者では前者に比べてより広範な免責事由が規定されている
が、この免責事由は任意付保の損害保険では一般的なものであり、それ自体
は不当とはいえない。しかし、物保険などと異なり、責任保険では保険制度
の実質的な利益享受者である被害者の利害が、第三者である保険契約者や被
保険者の行為（たとえば故意の事故招致）により影響を受けることになる。
これによって、被害者が十分な填補を得られないことになるのは、被害者救
済制度としての制度設計上は問題があるといえるのではないかと思われる。

４．ファースト・パーティ型制度の限界

　わが国の制度においては、ファースト・パーティ型制度は被害者が防衛的
に付保する任意保険として構成されている。このため、未付保者が救済を受
けられないという問題が発生する。また、任意保険に特有の免責事由による
無救済が起こることになる。

332　第3部　わが国におけるノーフォルト自動車保険制度

第2章　わが国におけるノーフォルト自動車保険制度提案の系譜

第1節　序説

　本章では、過去においてなされた、わが国における自動車事故被害者救済制度のノーフォルト化の提案を取り上げ、その内容を検討する。わが国では、特に自賠責保険について、それを責任保険から傷害保険（災害保険）に変更すべきとする議論（いわゆる災害保険化構想）が古くからなされてきた[1]。ここでは、その中でも具体的な制度提案の形をなしているものを取り上げる。

第2節　藤岡康宏教授の交通災害保険案（藤岡案）

　藤岡案は、主としてヒッペル案およびタンク案をベースとして、ドイツにおける議論をもとに現行制度を交通災害保険制度に変更することを提案している[2]。

1．交通災害保険化の意義

　現行制度を交通災害保険制度に変更すべきとする理由について、藤岡案は以下のように説明する。すなわち、現行制度は自動車の保有者に重い賠償責任を課し、その賠償責任を責任保険でカバーするものである[3]。この保有者責

1　比較的最近の議論として、堀田一吉『保険理論と保険政策』211頁以下（東洋経済新報社、2003）参照。

2　藤岡康宏『損害賠償法の構造』（成文堂、2002）619頁以下（初出は、同「自動車事故による損害の補償—交通災害保険化構想への総論的展望(1)(2完)」北大法学論集24巻3号・25巻1号（1973、1974））、および539頁以下（初出は、同「交通災害保険化構想をめぐって—損害賠償法の構造的転換」ジュリスト609号（1976））。

3　ここではドイツの法制を前提として議論しているが、わが国の自賠制度はドイツの制度とかなり類似しているので、ここでの議論はわが国においてもある程度通用するということであろうか。

任は純粋な危険責任（車両の欠陥による事故等における絶対責任）と強化された過失責任（運転危険による事故において無過失の立証がなければ負わされる責任）からなるが、このような二つの異質なものが混在しているという意味で保有者責任は「仲介的」な責任であるといえる[4]。このうち、強化された過失責任においては、①過失責任制度が本来持っている事故抑止機能が減殺されること、②被害者に過失がある場合などに被害者の損害を完全に填補されえないこと、という問題がある[5]。このように、民事責任制度が本来持っているべき「損害填補的機能」と「事故予防的機能」のいずれもが、現行制度では不十分であり、これを実効的なものとするために交通災害保険制度の利用を問題とすべきであるとする[6]。

交通災害保険制度においては、被害者に発生した損害の填補機能のみならず、事故抑止機能も有効に働く。というのは、強化された過失責任制度では運転者の注意義務が観念化されることにより、運転者の個人責任の追及が不完全になるのに対し、交通災害保険制度では保険者から過失ある運転者への求償制度により、本来の過失概念への復帰が果たされるからであるとする[7]。

さらに、交通災害保険制度においては、訴訟の困難性、訴訟過多、訴訟費用の高騰等の問題も、自ずと解決されるとする[8]。

交通災害保険制度においては、救済される被害者の範囲が拡大される。現行制度では対象外とされる親族、配偶者、好意同乗者なども、救済対象とされる。さらに、自損事故を発生させた運転者も救済対象となる[9]。

2．制度設計

(1) 単線型か複線型か

不法行為制度との関係について、キートン・オコンネル案のような複線

4　藤岡・前掲（注2）692頁、732頁。「仲介的」という言葉の意味は今一つ判然としないが、前後の文脈からすると中途半端という意味を含んでいるようである。

5　藤岡・前掲（注2）733頁。

6　藤岡・前掲（注2）738頁。

7　藤岡・前掲（注2）745頁。

8　藤岡・前掲（注2）747頁。

9　藤岡・前掲（注2）748頁。なお、運転者本人を救済対象とすることについては、自己保険の強制は許されないという批判があり得るが、この批判に対して藤岡案は、①社会保険など自己保険の強制化の例はある、②運転者本人だけでなく運転者の家族の問題でもある、とする反論をしている。

型（不法行為制度との共存）とするか、タンク案やヒッペル案のような単線型（不法行為制度の排除）とするか、の選択肢があるが、藤岡案では単線型を提案する。その理由としては、単線型の方が被害者の保護に資すること、および制度の合理的運用が可能なことを挙げる。ただし、単線型には、以下に述べるように、慰謝料を対象とするのか、限度額を設けるべきか、という問題がある。しかしこれはいずれも保険料の問題であり、解決可能であるとする[10]。

以下、単線型を前提として制度のあり方を検討している。

(2) 個人責任の追及方法

複線型においては、不法行為制度を残すことにより被害者から加害者への責任追及が可能である。これに対して単線型では保険者から有責加害者への求償を行うことにより、個人責任の追及が行われる[11]。

保険者からの求償の対象となる行為は、単なる過失ではなく、危険な追い越し、自動車による競争など、非良心的、無思慮、向こう見ずと評価される行為に限定される。求償手続きについては、タンク案、ヒッペル案を参考にして刑事裁判官の介入を認めることを提案する[12]。

一方、被害者が有責である場合には、被害者の保険への請求権を制限することにより個人責任を追及することになる[13]。しかし、被害者の自己過失を追及することは被害者救済の理念を損なう可能性があるので、極端な過失に限定することが考えられるとする[14]。

---

10 藤岡・前掲（注2）760頁。

11 保険者からの求償の代りに、エーレンツヴァイクが提案するtort fineなども考えられるとするが、藤岡案では以下の理由から求償制度を提案する。すなわち、①多くの国で行われていること、②労災保険でも行われていること、③加害者が支払う金はすべての被害者のために役立つ方がよいこと、である。

12 藤岡・前掲（注2）764頁。もっとも、刑事裁判官介入の具体的な手続きについては明確ではない。大陸法における附帯私訴制度を想定しているようにもみえるが、そうであるとすると、この制度だけのためにわが国の訴訟法の改正が必要となる（わが国では、附帯私訴制度は旧刑事訴訟法には置かれていたが、現行刑事訴訟法には置かれていない）。

13 藤岡・前掲（注2）757頁。

14 藤岡・前掲（注2）765頁。なお、被害者が免責となるような事故で被害者が死亡した場合には、その相続人については救済されるべきとする。また、被害者による損害拡大についても別途検討するべきであるとする。

第 2 章　わが国におけるノーフォルト自動車保険制度提案の系譜　*335*

(3)　人身損害の救済

　人身損害における経済的損害は、限度額を設けずに完全に補償する。ただし、高額所得者の逸失利益は例外とする。なお、少額請求については免責を設けるかどうかは両論を紹介するのみで、結論は提示していない[15]。

(4)　精神的損害

　慰謝料の持つ満足的機能は、過失責任でしか果たし得ないのではないかとする議論があるが、ドイツではこの考え方は後退している。したがって、交通災害保険においても精神的損害は補償対象としうるが、保険財政の観点からその金額を制限することが考えられる[16]。

(5)　物的損害

　複線型の基本補償では、物的損害は除外されているが、単線型の完全補償制度では物的損害も補償対象としうる。これを除外すると制度改革の合理化効果が失われるからである[17]。

(6)　保険料負担者

　保険料負担者は自動車の所有者とする。そしてこの保険料を算定する場合には、個人責任追及の余地を残すことが考えられるとする[18]。

(7)　歩行者の過失

　歩行者に過失がある場合に、当該歩行者に対して責任追及するかどうかについては、タンク案（否定）とヒッペル案（肯定）で見解が分かれるが、藤岡案ではタンク案を提案している。その理由としては、①運転者もカバーされるようになったこともあり、もはや歩行者の個人責任を問う必要はなくなったこと、②歩行者は責任保険のカバーがないこと、③歩行者の交通事故への関与は一般的に小さいこと、が挙げられている[19]。

15　藤岡・前掲（注 2）758頁。
16　藤岡・前掲（注 2）759頁。
17　藤岡・前掲（注 2）759頁。
18　藤岡・前掲（注 2）768頁。「保険料算定における個人責任追及」が何を意味するのか明確ではないが、悪質な場合は追加保険料を徴収するとか、事故率に応じた保険料とするという意味か。
19　藤岡・前掲（注 2）769頁。

336　第3部　わが国におけるノーフォルト自動車保険制度

⑻　製造業者、修理業者等の責任

　　製造業者、修理業者等に責任がある場合については、①保険者からの求償、②保険料負担、という二つの選択肢があるが、藤岡案では②を提案している[20]。ただし、その具体的な内容、方法等については明確でない。

3．藤岡案の評価

　藤岡案は、ドイツの法制をもとにした議論をベースとしており、その意味で、必ずしもわが国の現行制度を前提とした上での詳細な制度設計がなされているわけではない[21]。論者自身、「災害保険化の構想の内容をより具体的に発展させる」ことや「わが国の自動車事故補償法にあてはめて考察すること」は「残された課題」であると認めている[22]。

　藤岡案における注目される特徴としては、①単線型ノーフォルト自動車保険制度の提案、②ノーフォルト制度においても事故抑止機能を維持しようとしていること、③ノーフォルト制度に物損事故も含めていること、である。

　単線型ノーフォルト制度は、特に米国において「純粋ノーフォルト制度」として究極の理想形であると評価されるものであるが、現実に行われているものとしては、ニュージーランド事故補償制度やオーストラリアとカナダの一部の州の制度など極めて限定されており、これは、それだけ単線型の制度設計が難しいことを示している。すなわち、単線型においては保険給付以外の不法行為訴権を廃止することになるが、その前提としては、保険給付による全損害の填補が必要となるが、この場合、当然のことながらコスト高となることにより保険料負担者の理解を得ることが困難となる。したがって、この点について、実現可能性という政策的観点からも検討されなければならないだろう。また、被害者の全損害を填補しようとすれば、保険金額を高額に設定する（もしくは無制限とする）必要があり、保険料との関係や保険会社の引受能力[23]との関係で検討の余地があるが、この点についても藤岡案では

20　藤岡・前掲（注2）771頁。
21　吉川吉衞『事故と保険の構造』132頁（同文館出版、1988）は、藤岡案について、自動車運転者の問題（自動車所有者でない運転者も保険契約者とするのか）に関する論及がないことなどから、災害保険化構想の具体的内容の議論としては十分ではないと指摘する。
22　藤岡・前掲（注2）783頁。
23　現行の自動車保険制度では、対人賠償責任保険や対物賠償責任保険、さらには人

言及されていない。

　不法行為制度における事故抑止機能を認めた上で、ノーフォルト制度においてもこの機能を維持しようとする検討は、後述の吉川案にもみられるものである。藤岡案は、ノーフォルト保険者から有責加害者への求償という形で事故抑止機能を発揮させようとする。ただし、事故抑止機能の発揮という観点から、求償対象は極端な過失（わが国の概念に置き換えると重過失か？）に限定される。もっとも、有責加害者が責任保険を付保していた場合に、この事故抑止機能が働くのかどうかは疑問が残る。

　ノーフォルト制度に物損事故を含めるという提案もユニークである。諸外国において実施されているノーフォルト制度も人身損害に限定されており、物損事故の被害者救済の必要性と、保険料支払者のコスト負担とのバランスをどう考えるかが問題であると思われる。また、わが国においては、物損を対象としたノーフォルト保険の法的位置づけも検討される必要があろう[24]。

　さらに、藤岡案では、自動車製造業者等も保険料負担者として本制度に取り込むことを提案しているが、自動車製造業者等がいずれの保険契約に参加するのか、参加する自動車製造業者等をどのように捕捉し、どのような料率算定をするのかなど、実務的な制度設計の検討課題は多いと言える。

第3節　吉川吉衞教授の第一当事者傷害保険案（吉川案）

　吉川案は、自動車事故の個別的抑止・一般的抑止と被害者救済の観点から、現行の自賠責保険制度について、複線型の第一当事者傷害保険（ファースト・パーティ型ノーフォルト自動車保険）とすることを提案する[25]。

　もっとも、吉川案における最終目標は、自動車事故被害者に限定せず、すべての事故被害者や、さらには疾病についても対象とする一種の社会保障制

　　身傷害保険で保険金額無制限の商品が発売されており、保険金額無制限のノーフォルト保険が理論的に不可能というわけではない。

24　特に、サード・パーティ型保険として発動する場合に問題となりうる。これは他人のための物保険ということになりそうだが、保険契約締結の段階では保険の目的物が確定しておらず、保険価額等も不明である。実務的には、対物賠償責任保険の料率計算を参考にしてアンダーライティングすることは不可能ではないと思われるが、引受けにあたってはいくつかの問題をクリアする必要があろう。

25　吉川・前掲（注21）155、601頁。

度としての「基本保障制度」である[26]。しかし、同制度では多様な資金拠出者が予定され、これらの拠出者間における資金分担については統計資料に基づいて適切な分担案が構築されなければならず、この運営コストが膨大になること、および分担内容について社会的コンセンサスを得ることが困難であることなどから、当面の問題解決にはならず、その本格的検討は将来の課題であると、提案者自身が悲観的見解を披歴している[27]。

　さらに、現行自賠責保険がそれなりに機能していること、確立された制度のもつ保守的傾向からして、上記の自賠責保険の第一当事者傷害保険化すらも困難であろうとし、このため、現実的な課題としては、事故類型ごとに存在する制度の谷間の問題、特に、自動車事故惹起者とその遺・家族の救済制度の構築などに取り組むべきであるとする[28]。

　このように、吉川案は、①基本保障制度、②第一当事者傷害保険制度、③自動車事故惹起者とその遺・家族の救済制度、の三段構えの提案となっているが、ここではこのうち、ノーフォルト自動車保険の提案である②の第一当事者傷害保険案を取り上げて検討する。

1．吉川案の理由づけ

　吉川案の第一当事者傷害保険案は、運転者の傷害については自身が契約した自動車保険から給付がなされるが、車外の第三者や同乗者の傷害については加害者が契約した自動車保険から給付がなされる[29]。その意味で、サード・パーティ型保険カバーを含む概念である。そして、吉川案がこのようなノーフォルト自動車保険制度を提案する理由は、以下の通りである。

　第一に、この制度によって、理論上、自動車事故の総費用の最小化が図れるとする[30]。すなわち、自動車事故の総費用の最小化を図るには、一般的抑止と個別的抑止の両機能が必要であるとする。このうち、一般的抑止については、法と経済学における理論によれば、事故の当事者の中での「最安価費用

26　吉川・前掲（注21）597頁。本制度の具体的な制度設計については明確でない。なお、同様の構想を具体的な提案としたものとして、後述の加藤案がある。
27　吉川・前掲（注21）600、601頁。
28　吉川・前掲（注21）601頁。
29　吉川・前掲（注21）287頁。
30　吉川・前掲（注21）288頁。

回避者」に事故の費用を負担させることによって図ることができるとされる。そして、この最安価費用回避者とは自動車事故においては自動車運転者であるので、自動車運転者に保険料を負担させることによって自動車事故の一般的抑止が図られる。この点については、現行の第三当事者責任保険制度でも同様である。一方、事故の個別的抑止については、当該運転者のリスクに見合った保険料の賦課が必要となる。これによって、運転者に安全へのインセンティブを与えることができる[31]。この点では、第一当事者傷害保険の方が、第三当事者責任保険よりも有効である。なぜなら、後者ではこのシステムの組み込みが間接的に留まるからであるとする[32]。

　第二に、自損事故惹起者の救済という観点から、第一当事者傷害保険が優れているとする[33]。第三当事者責任保険では、加害者の過失責任（無過失責任であっても同様である）が必要とされるので、このような被害者を救済することはできないからである。もっとも、自損事故惹起者が被害者となった場合にこれを自動車強制保険で救済することについては、自己責任の観点から批判がありうる。これに対して、吉川教授は、このような被害者を自動車強制保険の対象外とすると、任意保険を付保していない場合にはこの被害者の救済は生活保護によることになるが、これは国民の一般租税を財源とすることになり、好ましくない。むしろ、これは自動車保有者集団により拠出されたファンドによって救済されることが望ましいとする。

２．制度設計

(1)　単線型か複線型か

　藤岡案とは異なり、吉川案では複線型制度を提案する[34]。すなわち、ノーフォルト給付に代えて損害賠償請求権を廃止する単線型においては被害者救済が推進され、また、保険者から加害者に対する求償制度によって事故

31　吉川教授は、これをインセンティブ＝モニタリング・システム（I＝M・S）と称している。

32　第一当事者傷害保険では、運転者のリスクは事故発生可能性（frequency）及びそれにより生じる損害の大きさ（damageability）によって測定することができる。これに対して、第三当事者責任保険における運転者のリスクは、これに責任発生可能性を乗じる必要があり、リスクの把握がより間接的になるとしている。

33　吉川・前掲（注21）297頁。

34　吉川・前掲（注21）586頁。

340　第3部　わが国におけるノーフォルト自動車保険制度

抑止機能も担保することができるが、ノーフォルト給付ですべての損害を填補しようとすれば、その分、保険料が高額となり、保険の入手可能性および供給可能性の問題が発生する[35]。また、賠償制度の廃止については弁護士の反対が予想され、さらに、わが国では自動車保険契約者の大半が無事故であり、この優良契約者層において保険料負担の増大を求めることの困難さがある[36]。これらの状況を考慮すると、わが国においては複線型制度を採用せざるを得ないとする[37]。

(2)　財源負担者

わが国の自賠責保険（およびほとんどの諸外国のノーフォルト制度）の保険料負担者は自動車所有者だが、吉川案では、自動車の社会的費用の内部化という観点から、運転者を保険料負担者としている[38]。すなわち、運転者を保険料負担者とすることにより、財源負担者の範囲を拡大することができ、自動車の社会的費用の内部化が推進されるとする。運転者から保険料を徴収する具体的な制度設計は必ずしも明確でないが、第一当事者傷害保険を、自動車単位で付保する保険ではなく、免許証単位で付保する保険とすることを想定しているようである。

一方、ヒッペル案のように自動車メーカーや道路設置管理者にも財源負担を求めるかという点については、吉川案は否定的である[39]。その理由としては、①直接自動車活動を行っている経済主体に対してだけその活動の水準に応じた負担を行わせてマーケットメカニズムにゆだねれば十分であること、②そもそもこれらの者の負担割合を決定する基準がないこと、を挙げている。

また、自動車の非利用者（歩行者、自転車使用者等）についても、財源を負担させるべきでないとする。これらの者は、最安価費用回避者ではな

35　吉川・前掲（注21）313頁は、この問題が顕在化した例として、1980年に米国ネバダ州がノーフォルト法を廃止したことを挙げる。

36　吉川・前掲（注21）314頁。

37　ただし、将来的に、複線型制度によっては自動車事故のもたらす費用の低減が、単線型制度の場合よりも困難であることが明らかになった場合には、あらためて単線型制度を検討すべきであるとする（吉川・前掲（注21）586頁）。

38　吉川・前掲（注21）316頁。

39　吉川・前掲（注21）317頁。

いからである[40]。

(3) 保険給付項目

　吉川案では、ノーフォルト自動車保険からの給付は経済的損害に限定され、精神的損害（慰謝料）は対象外としている[41]。その理由としては、吉川案における第一当事者傷害保険は被害者の生活の基本項目の補償を目的とするからであるとする。諸外国のノーフォルト制度やノーフォルト提案においても、精神的損害は基本的に対象外とされている[42]。

(4) 事故抑止にかかる制度

　吉川案では、ノーフォルト制度における事故抑止機能を重視しており、この具体的方策として以下のような制度設計を提案している。

ア．自己負担額の導入（ディダクティブル、コインシュアランス）

　ノーフォルト保険によりすべての損害を填補するのではなく、損害の一部を被害者自身にも負担させることにより、事故抑止を図ろうというものである。具体的には、提案当時の自賠責保険金額（死亡・重度後遺障害1級の2,500万円）の1％に相当する25万円を提案している[43]。もっとも、ファースト・パーティ型カバーにおいては自己負担額の導入が事故抑止につながりやすいかもしれないが、サード・パーティ型カバーでは必ずしも事故抑止と直結せず、むしろ被害者救済に逆行することもありうるのではないかと思われる。

イ．免責事由の設定

　被害者の故意による事故招致は免責とする[44]。被害者死亡の場合の遺族補償についてはこの免責を適用するかどうかで議論がありうるが、吉

40　吉川・前掲（注21）290頁。
41　吉川・前掲（注21）338頁。なお、吉川教授は、現行の自賠責保険についても慰謝料の給付を廃止すべきとする。
42　もっとも、スウェーデンの制度のように、精神的損害を対象とするノーフォルト制度もある。また、ニュージーランド事故補償制度における後遺障害一時金は、精神的損害の填補という側面を有していることも否めない。
43　吉川・前掲（注21）348頁。
44　吉川・前掲（注21）353頁。

342　第3部　わが国におけるノーフォルト自動車保険制度

川案では、保険契約締結後一定の期間（たとえば1年）経過後の故意による被害者の死亡については有責とすることを提案している[45]。

ウ．保険者による加害者に対する求償

　　求償手続の費用も考慮し、加害者の故意、重過失、酩酊運転に結びつく過失に限定して、保険者の加害者に対する求償を認める[46]。

エ．過失相殺[47]

　　上記の求償と同様の考え方をとり、手続費用をも考慮して、被害者の故意、重過失、酩酊運転に結びつく過失に限定して給付額の削減を行う[48]。

オ．メリット・デメリット制

　　吉川案では、ノーフォルト自動車保険の保険料率は過去の事故歴に応じたものにすべきとし、これをメリット・デメリット制と称している[49]。すなわち、無事故の保険契約者については保険料を減額し（メリット）、事故を発生させた保険契約者については保険料を増額する（デメリット）ことにより、リスクに応じた保険料率が適用されることになる[50]。

(5)　適用除外

　　強制保険である第一当事者傷害保険の適用除外については、現行の自賠責保険のそれと同様とする（自賠法10条)[51]。

45　これは、当時の生命保険約款における自殺免責条項（契約締結後1年以降の自殺は有責）を参考にしたものである。

46　吉川・前掲（注21）361頁。

47　ここでの問題は加害者から被害者に対する給付ではないので、過失相殺という用語は適切ではない。過失減額とでも称すべきであろう。

48　吉川・前掲（注21）364頁。

49　吉川・前掲（注21）365頁。

50　吉川・前掲（注21）366頁では、①情報の偏在化の克服のため、および、②外部化されるものを私的費用として内部化するために、メリット・デメリット制に限定されない相対的な保険料率の細分化を主張する。ただし、メリット・デメリット制以外の料率細分化のカテゴリーについては、具体的な提案はなされていない。

51　吉川・前掲（注21）415頁。

(6) 無保険車対策

第一当事者傷害保険の付保漏れを防ぐため、現行の自賠責保険制度（自動車検査証交付条件とする）と同様の対策を施す必要がある。ただし、第一当事者傷害保険は、自賠責保険と違い運転者に付保を強制させることから、運転免許証の交付時と更新時に付保証明書の提示を義務付けることとする[52]。

(7) 制度運営者

第一当事者傷害保険の引受けは、同保険が市場保険として構想されるべきであるという理由から、民間保険会社により行われる[53]。

3．吉川案の評価

吉川案の特徴としては、まず、ノーフォルト化の目的として、被害者救済よりも、あるいは少なくとも被害者救済と同じレベルで、事故抑止に重点が置かれているようにみえることである。前記のように、吉川案ではノーフォルト化することにより自動車事故の総費用の最小化が図れると強調する。具体的には、自動車運転者に保険料を負担させることにより自動車事故の一般的抑止を図り、さらに、個別の運転者のリスクに応じて保険料を設定することにより個別的抑止を図るとする。現行の第三当事者責任制度では一般的抑止は同程度に図ることができるが、個別的抑止についてはノーフォルト制度の方が有効に機能するとしている。一方で、ノーフォルト化により自損事故惹起者の救済が図れるとし、この点では被害者救済の拡大をノーフォルト化の目的の一つとしている。しかし、具体的制度設計においては、たとえば被害者の自己負担額の導入や過失相殺を行うとしており、この点は被害者救済よりも事故抑止を重視した結果であると評価されうるだろう。

吉川案の第二の特徴は、自動車単位の付保ではなく、自動車免許証保有者単位の付保、いわゆる免許証保険として設計していることである。これは、上記の事故抑止機能を有効化するという視点からの制度設計である。たしかに、自動車のリスクよりも運転者のリスクに応じた保険料設計とする方が、

52　吉川・前掲（注21）421頁。
53　吉川・前掲（注21）437頁。ただし、政府機関による引受けがふさわしいか否かについての検討もなされるべきとする。

保険料レベルによる事故抑止機能は有効に作用すると思える。自動車単位の付保の場合には、自動車保有者以外の者が運転者となったときにはメリット・デメリット制により事故抑止を図ることはできないであろう。その意味では、免許証保険の方が理論的には優れているといえそうである。しかし、メリット・デメリット制による事故抑止機能が現実的にどの程度有効なのかは必ずしも実証されていない。自動車事故のほとんどは過失によるものであるところからすると、次年度の保険料負担の増加を考慮して、より一層の注意を払うという運転者がどれだけいるのかは疑問である。むしろ、免許証保有者と自動車保有者の一般的な資力差を考慮すると、前者に付保強制するよりも後者に付保強制する方が付保漏れの危険性は少ないのではないかとも思える。

　吉川案の第三の特徴は、藤岡案と異なり複線型を採用するが、その理由として保険料負担の増加による保険の供給可能性（availability）や購入可能性（affordability）の問題を挙げていることである。すなわち、ノーフォルト給付で全ての損害を填補しようとすれば保険料が高騰するということを前提としている[54]。しかし、ニュージーランドをはじめとして、現行の単線型の制度においては「全ての損害」を填補するのではなく、一定の限度額を設けているのが通常である。その点、吉川案では、精神的損害については填補対象外としているが、経済的損害については限度額を設定していない。保険料が問題となるのであれば、填補額を制限して制度普及の観点から問題のない保険料レベルにするという選択肢もありうる。その場合の填補額の制限は、ノーフォルト化により救済される被害者が拡大することとのトレードオフであるとして国民の納得を得ることになる。むしろ単線型の問題は、国によってはこのような国民の納得が得にくいことにあると思われる。

第4節　木暮一郎氏のノーフォルト保険案（木暮案）

　木暮案は、米国のノーフォルト制度を参考として、現行の自賠制度のうち自賠責保険についてのみノーフォルト保険に変更しようとするものであ

54　なお、スウェーデンの交通保険制度は複線型であるが、交通保険からの填補は損害の全額であり、これには精神的損害も含まれている。しかし、保険料の問題で保険入手が困難になっているという状況は発生していない。

る[55]。

1．問題意識

わが国の自動車人身事故被害者救済制度は、自賠責保険と任意保険との二重構造になっており、かねてよりこれらを一体化すべきとの議論がある。これは、わが国の自賠制度においては自賠法3条の運行供用者責任が無制限であるところから、制度及び商品内容を異にする任意保険と自賠責保険との一体化問題が生じることになる。したがって、自賠責保険について完全に過失を払拭すれば、任意保険における責任の確定は別個のものになり、自賠責保険と任意保険の一本化の必要が解消されるとする[56]。

また、自賠法3条は、自動車保有者に対し極めて厳しい免責要件を伴った過失推定を行うものではあるが、その免責3要件が具備される限り、依然として救済されない被害者が出るのは当然である。さらに、本来自賠責保険の守備範囲たるべき自損事故が、任意保険によって肩代わりされている現状であり、任意保険のなかで自損事故保険が機能するには、自賠法3条の責任が発生しないことを条件とするので、その確定に問題が残る。このような切り貼り式保険制度は、長期的視野から体系的に整備をしていく必要があるとする[57]。

2．制度設計

自賠制度の基本保障部分である自賠責保険から過失概念を払拭し、これをファースト・パーティ型のノーフォルト保険とする。この場合、加害者・被害者という対立当事者の相互関係を前提とする慰謝料については、ノーフォルト保険では担保せず、任意保険の守備範囲とする。したがって、ノーフォルト保険では、医療費・葬儀費などの積極的損害の実損害額を補償し、ついで財源的に許される範囲で所得損失、労働能力の喪失（将来うべかりし利益）、死者の逸失利益などの消極的損害まで補償の対象とする。消極的損害につい

55　木暮一郎『アメリカにおけるノーフォルト自動車保険（日交研シリーズA-46）』44頁以下（日本交通政策研究会、1978）。

56　木暮・前掲（注55）44頁。

57　木暮・前掲（注55）45頁。

ては、一時金ではなく定期金による給付とする[58]。

　わが国においては、慰謝料の定額化も進み、実質的には積極・消極損害の賠償を補完する役割を果たしているので、米国のように慰謝料を廃止して現状より給付内容を抑えるべきではないとする。

　このような制度設計によって、現在の自賠責保険の大幅限度額アップによる任意保険の圧迫という問題もなくなる。また、自賠責保険のノーフォルト化は完全賠償原則と矛盾する制度でないので、かなりの実効性があるとする。

3．木暮案の評価

　木暮案は、現行の自賠責保険をそのままノーフォルト保険とするという比較的シンプルな提案である。ただ、提案内容自体が簡潔なものであり、提案されている制度の詳細については明確でない部分が多い。

　まず、自賠責保険をファースト・パーティ型ノーフォルト保険に変更するとするが、ファースト・パーティ型の保険のみでは、車外の被害者（歩行者等）の補償が不可能となる。米国の制度でもファースト・パーティ型とサード・パーティ型を組み合わせており、歩行者等の損害は加害自動車に付保されているノーフォルト保険（これはサード・パーティ型である）での填補が必要となると思われる。

　次に、ノーフォルト保険の給付内容については実損害を填補するとのことであるので、これは傷害損害保険契約（保険法2条7号）となると考えられるが、請求権代位（保険法25条）をどうするのかが明確でない。特に、サード・パーティ型として機能する場合には、加害者は保険契約者であるので、この者に対して代位求償するのかが問題となろう。

　さらに、ノーフォルト保険の免責事由をどうするのかが明確でない。自賠責保険の免責事由そのままであるとすると、保険契約者又は被保険者の悪意のみが免責となるにすぎず（自賠法14条）、自損事故の被害者が飲酒運転や暴走行為をしていた場合でも保険給付が行われることになるが、それでもかまわないのか。また、サード・パーティ型の場合には、保険契約者である保有者の悪意による事故は不担保となる。現行の自賠責保険では、直接請求権を別途認めることにより、運転者の故意による事故についても被害者救済が図

58　木暮・前掲（注55）45頁。

第2章　わが国におけるノーフォルト自動車保険制度提案の系譜　*347*

られているが（自賠法16条4項）、それと同様の制度的手当てが必要なのではないかと思われる。

　木暮案は、他のノーフォルト提案と異なり、自賠責保険部分のみのノーフォルト化をめざすものである。現行の自賠責保険の範囲内における被害者救済という観点では、現行制度よりもすぐれたものといえる。しかし、その填補限度額をどうするのかが明確でないところから、ノーフォルト化により救済される被害者の範囲は限定的になることも考えられる。これは、木暮案が米国のノーフォルト制度を参考に考えられていることや、現行の自賠責保険・任意保険の二重構造を維持することを前提としていることに由来するものであろう。しかし、ノーフォルト制度には北欧型やオセアニア型のものもあるのであり、これらを参考にすると、二重構造を維持した上でも自賠責保険を超えた部分のノーフォルト化という制度設計もありうる（後述の金澤案を参照）。

第5節　金澤理教授のプラチナ自動車保険案（金澤案）

　金澤案は、1970年代に損害保険業界で検討された「選択民保」構想[59]に示唆を受けて、自賠責保険＋任意対人賠償責任保険という現行制度と併存するノーフォルト自動車保険である「プラチナ自動車保険」の創設を提案している[60,61]。

59　選択民保とは、自賠責保険と任意対人賠償責任保険を合体させた新保険（賠償責任保険）を作り、自動車損害賠償保障法5条の付保強制については、自賠責保険の付保のみならずこの新保険の付保でも可とする構想である。1970年代に自賠責保険と任意保険との一本化が検討されたが、その中で、完全一本化に至るまでの経過的な制度として構想されたものである（石田満「自賠責保険と任意保険の一本化」『損害保険双書2自動車保険』275頁（文眞堂、1974））。

60　金澤理「プラチナ自動車保険構想の提唱─自動車事故全被害者の救済を目指して─」損害保険研究65巻3・4号1頁以下（2004）。なお、プラチナという名称については、「これ1枚さえ持てれば今日にでもお金の心配なしに世界旅行に出かけられるというプラチナ・カード（クレジット・カード）のように、1枚の保険証券で自動車事故に関する最高水準のすべての保険カヴァーを保険契約者に提供するという意味を込めて、また、従来の自動車保険とまったく異なる保険商品であることを明らかにするために、あえてこのように名付けた」とする（同論文2頁）。

61　なお、金澤教授はノーフォルト保険の提案として本提案以前に、自賠責保険の傷

348　第３部　わが国におけるノーフォルト自動車保険制度

１．制度の目的と基本理念

　本制度の目的は、自動車によるすべての人身事故被害者の被った損害の補償に途を開こうとするものである。そして、ここにいう自動車事故被害者には、有責の加害第三者による事故の被害者のみならず、自損事故の被害者をも含む[62]。なお、物損事故被害者は対象としない。この制度により、従来の制度において生じていた事故当事者間の「過失」と「責任」をめぐる紛争を回避し、それに要する時間と費用の節約をはかり、被害者にできるだけ手厚い補償（過失相殺の適用回避など）を行うことによって、事件の一回的解決が促進されるとする[63]。

　本制度の基本理念としては、①完全ノーフォルト保険化による被害者救済範囲の拡張、②新「選択民保」方式の採用、③プラチナＡ・Ｂの枠組み、を３本の柱とする[64]。

　①については、ファースト・パーティ型ノーフォルト保険（プラチナＣ）とサード・パーティ型ノーフォルト保険（プラチナＡ・Ｂ）を組み合わせることにより、すべての被害者を対象とすることが可能となるとする。

　②については、現行の自賠責保険・任意保険の二元制度を一元化する一過程として選択民保制度を採用するとされる。現行制度とプラチナ保険との併存により、競争原理が導入され、自賠責保険の料率面、商品面、運用面での改善を促すという効果も期待できる。

　なお、③については以下に詳述する。

２．制度設計

(1)　骨子

　　プラチナ自動車保険（任意保険）として、現行の自賠責保険に対応する「プラチナＡ」、現行の任意対人賠償責任保険に対応する「プラチナＢ」、

　害保険化の提案（金澤理『交通事故と責任保険』170頁（成文堂、1974））や、免許証保険創設の提案（金澤・同書242頁）を行っている。プラチナ自動車保険案はこれらの提案と選択民保方式を合体させたものと理解されるが、さらに具体的な保険商品内容としては、1998年に登場した人身傷害保険の内容を取り入れている。

62　金澤・前掲（注60）１頁。
63　金澤・前掲（注60）２頁。
64　金澤・前掲（注60）３頁以下。

第2章　わが国におけるノーフォルト自動車保険制度提案の系譜　　*349*

の両保険を創設する。これらは自動車保有者が保険契約者、当該自動車による自動車事故の被害者（プラチナ C の被保険者を除く）を被保険者とする第三者のための損害填補型傷害保険（サード・パーティ型ノーフォルト自動車保険）である。プラチナ A は自賠責保険を、プラチナ B は人身傷害保険をベースとして設計されるとする。ただし、将来的には A と B の統合を展望する。

　さらに、プラチナ B の上乗せ賠償責任保険としての「プラチナ B ＋」を特約として用意する。なお、現行の人身傷害保険を「プラチナ C」と改称する。また、現行の対物賠償責任保険、車両保険などは従来通りで変更しない[65]。

　自賠責保険、任意対人賠償責任保険は残存し、自動車保有者は、従来の制度をとるかプラチナ保険をとるかの選択肢を持つ。したがって、自動車損害賠償保障法 5 条は改定する必要がある[66]。

表 3-2-1　現行制度と金澤案

	強制保険	任意保険
サード・パーティ型	自賠責保険（賠責） →プラチナ A（NF）	対人賠償責任保険（賠責） →プラチナ B（NF） プラチナ B ＋（賠責）
ファースト・パーティ型		人身傷害保険（NF） →プラチナ C（NF）

賠責：賠償責任保険、NF：ノーフォルト保険

⑵　各保険の内容

　プラチナ A の保険金額は、自賠責保険のそれと同額とする。プラチナ B の保険金額は、最低5,000万円、最高無制限とする。プラチナ C の保険金額については、自賠責保険部分を勘案して、最低8,000万円、最高無制限とすることが望ましいとする[67]。

　プラチナ A 及び B は、損害填補型の傷害保険であるが、その損害については、人身傷害保険と同様に支払基準を設ける。支払基準としては、プラ

65　金澤・前掲（注60）2 頁。
66　5 条に但書もしくは 2 項を設けるか、あるいは、自賠法施行令で対応する（金澤・前掲（注60）31頁）。
67　金澤・前掲（注60）36頁。

チナＡは自賠責保険、プラチナＢは人身傷害保険の支払基準をそれぞれ適用する[68]。

プラチナＡ及びＢから支払いがなされた場合、その金額の範囲で加害者は損害賠償責任から免脱される。同保険は傷害保険ではあるが損害保険でもあり[69]、支払保険金の額を限度として被害者に生じた損害が消滅したので、加害者の責任が免脱されると解する[70]。ただし、定額給付型傷害保険との混同を避けるために、保険金支払い実務においては被害者から「協定書・確認書」を取り付けることとする[71]。

上記のように、プラチナＢについては現行の人身傷害保険を基本とするが、加害者の責任を免脱する以上、約款の請求権代位規定は削除することになる[72]。

被害者が、加害者付保のプラチナＡ・Ｂと、被害者自身付保のプラチナＣの両方に請求していける場合は、最終責任を負う加害者のプラチナＡ・Ｂの保険者が先順位で保険金を支払う[73]。

プラチナＡは、自賠責保険に代る機能を有するものであるから、有無責、因果関係、後遺障害等の認定については、損害保険料率算出機構の自賠責損害調査センターに事前認定してもらう[74]。

プラチナＡは強制付保対象であり、この履行を確保する手立てが必要である。そこで自賠責保険と同様の車検リンク方式を採用するか、または、別の方法を考える必要があるとする[75]。

被害者に生じた損害額がプラチナＡ・Ｂの支払保険金の額を超える場合は、被害者は加害者に損害賠償請求できる。この場合、加害者の責任はプラチナＢ＋特約でカバーされる。

プラチナＡ付保車と自賠責保険付保車との共同不法行為の場合、保険金

68　金澤・前掲（注60）５頁。
69　本保険は、保険法では２条７号の傷害疾病損害保険にあたると解しているようである。
70　金澤・前掲（注60）34頁。
71　金澤・前掲（注60）30頁、35頁。
72　金澤・前掲（注60）５頁。もっとも、これは保険契約者である加害者への代位求償は行わないということであり、自動車製造業者などの有責第三者に対しては請求が行われるとしている（同30頁）。
73　金澤・前掲（注60）31頁。
74　金澤・前掲（注60）31頁。
75　金澤・前掲（注60）32頁。

額は積み上げられる[76]。

⑶　付保態様・販売対象

　これらの保険の付保態様としては、プラチナＡ・Ｂ・Ｃ及びＢ＋と、対物賠償責任保険、車両保険等のセット商品とし、無事故割引等を適用する。販売対象は、この無事故割引が適用されている優良契約者（プラチナクラブ・メンバー）に限定する[77]。

３．金澤案の評価

　金澤案では、自賠責保険と任意対人賠償責任保険という二元方式をとるわが国の現行制度を前提として、被害者救済の向上を図るために将来的な一元化およびノーフォルト化を進める手立てとしての選択民保方式を採用しており、その意味で本案は、各種の災害保険化案の中でも最も現実的な提案であると評価できる。

　ノーフォルト自動車保険の観点から見た場合の金澤案の特徴は、いわゆる複線型ノーフォルトであることと、任意保険として構成していることである。ノーフォルト自動車保険からの給付以外には被害者は加害者への損害賠償請求権を認めない単線型ノーフォルトと異なり、複線型ノーフォルトでは、被害者の損害がノーフォルト保険からの給付額を超える場合、またはノーフォルト自動車保険からの給付に代えて、被害者の加害者に対する損害賠償請求権を認める。一方、現在、諸外国で行われているノーフォルト自動車保険のほとんどが法律による強制保険であるのに対して、金澤案では任意保険としてのサード・パーティ型およびファースト・パーティ型ノーフォルト自動車

76　金澤・前掲（注60）32頁。それぞれ自賠責保険が付保された複数の自動車が共同不法行為により発生した事故の場合は、それぞれの自動車保有者に賠償責任が発生するため保険金額は不法行為者数に応じてその数となる、と解されている（川井健他編『注解交通損害賠償法（新版）第１巻』（青林書院、1997）141頁［平野善次郎、八島宏平補筆］）。自賠責保険とプラチナＡとの関係も同様とするとしたものであろう。

77　金澤・前掲（注60）37頁。販売を優良契約者に限定する理由は定かでない。後述のように、優良契約者については優良割引が適用される可能性があり、当該保険契約者にプラチナ保険を選択するインセンティブが発生するであろうが、被害者保護の観点からは、むしろ非優良契約者を含めてできるだけ多くの契約者がノーフォルト自動車保険に移行することが望ましいのではないかと思われる。

保険を提案する。もっとも、金澤案も、最終的には現在の自賠責保険のノーフォルト化を目指しているようであり、プラチナ保険構想はそれまでの過渡的な制度と位置付けられているようである。

金澤案のノーフォルト自動車保険の設計は、人身傷害保険をベースとしている。すなわち、プラチナＣは人身傷害保険そのものであるし、プラチナＡ及びＢも、サード・パーティ型である点はファースト・パーティ型の人身傷害保険とは異なるものの、精神的損害をも含めた支払基準による実損填補型傷害保険という構成は人身傷害保険のコンセプトをそのまま踏襲している[78]。人身傷害保険は発売開始から二十年近く経過してわが国の損害保険市場において急速に普及しており、多くの保険契約者に受け入れられている。したがって、わが国においては、人身傷害保険をベースとすることにより、ノーフォルト化の理解が容易に進み、その実現可能性が高まることが期待される。金澤案が人身傷害保険をベースとした趣旨もまさにこの点にあると思われる。

一方で、金澤案に対する疑問もある。それは第一に、選択民保方式においてプラチナ保険を選択するインセンティブがあるのか、という点である。自賠責保険＋対人賠償責任保険と比較すると、同じ保険金額でもプラチナＡ・Ｂの方が補償範囲が広い分、保険料は高くなるはずである。優良割引が適用されれば優良契約者の保険料は安くなる可能性があるが、その分、非優良契約者の保険料が高くなるので、全体としては、やはりプラチナ保険はコスト高になる。被害者救済の観点からはプラチナ保険が優っているが、保険契約者にとっては被害者救済よりは自身のコストが第一義となる。したがって、保険契約者（特に非優良契約者）にはプラチナ保険を選択するインセンティブが発生しないのではないだろうか。被害者救済という政策目的を実現するためには、やはり付保強制が不可避ではないかと思われる。

疑問点の第二は、金澤案において不法行為制度の事故抑止機能をどのように評価しているのかが不明であることである。不法行為制度に事故抑止機能

78　なお、金澤教授は本提案以前にファースト・パーティ型のノーフォルト自動車保険制度（代位条項付きの定額傷害保険）を提唱したことがあるが（金澤理『交通事故と保険給付』（成文堂、1981）41頁）、これは人身傷害保険の原型とも考えられるものである。今回の提案は、これをさらに発展させたものであるともみられるが、今回の案はサード・パーティ型ノーフォルト自動車保険が中心となっていること、定額ではなく損害填補型の傷害保険としていることが特徴である。

があるという前提に立つと、ノーフォルト化は事故抑止機能を減退させることになる。この点は種々のノーフォルト化論において議論されてきたところであるが、金澤案においてはこの論点は論じられていない。もっともこの点は、金澤論文の中で、ノーフォルト化の意義の一つとして「加害者に対する制裁の緩和」を挙げているところからすると[79]、論者の基本的な認識としては不法行為における制裁機能を評価しておらず、その延長線上にある事故抑止機能も評価していないとも思えるが、真意は定かではない。

第6節　加藤雅信教授の総合救済システム案（加藤案）

　加藤案では、自動車事故に限定せず、全ての事故の被害者、さらには疾病を被った者をも含めて、これら全ての者の救済を目的とする総合救済システムを提案している[80]。加藤案の眼目は制度対象者の範囲の拡大にあり、ノーフォルト自動車保険の提案そのものではないが、自動車事故被害者の救済という観点からみれば現行制度のノーフォルト化を目指していることになるので、本項目で取り上げることとする。

1．問題意識

　加藤案の問題意識は、現行の不法行為被害者救済制度（人身被害に限定する）の問題点をその出発点とする[81]。すなわち、わが国の不法行為被害者の救

79　金澤・前掲（注60）14頁。その理由としては、わが国では、被害者が事故を不幸な事件としてできるだけ早く忘れようとする傾向が強く、そのために事件のほとんどが和解で解決していること、そして、傷害保険化によって非難対象としての「加害者」を消去する可能性があり、これは大部分が同一民族である日本の風土に適している、と説明されている（金澤『保険と補償の法理』248頁（成文堂、1998））。

80　加藤案は当初、加藤雅信「現行の不法行為被害者救済システムとその問題―不法行為法の将来のために―」ジュリスト691号52頁以下（1979）、および、同「総合救済システムの提言―損害賠償から社会保障的救済へ―」ジュリスト918号22頁以下（1988）の二論文によって提案されたが、その後の本案への批判等を踏まえて、同編著『損害賠償から社会保障へ』1頁以下（三省堂、1989）においてその最終形を示している。本稿では以下、後者の著書をもとに加藤案を分析する。

81　出発点は不法行為被害者救済だが、後述のように、提案された加藤案はこれにとどまらず、疾病に罹患した者の救済もその制度の対象としている。

354　第3部　わが国におけるノーフォルト自動車保険制度

済制度は、表3-2-2の通り様々な制度が並列しており、それぞれの制度について損害の経済的負担者が異なり、また、填補内容、および填補レベルも異なっている[82]。ここでは以下のような問題が発生しているとする[83]。

表3-2-2　現行制度における損害の経済的負担者[84]

	制度	損害の経済的負担者
1	不救済	被害者
2	自衛保険（生命保険・傷害保険）	潜在的被害者集団
3	国家扶助	一般社会
4	不法行為・責任保険付保	潜在的加害者集団
5	不法行為	加害者

① 被害救済の実効性

　　上記表中の2～4については、被害者救済のための特別制度が行われている分野があるが（自動車事故被害者に対する自賠法制度等）、逆に、これらの特別制度から漏れた被害者は実効的な救済を受けることができない（いわゆる制度の谷間問題）。たとえば、同じ道路交通事故被害者であっても、自転車事故被害者は自賠法制度のような特別な救済制度はない。

　　一方、特別制度化されている分野においても、必ずしも実効的な救済が行われていないのではないかと思われる節があるとする。たとえば、自賠法制度の対象者に対して、自動車事故対策センター（現在の自動車事故対策機構―NASVA―）が貸付けを行っているが、そのこと自体が被害者が完全に救済されていないことを示しているとする。

② 社会的な負の対応

　　不法行為制度によって被害者救済を進めると、医療分野における委縮診

82　加藤・前掲書（注80）2頁は、この複合体について、違った飲み口（原資）ごとに頭をもった「八岐大蛇」と称している。

83　加藤・前掲書（注80）21頁以下。

84　本表は、加藤・前掲書（注80）3頁の図をもとに筆者が作成した。なお、2～4については、種々の社会保険（労災保険、医療保険、年金保険）の場合、保険料拠出者が損害の経済的負担者となるが（国庫負担がある場合にはその限度で一般社会が負担する）、それぞれの社会保険ごとに特定のタイプの潜在的加害者集団、潜在的被害者集団、あるいは両者の組合せによって経済的負担が行われているとしている。

療や新薬開発にブレーキがかかるなど、潜在的加害者による防衛的態度により社会的な負の対応が発生する。

③　裁判における後退現象
　　上記の社会的な負の対応が続くと、裁判官がこれを懸念して損害賠償を認めない方向に向かう懸念がある。

④　多数の個別的救済システムが並列していることに伴う問題点
　　救済制度の有無によって被害者の保護にアンバランスが生じる。これは、救済制度間にも生じる。また、制度間での求償等の調整の問題が生じる。

⑤　定期金賠償
　　一時金賠償に比べ、定期金賠償は理論的に正当であると考えられているが、現行実務ではあまり行われていない。それは資力確保が保証されていないからであり、現行制度では定期金賠償が普及することはない。

２．制度設計

(1)　制度設計の理念
　　上記の問題の解決のためには、社会保障制度と損害賠償制度を合体した、単一の総合的な人身被害の救済システム（総合救済システム）を設立する必要があるとする[85]。この制度においては、被害を被った者に対して、事故原因に関わりなく、等質的な給付を行う。一方、個別に不法行為を行った者に対しては被害者に補償を行ったシステムから求償し、得られた資金をシステムの原資にあてる。
　　総合救済システムは、従来の個人責任を原型とした個別的民事救済システムに対して、社会集団責任を基礎とした社会保障的救済システムと位置付けられる[86]。
　　本システムにおける救済の特徴としては、迅速性、確実性、一律公平性、効率性、社会保障性が挙げられている。

85　加藤・前掲書（注80）30頁。
86　加藤・前掲書（注80）34頁。

356 第3部 わが国におけるノーフォルト自動車保険制度

　　従来の制度では、加害者に対する制裁的要素と被害者の救済要素が並立
していたが、本システムではこのうちの被害者の救済に焦点を絞ったとす
る。すなわち、従来のシステムの制裁的機能は責任保険の導入によりすで
に形骸化していることを考慮したものである。もっとも、本システムにお
いても、労災保険料や、公害における課徴金など、企業的計算が可能な分
野では、メリット・デメリットシステムにより事故抑止が可能な分野もあ
るとする[87]。

(2)　基本設計
　　本システムにおける補償は救済基金から行い、救済基金の原資は表3-
2-3の通りとする。

表3-2-3　総合救済システム救済基金の原資[88]

危険行為課徴金	自動車事故課徴金
	労働災害課徴金
	公害課徴金
	その他 医療（含予防接種）、学校事故、原子力、製造物責任等々
自衛的保険料	医療保険（自己負担分）
	年金保険（自己負担分）
	生命保険、傷害保険
基金求償	

　　危険行為課徴金は、不法行為における潜在的加害者が拠出する資金であ
る。これらは、現在、強制保険とされているもの（自賠責保険、労災保険
等）の保険料が中心であるが、現在、任意保険とされているもの（医療、
学校事故等）についても事実上付保強制することになる。
　　自衛的保険料は、不法行為における潜在的被害者が拠出する資金である。
このうち、医療保険の自己負担分、年金保険の自己負担分については、強
制保険の保険料ということになるが[89]、生命保険や傷害保険については付

87　加藤・前掲書（注80）35頁。
88　本表は、加藤・前掲書（注80）31頁の図をもとに筆者が作成した。
89　なお、現行の医療保険、年金保険については、事業者の負担分や国庫負担分がある
　　が、これをどのように本スキームに取り入れるかについては今後の課題とする（加

保強制することになる。

　基金求償は、被害者に補償した基金が加害者に対して求償し、回収した金額を基金の原資とするものである。求償対象者としては、原則として危険行為課徴金を支払っていない者とする。ただし、危険行為課徴金を支払っている者であっても、以下の場合には求償対象とする[90]。

①　故意の加害者

②　現実の被害発生までには特に「危険」とは社会的に認知されていなかった行為によって大量の被害が発生した場合（たとえば、過去の公害・薬害事件の相当部分）

(3)　制度設計の個別問題

　ア．大基金構想と小基金構想[91]

　　　加藤案では、表３－２－３に示した全ての原資を対象とした制度（大基金構想）と、危険課徴金及び基金求償のみを対象とした制度（小基金構想）の二案を提案している。小基金構想は基本的に不法行為被害者を対象としたものであるのに対して、大基金構想は、さらに疾病についても救済対象とするものである。

　　　加藤案としては、この二案のうち大基金構想を理想とするが、その場合には制度費用が膨大になることもあり、これを考慮して小基金構想をも提示したとする。

　イ．補償水準[92]

　　　所得補償については、平均所得をもって上限とすべきとする。すなわち、高額所得者については、本スキームによる補償を期待するのではなく、自身による生命保険や傷害保険の付保などにより自衛措置を講ずべきとする。

　　　一方、平均所得以下の被害者については、小基金構想と大基金構想とで異なる補償水準を適用すべきとする。すなわち、小基金構想においては、従来の不法行為制度における補償水準との比較から、完全な原状回

　藤・前掲書（注80）32頁）。

90　加藤・前掲書（注80）32頁以下。

91　加藤・前掲書（注80）292頁。

92　加藤・前掲書（注80）297頁以下。

復、もしくは100％に近い水準での補償を行うとする。これに対して大基金構想においては、従来の社会保険給付を考慮して、60％程度に抑えるべきとする[93]。

ウ．初期補償[94]

　加藤案では、事故後、最初の2週間についての所得補償は行わないとする。なぜなら、軽微な状況についてまでも手厚く補償することは、制度の運営コストを大幅に押し上げるとともに、費用対効果の問題を考えても制度を非効率的なものにするからである。

エ．不法行為訴権との関係[95]

　基金による不法行為加害者に対する求償は前述の通りであるが、被害者の加害者に対する不法行為訴権については原則として廃止することとし、例外的に、故意行為の場合のみ認めるとする[96]。例外的に不法行為訴権が認められる場合には、平均所得超の所得補償部分や慰謝料が対象となる。

3．加藤案の評価

　加藤案の最大の特徴は、自動車事故に限定せず、すべての事故の被害者を対象とし、さらには、疾病についてまでその救済対象を拡大しようとしていることである。このような提案は、従来からもなされていなかったわけではない[97]。しかし、具体的な制度設計を伴う提案としてはわが国では加藤案がはじめてと考えられる。加藤案の構想は、結果的に、ニュージーランド事故

93　この点については、大基金構想において補償水準を二段階にすることも現実的かもしれないとしているが（加藤・前掲書（注80）299頁）、その場合には、全ての被害者の迅速、一律な補償という加藤案の理念との整合性が問題となろう。

94　加藤・前掲書（注80）300頁。

95　加藤・前掲書（注80）301頁。

96　なお、故意行為に加え、「重過失による不法行為の一部についても、同様の配慮をする必要があるかもしれない」とするが（加藤・前掲書（注80）301頁）、どの程度の重過失を想定しているのか等、詳細は明確でない。

97　たとえば、吉川吉衞教授はオーストラリア1974年法案を参考として「基本保障制度」を提案している（吉川吉衞「保険法の将来」ジュリスト136号143頁（1981）、同・前掲（注21）597頁）。

補償制度（小基金構想）やオーストラリア1974年連邦補償法案[98]（大基金構想）などに類似する制度を目指しているものと思われる。もっとも両制度と加藤案との関係については、加藤教授自身は以下のようにその違いを指摘している[99]。すなわち、加藤案においては入口（原資）は別々であるが出口（補償）は全く統一化されているのに対して、ニュージーランド事故補償制度では制度上は入口も出口も別々であり、運用によって補償水準の平準化を図っていること[100]、また、ニュージーランド事故補償制度では原資徴収源が使用者賦課金、自動車所有者賦課金、国庫負担の三種類に限定されていること[101]が加藤案との違いであるとする。また、オーストラリア1974年法案は財源を全て国庫負担とし複合的財源構想がない点で加藤案と異なるとする。

　自動車事故被害者救済制度という単一制度のノーフォルト化とは異なり、加藤案は本制度を社会保障制度として構成している。したがって、制度運営者は国または公的機関を想定しているものと思われる。加藤案のベースとなっているわが国の現行制度では、自賠責保険制度や原子力賠償制度など民間保険会社が運営主体となっているものもあるが、労災保険制度などは社会保険として公的機関が制度運営者となっている。これらの諸制度を統合しようとする場合には、社会保障制度として公的機関が運営する形にならざるを得ないと考えられたのであろう。たしかに、ニュージーランド事故補償制度やオーストラリア1974年法案は社会保障制度として構成され、その制度運営者は公的機関とされている。もっとも、このような総合的な制度であるからといって、その運営主体が公的機関でなければならないという論理必然性はない[102]。この点は制度設計上の一つの論点となろう。

　加藤案では被害者救済を第一義とし、事故抑止については重点を置いてい

98　ニュージーランド制度については第1部第1章第4節1.を、オーストラリア1974年法案については第1部第1章第4節2.を、それぞれ参照。

99　加藤・前掲書（注80）291頁以下。

100　この点の評価には疑問がある。ニュージーランド制度においては、補償財源の管理については口座ごとになされているが、補償内容についてはほぼ一律であり、事故の形態は基本的に関係ない。したがって、同制度は加藤案と同様の制度設計と評価されうる。

101　加藤案提案当時のニュージーランド事故補償制度は1982年法であり財源はこの三種であったが、その後の法改正によって、就労者賦課金、医療従事者賦課金が加わっている。

102　ニュージーランド事故補償制度の一部民営化を参照。ニュージーランドにおける議論では、公的機関における制度運用の効率性が論点となっている。

ない。この点は、制度の事故抑止機能を重視している藤岡案、吉川案と対照的である。もっとも加藤案でも、危険課徴金のメリット・デメリット制、不法行為加害者に対する基金求償、故意行為加害者に対する被害者の不法行為訴権等、事実上事故抑止機能がありうると思われる制度設計を組み込んでいる。

不法行為訴権との関係では、原則、故意行為以外の訴権を廃止しており、その意味では、基本的に単線型の制度設計である。単線型にする理由については、複線型にすると高額所得者優遇という機能を営むこと[103]、高額所得者の平均超の所得補償については他者の負担によってなされるべきではないこと[104]、などが挙げられている。これは、平均所得以下の被害者についてはほぼ完全な原状回復が行われることを前提としたものであろう。しかし、後述のように、慰謝料を補償対象外とした場合には、不法行為訴権廃止による被害者の不利益の問題を検討する必要があると思われる。

自動車事故課徴金の負担者を、現行の自賠責保険のように自動車保有者とするのか、それとも免許保有者とするのかについては明示されていない。ただ、加藤教授は、現行の自賠責保険の付保義務者については免許保有者にすることが合理的であると指摘しており[105]、そこから忖度すると総合救済システム救済基金の課徴金負担者も免許保有者ではないかと思われる。そうであれば、この点は吉川案と同様の設計といえよう。

補償項目については、必ずしも明確ではないが、医療費と所得補償に限定するようであり、慰謝料（精神的損害）は対象外になると思われる。また、所得補償については平均所得を上限とするとしており、高額所得者は自身による付保などの自衛策を講じることを予定している。一方、社会保障制度として構成していることもあり、一事故当たりの補償限度額は設定しないようである。

このような総合的救済制度の最大の課題は財政問題である[106]。財政規模の想定やその財源の割り振りについては専門的、技術的分析が不可欠であるが、

103　加藤・前掲書（注80）40頁。
104　加藤・前掲書（注80）301頁。
105　加藤・前掲書（注80）37頁注3。
106　ニュージーランド事故補償制度でも、制度発足当初財政状況が悪化し、歴代政権はその対応に苦慮してきた。

加藤案の段階ではそこまで精緻な検討はなされていない[107]。特に財源の割り振りについては、加藤案ではニュージーランド制度と比べても大幅な財源数の増加となっており、また、業界の利害による政治的要素もからむことから、実現段階では相当な議論となることが予想される。

107　加藤・前掲書（注80）296頁以下で、小基金構想と大基金構想それぞれの財政規模について「きわめて粗い予測」を展開している。一方、財源の割り振りについては「統計的処理によって解決できる」（同33頁）とするのみで、具体的な提案はなされていない。

第3章　自賠責保険制度のノーフォルト化の検討

第1節　序説

1．検討の対象

　本章では、わが国の自賠責保険制度のノーフォルト化について検討する。前述したように、人身傷害保険はわが国における初めての本格的なノーフォルト自動車保険であるとされているが（その他、搭乗者傷害保険もノーフォルト自動車保険である）、それはあくまで任意保険としての商品であり、第1部で検証した諸外国におけるノーフォルト自動車保険制度とは基本的に異なるものである。これに対して本章で検討しようとするものは強制保険制度としてのノーフォルト自動車保険であり、わが国の場合、それは自賠責保険制度のノーフォルト化を意味することになる。第3部第2章において種々のノーフォルト自動車保険の提案を紹介したが、これらも基本的に自賠責保険制度のノーフォルト化を意図したものである。

　なお、従来の文献においてノーフォルト自動車保険制度のわが国への導入を論じるに当たり、「ノーフォルト保険」「災害保険」「傷害保険」など、いくつかの異なった用語が使われることがある。それぞれの用語の使用者の意図としてはほぼ同様のものを想定しているようであるが、厳密には若干のニュアンスの違いがあるとされている。すなわち、「ノーフォルト保険」という場合には「責任」という痕跡ないし殻を身につけているのに対し、「災害保険」や「傷害保険」は完全に不法行為責任から切り離された概念であり、そのうち、「傷害保険」が人身損害のみを対象とする保険であるのに対して、「災害保険」はヒッペル案のように物損も含んだカバーであるという[1]。しかし、これらの用語の使用者が、このようなニュアンスの違いを意識してそれぞれの用語を使い分けているのかははなはだ疑問である。いずれにしても、本章では「ノーフォルト保険」「ノーフォルト化」という用語を基本的に使用し、保

1　吉川吉衞『事故と保険の構造』310頁（同文館出版、1988）。

険商品としての傷害保険を指す場合にのみ「傷害保険」という用語を使用する。また、本章における検討対象は基本的に人身事故であることもあり「災害保険」という用語は使用しない。

2．ノーフォルト化の要否

　第2章で述べたように、わが国においても今まで多くのノーフォルト化の提案がなされている。その一方で、ノーフォルト化は不要であるとする論者もいる。たとえば、ノーフォルト化不要論の代表的な論者である西嶋博士は以下のように論じている[2]。すなわち、まず、ノーフォルト保険を実施する目的は、①すべての被害者を無差別に救済する、②賠償の不公正を是正する、③被害者の救済を迅速にする、④弁護士費用、保険会社の査定経費を節約する、⑤保険料を低減する、の五つであるが、これらのノーフォルト自動車保険制度のメリットとされているものは、わが国ではすでに実現されているとする[3]。また、純粋ノーフォルト自動車保険制度を導入した場合には慰謝料はカットされ不法行為訴訟も制限されることから現行の自賠責保険制度からの救済よりも被害者にとってマイナスになること、および、自損事故についてはすでに任意保険において自損事故保険が存在していることをあげ、結局、これらを総合して考えると、わが国にノーフォルト自動車保険制度を導入することには問題があるとする[4]。

2　加藤一郎＝森嶋昭夫＝西嶋梅治＝西原道雄＝加藤雅信「シンポジウム・被害者救済システムの展望」ジュリスト臨時増刊69号242頁（西嶋発言）(1979)。

3　一方で、そうであればノーフォルト保険を導入しても結果が変わらないから、ノーフォルト保険の導入に対する抵抗は少ないとも述べる（加藤他・前掲（注2）242頁（西嶋発言))。

4　西嶋博士は別の論考でも、①自賠責保険が事実上のノーフォルト保険として機能していること、②ノーフォルト保険を導入した場合の移行期の混乱、③ノーフォルト保険の変形ともいうべき損害保険の商品が出てきていること（その例としてここではなぜか失火見舞い費用保険金を挙げているが、現在では人身傷害保険ということになろう）、という理由から、ノーフォルト自動車保険のわが国への導入には慎重な考慮が必要であるとしている（西嶋梅治「賠償と保険・補償」『岩波講座・基本法学5—責任』340頁（岩波書店、1984)。

364　第３部　わが国におけるノーフォルト自動車保険制度

３．検討の方法

　以上のように、自賠責保険制度のノーフォルト化についてはその方向性自体に賛否の議論がある。したがって、以下においては、まず第１章において指摘した現行自賠責保険制度の問題点を踏まえたうえで、このような問題点を克服するために自賠責保険制度をノーフォルト化する必要があるのかどうかについて検討する（第２節）。そのうえで、ノーフォルト化が必要であるとした場合の制度設計について考察することとする（第３節）。

第２節　ノーフォルト化の必要性

１．ノーフォルト化の目的

　まず、ノーフォルト自動車保険制度を導入する目的を確認する。第１部第２章第５節1.で述べたように、米国においてはノーフォルト自動車保険制度に以下のような目的が期待されている[5]。

① すべての事故被害者の救済
② 損害填補の適正化
③ 損害填補の迅速化
④ 保険金支払内容の有効化
⑤ 訴訟数の削減
⑥ 保険料の安定化

　この６項目うち、②から⑥までは現行の自賠責保険制度においては以下のようにそれほど大きな問題となっていない。
　まず、②の損害填補の適正化については、特に米国において不法行為制度の問題点として指摘されていることである。すなわち、同じ事故被害者であっても軽傷者については賠償責任保険者は比較的鷹揚に保険金を支払うが、

5　なお、米国以外のノーフォルト自動車保険制度においても、これらの項目は、若干の違いはあるものの、ノーフォルト制度の目的として認識されている。

重傷者については保険金支払が厳しいことが指摘されている。軽傷者の場合は少額の支払であるので、査定経費を考慮するとあまり細かく保険金を査定するのは得策でない。これに対して、重傷者の場合は高額な支払になり保険者としても厳密に査定することになる。一方、自賠責保険では支払基準に従って支払い保険金額の高低にかかわらず同じ対応がなされており、このような問題は発生していない。

③の損害填補の迅速化についても、自賠責保険では支払基準に準拠することによりファースト・パーティ型保険と遜色のない保険金支払における迅速性が確保されている。

④の保険金支払内容の有効化については、自賠責保険の範囲内では弁護士に委嘱されることはほとんどなく、支払った保険金はその全額が被害者の救済資金として活用されている。

⑤の訴訟数の削減については、そもそもわが国では、自賠責保険の範囲内では訴訟になることはほとんどない。

⑥の保険料の安定化は、米国におけるノーフォルト自動車保険制度導入の最大の目的であった[6]。米国では自動車保険料の高騰により、自動車保険を付保できない自動車保有者が大量に発生し、社会問題化していた。これに対してわが国では、任意保険においてすら保険料の高騰による付保漏れ問題は発生していない。さらに自賠責保険では、ノーロス・ノープロフィット原則（自賠法25条）により保険料は適正な水準に保たれている。

以上を考慮すると、わが国でノーフォルト自動車保険を導入する目的となりうるのは、①の「すべての事故被害者の救済」のみということになる。そこで以下、現行制度では救済されず、かつ、救済されるべきと思われる自動車事故被害者について検討する。

2．救済されるべき被害者

(1)　現行制度で救済されない被害者

第1章で述べたように、わが国における自動車事故被害者は、基本的に現行の自賠制度[7]により救済されることになっている。しかし、表3-3-1のよ

6　もっとも、ノーフォルト化によってこの目的が実現できたかどうかを巡って議論があることについては、第1部第2章で述べた通りである。

7　ここでいう自賠制度とは、自賠法に規定されている諸制度（運行供用者責任制度、

366 第3部 わが国におけるノーフォルト自動車保険制度

うに制度的に救済されない被害者も存在し、いわば制度の陥穽となっている。

表3-3-1 現行自賠制度で救済されない被害者

加害車両がある場合	運行供用者責任が発生しない場合	免責三要件の充足
		他人性の欠如
	運行供用者責任が発生する場合	過失相殺の適用
		任意保険の不存在、保険金額の制限、免責条項等の適用
加害車両がない場合		自損事故

　以下では、これらの被害者が新しい制度の下では救済されるべき被害者であるのかどうかを検証する。

(2)　加害車両がある場合
　ア．運行供用者責任が発生しない場合
　　　加害車両があるにもかかわらず、自賠法3条の運行供用者責任が発生せず、このため被害者が救済されない場合がある。

　(a)　免責三要件の充足
　　　まず、自賠法3条の但書が適用されることにより運行供用者が免責されることがある[8]。自賠法3条但書によれば、①自己及び運転者が自動車の運行に関し注意を怠らなかったこと、②被害者又は運転者以外の第三者に故意又は過失があったこと、③自動車に構造上の欠陥又は機能の障害がなかったこと、の三点を証明したときは、運行供用者責任は発生しないと規定する。運行供用者側がこれら三要件を立証することにはハードルが高いが、そのような例がないわけではない。前述したように[9]、被害者が死亡した場合には加害者側のみの証言によって事実関係が確定されることがあり、この場合には加害者側の無過失と被害者の過失が認められることもありうる。
　　　免責三要件を充足するということは加害者側に帰責性がないという

自賠責保険制度、政府保障事業）を総称するものである。
8　詳細は、第1章第2節1.(1)ウ.参照。
9　いわゆる「死人に口なし」問題。

ことであり、運行供用者に事故のコストを負担させることは酷である
とも考えられる。しかし、運行供用者責任が危険責任もしくは報償責
任の理念を基礎としたものである以上、帰責性の有無は問題とすべき
ではない。むしろ、制度設計という政策的観点から運行供用者の責任
の射程を画定するとすれば、特に保険制度による救済を前提とした場
合、このような被害者を救済するという制度設計もありうると思われ
る。

(b) 他人性の欠如

　次に、被害者が他人性を欠如するために運行供用者責任が発生しな
い場合が考えられる。すなわち、共同運行供用者や運転者が被害者と
なった場合には、これらの者は自賠法3条にいう「他人」と認められ
ないところから、原則として運行供用者責任が発生せず自賠責保険金
も支払われない[10]。

　もっとも、この場合に被害者は加害者に対して不法行為責任（民法
709条）を問うことは可能かもしれず、それが成功した場合には自賠責
保険では免責となっても任意対人賠償責任保険金は支払われる可能性
がある[11]。しかし、不法行為責任においては被害者による加害者側の
過失の立証というハードルがあり、準無過失責任である運行供用者責
任と比較すると被害者救済のレベルは低下する。

　共同運行供用者である被害者のうち当該自動車を運転していなかっ
た者は、たまたま他の運行供用者が加害者であったために、運行供用
者を責任主体とする自賠法における制度からの救済が受けられなくな
ってしまったわけであり、その意味では、自動車事故被害者救済制度
により救済されてもよい被害者であるといえるように思われる[12]。

　一方、共同運行供用者であっても当該自動車を実際に運転していた

10　第1章第2節1.(2)イ.参照。

11　ただし、自動車所有者が保険契約者となって当該自動車に付保している場合には、
　当該所有者が記名被保険者となるのが通常であるので、その場合には、記名被保険
　者に対する損害賠償責任は免責とする規定が発動して保険金は支払われないことに
　なろう（標準約款1章5条①）。

12　平野良一「共同運行供用者と他人性の問題について」日本交通法学会編『人身賠
　償・補償研究第5巻』57頁以下（判例タイムズ社、2002）は、このような問題意識の
　もと、自賠法の解釈として共同運行供用者の他人性を認めることを提案している。

者や自賠法上の運転者（他人のために自動車の運転又は運転の補助に
従事する者）については、当該自動車の運行を直接に支配している者
であり、いわば事故の当事者であるところから、運行供用者責任を前
提とする保護制度の下では救済することは困難と思われる。

　もっとも、全く別の枠組みをもつ被害者救済制度においては、この
ような被害者も救済されうる場合がある。たとえば、同じサード・パ
ーティ型制度であっても営造物責任等をも組み込んだ保護制度であれ
ば、道路の瑕疵による自動車事故によって運転していた者が負傷した
場合にも救済されうるであろう。また、ファースト・パーティ型制度
の下では運転者自身も保護対象となることは当然である。

　問題は、このような保護制度を付保強制してまで自動車を運転して
いた者の救済を図る必要性があるのかどうかという点である。この点
については、後述の自損事故の被害者と共通する論点であるので、そ
こで併せて検討することとする。

イ．運行供用者責任が発生する場合
　自賠法３条の運行供用者責任が発生した場合であっても、以下のよう
に被害者救済がなされないことがある。

(a)　過失相殺の適用
　前述のように、自賠制度においても過失相殺がなされ、被害者が補
償の満額を受け取れないことがある[13]。過失相殺は、加害者・被害者両
当事者間の損害の公平な分担という理念からの制度であるが、被害者
に対して注意義務を負わせることによる事故抑止機能も制度目的の一
つであるとも考えられる。

　しかし、自動車事故被害者保護の観点（自賠法１条）から加害者側
の責任発生要件を緩和している自賠法制度の方向性からすれば、両当
事者間における損害の公平な分担という理念そのものがすでに変容し
てきていることは否めない。そして、その方向性を進めれば、被害者
保護を徹底させるために事故に対する被害者の寄与の評価を低減させ
ることも十分に考えられる。現行制度においても、自賠責保険におけ

13　第１章第２節1.(2)オ.参照。

る重過失減額制度によって事実上過失相殺の効果を減殺している[14]。また、諸外国においても過失相殺減額を緩和する方向性が見られる。このように考えると、被害者救済の方向性を進めて、過失相殺を適用しないという制度選択があると思われる。

なお、過失相殺制度の事故抑止機能については、後ほど不法行為制度の事故抑止機能を検討する中で併せて検討する。

(b)　任意保険の不適用

自賠法制度により運行供用者責任が課せられ、その資力確保策である自賠責保険が適用されたとしても、自賠責保険の保険金額を超える部分については任意保険による資力確保が求められる。したがって、任意保険が適用されない部分については、被害者は実質的な救済を受けることができない。これについては、任意保険の不存在、保険金額の制限、免責条項の適用等が考えられる。

任意自動車保険（対人賠償責任保険）の付保率は自動車保険・自動車共済併せて87.3%であり[15]、１割強の自動車が未付保である。もっとも、自動車事故が自賠責保険内のみで処理される場合にはこの未付保は問題とはならない。この点は、自賠責保険の保険金額の水準と関係してくる。自賠責保険の保険金額は制度発足以来徐々に引き上げられてきてはいるが[16]、特に死亡や重度後遺障害などの事案においては自賠責保険のみでカバーすることができないケースが多いと思われる。

一方、任意保険の保険金額は「無制限」とする契約が99.4%となっており[17]、保険金額不足による問題はあまりないと考えられる。

自賠責保険の免責事由が保険契約者又は被保険者の悪意（自賠法14

14　第１章第２節2.(1)オ.参照。もっとも、重過失減額制度の導入理由については、被害者救済という観点だけでなく、年々の自賠責保険に対する請求件数の増加にともなう軽微な被害者過失の事故調査の困難性の克服ということも挙げられている（鈴木辰紀『自動車保険制度の現状と課題』51頁（保険毎日新聞社、1997））。

15　損害保険料率算出機構『自動車保険の概況平成26年度（平成25年度データ）』115頁（2015）。

16　第１章第２節2.(1)カ.参照。

17　損害保険料率算出機構・前掲（注15）99頁。ただし、この数字には自動車共済は含まれていない。

条）と重複契約における後契約（自賠法82条の３）のみであるのに対して、任意保険では種々の免責事由や解除事由が存在する[18]。これにより、実質的に被害者救済がなされない場合が発生する。

現行自賠制度が、賠償責任については限度額無制限の運行供用者責任を創設しながら、資力確保制度としては保険金額の制限のある自賠責保険制度のみによったことにより、上記のような任意保険による救済が受けられない被害者が発生することについては現行自賠制度に内在する限界であるといわざるをえない。とはいえ、自賠責保険金額を超過する部分についても運行供用者責任の対象となるのであるから、任意保険による救済が受けられない被害者も本来的には自賠制度により救済されるべき者であるというべきであろう。もっとも、このような被害者の救済については、強制保険制度の範囲設定の問題であり、本章で検討するノーフォルト化の問題とは切り離して検討されなければならない。

(3) 加害車両がない場合

自賠制度は、運行供用者という賠償責任者を作り、自賠責保険を付保強制することによりこの賠償責任者の賠償資力を確保することによって自動車事故の被害者を救済しようとするサード・パーティ型の制度である。サード・パーティ型制度においては、自ら事故を惹起した被害者は救済されない。このような被害者の典型は自動車の自損事故を惹起した運転者であるが、このような自損事故被害者を強制保険制度によって救済する必要があるのかどうかが問題となる。

なお、上記(2)ア.(b)で取り上げた他人性の欠如により運行供用者責任が発生しないケースのうち、共同運行供用者であって当該自動車を実際に運転していた者や自賠法上の運転者については、ここでいう自損事故被害者と同様の立場にある者であるので、以下では、これらの者も自損事故被害者に含めて考察する。

ア．現行制度─任意自動車傷害保険による救済

現行制度においては、このような被害者は任意付保の自動車傷害保険

18　第１章第２節2.(2)ウ．参照。

（人身傷害保険、搭乗者傷害保険、自損事故保険）によって損害填補を受けることになる[19]。これらの自動車傷害保険の中でも、特に、自損事故保険は自損事故被害者救済に特化した保険である。自損事故保険は1976年に創設され、追加保険料なしで対人賠償責任保険に自動付帯されるようになった。この保険ができた経緯は以下の通りである[20]。

　1973年11月の自賠責保険審議会答申において、自賠責保険の新しい担保内容として自損事故補償を加えることを検討すべきであるとされたが、自賠法の責任主義体系の崩壊などの理由がネックとなってこの改善検討は一向に進まなかった。このため、保険審議会では1975年6月の答申において、任意自動車保険においてこの問題を先取りして被害者の救済を拡大してはどうかという指摘を行った。これを受けて損保業界で検討を進めた結果、PAP（自家用自動車保険）約款の第2章として自損事故条項が創設されるに至った[21]。

　自損事故保険創設以前にも自動車傷害保険として搭乗者傷害保険が存在しており、これを付保すれば自損事故被害者も救済を受けることができた。しかし、当時の搭乗者傷害保険の付保率は低く[22]、また、付保されている場合でもその保険金額は低額であったため、自損事故被害者救済という観点からは不十分なものと評価されていた。これに対して自損事故保険は付保率が高い対人賠償責任保険に自動付帯されることにより、救済される自損事故被害者の範囲が広がった。もっとも、自損事故保険の現在の死亡保険金額は1,500万円とされており、補償の水準については検討の余地があるとも思える[23]。

19　無論、この他に任意付保されているファースト・パーティ型保険（傷害保険、生命保険等）があれば、そこからの補償が行われる。

20　鴻常夫他編『註釈自動車保険約款(上)』197頁[西嶋梅治]（有斐閣、1995）。

21　このように、自損事故被害者救済問題について本来自賠責制度において検討すべきところが任意保険サイドで手当てがなされたことについては、「場当たり的に解決された」との批判がなされている（西嶋梅治「人身傷害補償付自動車保険の特色と問題点」交通法研究28号64頁（2000））。

22　当時の搭乗者傷害保険の付保率に関する詳細な統計はないが、2014年3月末でも搭乗者傷害保険の付保率は41.7％である（損害保険料率算出機構・前掲（注15）95頁。

23　自損事故保険の保険金額を自賠責保険の保険金額の半額としたのは、自損事故を被害者側の過失が極大化したものと位置付けて、重過失減額の最高値の5割減額に合わせたものである。なお、自損事故保険創設当初の死亡保険金額は1,000万円であ

372　第 3 部　わが国におけるノーフォルト自動車保険制度

　　1998年の人身傷害保険発売後は、人身傷害保険の付保によっても自損
事故被害者救済がなされるようになった[24]。しかし、近時、人身傷害保険
が普及したとはいえ、その付保率はまだ対人賠償責任保険のそれには及
ばない。したがって、依然として自損事故保険による被害者救済の重要
性は残っている[25]。

イ．自損事故被害者救済の必要性の議論

　　自損事故被害者を自賠責保険などの強制保険制度で救済すべきか否か
については従前より議論がなされてきているが、そこでの否定論、肯定
論の主張を自動車事故対策センターの報告書[26]によってまとめると以下
の通りである[27]。

　(a)　否定論

　　　車両単独事故または相手方に責任のない事故における自損事故惹起
者は、事故を惹起した当の本人である。他人に損害賠償請求をできな
いような自らの過失によって招いた自損事故の責任およびそれによっ
て生じた損害は自ら負うべきであり、自損事故惹起者は自動車事故の

────────────────

　ったが、これは当時の自賠責保険金額（1,500万円）の約70％に相当する。当時の自
　賠責保険の過失減額率はほとんどの場合最高30％であったことから、このような保
　険金額を設定したとされている（東京海上火災保険㈱編『損害保険実務講座 6 自動
　車保険』283頁（有斐閣、1990））。
24　なお、人身傷害保険が付保された自動車保険契約においては、自損事故保険は自
　動付帯されない。
25　なお、フランスにおいても運転者の責任を「準絶対責任化」したうえで、運転者自
　身の損害については任意保険としての「運転者担保条項」によって填補しているが、
　これはわが国の自損事故保険制度と同様の構造である（佐野誠『世界のノーフォル
　ト自動車保険』90頁、112頁（損害保険事業総合研究所、2001））。
26　自動車事故対策センター『自動車自損事故惹起者対策に関する調査・研究報告書』
　 5 頁以下（1983）。
27　なお、この報告書では検討対象とする「自損事故惹起者」について、①相手方のい
　ないいわゆる車両単独事故を惹起した者、および、②相手方のある事故で相手方に
　全く責任のない事故を惹起した者、の両方を含むとしている（同報告書 2 頁）。この
　うち①については、ここで検討しようとする自損事故被害者と同義であるが、②に
　ついては、上記(2)ア.(a)で検討した加害者があるにもかかわらず自賠法 3 条但書の免
　責三要件が充足されるケースに相当する。同報告書ではこれら二類型を同じ被害者
　類型として扱っているが、本章では、この二類型の性格は必ずしも同一ではないと
　考えており、それぞれについて救済されるべき被害者であるか否かを検討する。

被害者とはいえず、自動車事故の被害者を救済するための強制保険である自賠責保険で自損事故惹起者を救済することについては、国民のコンセンサスを得られない。また、自損事故惹起者というと、暴走行為や飲酒運転等世間から顰蹙を買うような行為によって自損事故を惹起した者も含まれると一般に観念されており、強制保険である自賠責保険で一律にこれらの者を救済することに抵抗を感ずる。

　自らの過失によって招いた自損事故による損害の救済は、現代社会の大原則である「自己責任」の原則に従い、任意保険や傷害保険・生命保険等によるべきである。また、自損事故条項の付されている任意保険の付保率が共済を含めて7割前後[28]である事実を無視し、更に責任保険としての自賠責保険の性格を変更してまで強制保険である自賠責保険が自損事故惹起者の救済に乗り出すことについては疑問がある。

　任意保険を締結していない3割の者のみに注目して、自損事故惹起者救済を検討することは、保険料を支払って自損事故保険を締結している7割の者の納得を得られるか疑問である。

（b）　肯定論

　自損事故惹起者は、自動車を運転せずには生活できない現代の車社会の広い意味における被害者と言って差し支えない。現在、自動車は「走る棺桶」化している状況であり、交通事故発生件数は、ここ数年増加の傾向にあり、自損事故発生件数も毎年相当数にのぼっており、1982年において、自損事故による死亡件数は全死亡事故件数のうち28％も占めている。したがって、自動車事故の被害者を救済することを目的とする自賠法・自賠責保険の適用対象から多くの自損事故惹起者を除くことは合理性に欠ける。

　自動車事故の被害者、加害者、自損事故惹起者は、相互に互換性がある。すなわち、誰でも自動車を利用する者は自動車事故の被害者、加害者、自損事故惹起者となる可能性があるのであり、強制保険である自賠責保険によって自損事故惹起者が救済されてはじめて自動車利用者はある程度の安心感をもって自動車を使用できるのである。

28　現在では9割前後になっている。

374　第3部　わが国におけるノーフォルト自動車保険制度

　　　自損事故とされて自賠責保険の適用外とされる事故の中には、かな
り気の毒と考えられる事例がある。たとえば、本人が死亡した事故に
おいて、加害者が存在したにもかかわらず、それが立証できないため
に自損事故とされたり、対向車のヘッドライトに目がくらんで事故を
起こしたのが、その点の立証が不可能であるため自損事故とされたり
することがあり得る。また、交通環境ないし道路環境の劣悪さ等各種
の事故原因に帰することができる事故の場合も、これらの事故原因を
立証して道路管理者等に賠償を求めることは事実上困難であり、その
ため、実際上、自損事故とされるものも少なくない。このような法律
技術的な点から生じる気の毒な事例に対処するためには、自賠責保険
で自損事故惹起者とされる者を一律に救済することも意義がある。

　　　自損事故条項の付されている任意保険の付保率が共済を含めて現在
7割前後であるといっても、全自動車保有台数の3割に相当する約
1,000万台の自動車については、自損事故に対する補償措置が全く存
在しない。この自損事故について保障がない1,000万台の自動車の存
在を無視すべきでない。

　　　なお、無免許・無資格運転、酒酔い運転、麻薬等運転及び共同危険
行為等禁止違反等の行為による自損事故については、免責要件を設定
して保障を除外することが技術的に可能である。また、これらの行為
によって死亡した者の遺族には非難可能性がないのであって、これら
の者の遺族が自賠責保険による救済を受けても不当ではない。

ウ．近時の動向
　(a)　自賠責保険懇談会報告書
　　　上記の議論を受けて、運輸大臣懇談会である「今後の自賠責保険の
あり方に係わる懇談会」において検討を行った結果、自損事故惹起者
救済の必要性を認識したうえで、これを政府保障事業の中で行う案を
提案した[29]。
　　　この案については、同懇談会委員である福田教授により解説がなさ
れている[30]。それによれば、まず、強制制度による自損事故惹起者救済

───────────
29　「今後の自賠責保険のあり方に係わる運輸大臣懇談会報告書（平成11年9月）」第
　2章2.(2)政府保障事業の「死亡無責事故」等への拡大。
30　福田弥夫「自賠責保険のノー・フォルト化とその課題—自損事故惹起者の救済ス

の必要性を前提としたうえで、その方策として自賠責保険をノーフォルト化すること[31]は課題が多いことから好ましくなく、ノーフォルト化以外の方策により問題を解決する方が合理的でありかつ現実的であるとする[32]。このノーフォルト化以外の方策としては、以下のものがある。

① 現行の自賠責制度をそのままにして、自損事故惹起者を救済するための傷害保険契約を保有者に締結強制する規定を自賠法に新設する方法
② 自損事故惹起者救済を政府保障事業へ組み入れる方法
③ 自動車事故対策センターによる給付を行う方法

　上記のうち、①案については、自賠責制度のノーフォルト化というドラスティックな方策と比較すると改革の度合いが低いことから、制度実現へのハードルがやや低いと考えられるが、一方で、責任保険体系に性格の異なる傷害保険を結合するという問題点があり、また、任意保険との調整が重要となる。これに対して②案と③案は、改革の度合いが低いものの、ともかく自損事故惹起者の救済が図れるという利点があり、実現可能性は高い。このような理由から懇談会においても②案を前提に検討を進めることになったとする[33]。

(b) 自賠責保険審議会答申
　この懇談会提案に対して、その直後に出された2000年6月の自賠責保険審議会答申では全く逆の結論を出している[34]。すなわち、自損事故被害者を強制制度によって救済することについては以下の理由により否定した。

キームのあり方を中心に──」『変革期の自動車保険研究』2-1頁以下（日本交通政策研究会、2001）。
31 ここでのノーフォルト化とは、ファースト・パーティ型ノーフォルト自動車保険を想定しているものと思われる。
32 福田・前掲（注30）2-11頁。
33 福田・前掲（注30）2-11頁。なお、なぜ③案ではなく②案なのかという点は明記されていない。
34 「自動車損害賠償責任保険審議会答申（平成12年6月28日）」8-(2)。

376　第3部　わが国におけるノーフォルト自動車保険制度

① 加害者側に非がある場合にその賠償責任を保障するという自賠責
保険の趣旨にそぐわない

② 自動車の運行には種々のリスクがつきものだが、そうしたリスク
は任意保険に加入する等自助努力によって対応すべき

③ 任意保険の補償範囲も年々多様化している

現在までのところ、上記自賠責保険審議会答申がこの問題についての「公的見解」として残っており、その後は行政サイドでの動きはない[35]。

エ．検討

自損事故被害者も自動車事故の被害者である以上、現代社会において不可欠となっている自動車交通から不可避的に発生する自動車事故被害者の救済が要請されているという視点からは[36]、自損事故被害者も何らかの公的制度により救済されるべきであると考えられる。

一方で、同じ自動車事故の被害者であっても、自損事故被害者と加害事故の被害者とではその立場や性格が異なるという主張も一理ある。すなわち、自動車事故の惹起者については、たとえ自分自身がその事故によって被害を被ったとしてもそれは自業自得であり、その被害の救済は被害者自身の自己責任により行うべきであるとするものである。

もっとも、被害者の帰責性という視点からは、加害事故の被害者に過失がある場合も同様に評価されうるであろうが、このような被害者についてはむしろ被害者救済の理念から過失相殺による減額を縮減する方向性が認められている[37]。そうであるとすると、自損事故被害者と加害事故における過失ある被害者とは連続性が認められうる同様の被害者類型

35　懇談会と自賠責保険審議会とで異なる結論となったことについて、被害者側に同情的な運輸省所管の懇談会に対して、金融監督庁（現金融庁）所管の自賠責保険審議会は「損保会社寄り」であるとの指摘がなされている（鈴木辰紀「変革期の自賠責保険分析」『変革期の自動車保険研究』1-11頁（日本交通政策研究会、2001））。

36　自賠法の主目的が自動車事故被害者救済であることも（自賠法1条）、この観点から理由づけられる。

37　自賠責保険における重過失減額制度。本制度は自賠法自体による法的制度ではないが、自賠法16条の3第1項を根拠とする自賠責保険支払基準によるものであり、自賠体系の中の法的制度と位置付けられる。

第3章　自賠責保険制度のノーフォルト化の検討　*377*

であるといえ、被害者救済の必要性についても質的な違いではなく程度の差の問題であるということができるのではないかと思われる。

　それでは、このような被害者について強制制度における救済の可否を判断する基準は何か。それは結局のところ、このような強制制度の資金拠出者団体構成員の意思、納得感ということにつきるのではないか。この点、上記否定論（イ.(a)）がいうように、現行自賠責保険制度の資金拠出者である自動車保有者について、すでに9割の者が任意保険による自損事故カバーを有しており[38]、それらの者が残りの1割の任意保険未付保者のために新たな拠出をすることを認めるとは考え難い[39]。これらの点を考慮すると、自損事故被害者の強制制度による救済については否定的に考えるべきとも思われる[40]。

　しかしながら、近時、自動車交通を取り巻く状況が変化しつつあり、これがこの問題に影響を与え得るのではないかと考えられている。その状況の変化とは、ITS（高度道路交通システム）の普及である。

　ITSとは、「最先端の情報通信技術を用いて人と道路と車両とを情報でネットワークすることにより、交通事故、渋滞などといった道路交通問題の解決を目的に構築する新しい交通システム」と説明されている[41]。ITSの究極の目標は、運転者の介在なしに目的地まで車両を運送する自動運転であり、現在、世界各地で自動運転の実用化に向けての試験が行われている[42]。完全な自動運転までいかなくとも、たとえば自動運転の途中段階である「衝突被害軽減ブレーキ[43]」などは、すでに実用化されて

38　任意対人賠償責任保険の付保率（自動車共済を含む）は、2013年度末で87.3％である（損害保険料率算出機構・前掲（注15）115頁）。

39　もっとも、1982年に自動車事故対策センターが行った自家用自動車所有者の自損事故に対する意識調査によれば、「自賠責保険（共済）の全体の仕組みの中で何らかの救済を考えるべきである」とする意見が54.1％を占め、「任意の保険（共済）等で備えるべきである」とする意見の34.1％を上回っている（自動車事故対策センター・前掲（注26）25頁）。これは、当時の自損事故保険付保率が現在よりも2割低い7割程度であったことと何らかの関係があるのかもしれない。

40　このような視点から、従来の私見は自損事故被害者の強制制度による救済について否定的であった（佐野・前掲（注25）94頁）。

41　国土交通省サイト（http://www.mlit.go.jp/road/ITS/j-html/whatsITS/）。

42　自動運転に向けての世界各国の取り組みについては、国土交通省サイト（http://www.mlit.go.jp/road/ir/ir-council/autopilot/pdf/06/6.pdf）参照。

43　車両の前方に取り付けられたセンサーを利用して前方の障害物等を検知し、運転者に警告する、あるいは衝突（追突）が避けられない場合にはブレーキの補助操作を

市販の車両に搭載されている。

このようなITSが普及した場合、運転者の過失による自動車事故は大幅に減少することが期待されている。その一方で、運転者の過失や関与がなく車両搭載装置の欠陥や誤作動による新たなタイプの自動車事故が発生することが危惧されている[44]。このタイプの事故においては、加害者対被害者という自賠法において想定されていたものとは異なる法的関係が発生し、具体的には、現行法制下では車両搭載装置や車両自体の製造業者の製造物責任や、道路管理者の営造物責任が前面に出てくる可能性が強い。これは加害車両が存在しないという意味では自損事故に該当することになるが、従来想定されていた自損事故とは全く異なる概念といわざるを得ない。このような事故において運転者が被害者となった場合には、その被害者は事故惹起者としての立場ではなく、もはや自己責任論の対象であるとはいえないのではないかと思われる。

以上のような状況を考慮した場合、自損事故被害者については、少なくとも今後は、強制制度による救済対象とすることもありうるのではないかと考える[45]。

なお、前述のように自損事故被害者救済制度としては自賠責保険のノーフォルト化が唯一の選択肢ではないが、他の被害者救済の観点も考慮してノーフォルト化を行うのであれば、その中で自損事故被害者救済が行われることになる。一方、現行の自賠責保険制度を継続するのであればノーフォルト化以外の制度設計を検討する必要があり、その場合には上記ウ.(a)で提示された方策が選択肢となろう。

(4) 小括

以上をまとめると、現行自賠法制度において救済されない被害者については、いずれも、自動車被害者救済という自賠法の理念に基づき、基本的に何らかの強制制度により救済されてしかるべきではないかという結論が出された。

ただし、任意保険の不適用により救済が受けられない被害者については

行うシステム。

44　予想される新たな形態の事故については、山下友信編『高度道路交通システムと法』37頁以下（有斐閣、2005）参照。

45　この点で、従来の私見（佐野・前掲（注25）94頁）を改める。

ノーフォルト化の問題とは直接の関係はなく、強制保険と任意保険との関係をどのように構成するかという別の制度設計の問題である。すなわち、現行自賠責保険制度をノーフォルト化したとしても、強制保険と任意保険との二元制度を維持する限りは任意保険の不適用の問題は残ることになるからである。

3．事故抑止力減少の問題

(1)　問題の所在

上記で検討した通り、現行自賠法制度において救済されない被害者の救済という観点からは、自賠法制度についてノーフォルト化を含めて何らかの制度改定が検討されてしかるべきであるという結論になりそうである。

一方で、ノーフォルト自動車保険制度については別の面からの課題が指摘されている。それは、ノーフォルト化により事故抑止力が減少するのではないかという問題である。すなわち、不法行為制度においては帰責性ある加害者に損害賠償責任を課すことにより、加害者の事故抑止に向けたインセンティブを付与することが可能であるが、ノーフォルト自動車保険制度においてはこのような不法行為制度に内在する事故抑止機能が働かないことになり、結果的に事故率が上昇するのではないかという指摘である。

この問題については、従来、実証的なアプローチと理論的なアプローチがなされてきた。このうち実証的なアプローチにおいては、たとえば米国の自動車保険制度で、ノーフォルト自動車保険制度を採用した州と不法行為制度を残存している州との事故率の対比や、ノーフォルト自動車保険制度を採用した州における採用前と採用後の事故率の対比という観点から検討するものである。

一方、理論的アプローチとしては、そもそも不法行為制度が事故抑止機能を有しているのかの検討、不法行為制度に事故抑止機能があるとしても保険を付すことによりその機能が低下してしまうのか、それとも保険制度自体に内在する事故抑止機能が存在するのかという議論などがある。

以下では、これらの議論を概観しそれを踏まえたうえで、ノーフォルト化の適否についてあらためて検討する。

380　第3部　わが国におけるノーフォルト自動車保険制度

(2)　実証的研究

　ア．米国における議論

　　米国は世界で初めて本格的なノーフォルト自動車保険制度を導入した国であるが、導入のインセンティブとなったのは同制度により不法行為制度における自動車保険料の高騰を抑制できるのではないかという問題意識であった。そのため、導入直後からノーフォルト化による自動車保険料レベルの動向が注目されており、その関連で自動車事故の発生率についてもさまざまな分析がなされてきた。米国ではノーフォルト制度の導入州と不法行為制度の州とが併存しており、それぞれにおける自動車事故や支払保険金の統計を比較することにより、両制度における事故抑止の状況を比較検証することが可能となる。

　　初期のデータによる検証としては、1971年から1975年の5年間のデータをもとにしたランディスの研究がある[46]。これによれば、ノーフォルト制度を採用した州における自動車による死亡事故発生率は、不法行為制度の州と比較して10%程度高くなっているとした。この差は統計的に有意であり、これによって、ノーフォルト制度における事故抑止力の減少が認められるとされている。

　　一方、1980年代中盤にはこのランディスの研究結果を否定する調査報告が相次いで発表された。すなわち、この時期に発表された三つの論文[47]では、いずれも、ノーフォルト制度採用州と不法行為制度採用州との間には自動車死亡事故発生率において有意な差を認めることはできないとしている。

　　ところがその後、2000年代に発表された調査報告では、やはりノーフォルト採用州の自動車死亡事故発生率は不法行為制度採用州よりも有意

46　E. Landes, *Insurance, Liability, and Accidents: A Theoretical and Empirical Investigation of the Effect of No-Fault Accidents*, THE JOURNAL OF LAW AND ECONOMICS, vol. 25, No. 1, pp. 49-65 (1982).

47　P. Kochanowski & M. Young, *Deterrent Aspect of No-Fault Automobile Insurance: Some Empirical Findings*, JOURNAL OF RISK AND INSURANCE, vol. 52, No. 2 pp. 269-288 (1985), U.S. DEPARTMENT OF TRANSPORTATION, COMPENSATING AUTO ACCIDENT VICTIMS: A FOLLOW-UP REPORT OF NO-FAULT AUTO INSURANCE EXPERIENCES (1985), P. Zador & A. Lund, *Re-Analyses of the Effect of No-Fault Insurance on Fatal Crashes*, JOURNAL OF RISK AND INSURANCE, vol. 53, No. 2 pp. 226-241 (1986).

に高いとするものが出てきている[48]。

　これらの実証研究は、調査対象とした年代はそれぞれ異なっているが、いずれも自動車事故のうちの死亡事故に限定してデータを分析したものである。これに対して、死亡事故のみならず全ての自動車事故を対象とした実証研究において、ノーフォルト自動車保険制度により事故率が上昇するということは認められないとする報告もなされている[49]。

　以上のように、米国における議論では種々の実証研究が報告されているものの、その結論は分かれている。これは、基本的には対象としたデータの年代、性格、分析方法などの違いによるものと思われるが、一方で、政策対立におけるプロパガンダという側面から、意図的に自陣営に有利な結論を出しているという側面も否めないであろう（米国ではノーフォルト自動車保険制度の採否が政治争点となる場合が多い）。

イ．ニュージーランド事故補償制度をめぐる議論

　ニュージーランド事故補償制度についても、事故抑止力に関する実証研究がいくつか出されている。

　まず、初期のデータを対象としたものとして、カナダのウエスタン・オンタリオ大学准教授であったブラウンの分析がある[50]。この論文は自動車事故のみを対象としたものであるが、1964年から1980年までの統計[51]を用いて自動車事故の事故数、死者数、負傷者数、および、それらの総走行距離に対する割合を算出している。また、1966年から1980年までの統計[52]を用いて、道路交通法違反により罰せられた人数やその総自動車数に対する割合も算出している。そして、結論として、ノーフォルト制度である事故補償制度が施行された1974年以前とそれ以降とで、事故

48　J. Cummins, R. Phillips & M. Weiss, *The Incentive Effect of No-Fault Automobile Insurance*, THE JOURNAL OF LAW AND ECONOMICS, vol. 44, No. 2, pp. 427-464 (2001).

49　D. LOUGHRAN, THE EFFECT OF NO-FAULT AUTOMOBILE INSURANCE ON DRIVER BEHAVIOR AND AUTOMOBILE ACCIDENTS IN THE UNITED STATES, THE RAND INSTITUTE FOR CIVIL JUSTICE (2001).

50　C. Brown, *Deterrence in Tort and No-Fault: The New Zealand Experience*, 73 CALIF. L. REV. 976 (1985).

51　NEW ZEALAND MINISTRY OF TRANSPORT, MOTOR ACCIDENTS IN NEW ZEALAND, STATISTICAL STATEMENT 8 (1982).

52　NEW ZEALAND DEP'T OF STATISTICS, NEW ZEALAND OFFICIAL YEARBOOKS 1966-83.

率や運転者の交通法規に対する遵守度に大きな変化はないとした。

これに対してハワイ大学教授のミラーは、事故補償制度により不法行為制度が有していた事故抑止力が減殺されたとして、ブラウンとは反対の主張をしている[53,54]。この論文では全ての事故態様を対象として（すなわち、交通事故に限定せずに）、事故補償公社（ACC）の統計[55]を用いて、1981年から1983年にかけて以下のように事故が増加していると分析している。

頭部事故	22.3％増加
骨折事故	21.3％増加
脊髄靭帯損傷	393.3％増加

このミラー論文に対しては、「自らの滞在中の観察、当時の新聞記事等から受けた印象を根拠に、限られた短期間の統計資料の恣意的な理解のもとに事故の増加、被害の重篤化の結論を導き出している」と批判する浅井教授の論文がある[56]。同論文ではブラウン論文と同様に交通事故に限定して、1972年から1988年までの事故統計を分析している。これによれば、1974年の事故補償制度発足後、自動車事故の発生件数、死傷者数はむしろ減少しているとし、少なくとも自動車事故に関する限り、ミラー論文にいうような「事故の増加と事故率の上昇」「事故の急激な増加」があるとはいい得ず、事故補償法の施行により事故が増加したとの事実認識は明らかに誤っているとする[57]。

このように、ニュージーランドにおいても、対象事故の違い（全ての事故か交通事故に限定するか）や対象とした期間の違いなどもあり、異なった結論が導き出されている。

53　R. Miller, *The Future of New Zealand's Accident Compensation Scheme*, 11 U. HAW. L. REV. 1 (1989).

54　ミラー論文の紹介として、松本恒雄＝手嶋豊「ニュージーランド事故補償法の将来―リチャード・S・ミラー教授の見解を中心に―」広島法学13巻4号95頁。

55　ACCIDENT COMPENSATION CORPORATION, 2 ACC STATISTICS, No. 1, 30 (1983), ACCIDENT COMPENSATION CORPORATION, 4 ACC STATISTICS, No. 36 (1985).

56　浅井尚子「事故補償制度化での自動車交通事故の実態と予防策の選択」『世界の交通法』189頁（西神田編集室、1992）。

57　浅井・前掲（注56）195頁。

第3章　自賠責保険制度のノーフォルト化の検討　*383*

ウ．小括

　米国においては、不法行為制度採用州とノーフォルト自動車保険制度採用州が混在しているため、同じ時期における不法行為制度とノーフォルト自動車保険制度との比較が可能である。一方で、いずれのノーフォルト制度採用州においても不法行為訴権を完全に廃止してはおらず、またノーフォルト自動車保険制度採用州の中でもその制度設計は異なっている。このため、仮に各実証研究において統一的な結論が出されたとしても、それがすなわち不法行為制度とノーフォルト自動車保険制度との違いから発生したものであると結論付けられるのかということには疑問が残る。

　この点、ニュージーランド事故補償制度においては不法行為訴権を完全に廃止しており、その意味で典型的な制度同士の対比が可能といえよう。しかし米国と異なり一国一制度であるので、同時期における不法行為制度とノーフォルト制度との比較はできず、ノーフォルト制度採用前後の時系列的な比較に留まらざるを得ないという問題がある。

　いずれにしても、仮に不法行為制度において事故抑止力の存在を認めうるとしても、現実の事故率に影響を与える要素は、それ以外にも自動車の性能、道路整備状況、交通政策一般、刑事法制など多岐にわたる。したがって、事故率という係数による定量的検証のみで不法行為制度の抑止力を判断することは困難といえ、それが実証研究の限界といえよう[58]。

(3)　理論的検討
ア．不法行為制度の事故抑止機能

　ノーフォルト自動車保険制度に対して批判的な立場が主張する「不法行為制度をノーフォルト自動車保険制度に変更したときには事故抑止力が減少することから事故率が上昇する」という立論には、不法行為制度には事故抑止の機能が存在しているという前提がある。それでは、そも

---

[58]　なお、浅井・前掲（注56）195頁は、ニュージーランドにおける事故統計の分析から不法行為制度には事故抑止力があり事故補償制度には抑止力がないとするミラーの立論は否定する一方で、事故の増減を決定する要因はむしろ具体的な交通政策の問題であるところから実証研究の結果によって不法行為制度と事故補償制度それぞれの抑止力の有無について決定することは困難であり、またそれ程の意味があるとは考えられないとする。後段部分は私見と同意見と思われるが、前段と後段での論理一貫性については疑問が残る。

そも不法行為制度に（自動車事故についての）事故抑止機能があるといえるのだろうか。

　直観的に考えれば、不法行為制度においては事故を発生させたことにより損害賠償責任を負うのであるから行為者としてはそれだけ不利益を被ることになり、行為者にはそのような不利益を回避するために事故を発生させないようにしようというインセンティブが働くであろうから、その意味で不法行為制度には事故抑止機能があるのではないかと考えられる。

　しかし、殺人のような故意行為ならともかく、過失による事故がほとんどを占める交通事故において損害賠償責任を負うおそれがあることが事故率に影響を与えるほど運転者に影響を与えるのかどうかはそれほど明白ではない。もともと事故を起こそう、あるいは事故を起こしてもいたしかたないと考えている自動車の運転者はいない（もしくはごく少数である）はずであり、運転者は自分自身の安全のためにも本能的に事故を避けようとするであろうから、そこに損害賠償責任の負担を考慮して運転するという要素がどれだけ入り得るのかは明らかでない。むしろ、刑事罰や道路整備、交通安全教育などの交通政策による自動車事故抑止機能の方が事故率削減について明確な効果があるというべきであろう。したがって、問題は、仮に不法行為制度に事故抑止機能があるとしても、それは他の交通政策との比較で事故率の削減に意味のある程度の抑止力であるのかどうかということになる。

　なお、ここで問題としている不法行為制度は過失責任による損害賠償責任制度を想定している。運行供用者責任のような準無過失責任制度や製造物責任のような無過失責任制度においても、行為者は事故を発生させることにより損害賠償責任を負担するという不利益を被る点は過失責任制度と同じであり、その意味で無過失責任制度においても事故抑止機能が存在するといえそうである。ただし、無過失責任制度における事故抑止機能が過失責任制度におけるそれと質的・量的に同じであるのかどうかについては、別途検討する必要がある[59]。

59　米国では無過失責任を強化していくことは事故を抑止するという観点から望ましくない（すなわち、無過失責任とすることにより過失責任制度において有した事故抑止機能が減少する）とする議論があると紹介されている（森嶌昭夫「民事責任と交通事故の抑止」交通法研究2号21頁（1972））。これに対して同論文では、わが国の交

イ．わが国の不法行為制度における議論

　この問題は、わが国においては、不法行為制度の目的は何かという観点から、主として民法学者の間で議論されてきた。

　わが国の民法立法当時の考え方としては、不法行為制度の目的は、①被害者の権利の価値を回復させる（金銭により権利の価値を実現する）ことによる保護、②行為者（加害者）の行動自由の保障、の二点とされており[60]、その段階では不法行為制度の目的として事故抑止機能は（少なくとも自覚的には）考慮されていなかったとされる。

　その後、この考え方は変容し、不法行為制度の指導原理は「個人の自由活動の最小限度の制限たる思想」から「人類社会における損失の公平妥当なる分配の思想」へと推移してきた[61]。さらに、過失責任における加害者への非難性という責任の根拠はある程度無視してまで「損害の公平な分配」という理念を進めることにより、無過失責任制度の導入が議論されるようになったが、この過程で、過失責任の思想が「警告的機能」ないし「予防的機能」を有していたということが改めて自覚されてきた[62]。

　しかしながら、不法行為制度における加害者への制裁や加害行為の抑止という機能はあくまでも副次的なものであり、不法行為制度の主目的は被害者に対する損害填補機能であるとするのが従来の学説の主流であった[63]。これによれば、「責任原因と責任範囲・額は関連しない[64]」というテーゼと「損害のない賠償は認められない」というテーゼを説明する上で、不法行為法は制裁法ではないという点が強調されてきた[65]。

　また、最高裁の判例も、「我が国の不法行為に基づく損害賠償制度は、被害者に生じた現実の損害を金銭的に評価し、加害者がこれを賠償させ

通事故データを分析した上で、無過失責任（運行供用者責任を無過失責任としている）と事故の増加は関係ないと結論している（同論文22頁）。

60　潮見佳男『不法行為法Ⅰ（第2版）』13頁（信山社、2009）。

61　我妻榮『事務管理・不当利得・不法行為』95頁（日本評論社、1937）。

62　潮見・前掲（注60）14頁、加藤一郎『不法行為（増補版）』27頁（有斐閣、1974）。

63　窪田充見『不法行為法』19頁（有斐閣、2007）、内田貴『民法Ⅱ（第3版）債権各論』327頁（東京大学出版会、2011）。

64　すなわち、責任原因の重大さ、非難可能性の大きさは、損害賠償の範囲・額に影響を与えない。

65　窪田充見「規制緩和社会における制裁の役割・Ⅱ制裁のあり方・損害賠償」ジュリスト1228号63頁（2002）。

ることにより、被害者が被った不利益を補てんして、不法行為がなかったときの状態に回復させることを目的とするものであり…加害者に対する制裁や、将来における同様の行為の抑止、すなわち一般予防を目的とするものではない」としている[66]。

これに対し、近時、不法行為制度の主目的は被害者の損害填補ではなく事故抑止にあるとする説が現れてきている[67]。この説によれば、比較法的にも欧米各国において損害填補機能が強調されなくなってきていること、理論的にも損害填補から不法行為法を合理的に説明できずむしろ事故抑止から合理的に説明できること、などから、事故抑止機能が不法行為制度の主目的と解釈すべきであるとする[68]。

以上のようなわが国における議論では、事故抑止機能が不法行為制度の主目的であるのかそれとも反射的機能であるのかについて見解の対立があるものの、不法行為制度において事実上の事故抑止機能が存在することについてはほぼ異論がない[69]。しかし、これらの議論からは、前述の「仮に不法行為制度に事故抑止機能があるとしても、それは他の交通政策との比較で事故率の削減に意味のある程度の抑止力であるのか」という問いに対して説得力のある回答を得ることはできない。

ウ．「法と経済学」からの示唆

不法行為制度における抑止力の効果を分析するのに有益と思われるアプローチが「法と経済学」である。「法と経済学」は法制度を経済学の手法を用いて分析する学問分野であり、米国において1960年頃に生まれ、現在では世界的に広がっているとされている[70]。

---

[66] 最判平成9年7月11日民集51巻6号2573頁。

[67] 森田果＝小塚荘一郎「不法行為法の目的―「損害填補」は主要な制度目的か」NBL874号10頁以下（2008）。

[68] この説によれば、最判平成9年7月11日（前掲・（注66））の不法行為制度は制裁や抑止を目的とするものではないとする一般論は傍論に過ぎず、本判決の本論である懲罰的損害賠償を命ずる米国の判決がわが国において承認・執行されないという結論は、不法行為の制度目的が抑止にあると考えた上で、懲罰的損害賠償の抑止効果が適正な水準よりも大きいと評価したときにも、導き得るものであるとする（森田＝小塚・前掲（注67）21頁）。

[69] もっとも、森嶌・前掲（注59）36頁は、民事責任を事故抑止の手段に使うべきではないとしている。

[70] スティーブン・シャベル（田中亘＝飯田高訳）『法と経済学』vi頁（日本経済新聞

「法と経済学」では、行為者は行為をするにあたって合理的な選択をし、その行為の指針としては期待効果の最大化（または期待費用の最小化）を目標とすることを前提としている。また、法制度の評価としては社会的総費用（注意にかかる費用と事故による期待損害額の合計額）を最小化することを目標としている。

　これを前提として、「法と経済学」において不法行為制度の事故抑止力の効果がどのように評価されるのかを、最も単純な例で見てみる[71]。ここでは、事故のリスクに影響するのは加害者が行う注意や予防だけであり、被害者の行動は事故のリスクに影響しないとする。また、事故が発生した場合には100の損害が発生し、その発生確率は表3-3-2のように加害者の注意水準によって決まるとする。

表3-3-2　加害者の注意と事故のリスク

注意水準	注意の費用	事故の確率	事故による期待損害額	社会的総費用
なし	0	15％	15	15
中	3	10％	10	13
高	6	8％	8	14

　まず、事故を起こしても加害者は一切責任を負わない場合を考える。この場合、加害者は注意を全く払わないと思われる（表3-3-2の注意水準が「なし」の欄）。なぜなら、注意をしてもその費用がかかるだけで、自分にとっては便益がもたらされないからである。ここでは、社会的総費用は15となり、最適水準（注意水準が「中」の欄）である13よりも多くなる。すなわち、この制度においては、加害者の選択は社会全体にとっては最適なものとはならない。

　次に、過失責任の不法行為制度における場合を考える。ここでは、加害者が損害賠償責任を負うのは「過失がある場合」であるが、それは、加害者の注意水準が裁判所の定める相当の注意と呼ばれる水準に達していなかったときを指す。仮に裁判所が「相当の注意」を「中」レベルに設定したとすれば、加害者は「中」か「高」の注意を払っていれば損害

社、2009）。

71　以下の記述は、STEVEN SHAVELL, FOUNDATIONS OF ECONOMIC ANALYSIS OF LAW, pp.178-181（2004）による。なお、本書の訳としてシャベル・前掲（注70）がある。

388　第3部　わが国におけるノーフォルト自動車保険制度

賠償責任を負わないが、注意が「なし」であれば損害賠償責任を負うこ
とになる。ここでの加害者の選択肢は表3-3-3となる。

表3-3-3　過失責任制度における加害者の選択肢
（「相当の注意」が「中」である場合）

注意水準	注意の費用	事故による期待損害額	加害者にとっての期待費用
なし	0	15	15
中	3	0	3
高	6	0	6

　この選択肢のうち、加害者が自分にとっての期待費用を最小化しよう
とすると、注意水準は「中」を選ぶであろう。その場合、表3-3-2か
ら明らかなように、注意水準「中」は社会にとっての総費用も最小とな
り、その意味で加害者の選択は社会全体にとって最適なものとなる。す
なわち、不法行為制度の事故抑止力により、社会的総費用が最適化され
たことになる。

　以上の分析は、事故のリスクに影響するのは加害者が行う注意や予防
だけであることを前提とした最も単純なモデルによるものである。これ
に対して、被害者が行う注意や予防も事故のリスクに影響するというこ
とを前提としたモデルや、注意の水準だけでなく活動水準（例えば自動
車を運転する機会の多寡など）を考慮に入れたモデルなど（さらには、
サード・パーティ型保険やファースト・パーティ型保険を付保すること
の影響を考慮するものも可能である）、多くの変数を加えてゆくことに
より、より精密な分析をすることが可能となる[72]。そしてこれをさらに
進めれば、刑事罰や交通政策の効果などを考慮したモデルをも構築する
ことが可能であろうと思われるが、管見の限り、現時点ではそこまでの
分析をした文献は見当たらなかった。

　法と経済学による分析は、多くの（考え方によっては非現実的な）前
提を置いたものである。したがって、これらのモデルでの数値的な分析
結果自体はそれほど意味があるものではない。しかし、このような手法
によって、不法行為制度の事故抑止機能の効果を定量的に分析すること

72　Id. at 182-.

ができるということは注目されてよいと思われる[73]。そして、「行為者は
行為をするにあたって合理的な選択をし、その行為の指針として期待効
果の最大化（または期待費用の最小化）を目標とする」ことを前提とし
た経済学における分析からも、不法行為制度においては何らかの事故抑
止効果が認められるということがあらためて立証されたことになる。

(4) 保険制度と事故抑止機能
　ア．比較対象の問題
　　　ノーフォルト制度における事故抑止機能の減殺問題を議論する場合、
　　従来はノーフォルト制度と不法行為制度との比較を前提としてきた。し
　　かし、現在の不法行為制度では賠償責任保険が付保されていることが通
　　例であり、特に本章で検討する自賠法制度では自賠責保険が付保強制さ
　　れている。その意味で、現状をノーフォルト化する場合の議論において
　　は、不法行為制度とノーフォルト制度との比較よりも、むしろ賠償責任
　　保険制度とノーフォルト保険制度との比較が重要であると考えられる。
　　また、その前提として、付保されていない（いわば裸の）不法行為制度
　　と賠償責任保険が付保された不法行為制度との比較も検討する必要があ
　　る。

　イ．不法行為制度と賠償責任保険制度
　　　まず、賠償責任保険が付保されていない不法行為制度（以下「不法行
　　為制度」という）と賠償責任保険が付保された不法行為制度（以下「賠
　　償責任保険制度」という）との比較を考える。
　　　不法行為制度の事故抑止力は、行為者が事故の発生によって損害賠償
　　責任を負うという経済的不利益を被ることにより機能する。そうであれ
　　ば、賠償責任保険制度においては、行為者は保険者からの填補によって
　　そのような経済的不利益がなくなることから、事故抑止機能は喪失する
　　ことになろう。
　　　一方で、保険には一般に事故抑止機能があるといわれている。しかも、

73　不法行為制度についての「法と経済学」による分析は、わが国においても行われて
　　いる。近時の文献として、藤田友敬「サンクションと抑止の法と経済学」ジュリスト
　　1228号25頁以下（2002）、飯田秀総「私法における法と経済学」法学教室365号10頁以
　　下（2011）等。

それは付保されていない場合よりも効率的なものとなる可能性があるともいわれている。このメカニズムは、以下のように説明されている[74]。保険の加入によって事故・損害を防止・軽減しようとするインセンティブが低下することを保険のモラールハザード（morale hazard）[75]というが、これに対して保険者は、事故防止・損害軽減策が採られている場合の保険料の割引等、様々な手法を用いて被保険者のインセンティブの是正を試みる。この保険者の試みは、多数の事例の取扱いを通じて蓄積された、どのような場合に事故が発生しやすいか、事故の防止や損害の軽減にはどのような対策が有効かといった情報を用いて行われる。これに対して、保険に加入していなかった場合に被保険者が自らとったであろう事故防止・損害軽減策は、当該被保険者の知識・経験の及ぶ範囲に限定される。このような保険者の被保険者に対する情報優位性を考慮すると、保険者の試みはモラールハザードへの対処を超えて、被保険者による事故防止・損害軽減のための行動を保険への加入がない場合よりも効率的なものにする可能性を有している。

　このような保険の事故抑止機能は、賠償責任保険においても認められる[76]。また、被保険者に賠償資力がない場合には不法行為制度による事故抑止機能が十分に作用しない場合があるが（いわゆる債務免責者問題）、この場合に賠償責任保険を付保することにより事故抑止機能が復活することになる[77]。

　ただし、この機能が発動するためには、保険者が被保険者の行動を観察しコントロールできることが前提となる。したがって、賠償責任保険者が被保険者の行動をコントロールすることができない場合に付保強制すると、被保険者のインセンティブはかえって低下するとされる[78,79]。

74　後藤元「保険の事故・損害抑止機能と海上保険」『商事法の新しい礎石』645頁（有斐閣、2014）。

75　これは、保険金不正請求を意味するモラルハザード（moral hazard）とは異なる。

76　むしろ、事故・損害抑止機能は、賠償責任保険について取り上げられることが多いとされる（後藤・前掲（注74）647頁）。また、加害者に賠償資力がない場合には不法行為制度による事故抑止機能が十分に作用しないことから、この点でも賠償責任保険の付保により事故抑止機能がより効率的に発動することになる（同論文648頁）。

77　後藤・前掲（注74）648頁。桑名謹三「債務免責者問題の解決策としての責任保険の効果—保険の経済学的分析を通じて—」保険学雑誌626号71頁（2014）。

78　後藤・前掲（注74）648頁。

79　もっとも、保険者が被保険者の行動を観察しコントロールすることができず、保

第 3 章　自賠責保険制度のノーフォルト化の検討　*391*

　この保険の事故抑止機能を発揮させるために保険者が用いることができる手法としては、以下のようなものがあるとされている[80]。

① 　保険料の差別化と保険者独自の安全基準の設定
② 　保険引受の拒絶・撤回
③ 　被保険者に関する情報の取得とモニタリング
④ 　免責額・自己負担割合の設定
⑤ 　リスクマネジメントサービスの提供
⑥ 　保険業界レベルでの対応

　上記のうち、実効性があると考えられ、また、保険実務的に最も容易で、かつ、実際に行われているのは①の保険料の差別化[81]、および④の免責額・自己負担割合の設定であろう。このうち保険料の差別化については、特に米国では自動車保険料は自動車保有者にとって馬鹿にならない経費であるので、保険料調整の影響は大きいと指摘されている[82]。これに対して免責額・自己負担割合の設定については、賠償責任保険の被害者保護機能を考慮すると、その制度設計には量的制約・限界があるのではないかと思われる[83]。
　一方、②の保険引受の拒絶・撤回は保険による保障を全くなくするものであり、この手段が発動された場合には付保した意味を抹殺することになるので、その発動要件は相当限定的にならざるを得ない。自動車事故に関して期待されている抑止機能のレベル、たとえば被保険者により注意深い運転をなさせるというレベルでは、この手段を利用することは

　険の事故抑止機能が発揮されない場合でも、法と経済学の観点からは、賠償保険を付保することは社会的厚生を増進すると評価されている（シャベル・前掲（注70）301頁）。
80　後藤・前掲（注74）650頁以下。
81　この手法の実効性に関して、後藤・前掲（注74）653頁以下では、地下石油タンク保有者に対する賠償責任保険についての実証研究が紹介されている。
82　T. Baker & R. Swedloff, *Regulation by Liability Insurance: From Auto to Lawyers Professional Liability*, 60 UCLA L. Rev. 1412, 1428 (2013).
83　もっとも、これは賠償責任保険の種類にもよるだろう。自動車の対人賠償責任保険などでは被害者保護の理念を配慮する必要があると思われるが、一方、役員賠償責任保険（D&O）などでは被害者保護を考慮する必要性が小さいので、自己負担割合の設定が比較的自由にできよう。

無理であろう。ことに、本章で検討しようとしている強制保険制度においては、原則として保険引受の拒絶・撤回は禁止されることになろう。

また、③の被保険者に関する情報の取得とモニタリングについては、たとえば自動車の走行距離・速度・時間等の情報を自動記録装置などにより入手することが考えられるが、それ自体では意味がなく、保険者がその情報に基づいてどのような行動をとるのかが問題となる。

さらに、⑤のリスクマネジメントサービスの提供や、⑥の保険業界レベルでの対応については、事故抑止の手段としては極めて間接的なものであり、その実効性は疑問である。

いずれにしても、このような手段を適切にとることにより賠償責任保険制度においてある程度の事故抑止機能が発揮されうることについては、おそらく異論がないと思われる。しかし、その事故抑止機能の水準、特に、不法行為制度よりも効率的であるかについては、必ずしも明確な説明がなされているわけではない。不法行為制度の下では損害賠償額全額が経済的不利益とされるのに対して、賠償責任保険制度における事故抑止手段は、たとえば保険料の調整にしても、また、免責額・自己負担割合の設定にしても、その経済的不利益の規模は損害賠償額全額には及ばない。このような経済的不利益についての不足という要素と、保険者の情報優位性や不法行為制度における債務免責者問題などの要素とを比較考量することにより、両制度における事故抑止機能の優劣が判断されることになると思われる。

ウ．賠償責任保険制度とノーフォルト自動車保険制度

以上のような賠償責任保険制度における事故抑止機能の議論は、ノーフォルト自動車保険制度においてはどのように考えられるであろうか。この問題については、ノーフォルト自動車保険制度の類型ごとに検証する必要がある。

序論において述べたように、ノーフォルト自動車保険制度は法的構成により図0-4のような類型に分類される[84]。このうち、複数の基本類型を取り込んだ「独立合併型」と「合併型」を除くと、基本類型としては、

84　図0-4はノーフォルト自動車保険について示したものであるが、理念的には自動車保険に限定しないノーフォルト保険制度一般にも適用可能である。

「独立型のファースト・パーティ型」「独立型のサード・パーティ型」および「責任型」の3類型となる。

図0-4 法的構成による分類（再掲）

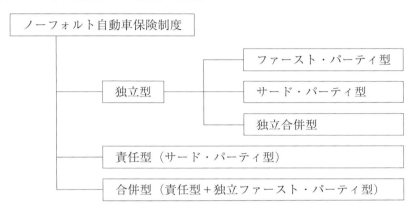

(a)「責任型」と「独立型のサード・パーティ型」

これらの類型では被保険者が加害行為者であるので、その構造は基本的に賠償責任保険制度と同じである。すなわち、保険契約に組み込まれた保険料の差別化などの手段を保険者が適切に適用することにより、被保険者の行動をコントロールし事故を抑止することが可能となる。そして、上記の賠償責任保険制度における議論が正しければ、これらのノーフォルト制度における事故抑止機能は不法行為制度におけるそれよりも効率的なものとなる可能性がある。

(b)「独立型のファースト・パーティ型」

これに対して、ファースト・パーティ型ノーフォルト自動車保険では被害者が被保険者であるので、保険者は第三者である加害行為者の行為を保険契約に組み込まれた手段によりコントロールすることはできない。ここで保険者がなしうるのは、事故発生に寄与するような被保険者である被害者の行動のコントロールのみである。被害者の行動が主要な事故発生原因であるようなケースに対しては有効な事故抑止機能となるが、おそらく事故の太宗を占めるであろう加害第三者の行

動が主要な事故発生原因であるようなケースには機能しない。

ここで保険者が加害第三者の行動をコントロールする手段としては、請求権代位が考えられる[85]。この場合、理論的には不法行為制度におけると同程度の事故抑止機能が発揮されることになる。もっとも、ニュージーランド事故補償制度のように不法行為制度を完全に廃止してしまった場合には、この手段は使えない[86]。

この類型の保険には、社会全体の事故抑止という観点から、さらに構造的な問題がある。それは、保険者が被保険者による第三者加害事故を減じるインセンティブが働かないということである[87]。すなわち、この保険の被保険者が加害者となった場合には保険者は保険金の支払いをする必要がないので、そのような被保険者の行動はこの保険の保険料には反映されないことになる。たとえば、この保険では、大型車の方が小型車よりも搭乗者の損傷可能性が低く、リスクが小さいので、保険料が安くなる。しかし社会全体の事故抑止という観点からは、このことはむしろ逆行しているといえる。

このような構造的問題に対応するためにも、この類型においては保険者の加害者に対する求償制度が必要であるといえ、そのような求償制度がない場合には、制度としての事故抑止機能は明らかに減殺されることになる。

⑸　小括

以上の検討結果によれば、不法行為制度に何らかの事故抑止機能が存在することについてはほぼ異論がない。しかし、そのような機能が存在するとしてもそれは事故率に影響を与える程度の有意な効果があるのか、につ

85　この場合の保険者の加害者に対する求償については、必ずしも不法行為制度に基づくすべての請求権の代位とする必要はないかもしれない。求償費用などを考慮した実効性を考えれば、たとえば故意行為や飲酒運転などの悪質なものに限定して求償することでも実質的な事故抑止の機能は果たせるとも考えられる。

86　ただし、ノーフォルト制度の制度設計として、被害者の加害者に対する不法行為訴権は廃止するが、保険者の加害者に対する求償権は残存させることも理論的には可能である。もっとも、この場合の求償権は、もはや請求権代位ではなく、法により特別に与えられた保険者の請求権ということになろう。

87　O. Ben-Shahar & K. Logue, *Outsourcing Regulation: How Insurance Reduces Moral Hazard*, 111 MICH. L. REV. 197, 221 (2012).

いては、現在までの実証研究や理論的研究によっても明確化されたとはいえない。一方で、有意な事故抑止機能が存在したとしても、ノーフォルト自動車保険制度の制度設計次第では当該事故抑止機能の減殺を防ぐことは可能であると考えられる。

　本章の立論に即して言えば、不法行為制度に有意な事故抑止機能が存在しないとすれば、自賠責保険のノーフォルト化の検討において事故抑止機能の減殺を考慮する必要はないことになる。しかし、その部分が明確化されていない以上、以下では、不法行為制度には有意な事故抑止機能が存在するという前提に立ち、これを減殺しない方向でのノーフォルト化の制度設計を検討することとする。

第3節　ノーフォルト化の制度設計

1．強制保険と任意保険の二元制度

(1)　問題の所在
　　ノーフォルト化の制度設計を検討する前提として、わが国における強制保険と任意保険との二元制度について検討しておく。

　　第1章で述べたように、わが国の自動車人身事故に対するサード・パーティ型制度は、強制保険である自賠責保険と、その上乗せの任意保険である対人賠償責任保険の二元方式をとっている。このような二元制度は世界的に珍しいものであり、「特殊日本的救済制度」と評されている[88]。これに対して多くの諸外国の制度では、表3-3-4のように自動車責任保険の付保強制をしているが、そこでは、保険契約者は付保強制された金額以上の保険金額の保険契約を締結しなければならないことになっており、したがって自動車保険契約としては一本である[89]。

　　この二元制度について、わが国では、以前はその適否の議論がなされて

---

[88]　鈴木辰紀編著『自動車保険（第3版）』242頁（成文堂、1998）。

[89]　なお、韓国は従来わが国と同様の二元制度をとっていたが、1994年に強制保険と任意保険とが統一され、強制保険部分を対人賠償Ⅰ、任意上乗せ部分を対人賠償Ⅱとして一契約で保障されるようになった（損害保険事業総合研究所『アジア諸国における損害保険市場・諸制度の概要について（その2）』301頁（2015）)。

いたが（いわゆる一本化論議）[90]、最近ではあまり議論がされていないようである。この議論における主要な論点は、①強制保険の保険金額、②強制保険と任意保険の内容の差の問題、の二点である。

表3-3-4　主要各国の自動車損害賠償責任保険法定最低保険金額[91]

国名		対人賠償		対物賠償
		1名	1事故	1事故
米国	カリフォルニア州	$15,000	$30,000	$3,000
	マサチューセッツ州	$20,000	$40,000	$5,000
	ニューヨーク州	$25,000	$50,000	$10,000
英国		無制限		£1,000,000
ドイツ		€7,500,000		€1,120,000
フランス		無制限		€1,000,000
日本（参考）		死亡3,000万円	無制限	なし

(2)　強制保険の保険金額

　まず、強制保険としての自賠責保険の保険金額は、表3-3-5の通り、1955年の創設以来徐々に増額されてきているが、これをさらに引き上げるべきかという問題がある。

表3-3-5　自賠責保険の死亡保険金額の推移（単位：万円）[92]

年	1955	1960	1964	1966	1967	1969	1973	1975	1978	1985	1991
金額	30	50	100	150	300	500	1,000	1,500	2,000	2,500	3,000

　強制保険の保険金額が高ければ、（理論的には）その部分は付保率が100％となり、被害者救済に資することになる。しかし一方で、自動車保有者にとっては、強制保険の保険料は実質的には自動車保有に係る税金（自動車税、自動車重量税）と同様の負担となっており、強制保険金額が上昇すれば自動的にその負担も重くなる。その意味では、強制保険金額の引き上げ

90　石田満「自賠責保険と任意保険の一本化」『新損害保険双書2自動車保険』349頁以下（文眞堂、1983）、鈴木・前掲（注88）242頁以下等。

91　損害保険料率算出機構・前掲（注15）62頁。

92　伊藤文夫＝佐野誠編『自賠責保険のすべて』22頁（保険毎日新聞社、2014）。

については、これら自動車保有者を含む国民全体のコンセンサスが必要となる。わが国の場合、任意保険（対人賠償責任保険および対人賠償責任共済）の付保率が9割近く（87.3％）であることもあり[93]、1991年に死亡保険金額が3,000万円に増額されて四半世紀たつものの、現時点ではさらなる増額の議論はあまり出ていない。

　いずれにしても、この論点は、必ずしも二元制度をめぐる問題ではない。すなわち、前記のような諸外国における一般的な制度においても付保強制額の水準は問題となり得るのであり、二元制度に固有の問題とはいえない。

　ただし、設問の立て方によっては二元制度のあり方の問題となることもある。たとえばこの保険金額を無制限としてしまえば、事実上、強制保険に一本化することになる。また、強制保険の保険金額をゼロとしてしまえば（すなわち、強制保険制度を撤廃して任意保険のみとする）、これは任意保険に一本化することになる。しかし、これらはいずれも現時点での現実的な選択肢ではない。

(3)　強制保険と任意保険の内容の差

　第二の論点は、強制保険と任意保険の内容の差の問題である。これらの具体的な差異については第1章第2節2.で述べた通りであるが、それをまとめれば表3-3-6の通りである。

93　損害保険料率算出機構・前掲（注15）115頁。

398　第3部　わが国におけるノーフォルト自動車保険制度

表3-3-6　強制保険と任意保険の内容の差

	自賠責保険	任意対人賠償責任保険
付保義務	あり	なし
引受義務	あり	なし
被保険者	保有者、運転者[94]	記名被保険者、許諾被保険者等
担保対象	運行供用者責任(不法行為責任[95])	運行供用者責任、不法行為責任
免責事由	保険契約者・被保険者の悪意重複保険における後契約	故意免責、異常危険免責、被害者の属性による免責、事実上の免責（保険契約の解除等）[96]
直接請求権	あり	あり
示談代行	なし	あり
支払基準	保険金支払の基準	保険者の内部基準
過失相殺	重過失減額制度	民法上の過失相殺
損害査定	損害保険料率算出機構による統一的損害査定	保険者独自の損害査定
保険料率	ノーロス・ノープロフィット原則により保険者の利益は認められていない	保険者が自由に設定できる
商品設計の自由度	自賠法で契約内容が規定されているので自由度は低い	自由度は高い

　問題は、このような差異を合理的なものとして残すべきなのか、それともいずれかに統一すべきなのかということにある。

　このような差異は、基本的に被害者救済の推進という観点から自賠法において規定された自賠責保険の特徴に由来するものである。その意味では、さらなる被害者救済の推進という観点からは任意保険の内容も自賠責保険に近づける、もしくは自賠責保険と同一にするという政策的判断はありうるであろう。

　一方で、そもそも責任保険の本来の受益者は被保険者であり、特に任意保険においては、その存在が実質的に被害者救済に寄与することとなるとしても、その商品設計においては被保険者・保険契約者側の利益を無視す

94　保有者の運行供用者責任が発生した場合のみ。

95　運転者についてのみ。

96　これらの詳細は、第1章第2節2.(2)ウ.参照。

ることはできない。たとえば、示談代行制度などは被害者救済というより
は、被保険者（加害者）の利益を考慮したものである。したがって、任意
保険については、法律によりその内容を規定するよりも、市場競争の中で
各保険者がよりよい商品設計を目指すようにした方が、より望ましい結果
が得られるのではないかと考えられる。

　このように考えてみると、現行の制度は、自動車保険制度による被害者
救済と市場競争による保険契約者側の利益の増大という二つの要請につい
て、絶妙なバランスをとっていると評価されるのではないか。そうである
とすると、現時点においては、自賠責保険と任意保険における内容の差に
ついていずれかに統一すべきであるという結論には賛成しがたい。

(4)　小括
　以上の検討から、現行の二元制度には一応の合理性が認められると思わ
れる。そこで本章では、以下、現行の二元制度を前提として、そのうちの
自賠責保険についてノーフォルト化することを検討することとする。

２．ノーフォルト化の基本設計

(1)　序論
　前述のように、ノーフォルト自動車保険制度には独立型と責任型があり、
独立型の中にはさらにファースト・パーティ型とサード・パーティ型が存
在する（図０‐４）。そこで、自賠責保険制度のノーフォルト化としていず
れの形態を選択すべきかがまず問題となる。

図0-4　法的構成による分類（再掲）

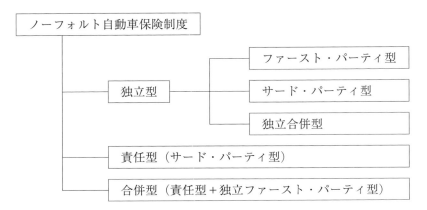

(2) ファースト・パーティ型かサード・パーティ型か
ア．ファースト・パーティ型制度

　　現行の任意ノーフォルト自動車保険である人身傷害保険がファースト・パーティ型であるところから、この方式はわが国においてもなじみがあり、自賠責保険制度をノーフォルト化する場合にこの方式を採用することは、制度の円滑な導入という面では優位性があるといえよう。また、この方式をとれば自損事故被害者も自動的に対象となる。

　　一方、ファースト・パーティ型を採用した場合には、自動車単位の付保もしくは運転者単位の付保とする限り、自動車保有者でない者、あるいは運転免許を有しない者が付保対象者から漏れてしまうという問題がある。これらの付保漏れを防ぐためには、自動車単位や運転者単位ではなく、人単位で付保する必要がある。すなわち、全ての国民にファースト・パーティ型ノーフォルト自動車保険の付保を強制することになるが、これは自動車保有者のみに付保を義務付けている現行制度からあまりに乖離した形態であり、また、保険実務の困難性から考えても実現性に乏しいと思われる。

　　したがって、ファースト・パーティ型制度を基本とする場合であっても、自動車非保有者である歩行者等の保護を考慮すると、サード・パーティ型を併用せざるを得ないことになる。この場合の制度類型としては、図0-4における独立合併型、もしくは合併型に該当する。このような制

度においては、自動車運転者や同乗者が被害者となった場合には[97]、当該車両に付保されていたファースト・パーティ型ノーフォルト自動車保険によって給付が行われるが[98]、歩行者や自転車運転者などが被害者となった場合には当該事故に関与した自動車に付保されていた保険から給付が行われることなる。

　なお、ファースト・パーティ型制度を基本とした場合には、事故抑止機能の減殺を防止するために、保険者の有責運転者（保険契約者や被保険者である者を除く）に対する求償を確保する必要がある。

イ．サード・パーティ型制度

　サード・パーティ型制度では、歩行者や自転車運転者が被害者となった場合のみならず、自動車同士の衝突事故の場合にも相手方自動車の保険から給付がなされることになる[99]。この制度を採用した場合には、いわゆる自損事故被害者は救済対象とならない。このような被害者についても救済対象とすべきとする本章の立場からすると[100]、サード・パーティ型制度を選択した場合でも自損事故被害者救済のためにファースト・パーティ型制度を併用する必要がある。すなわち、この場合でも図0－4における独立合併型もしくは合併型とすることなる。

ウ．制度選択

　以上のように、ファースト・パーティ型を基本とした制度においても、サード・パーティ型を基本とした制度においても、いずれにしても単独制度ではなく、合併型制度（あるいは独立合併型制度）とならざるを得ない。それでは、このうちいずれの制度を選択すべきであろうか。

97　さらには、人身傷害保険と同様に、ファースト・パーティ型ノーフォルト自動車保険の記名被保険者が歩行者である被害者になった場合にも当該保険から給付させるという制度設計も考えられる。

98　自動車同士の衝突事故で相手方車両が一方的に有責であったとしても、自車に付保されていた保険が発動する。

99　この場合、たとえ自分側に100％の過失があったとしても、無過失である相手方自動車の保険が適用となる。なお、同乗者が被害者となった場合には、搭乗していた自動車の保険と相手方の保険のいずれから給付させるのかについて制度選択する必要がある。

100　第2節2.(3)エ.参照。

この場合、この二つの制度の差は、ファースト・パーティ型保険とサード・パーティ型保険のいずれでも補償対象となるような被害者に対して、いずれの保険から優先的に給付がなされるかによる。具体的には、自動車同士の衝突事故における被害者について、自車に付保されていた保険からの給付と相手車に付保されていた保険からの給付とのいずれが優先されるのかの問題である。

一般的には、自車に付保されていた保険からの給付の方が被害者としては便宜であろう。その意味では、ファースト・パーティ型を基本とする方が、制度としては無理がないといえよう[101]。もっとも、ファースト・パーティ型ノーフォルト保険において過去の支払保険金を考慮した保険料率制度（経験料率等）を採用した場合には、自車側に過失がないような事故においても次年度の保険料が増額されるという不合理が発生することになる。この点は、事故抑止機能の維持に向けての制度設計において考慮される必要がある。

(3) 独立型制度か責任型制度か

次に、サード・パーティ型制度については独立型制度とするか責任型制度とするかの選択肢がある。

独立型ノーフォルト自動車保険は、責任制度と無関係に自動車事故による人身傷害を被ったことのみを理由として保険金が支払われる保険であり、保険契約の類型では、傷害定額保険契約ないし傷害損害保険契約にあたる[102]。

一方、責任型ノーフォルト自動車保険は、加害者を被保険者とする責任保険契約であり[103]、その加害者の損害賠償責任を無過失責任とするものである。

このように、独立型保険と責任型保険では法律構成が違い、特に、責任型保険では保険金請求権は被保険者である加害者が有することになる。もっとも、これについては被害者の直接請求権を認めることで事実上独立型

101　米国をはじめ、諸外国のノーフォルト自動車保険制度もファースト・パーティ型を基本とした合併型を採用している。

102　保険法2条9号、同7号。なお、サード・パーティ型の場合は、他人のためにする保険契約となる。

103　保険法17条2項括弧書き。

保険と同様の実務を行うことが可能となる[104]。また、直接請求権を認める
ことにより、責任保険についての保険法22条の規制は事実上問題とならな
くなる。これらを考慮すると、両制度間の相違は、事実上はほとんどない
と考えられる。

　それでは、いずれの選択肢が妥当であるか。責任型制度は現行自賠責保
険制度の延長線上にあるところから、制度改革のハードルは独立型制度に
比べて低いのではないかとも思われる。しかし、前記(2)ウ.で検討したよう
に、ファースト・パーティ型保険（これは独立型である）を基本とする制
度設計を選択する以上、サード・パーティ型部分についても独立型制度と
するほうが制度としての一貫性が保たれ、わかりやすい制度となると考え
られる。また、責任型制度を採用する場合には自賠法における責任制度の
変更が求められるが、これは強制保険部分のみならずそれを超過する部分
についても適用されることを考えると制度改定のハードルはむしろ高いと
も考えられる。その点では、独立型制度であれば責任制度と切り離した制
度設計が可能となり、より実現しやすいと思われる。

　以上を勘案すると、サード・パーティ型制度については、責任型制度で
はなく独立型制度を採用すべきであると考える。

(4)　小括

　以上検討したところをまとめると、自賠法制度のノーフォルト化にあた
っての基本設計としては、ファースト・パーティ型制度を基本とし、独立
型のサード・パーティ型制度を併用した独立合併型制度とすべきであると
いうことになる。

3 ．ノーフォルト化の個別論点

(1)　不法行為制度との関係

　現行制度のノーフォルト化が論じられるときに、常に論点となるのが不
法行為制度との関係、すなわち民事訴権を廃止するのか残存させるのかと
いう問題である。民事訴権を廃止してノーフォルト制度からの給付のみで

104　自賠責保険の直接請求権に係る自賠法16条１項参照。ただし、自賠責保険の直接
　　請求権は保険金請求権ではなく、損害賠償額の支払請求権とされている。

被害者救済を図ろうとする制度が単線型制度と呼ばれ、これに対して民事訴権を残存させてノーフォルト制度からの給付と共に不法行為制度による加害者への損害賠償請求も認めるものは複線型制度と呼ばれている。

　前述のように、この問題は、特に米国においてノーフォルト自動車保険制度の分類として論じられている。すなわち、民事訴権を完全に廃止したものを「純粋ノーフォルト」、残存したものを「付加型ノーフォルト」、条件付きで民事訴権を廃止するものを「修正ノーフォルト」、そして、民事訴権を廃止したノーフォルト制度と不法行為制度との選択を認めるものを「選択ノーフォルト」と称している。

　以上の分類基準に従った現行の諸外国におけるノーフォルト自動車保険制度の状況は表0-2の通りであり、国によって制度設計がかなり異なる。

表0-2　民事訴権との関係による分類（再掲）

	北　米	北　欧	オセアニア	その他
純粋ノーフォルト	カナダ（2州）		オーストラリア（1州） ニュージーランド	イスラエル
修正ノーフォルト	米　国（10州） カナダ（2州）		オーストラリア（1州）	
付加型ノーフォルト	米　国（11州） カナダ（9州）	スウェーデン フィンランド ノルウェー デンマーク	オーストラリア（1州）	台　湾
選択ノーフォルト	米　国（3州）			

　また、諸外国および日本における各種ノーフォルト提案における民事訴権の位置づけについても、表3-3-7の通り分かれている。

第3章　自賠責保険制度のノーフォルト化の検討　*405*

表3-3-7　各種ノーフォルト提案における民事訴権の位置づけ

	諸外国	日　本
純粋ノーフォルト	タンク案、ヒッペル案	藤岡案、加藤案[105]
修正ノーフォルト	キートン・オコンネル案	なし
付加型ノーフォルト	ピアソン案	吉川案、金澤案、(木暮案)[106]
選択ノーフォルト	なし	なし

　米国においてノーフォルト自動車保険制度を導入する主目的は、不法行為制度における手続コスト（訴訟費用、弁護士報酬等）の削減により、自動車保険料の低減化を図るというものである。その意味で米国においては、ノーフォルト制度において民事訴権を完全に廃止することが理想であり、「純粋ノーフォルト」という名称もこれに由来する。

　これに対してわが国においては、現在、運行供用者責任という修正不法行為制度を前提とした自賠責保険制度を採用しているが、そこではすでに効率的な運用が図られていることにより、少なくとも自賠責保険の範囲内では手続コストは大きな問題とはなっていない。

　そもそも、民事訴権を完全に廃止する純粋ノーフォルト制度は、ニュージーランド事故補償制度のようにノーフォルト制度のみで被害者のすべての損害を填補することが前提となっており、ここでの検討対象である一定限度額までの損害を填補するノーフォルト制度においては、その限度額を超過する部分についての民事訴権は残存させざるを得ない[107]。

　もっとも、このような一定限度額までの損害を対象とするノーフォルト制度においても、慰謝料など精神的損害についての民事訴権は廃止するという制度設計はありうる[108]。特に、わが国における自動車事故の損害賠償実務においては精神的損害の賠償額は大きな割合を占めており、この民事訴権を廃止すれば賠償コストが大幅に削減される（すなわち、任意保険料の低減化につながる）とも考えられる。しかし逆に、それだけ重要な要素であるだけに、慰謝料をノーフォルト制度導入と引き換えに廃止するとい

105　故意の事故については民事訴権を残す。
106　明記してないが、民事訴権を残存させると理解できる。
107　その意味で、米国諸州においても、一定限度内のみのノーフォルト制度であることから純粋ノーフォルト制度は存在しえないことになる。
108　米国における修正ノーフォルト制度がそれである。

406　第3部　わが国におけるノーフォルト自動車保険制度

う判断はおよそ国民の理解を得られないのではないか。

　以上検討したところからすると、わが国の自賠責保険制度のノーフォルト化においては、民事訴権は残存させるという制度設計が妥当であると思われる。

(2)　事故抑止機能の維持

　上記の基本設計および民事訴権の残存を前提として、事故抑止機能を維持するための制度設計を検討する。

　保険制度における事故抑止機能の維持のための現実的な方策としては、保険料の差別化、自己負担額（割合）の設定、請求権代位などが挙げられる。しかし、ファースト・パーティ型を基本とした制度の場合には、保険料の差別化のうちの経験料率制度（experiment rating）やメリット料率制度（merit rating）、および、自己負担額（割合）の設定については事故抑止についての大きな効果が期待できず、結局、保険者による請求権代位のみが有効な事故抑止機能維持の方策ということになる[109,110]。

　ここでは、ヒッペル案や加藤案のように故意や飲酒運転などの悪質な加害者に対してのみ請求権代位を行うという制度設計もありうる。たしかに、制度運営の効率化を考慮すると全ての事案で請求権代位を行うことは運営コストの増加につながることになり、強制保険制度における保険料レベルの低減化の要請からは請求権代位の対象を限定することもありうるだろう。

　しかし、ヒッペル案や加藤案は民事訴権廃止を前提とした上での例外的な求償を認めるものである。これに対して、本章では民事訴権を残存することを前提としており、また、過失事故についての事故抑止機能をも考慮すべきであることを考えると、請求権代位の対象事故を限定することは望ましくない。

109　第2節3.(4)ウ.(b)。

110　ファースト・パーティ型ノーフォルト自動車保険を傷害保険として構成した場合、傷害疾病損害保険契約（保険法2条7号）として構成すれば保険法25条の請求権代位の規定がデフォルトルールとして適用される。一方、傷害疾病定額保険（保険法2条9号）として構成すると、請求権代位のデフォルトルールは存在しない。しかしこの場合でも、一種の債権譲渡特約として請求権代位制度を採用することは必ずしも不可能ではないと考える。なお、本章では後述のように、傷害疾病損害保険契約とすることを考えている。

(3) 財源負担者

本保険の付保義務者、すなわち財源負担者をどうするかという問題がある。具体的には自動車所有者[111]か、それとも運転者（自動車運転免許証所持者）かという問題である。

現在の自賠責保険は事実上自動車所有者に付保義務を負わせているが[112]、これに対して、かねてより自動車運転免許証所持者に付保義務を負わせる強制保険制度（免許証保険）が提唱されてきた[113]。自動車事故の直接のリスク保有者は運転者であるので、事故抑止の観点や負担の公平化という観点から運転者となりうる自動車運転免許証所持者を付保義務者とし、財源負担者とすべきであるという提案である。たしかに、賠償責任保険として構成するのであれば、実務上の問題はあるものの[114]、理論的には免許証保険方式も選択肢の一つとなり得る。

しかし、ファースト・パーティ型制度をとった場合には、事故抑止という観点からの免許証保険方式のメリットはほとんどない。また、負担の公平化という観点からも、近年では自家用自動車の割合が増加してきたことを考えると[115]、自動車所有者に財源を負担させることが必ずしも不当であるとはいえない。さらに、実際には運転しない自動車運転免許証所持者（ペーパードライバー）も多いこと、自動車所有者の方が保険料負担資力が確実であろうと思われることも考慮すべきである。したがって、ここでは現行制度と同様、自動車所有者に付保義務を課し、これを財源負担者とすることが望ましいと考える。

---

111 自動車保有者という表現もありうるが、自賠法上の保有者（自賠法2条3項）と混同される危険があるので、ここでは自動車所有者という語を用いる。

112 自賠法では自賠責保険を付保しない自動車を運行の用に供してはならないとし（同法5条）、これに違反した者に対する罰則を規定する（同法86条の3第1号）。したがって、法律上は運行供用者が付保義務を負うことになる。しかし実務上は、自賠責保険の付保が車検制度（自動車検査登録制度）とリンクしているところから、自動車所有者が付保義務を負っていることになる。

113 金澤理『交通事故と責任保険』209頁以下（成文堂、1974）。なお、免許証保険が政府の公式の文書に登場したのは、1969年10月7日の自賠責保険審議会答申においてであるとされる（同209頁）。

114 損保業界は、主として実務上の理由から免許証保険に消極的な立場をとっていた（金澤・前掲（注113）210頁）。

115 2015年3月末の自動車保有台数8,067万台のうち、自家用自動車が97.6％を占める（一般財団法人 自動車検査登録情報協会サイト https://www.airia.or.jp/publish/statistics/ub83el00000000wo-att/soukatu.pdf）。

408 第3部 わが国におけるノーフォルト自動車保険制度

⑷ 保険事故の設定

ア．問題の所在

　独立型制度のノーフォルト自動車保険は、わが国における保険契約類型としては傷害保険契約となる。ここで、その保険事故をどのように設定するのかが問題となる。

　保険法上、傷害保険契約の定義は「人の傷害によって生ずることのある損害を填補することを約するもの（同法2条7号）」、または「人の傷害に基づき一定の保険給付を行うことを約するもの（同法2条9号）」と規定されているのみである。一方、傷害保険約款では、保険給付事由として「急激かつ偶然な外来の事故によってその身体に被った傷害[116]」と規定されているのが一般的である。すなわち、普通傷害保険における保険事故を規定する急激、偶然、外来の要件（以下「傷害事故三要件」という）は、普通傷害保険のみならず、自動車保険中の傷害保険にも一般的に規定されている。たとえば、人身傷害保険の約款では「人身傷害事故により……生じた損害に対して……保険金を支払います」とし、その人身傷害事故を以下のように定義する[117]。

　　この人身傷害条項において人身傷害事故とは、日本国内において、下表のいずれかに該当する急激かつ偶然な外来の事故により、被保険者が身体に傷害を被ることをいいます。

　　①　自動車または原動機付自転車の運行に起因する事故

　　　　（以下略）

　上記では、①で規定している「自動車の運行に起因する事故」をさらに傷害事故三要件で限定していることになる。

　もっとも、自動車保険中の傷害保険でも、無保険車傷害保険においては傷害事故三要件が規定されていない。無保険車傷害保険の約款では「無保険車事故」によって被保険者等が被る損害に対して保険金が支払われ

116　損害保険料率算出機構「傷害保険標準約款」傷害保険普通保険約款第2章第2条(1)。

117　東京海上日動社総合自動車保険普通保険約款第2章第1節第1条(2)（2014年10月1日）。

第3章　自賠責保険制度のノーフォルト化の検討　*409*

るが、「無保険車事故」については以下のように定義されている[118]。

　　無保険自動車の所有、使用または管理に起因して、被保険者の生命が害されること、または身体が害されその直接の結果として……後遺障害……が生じることをいいます

また、自動車保険中の傷害保険ではないが、交通事故傷害保険の約款においても以下の①のように傷害保険三要件が規定されていない部分がある[119]。

　　当会社は、被保険者が日本国内または国外においてその身体に被った次に掲げる傷害のいずれかに対して、この約款に従い保険金を支払います。
①　運行中の交通乗用具に搭乗していない被保険者が、運行中の交通乗用具との衝突・接触等の交通事故または運行中の交通乗用具の衝突・接触・火災・爆発等の交通事故によって被った傷害
②　運行中の交通乗用具の正規の搭乗装置もしくはその装置のある室内に搭乗している被保険者または乗客として改札口を有する交通乗用具の乗降場構内にいる被保険者が、急激かつ偶然な外来の事故によって被った傷害
　　　　　　　　　（以下略）

　それでは、自賠責保険制度をノーフォルト化した場合のファースト・パーティ型保険（およびサード・パーティ型保険）においては、保険事故をどのように規定すべきか。
　現在、独立型のファースト・パーティ型ノーフォルト自動車保険としては、わが国においては人身傷害保険が存在するのであり、ここでもその約款に倣うのが一応は順当な制度設計であると考えられる。しかし、ここで傷害事故三要件を規定すべきかどうかについては検討する必要が

118　損害保険料率算出機構「自動車保険標準約款」自動車保険普通保険約款第3章第1条。
119　損害保険料率算出機構「傷害保険標準約款」交通事故傷害保険普通保険約款第2章第2条(1)。

410　第 3 部　わが国におけるノーフォルト自動車保険制度

ある。

イ．傷害事故三要件を規定すべきか

　まず、第 2 部第 3 章で検討したように、人身傷害保険約款における傷害事故三要件のうち外来性要件については、これを規定することによってサード・パーティ型制度よりも保護範囲が狭まるという問題があり、そこでは外来性要件については削除することを提案した[120]。同じことはここでも当てはまる。

　次に、偶然性要件については、これを被保険者の故意によらないことと同義であるとすれば[121]、故意免責を規定することによって偶然性要件の規定目的をかなりの部分カバーできる。ただし、偶然性要件の立証責任が保険金請求者にあると解釈されているのに対して[122]、故意免責の立証責任は保険者にあるので、理論的にはその分だけ保険のカバー範囲が拡大することになり、それは料率に反映されることになる。もっとも、立証責任が問題となるのは、厳密にいえば、訴訟における当事者の立証活動にもかかわらず事故が被保険者の故意によるものかどうかが不明であるとき、すなわちノン・リケットの場合のみであるので、拡大するカバー範囲はかなり限定的であるとはいえよう。なお、外来性要件とは異なり、偶然性要件の対象となるのはモラルハザード（自傷行為）が疑われる事案であり、料率の問題のみでは捉えられない部分は残るが、自賠法の目的である自動車事故被害者保護の理念（自賠法 1 条）、および現行自賠責保険制度における扱い[123]との比較という観点から判断すればこれはやむを得ないと解される。

　最後に、急激性要件は、原因となった事故から結果として傷害が発生するまでのプロセスが直接的で時間的感覚のないことを意味しているとされ、偶然性要件を補完する意味があるとされる[124]。しかし、自動車事故においては急激性要件が問題となるケースはほとんど考えられず、そ

120　第 2 部第 3 章第 4 節 2.。
121　山下友信『保険法』450頁（有斐閣、2005）。
122　最判平成13年 4 月20日判時1751号171頁。
123　被害者からの直接請求（自賠法16条）において、被害者の故意による事故であるのかどうか（自賠法 3 条但書）についての立証責任は保険者側にあると考えられる。
124　山下・前掲（注121）。

の意味で、この要件を規定する意義はあまりないと思われる。

　以上、要するに、本ノーフォルト自動車保険の保険事故の定義に傷害事故三要件を規定する必要性は必ずしも高くなく、むしろ、サード・パーティ型制度とのカバー範囲の比較などからすると傷害事故三要件は規定すべきではないと考えられる。

ウ．保険事故の規定案

　ノーフォルト自動車保険の保険事故を規定するに際して、傷害事故三要件を規定しないとすると、どのような文言にすべきか。これは、具体的には自動車事故をどのように定義するかの問題であるが、現行の自動車保険中の傷害保険においては、次の二つの規定方法があり、これらを参考とすることが考えられる。

①　自動車の運行に起因する事故（人身傷害保険方式）
②　自動車の所有、使用または管理に起因する事故（無保険車傷害保険方式）

　これらはいずれも、自動車事故に関する賠償責任保険の保険事故規定方式を参考にしているものと思われる。まず、①では「自動車の運行」をキーワードとしているが、これは自賠責保険の保険事故の規定である「自動車の……運行によって他人の生命または身体を害すること[125]」から由来するものである。一方、②の「自動車の所有、使用または管理」という文言は、任意対人賠償責任保険の保険事故（対人事故）の規定である「自動車の所有、使用または管理に起因して他人の生命または身体を害すること[126]」から由来している。

　任意対人賠償責任保険約款における「使用」は、自賠責保険約款（および自賠法）における「運行」とほぼ同義であるとすると[127]、任意対人賠償責任保険ではさらに「所有」及び「管理」に起因する事故も対象と

125　自動車損害賠償責任保険普通保険約款第1条。
126　損害保険料率算出機構「自動車保険標準約款」自動車保険普通保険約款第1章第1条。
127　鴻他編・前掲（注20）79頁［石田満］では、「使用」は「運行」よりも広い概念であるとするが、具体的に差異が生じる事例等の説明はない。

しており、その分、保険対象が拡大されている。その意味では、「運行」
方式よりも「所有、使用または管理」方式の方が自動車事故被害者救済
の観点からは優れているといえる。

　しかし、以下の理由から本ノーフォルト自動車保険の保険事故規定に
おいては「運行」方式を採用すべきであると考える。すなわち、第一に、
本ノーフォルト自動車保険は自賠責保険に代替するものであり、基本的
に自賠責保険の対象事故を引き継ぐほうが、制度移行がスムーズである。
第二に、自賠法の責任制度について現行制度を残存することを前提とす
れば、「運行」概念に関する判例・実務の蓄積が本ノーフォルト自動車保
険の約款解釈においてもそのまま利用できる。第三に、対象事故の拡大
は保険料の増大につながるが、強制保険制度であることからそれはでき
るだけ必要最小限にとどめるべきである。

(5) 保険金支払方法
ア．実損填補か定額給付か

　ノーフォルト自動車保険を傷害保険契約として構成する場合、実損填
補方式とするか、定額給付方式とするかの問題がある。保険法による分
類では、実損填補方式の場合は傷害疾病損害保険契約（同法2条7号）
となり、定額給付方式の場合は傷害疾病定額保険契約（同法2条9号）
となるので、各類型に関する保険法上の規定が適用されることになる。
この二つの選択肢のうち、諸外国の制度や各種ノーフォルト提案におい
ては、すべて実損填補方式を採用している。わが国の人身傷害保険も実
損填補方式である。これは、ノーフォルト自動車保険に紛争解決機能を
期待していることによる。すなわち、ノーフォルト自動車保険からの給
付をもって被害者に発生した全ての損害を填補するという制度設計であ
る[128,129]。

　一方で、本章で検討しているノーフォルト自動車保険は自賠責保険を
代替するものであり、前述のように任意保険との二元制度を前提として

128　この例外は、米国諸州のノーフォルト自動車保険制度である。米国のノーフォル
　ト自動車保険は保険金額が低額であり、被害者に生じた全ての損害を填補すること
　は想定されていない。

129　このような制度設計において定額給付方式をとった場合、全損害額を填補するこ
　とができない被害者や、逆に、損害額以上の給付を受ける被害者が発生しうる。

いることから（1.(4)）、その保険金額も自賠責保険と同様の水準を想定せ
ざるを得ない。具体的には、死亡損害について3,000万円というレベルで
ある。このような制度においては、ノーフォルト自動車保険のみで被害
者に生じた全損害を填補することは無理であり、その意味では、実損填
補方式のみならず、査定実務の簡易性、迅速な保険金支払という観点か
ら定額給付方式という制度設計も選択肢としてありうることになる。

　しかし、保険金額の水準については今後増額されていく可能性も否定
できず、その場合に定額給付方式では実損害額以上の給付を受ける被害
者が生じうることを考えると、当初の制度設計の段階から実損填補方式
を採用しておいた方がよいのではないかと考える。

イ．実損填補の場合の支払額決定方法

　実損填補方式を採用した場合には、保険金支払額の決定方法が問題と
なる。最もシンプルな方式は、損害賠償法上認められる損害額をそのま
ま保険金支払額とするものである。たとえば、スウェーデンの交通保険
では、給付額は損害賠償法の規定により算定される[130]。これにより、理
論上は、ノーフォルト自動車保険からの給付は被害者が不法行為制度に
より加害者から填補される額と同一になることになる。

　一方、損害賠償法とは切り離したノーフォルト自動車保険独自の給付
額算定基準を設定する方式がある。たとえば、ニュージーランド事故補
償制度においては、事故補償法に規定された独自の算定方法に基づいて
給付額が算定される[131]。ここでは、加害者からの損害賠償額とノーフォ
ルト制度からの給付額とが異なる可能性がある。たとえば、休業補償に
ついては事故前所得の80％しか給付されない[132]。もっとも、ニュージー
ランド事故補償制度においては民事訴権を完全に廃止しているので、被
害者はその差額を加害者に請求することはできない。

130　スウェーデン交通損害法（Trafikskadelag）9条は、「交通損害填補については、
　損害賠償法（1972：207）第5章ならびに損害賠償終身年金の修正に関する法律（1973：
　213）が、準用される。」と規定する（条文の和訳は、J. ヘルナー（山下丈訳）「スウ
　ェーデンにおける保険保護による責任の代替」広島法学5巻2号149頁（1981）によ
　る）。
131　ニュージーランド2001年事故補償法（Accident Compensation Act 2001）69条以
　下。
132　2001年事故補償法97条2項。

なお、第2部でみたように、わが国の人身傷害保険も独自の算定基準により給付額を決定する。その意味では、これはニュージーランド事故補償制度と同様の制度設計である。ただし、ニュージーランドと異なり、民事訴権を廃止していないので被害者は加害者に対してその差額を請求することが可能である。

スウェーデン方式とニュージーランド方式を比較した場合、民事訴権を残存させる（すなわち、付加型ノーフォルト制度方式を採用する）のであれば、スウェーデン方式の方が不法行為制度との整合性の観点から優れていると評価できる。被害者はノーフォルト自動車保険制度によって完全な損害填補を受けることができ、さらに加害者に請求する必要がないからである。

しかし一方で、独自の算定基準を設定することにより、迅速な給付額決定が行われ、被害者の救済に資するという点ではニュージーランド方式が優っている。特に、本章で検討している二元制度を前提とした自賠責保険部分のノーフォルト化においては、被害者の損害の全額を填補することはできず、いずれにしても差額を加害者に対して請求せざるを得ない。また、わが国の損害保険会社では、人身傷害保険において独自の算定基準方式を行ってきた実績もある。さらに、そもそも自賠責保険（これは傷害保険ではないが）においても独自の支払基準による給付額の算定という実務が行われてきた[133]。これらの諸事情を考慮すると、ここでのノーフォルト自動車保険においても独自の算定基準による給付額算定という方式をとることが望ましいと考える。

(6) 給付対象項目

実損填補方式のノーフォルト自動車保険制度では、当該保険契約からの給付対象項目を定める必要がある。ここで問題となるのは精神的損害などの非経済的損害に対する給付である。

諸外国の現行制度においては、非経済的損害に対する給付を行うものと（スウェーデン、フィンランド、デンマーク、イスラエル、ニュージーラ

133　もっとも、訴訟になった場合はこの支払基準ではなく、通常の損害賠償の基準により給付額を決定すべしとするのが判例である（最判平成18年3月30日民集60巻3号1242頁）。

第3章　自賠責保険制度のノーフォルト化の検討　　*415*

ンド[134]）、行わないもの（米国、カナダ、ノルウェー、台湾）に分かれる。一方、欧米におけるノーフォルト自動車保険制度諸提案では基本的に非経済的損害に対しての給付は行わないとするが、タンク案やヒッペル案では、例外的に特定の傷害、後遺障害について給付を規定している。また、わが国におけるノーフォルト自動車保険制度提案でも、非経済的損害に対する給付を認めるもの（藤岡案、金澤案）と認めないもの（吉川案、木暮案）が対立する[135]。

　わが国における非経済的損害としては主として精神的損害が考えられるが、これは損害賠償制度における慰謝料として議論されてきた。慰謝料については加害者に対する制裁的機能を有しているのではないかとする議論もあるが、少なくともわが国の判例実務においては精神的損害の填補であるという理解が普遍的とされ、かつ、その金額は相当程度定額化されている。そうであれば、ファースト・パーティ型保険においてもこのような精神的損害に対する給付は可能であり、現に人身傷害保険では給付対象項目となっている。

　理論的には、自賠責保険制度を代替する範囲でのノーフォルト自動車保険制度においては精神的損害に対する給付を行わず、それは上乗せとしての任意対人賠償責任保険にすべて任せるという制度設計もあり得る。しかし、現行の自賠責保険制度においても慰謝料の支払いが行われていることを考えると、その代替制度としてのノーフォルト自動車保険制度において精神的損害に対する給付を行わないとすることは、ノーフォルト化への円滑な制度移行という観点からは望ましくないであろう。したがって、本制度においては精神的損害に対する給付も行うべきと考える。

　問題は、その場合の給付金額の水準である。現行の損害賠償実務における慰謝料の水準については、弁護士会基準[136]、任意保険支払基準[137]、自賠

134　ニュージーランド事故補償制度では、後遺障害を被った場合に、その程度に応じて NZ$100,000から NZ$2,500の一時金を支払うが、これは一種の精神的損害に対する給付と見ることができる。

135　加藤案については明確でない。

136　日弁連交通事故相談センター『交通事故損害額算定基準（青本）』（各年度版）、日弁連交通事故相談センター東京支部『民事交通事故訴訟損害賠償額算定基準（赤い本）』（各年度版）等において示されている基準額を意味する。

137　これは損害保険会社の社内的な支払基準であり、その内容は公表されていない。ただし、人身傷害保険約款における損害額基準は基本的に任意保険基準に近い水準

416　第3部　わが国におけるノーフォルト自動車保険制度

責保険基準[138]の３種類が使用されており、その金額は弁護士会基準が最も高く、自賠責保険基準が最も低い。本ノーフォルト保険制度は現行自賠責保険制度を代替するものであること、保険金額も現行自賠責保険の保険金額と同レベルとした場合には精神的損害部分が高すぎると基本となる経済的損害部分の給付額が抑えられてしまうこと、などを考慮すると、本ノーフォルト保険における精神的損害に対する給付額水準は現行自賠責保険基準をベースとすることが適当であると思われる。

(7)　免責事由

　　本ノーフォルト保険制度は現行自賠責保険制度の代替であるという観点からすると、保険者の免責事由も基本的に自賠責保険と同様とすべきであろう。すなわち、保険契約者又は被保険者の悪意（自賠法14条）と、重複契約における後契約（自賠法82条の３）である。

　　さらに、ファースト・パーティ型保険における事故抑止機能の観点から、飲酒運転等の悪質な被保険者の行為について免責とすることが考えられる[139]。もっとも、被害者救済という理念からすると、全面免責ではなく、給付額減額事由とするという選択肢もあり得る。

(8)　その他

　　現行自賠責保険制度と同様に、付保義務（自賠法５条）のみならず保険会社の引受義務（自賠法24条）をも規定するのであれば、本ノーフォルト保険制度においても、制度の安定的な運営のために再保険プール制度（自賠法28条の４）により保険者相互間での収支平準化を図ることが考えられる。

　　また、損害保険料率算出機構による共同損害調査制度についても、強制保険における支払水準の統一化の観点から継続すべきであろう。

ではないかといわれている。

138　「自動車損害賠償責任保険の保険金等及び自動車損害賠償責任共済の共済金等の支払基準」（平成13年12月21日金融庁・国土交通省告示第１号、平成22年３月８日金融庁・国土交通省告示第１号）において示されている基準額を意味する。

139　これは、免責事由と事故との間の因果関係を不要とする状態免責とすべきであろう。

第3章　自賠責保険制度のノーフォルト化の検討　*417*

第4節　結論

1．本章の概要

　本章の内容を要約すれば、以下の通りである。

　わが国の現行自賠責保険制度は、準無過失責任損害賠償制度を基礎とするサード・パーティ型被害者救済制度として比較的順調に運用されてきており、米国におけるノーフォルト化議論の論点である、損害填補の適正化、損害填補の迅速化、保険金支払内容の有効化、訴訟数の削減、保険料の安定化、という観点からはノーフォルト化の必要性は小さい。

　一方で、現行制度において救済対象とされず、かつ、救済されるべきと考えられる被害者の存在を考えると、この観点からのノーフォルト化の必要性が認められる。なお、自損事故被害者を強制保険制度で救済することの可否については議論があるものの、今後の自動車における自動運転機能の普及等を考慮した場合にはこのような被害者も救済対象とすべきであると考えられる。

　一方、ノーフォルト化の議論において指摘されている事故抑止力減少の問題については、その指摘の適否は必ずしも明確ではなく、仮に事故抑止力の減少がありうるとしても、保険制度の制度設計により相当程度これを防止することが可能である。その意味で、この点はノーフォルト化の障害とはならない。

　そこで、ノーフォルト化の具体的な制度設計を検討する。まず、現行の「強制保険＋任意保険」という二元制度を維持した上で自賠責保険部分のノーフォルト化を図ることとする。ノーフォルト化の基本設計としては、ファースト・パーティ型制度を基本とし、サード・パーティ型制度を併用した独立合併型ノーフォルト自動車保険制度とする。

　ノーフォルト自動車保険制度の詳細設計は以下の通りである。

① 　ノーフォルト化された部分についての民事訴権は残存させ、また、保険者による請求権代位により事故抑止機能を維持させる。
② 　付保義務者は、現行制度と同様に自動車所有者とする。
③ 　保険事故の規定においては傷害事故三要件を入れず、運行起因性を要

件とする。

④ 実損填補方式とし、独自の算定基準による給付額の算定を行う。

⑤ 経済的損害のみならず、精神的損害についても給付対象とする。ただ
し、その水準は現行自賠責保険基準とする。

⑥ 免責事由は自賠責保険と同様とするが、被保険者による飲酒運転等も
加える。

⑦ 再保険プール、損害保険料率算出機構による共同損害調査制度を継続
する。

2. ノーフォルト化案の実現可能性および検討課題

本章では、わが国の現行自賠責保険制度の分析評価をもとに、ノーフォル
ト自動車保険制度の具体的な制度設計を検討した。その結果は、現行のサー
ド・パーティ型制度からファースト・パーティ型ノーフォルト自動車保険制
度への制度変更の提案となった。

もっとも、この提案は、運行供用者責任という損害賠償制度を存続させる
ことを前提とした強制保険部分のみの変更であり、また、詳細設計において
は現行自賠責保険制度のパーツをかなり取り入れたものとなっているので、
結果的に、保険実務については現行制度とかなりの共通性が認められるもの
となっている。したがって、その部分では制度変更のハードルを若干ながら
も低下させているものと思われる。

しかしながら、60年間という長期にわたって継続実施され、かつ、安定的
に運用されてきた現行自賠責保険制度を変更することは容易なことではな
い[140]。救済対象被害者の拡大という方向性自体については国民の同意を得ら
れる可能性があるが、問題はそのコストである。ノーフォルト化により保険

---

140 なお、ノーフォルト自動車保険制度を導入している国は、いずれも、わが国に比
べて人口が小規模であり、比較的小回りがきく状況であるとも評価できる。たとえ
ば、究極のノーフォルト制度を実現したニュージーランドの人口は450万人、スウェ
ーデンは960万人である。米国やカナダは大国であるが、ノーフォルト自動車保険制
度は州単位での導入となっている。一方、人口の多いイギリス、フランス、ドイツな
どでは、国内でノーフォルト化提案がなされているにもかかわらず現在まで実現し
ていない。このようにしてみると、1億2,000万人という人口を有するわが国におい
て全く新しい制度を導入することは、それだけ大きなエネルギーが必要となること
は確かだろう。

料レベルが増加する場合には、制度変更への抵抗感がより強まることになる。その意味で、制度変更の具体化段階ではコスト見込みの提示が不可欠であり、そのためには保険数理からの精緻なアプローチが必要である。この点、本章では残念ながらそこまでの検討はできなかった。

　一方で、どのような制度でも完全なものはなく、常に問題点や効率性を検証し続けることは必要である。自賠責保険制度の検証では、救済対象被害者の拡大という課題は本質的な問題であり、これからも検討され続けなければならない。そしてその場においては、ノーフォルト化という選択肢についても検討の俎上に乗せられるべきであると考える。その際に、本章における検討が若干でも貢献できればと思う。

結　語

　本書では、ノーフォルト自動車保険制度を様々な切り口から見てきた。そこでの問題意識の中心は、ノーフォルト自動車保険制度は自動車事故被害者救済の手段としての切り札になるのかという点であった。

　第二次大戦直後に世界で初めてのノーフォルト自動車保険制度であるカナダ・サスカチュワン州の制度が創設され、それから70年になる。その間、世界各地でさまざまな形態のノーフォルト自動車保険制度が構築されてきたが、その全てが順調に運営されているのかについては留保が必要だろう。世界最大の対象自動車数を有する米国諸州の制度や、最も徹底したノーフォルト制度と評されるニュージーランド事故補償制度においても、その評価は分かれている。また、著名な学者による有力なノーフォルト自動車保険制度提案がなされたドイツ、フランス、イギリスなどでは、結局、同制度は実現しなかった。これらの事実をみても、ノーフォルト自動車保険制度に対する一義的な評価が困難であることがわかる。

　自動車事故被害者救済制度の制度設計における課題は、不法行為制度、保険制度および社会保障制度をいかに機能的に組み合わせるかであるが、そこでの政策判断においては各国の歴史や法風土が大きくかかわってくる。その意味で、ノーフォルト自動車保険制度の評価についてもそれぞれの制度ごとに検証する必要があると思われ、このような観点から、本書の第1部では、世界各国の制度を一定の基準で比較しつつ、個別に分析した。このような各国ノーフォルト自動車保険制度の比較検証は、従来にはない新しい研究手法であると自負している。

　次に第2部では、わが国における初めての本格的なノーフォルト自動車保険である人身傷害保険の課題を検討した。人身傷害保険は発売開始以来大いに人気を博し、またたく間に自動車保険商品の主流となった。その一方で、同保険をめぐり今までの自動車保険商品にはない種類の紛争が発生することとなった。その意味で、人身傷害保険にはまだ多くの改善の余地があると考えられ、その具体的な改善案についても提示した。

　最後に、第3部では、上記のような諸外国のノーフォルト自動車保険制度

の実例や、任意保険である人身傷害保険の課題を踏まえて、わが国の現行自賠責保険制度をノーフォルト化することの意義と可能性を検討した。その一応の結論として、自動車事故被害者救済という視点からはノーフォルト自動車保険制度が一定の機能を発揮する可能性があることを示し、その制度設計の試案を提示した。もとより、この提案は完璧なものではなく、さらに検討すべき論点がまだ多く残っていると思われるが、それはまた他日を期したいと思う。

　一方で、諸外国のノーフォルト自動車保険制度については、今後の動向をさらに継続してフォローする必要がある。特に、ニュージーランド事故補償制度は今までも短期間にドラスティックな改革がなされてきており、今後も政権の動向次第で事故補償制度の骨組みが変わる可能性がある。定点観測が必要な所以である。

　さらに、本書では自動車事故被害者の救済制度としてのノーフォルト自動車保険制度を検討の対象としたが、その他の事故、たとえば製造物の欠陥による事故、あるいは、近時問題となっている自転車事故などによる被害者救済についてもノーフォルト制度化の必要があるのか、は残された大きな課題である。

　以上のような今後の研究課題を提示して、本書の結語としたい。

初 出 一 覧

本書の各項目についての初出は以下のとおりである。ただし、本書にまとめるにあたり、いずれも大幅に加筆・修正を行っている。

序　論　書き下ろし

第1部
　第1章　『世界のノーフォルト自動車保険』
　　　　　　（損害保険事業総合研究所、2001）
　第2章　書き下ろし
　第3章　「ニュージーランド事故補償制度40周年－現状と課題－」
　　　　　　損害保険研究74巻4号1頁（2013）
　第4章　書き下ろし

第2部
　第1章　書き下ろし
　第2章　「人身傷害補償保険の法的性質と商品性のあり方」
　　　　　　損害保険研究75巻3号59頁（2013）
　第3章　「人身傷害保険における疾病の扱い－サード・パーティ型制度との比較から－」
　　　　　　保険学雑誌630号229頁（2015）

第3部　書き下ろし

結　語　書き下ろし

参考文献　　*425*

参 考 文 献

邦語文献

赤津貞人　「傷害・疾病保険の意義・性質と人身傷害補償条項・無保険車傷害条項」『新保険法と保険契約法理の新たな展開』（ぎょうせい）443頁（2009）

浅井尚子　「ニュージーランド事故補償法とその運用実態」『損害賠償から社会保障へ』41頁（三省堂、1989）

浅井尚子訳　「1982年事故補償法」『損害賠償から社会保障へ』304頁（三省堂、1989）

浅井尚子　「ニュージーランド事故補償法―その運用実態と改革の方向―」私法53号260頁（1991）

浅井尚子　「ニュージーランド事故補償法の改革と生計維持システムの統合」『家族・労働・福祉』463頁（永田文昌堂、1991）

浅井尚子　「事故補償制度下での自動車交通事故の実態と予防施策の選択」『世界の交通法』187頁（西神田編集室1992）

浅井尚子　「1992年事故のリハビリテーションおよび補償に関する保険法の制定―ニュージーランド事故補償制度の変容―」社会保障法 8 号33頁（1993）

浅井尚子　「ニュージーランド事故補償制度：1992年立法の検討㈠」富大経済論集43巻 1 号15頁（1998）

浅井尚子訳　「ニュージーランド「事故のリハビリテーションと補償に関する保険法」」国際商事法務25巻11号（1997）～26巻 3 号（1998）

浅井尚子　「ニュージーランド事故補償制度の30年」判例タイムズ1102号59頁（2002）

浅井尚子　「効率的運用とは何か―ニュージーランド事故補償制度一部民営化の経験から―」法政論集201号643頁（2004）

浅井尚子　「NZ 事故補償制度における医療事故概念の変遷」『損害賠償法の軌跡と展望』209頁（日本評論社、2008）

浅野有紀　「ニュージーランド事故補償法の20年」金沢法学38巻 1 ・ 2 号

（1996）117頁（1996）

浅見俊雄　「米国のノーフォルト自動車保険に関する組織的詐欺について」
損保総研レポート99号39頁（2012）

甘利公人　「東京高判平成20年3月13日判批」判例評論600号193頁（2009）

甘利公人　「最判平成19年10月19日判批」『保険判例2009』15頁（保険毎日新
聞社、2009）

阿波野藍　「人身傷害補償保険とは」インシュアランス4202号14頁（2006）

飯田秀総　「私法における法と経済学」法学教室365号10頁（2011）

飯塚和之　「ニュージーランドにおける事故補償法と自動車事故」ジュリス
ト609号86頁（1976）

飯塚和之　「ニュージーランドにおける事故補償─1972年事故補償法の経験」
商学討究29巻2号36頁（1978）

飯塚和之　「イギリスにおける身体侵害（人身損害）補償論─ピアソン委員会
報告書─」ジュリスト691号214頁（1979）

五十嵐清　「交通事故の損害補償についての一つの提案─ Eike von Hippel,
Schadensausgleich bei Verkehrsunfällen, 1968の紹介─」判タ236号69頁
（1969）

生田典久　「米国における無過失自動車保険─ニューヨーク州の Compre-
hensive Automobile Reparation Act を中心に─」ジュリスト564号96頁
（1974）

石田清彦　「大阪地判平成18年6月21日判批」損害保険研究69巻4号181頁
（2008）

石田　満　「西ドイツにおける自動車事故による損害の補償─改革案を中心
として─」田辺康平＝石田満編『損害保険双書2自動車保険』285頁（文眞
堂、1974）

石田　満　「自賠責保険と任意保険の一本化」『損害保険双書2自動車保険』
275頁（文眞堂、1974）

石田　満　『増補自動車保険の諸問題』129頁（損害保険企画、1979）

石田　満　「東京地判平成19年2月22日判批」保険毎日新聞2008年4月23日
号4頁（2008）

石田　満　「大阪高判平成24年6月7日判批」保険毎日新聞2012年11月28日
号4頁（2012）

石橋秀起　『不法行為法における割合的責任の法理』（法律文化社、2014）

伊藤高義 「ニュージーランド事故補償法運用の問題点」ジュリスト691号200頁（1979）

伊藤文夫 「人身傷害補償保険をめぐる若干の問題」法律のひろば57巻11号58頁（2004）

伊藤文夫他 「座談会」保険毎日新聞2013年4月16日号6頁（2013）

伊藤文夫＝佐野　誠編 『自賠責保険のすべて（12訂版）』（保険毎日新聞社、2014）

今村　有 『海上損害論』（巌松堂、1957）

岩川　勝 「自賠責保険の制度改正について」法律のひろば2001年12月号15頁（2001）

植田智彦 「人身傷害補償保険による損害填補及び代位の範囲についての考察」判タ1243号4頁（2007）

内田　貴 『民法Ⅱ（第3版）』（東京大学出版会、2011）

梅村　悠 「最判平成24年2月20日判批」保険毎日新聞2012年8月8日号4頁（2012）

江頭憲治郎 『商取引法（第7版）』（弘文堂、2013）

榎本光宏 「最判平成24年2月20日判批」ジュリスト1447号94頁（2012）

榎本光宏 「判批」法曹時報66巻6号261頁（2014）

大阪地裁民事交通訴訟研究会 『大阪地裁における交通損害賠償の算定基準（第2版）』（判例タイムズ社、2009）

大塚英明 「人身傷害補償の死亡保険金の帰趨」法律のひろば2011年2月号54頁（2011）

鴻常夫他編 『注釈自動車保険約款(上)』（有斐閣、1995）

大場敏彦 「ニュージーランドにおける労働災害補償」法学志林92巻1号41頁（1994）

岡田豊基 「東京高判平成20年3月13日判批」私法判例リマークス39号94頁（2009）

岡田豊基 「人身傷害補償保険における保険者の代位取得範囲」『保険学保険法学の課題と展望』359頁（成文堂2011）

奥田直之 「最判平成24年2月20日判批」自保ジャ1869号1頁（2012）

奥山　誠 「ニュージーランドにおける新しい事故補償法について」オーストラリア研究紀要1号118頁（1975）

落合誠一 「最判平成7年1月30日判批」別冊ジュリスト202号82頁（2010）

落合誠一監修・編著 『保険法コンメンタール（損害保険・傷害疾病保険）』
（損害保険事業総合研究所、2009）

尾上和宣 「米国における自動車保険制度の概要―人身事故被害者救済に関
する制度的枠組とその実態―」『世界の交通法』314頁（西神田編集室、1992）

小野寺千世 「大阪地判平成21年2月16日判批」保険毎日新聞2011年5月11
日号4頁（2011）

小野寺千世 「最判平成24年5月29日判批」保険毎日新聞2012年11月14日号
4頁（2012）

甲斐克則 「ニュージーランドにおける医療事故と被害者の救済」比較法学
42巻1号79頁（2008）

香川　崇 「東京地判平成23年9月20日判批」判例評論644号166頁（2012）

加瀬幸喜 「最判平成19年10月19日判批」法律のひろば62巻1号57頁（2009）

加藤一郎編 『注釈民法(19) 債権(10)』（有斐閣、1965）

加藤一郎 『不法行為（増補版）』（有斐閣、1974）

加藤一郎＝森島昭夫＝西嶋梅治＝西原道雄＝加藤雅信 「シンポジウム・被
害者救済システムの展望」ジュリスト臨時増刊69号242頁（1979）

加藤雅信 「現行の不法行為被害者救済システムとその問題―不法行為法の
将来のために―」ジュリスト691号52頁（1979）

加藤雅信 「不法行為法の将来構想―損害賠償から社会保障的救済へ―」『損
害賠償から社会保障へ』（三省堂、1989）

金澤　理 『交通事故と責任保険』265頁（成文堂、1974）

金澤　理 「フランスにおける自動車事故による損害の補償」『損害保険双書
2自動車保険』329頁以下（文眞堂、1974）

金澤　理 「自動車事故による損害の補償―フランス」比較法研究35号16頁
（1974）

金澤　理 『交通事故と保険給付』（成文堂、1981）

金澤　理 『保険と補償の法理』（成文堂、1998）

金澤　理 「プラチナ自動車保険構想の提唱―自動車事故全被害者の救済を
目指して―」損害保険研究65巻3・4号1頁（2004）

金澤　理 「傷害保険契約の本質と保険法」『新保険法と保険契約法理の新た
な展開』387頁（ぎょうせい、2009）

川井　健他編 『新版注解交通損害賠償法Ⅰ』（青林書院、1997）

河内洋祐 「草の根から見たニュージーランドの行政改革」ニュージーラン

ド研究 4 巻（1997）

北河隆之他　『逐条解説自動車損害賠償保障法』（弘文堂、2014）

木宮高彦＝羽成　守＝坂東司朗＝青木壮太郎　『注釈自動車損害賠償保障法（新版）』（有斐閣、2003）

窪田充見　「規制緩和社会における制裁の役割・Ⅱ制裁のあり方・損害賠償」ジュリスト1228号63頁（2002）

窪田充見　『不法行為法』（有斐閣、2007）

窪田充見　「最判平成8年10月29日判批」別冊ジュリスト224号204頁（2015）

桑名謹三　「債務免責者問題の解決策としての責任保険の効果─保険の経済学的分析を通じて─」保険学雑誌626号71頁（2014）

小泉隆一　『ノーフォルトの動向（1975年）』（自動車保険料率算定会企画室、1976）

肥塚肇雄　「人身傷害補償保険契約と商法」香川法学23巻 3・4 号170頁（2004）

肥塚肇雄　「人身傷害補償保険契約と過失割合」『交通賠償論の新次元』322頁（日弁連交通事故相談センター、2007）

肥塚肇雄　「最判平成19年10月19日判批」民商法雑誌138巻 4・5 号616頁（2008）

肥塚肇雄　「大阪地判平成22年 8 月26日判批」損害保険研究74巻 2 号145頁（2012）

肥塚肇雄　「最判平成24年 2 月20日判批」判例評論647号32頁（2013）

肥塚肇雄　「人身傷害保険契約の法的性質と「保険金請求権者」の変更の可能性」『企業と法の現代的課題』249頁（成文堂、2014）

肥塚肇雄　「人身傷害補償保険契約と交通事故紛争処理センターの役割の可能性・限界」『交通事故紛争処理の法理』564頁（ぎょうせい、2014）

肥塚肇雄　「大阪地判平成24年 9 月19日」損害保険研究76巻 4 号401頁（2015）

国土交通省自動車局保障制度参事官室監修　『新版逐条自動車損害賠償保障法』（ぎょうせい、2012）

木暮一郎　『アメリカにおけるノーフォルト自動車保険』日交研シリーズA-46（日本交通政策研究会、1978）

後藤　元　「保険の事故・損害抑止機能と海上保険」『商事法の新しい礎石』645頁（有斐閣、2014）

後藤誠次　『スウェーデンにおける自動車保険制度をめぐる動向（企画室資料47）』（自動車保険料率算定会、1981）

小林秀文 「ニュージーランド事故補償法における損害の分散」『交通事故賠償の現状と課題』531頁（ぎょうせい、1979）

小林秀之編 『新製造物責任法大系Ⅰ』（弘文堂、1998）

古笛恵子 「人身傷害保険をめぐる実務上の問題点―裁判基準差額説のその後―」保険学雑誌618号223頁（2012）

小町谷操三 「保険者の求償権代位に関する各論」損害保険研究28巻3号21頁（1966）

近藤明日子＝青野　渉 「最判平成24年2月20日判批」法学セミナー2013年2月号10頁（2013）

榊　素寛 「最判平成19年7月6日判批」判時2036号158頁（2009）

笹本幸祐 「保険代位に関する議論の推移と保険法改正」『保険法改正の論点』171頁（法律文化社、2009）

佐野　隆 「ネグリジェンスを理由とする懲罰的損害賠償金に関するニュージーランドの判例」比較法学31巻2号221頁（1998）

佐野　隆 「ニュージーランドにおける懲罰的損害賠償金をめぐる問題の立法による解決」比較法学33巻1号199頁（1999）

佐野　隆 「懲罰的賠償の現状―ニュージーランドおよびイングランド」比較法研究72号116頁（2010）

佐野　誠 「ニュージーランド事故補償制度における民事訴権の廃止に関する一考察―航空事故を中心として―」損害保険研究61巻2号137頁（1999）

佐野　誠 「ニュージーランドにおける事故補償制度の最近の動向」交通法研究28号76頁（2000）

佐野　誠 「ノーフォルト自動車保険の国際比較―人身傷害補償保険の評価」損害保険研究62巻1号19頁（2000）

佐野　誠 『世界のノーフォルト自動車保険』（損害保険事業総合研究所、2001）

佐野　誠 「諸外国における人身賠償額の水準」判タ1086号83頁（2002）

佐野　誠 「自賠法の改正と自賠責保険の変容」損害保険研究64巻4号131頁（2003）

佐野　誠 「最判平成18年3月30日判批」自保ジャーナル1638号8頁（2006）

佐野　誠 「浴室での溺死と傷害保険における外来性の要件」損害保険研究69巻3号240頁（2007）

佐野　誠 「傷害保険における外来性要件と疾病免責条項」『保険学のフロン

ティア』（慶應義塾大学出版会、2008）

佐野　誠　「米国におけるノーフォルト自動車保険の動向」交通法研究37号114頁（2009）

佐野　誠　「人身傷害補償保険における損害把握─訴訟基準と人傷基準の乖離問題─」損害保険研究71巻2号11頁（2009）

佐野　誠　「最判平成24年5月29日判批」民商法雑誌147巻2号249頁（2012）

佐野　誠　「人身傷害補償保険の法的性質と商品性のあり方」損害保険研究75巻3号59頁（2013）

佐野　誠　「傷害保険における外来性問題─約款解釈と判例動向─」賠償科学39号28頁（2013）

佐野　誠　「傷害保険契約における医療事故の担保」生保論集188号1頁（2014）

佐野　誠編著　『損害保険市場論（八訂版）』（損害保険事業総合研究所、2015）

佐野　誠　「人身傷害保険における疾病の扱い─サード・パーティ型制度との比較から─」保険学雑誌630号229頁（2015）

潮見佳男　『不法行為法Ⅰ（第2版）』（信山社、2009）

潮見佳男　『不法行為法Ⅱ（第2版）』（信山社、2011）

自動車事故対策センター　『自動車自損事故惹起者対策に関する調査・研究報告書』（1983）

自動車保険の解説編集委員会　『自動車保険の解説2012』（保険毎日新聞社、2012）

自動車保険料率算定会企画室　『ピアソン委員会報告書(1)〜(4)（企画室資料32─(1)〜(4)）』（自動車保険料率算定会、1978）

自動車保険料率算定会約款・制度部調査課　『米国「ノーフォルト保険」の概要（企画室資料71）』（自動車保険料率算定会、1991）

自動車保険料率算定会　『海外調査レポート、カナダにおける自動車保険の現状（オンタリオ州とブリティッシュ・コロンビア州を中心として─）』（自動車保険料率算定会、2000）

自動車保険料率算定会　『海外調査レポート─北欧における自動車保険の現状』（自動車保険料率算定会、2001）

篠田省二　「自賠法における免責」『現代損害賠償法講座3 交通事故』151頁（日本評論社、1972）

四宮和夫　『不法行為』（青林書院、1985）

島　智久　「最判平成24年 2 月20日判批」共済と保険2012年10月号28頁（2012）

嶋寺　基　「最判平成24年 2 月20日判批」NBL974号 6 頁（2012）

スティーブン・シャベル（田中　亘＝飯田　高訳）『法と経済学』（日本経済新聞社、2009）

白井正和　「最判平成19年 7 月 6 日判批」法学協会雑誌125巻11号234頁（2008）

杉野文俊　『米国の巨額 PL 訴訟を解剖する』（商事法務、2004）

杉山有紀　「ニュージーランド事故補償法に関する考察」東京大学大学院法学政治学研究科専修コース研究年報2000年度版93頁（2001）

洲崎博史　「保険代位と利得禁止原則㈡・完」法学論叢129巻 1 号30頁（1991）

洲崎博史　「最判平成18年 3 月30日判批」商事法務1901号57頁（2010）

洲崎博史　「盛岡地判平成21年 1 月30日判批」損害保険研究74巻 4 号215頁（2013）

鈴木達次　「最判平成19年 7 月 6 日判批」別冊ジュリスト202号198頁（2010）

鈴木達次　「大阪高判平成24年 6 月 7 日判批」判例評論650号28頁（2013）

鈴木辰紀　『自動車保険制度の現状と課題』（保険毎日新聞社、1997）

鈴木辰紀編著『　自動車保険（第 3 版）』（成文堂、1998）

鈴木辰紀　「台湾の強制自動車保険」早稲田商学381号 1 頁（1999）

鈴木辰紀　「変革期の自賠責保険分析」『変革期の自動車保険研究』 1 -11頁（日本交通政策研究会、2001）

鈴木辰紀　「人身傷害補償保険考」損害保険研究65巻 1 ・ 2 号49頁（2003）

鈴木辰紀　「人身傷害補償保険と請求権代位」損害保険研究71巻 1 号67頁（2009）

鈴木辰紀　『日台中の自動車保険』（成文堂、2009）

鈴木義男　「ニュージーランド及びオーストラリアにおける災害補償制度へト706号105頁（1979）

副田隆重　「オーストラリアにおける不法行為責任の社会保障化の動き」『交通事故賠償の現状と課題』548頁（ぎょうせい、1979）

副田隆重　「オーストラリア連邦補償法案とその後の展開」『損害賠償から社会保障へ』257頁（三省堂、1989）

副田隆重　「交通事故被害についての不法行為訴訟の「廃止」と「復活」―豪・ニュー・サウス・ウェールズ州の経験―」『世界の交通法』171頁（西神田編集室、1992）

損害保険事業総合研究所　『アジア諸国における損害保険市場・諸制度の概

要について（その２）」（2015）

損害保険法研究会 『損害保険契約法改正試案・傷害保険契約法（新設）試案理由書（1995年確定版）』（損害保険事業総合研究所、1995）

損害保険料率算出機構 『自動車保険の概況平成26年度（平成25年度データ）』（2014）

損害保険料率算定会業務第二部 『傷害保険普通保険約款の変遷』（1994）

田居和雄 「アメリカの自動車保険の社会的背景」損害保険研究38巻２号97頁（1976）

高野真人 「社会保険給付と損益相殺・代位の問題点」『交通賠償論の新次元』212頁（判例タイムズ社、2007）

竹濵 修 「最判平成19年７月６日判批」私法判例リマークス37号108頁（2008）

田辺康平 『保険契約の基本構造』（有斐閣、1979）

アンドレ・タンク（山口俊夫訳）「フランスの交通災害に関する法律の草案」立教法学８号183頁（1966）

塚谷精一 「アメリカのノーフォルト自動車保険法(1)〜(3)」損害保険研究36巻４号107頁、37巻１号74頁、37巻２号162頁（1974〜75）

出口正義 「最判平成24年2月20日判批」私法判例リマークス46号102頁（2013）

出口みどり 「大阪高判平成24年６月７日判批」交通事故判例速報2012年９月号１頁（2012）

東京海上火災保険㈱編 『損害保険実務講座６自動車保険』（有斐閣、1990）

東京地裁民事交通訴訟研究会編 『民事交通訴訟における過失相殺率の認定基準（全訂四版）』（判例タイムズ社、2004）

土岐孝宏 「最判平成24年５月29日判批」法学セミナー2013年１月号133頁（2013）

永石一郎 「最判平成19年７月６日判批」金商1285号10頁（2008）

永下泰之 「損害賠償法における素因の位置（６・完）」北大法学論集65巻１号89頁（2014）

中野希世子 「ニュージーランド事故補償制度における医療事故について」福岡大学大学院論集35巻１号49頁（2003）

中浜 隆 『アメリカの民間医療保険』（日本評論社、2006）

中村 心 「最判平成19年７月６日判批」ジュリスト1351号109頁（2008）

中村 心 「最判平成19年７月６日判批」法曹時報62巻３号187頁（2010）

名古屋大学不法行為法研究会訳 「ニュージーランド事故補償法」法政論集
　79号395頁～82号284頁（1979）、

西嶋梅治 『自動車損害賠償システムの改革と問題点―米国の場合―』日交
　研シリーズA-40（日本交通政策研究会、1977）

西嶋梅治 「著書紹介 Woodroof, Automobile Insurance and No-fault Law」ア
　メリカ法1977-1号57頁（1977）

西嶋梅治 「人身傷害補償条項つき自動車保険の特色と問題点―賠償から手
　厚い補償へ―」損害保険研究61巻1号1頁（1999）

西嶋梅治 「人身傷害補償条項付自動車保険の特色と問題点」交通法研究28
　号64頁（2000）

西嶋梅治 「最判平成18年3月30日判批」民商法雑誌135巻3号559頁（2006）

西嶋梅治 「人傷保険をめぐる諸問題についての覚書」『新保険法と保険契約
　法理の新たな展開』（ぎょうせい）417頁（2009）

日弁連交通事故相談センター 『交通事故損害額算定基準―実務運用と解説
　―』（2014）

日弁連交通事故相談センター東京支部 『民事交通事故訴訟損害額算定基準』
　（2015）

ニュージーランド学会編 『ニュージーランド百科事典』（春風社、2007）

野村修也 「最判平成24年2月20日判批」ジュリスト1453号111頁（2013）

萩本　修編著 『一問一答保険法』（商事法務、2009）

林　弘子 「ニュージーランドの1972年事故補償法―人的傷病に関するコモ
　ンローの廃止」海外事情研究3巻2号1頁（1975）

潘　阿憲 「傷害保険契約における傷害事故の外来性の要件について」法学
　会雑誌46巻2号209頁（2006）

潘　阿憲 「人身傷害補償保険における請求権代位の範囲」保険毎日新聞
　2008年9月26日4頁（2008）

潘　阿憲 「東京高判平成20年3月13日判批」NBL898号40頁（2009）

潘　阿憲 「最判平成19年10月19日判批」別冊ジュリスト202号84頁（2010）

潘　阿憲 「最判平成24年2月20日判批」民商法雑誌147巻1号60頁（2012）

潘　阿憲 「最判平成24年2月20日判批」法学教室2013年3月号別冊付録判
　例セレクト2012[Ⅱ]20頁（2013）

伴城　宏 「大阪高判平成24年6月7日判批」自保ジャ1875号2頁（2012）

坂東司朗 「東京地判平成19年2月22日判批」損害保険研究70巻3号145頁

（2008）

平井宜雄　『債権各論II不法行為』（弘文堂、1992）

平野良一　「共同運行供用者と他人性の問題について」『人身賠償・補償研究第5巻』57頁（判例タイムズ社、2002）

ウェルナー・プェニクストルフ（西嶋梅治訳）「米国における主要ノーフォルト・プログラムの比較と検討」ジュリスト682号116頁（1979）

福田弥夫　「アメリカ自動車保険の改革―選択ノー・フォルト制度の行方―」『商法・保険法の現代的課題』315頁（文眞堂、1992）

福田弥夫　「カナダの自動車保険制度―ノー・フォルト保険の現状と課題―」『世界の交通法』352頁（西神田編集室、1992）

福田弥夫　「アメリカにおける自動車保険の現状と課題―カリフォルニア州の動きを中心に」交通法研究27号4頁（1998）

福田弥夫　「自賠責保険のノー・フォルト化とその課題―自損事故惹起者の救済スキームのあり方を中心に―」『変革期の自動車保険研究』2-1頁（日本交通政策研究会、2001）

福田弥夫　「アメリカ自動車保険の現状と課題」『交通賠償論の新次元』333頁（判例タイムズ、2007）

福田弥夫　「最判平成18年3月30日判批」別冊ジュリスト202号62頁（2010）

藤井正夫　「最判平成19年7月6日判批」別冊判タ22号172頁（2008）

藤岡康宏　「自動車事故による損害の補償―西ドイツ」比較法研究35号36頁（1974）

藤岡康宏　『損害賠償法の構造』（成文堂、2002）

藤倉皓一郎　「アメリカにおける自動車事故被害者の「基本補償」保険―キートン・オコンネル改革案の紹介―」判例タイムズ227号16頁（1969）

藤倉皓一郎　「アメリカにおける自動車事故による損害の補償」『損害保険双書2自動車保険』341頁（文眞堂、1974）

藤倉皓一郎　「著書紹介 Jeffrey O'Connell, The Injury Industry and the Remedy fo No-Fault Insurance」アメリカ法1974-2号373頁（1974）

藤倉皓一郎　「自動車事故による損害の補償―アメリカ」比較法研究35号4頁（1974）

藤倉皓一郎　「アメリカにおける自動車事故被害者の救済制度」ジュリスト691号208号（1979）

藤倉皓一郎　「アメリカにおける交通事故の損害賠償責任をめぐる法理」『世

界の交通法』（西神田編集室）218頁（1992）

藤田友敬　「サンクションと抑止の法と経済学」ジュリスト1228号25頁（2002）

藤村和夫　「人身傷害保険と素因減額」『民事法学の歴史と未来』80頁（成文堂、2014）

藤村和夫＝山野嘉朗　『概説交通事故賠償法（第3版）』（日本評論社、2014）

フランス不法行為法研究会　「フランスの交通災害保障法案—タンク草案の紹介と論議—」ジュリスト691号222頁（1979）

米国保険情報協会（損保ジャパン総合研究所訳）　『ザ・ファクトブック（各年版）アメリカ損害保険事情』（2003〜2013）

ベルティル・ベンクトソン（山下丈訳）　「スウェーデン法における不法行為と保険」民商法雑誌83巻6号921頁（1981）

星野明雄　「新型自動車保険TAP開発について」損害保険研究61巻1号95頁（1999）

堀田一吉　『保険理論と保険政策』（東洋経済新報社、2003）

増永謙一郎　「最判平成19年10月19日判批」別冊判タ25号152頁（2009）

松本恒雄＝手嶋　豊　「ニュージーランド事故補償法の将来—リチャード・S・ミラー教授の見解を中心に」広島法学13巻4号95頁（1990）

三木素子　「人身傷害補償保険金の支払による保険代位をめぐる諸問題」『民事交通事故訴訟損害賠償額算定基準2012下巻』53頁（日弁連交通事故相談センター東京支部、2012）

水野　謙　「医療事故に関するニュー・ジーランド法の対応」比較法研究72号10頁（2010）

水野　謙　「逸失利益概念に対する一つの疑問—回顧的な視点を設定することの意味」ジュリスト1403号46頁（2010）

水野　謙　「ニュー・ジーランドに学ぶ医療紛争の解決のあり方」『患者の権利と医療の安全』327頁（ミネルヴァ書房、2011）

村田敏一　「東京地判平成19年2月22日判批」私法判例リマークス36号106頁（2008）

桃崎　剛　「人身傷害補償保険をめぐる諸問題」『民事交通事故訴訟・損害賠償額算定基準2007下巻』131頁（日弁連交通事故相談センター東京支部、2007）

桃崎　剛　「人身傷害補償保険をめぐる諸問題—東京地判平成19年2月22日を契機として—」判例タイムズ1236号70頁（2007）

森　健二　「交通損害賠償における「あるがまま」」判例タイムズ1326号38頁（2010）

森嶌昭夫　「民事責任と交通事故の抑止」交通法研究 2 号21頁（1972）

森嶌昭夫　「慰謝料の比較法的研究―ニュージーランド」比較法研究44号94頁（1982）

森田　果＝小塚荘一郎　「不法行為法の目的―「損害填補」は主要な制度目的か」NBL874号10頁（2008）

柳原英之　「東京高判平成24年 3 月14日判批」損害保険研究74巻 3 号233頁（2012）

山下　丈　「J. ヘルナー著：スウェーデンにおける保険保護による責任の代替」広島法学 5 巻 2 号131頁（1981）

山下友信　『現代の生命・傷害保険法』（弘文堂、1999）

山下友信　『保険法』（有斐閣、2005）

山下友信編　『高度道路交通システム（ITS）と法』（有斐閣、2005）

山下友信　「自動車事故に関する損害賠償と保険の課題」『交通事故損害賠償額算定基準21訂版』307頁（日弁連交通事故相談センター、2007）

山下友信　「新しい保険法―総論的事項および若干の共通事項」ジュリスト1364号13頁（2008）

山下友信　「人身傷害補償保険の保険給付と請求権代位」保険学雑誌600号121頁（2008）

山下友信＝米山高生編　『保険法解説』（有斐閣、2010）

山下典孝　「最判平成20年10月 7 日判批」自保ジャーナル1762号 2 頁（2008）

山下典孝　「最判平成19年10月19日判批」速報判例解説（法学セミナー増刊） 2 号143頁（2008）

山下典孝　「人身傷害補償保険に基づく保険金の充当の問題」自保ジャーナル1820号 1 頁（2010）

山下典孝　「東京地判平成21年12月22日判批」損害保険研究73巻 2 号185頁（2011）

山下典孝　「人身傷害補償保険に関する一考察」阪大法学61巻 3 ・ 4 号751頁（2011）

山下典孝　「東京地判平成23年 9 月20日判批」インシュアランス損保版4456号 4 頁（2012）

山下典孝　「人身傷害補償保険をめぐる新たな問題」阪大法学62巻 3 ・ 4 号

663頁（2012）

山野嘉朗　「人身傷害補償保険と過失相殺部分の填補機能について」法学研究48巻 3 号69頁（2007）

山野嘉朗　「最判平成19年 7 月 6 日判批」ジュリスト1354号119頁（2008）

山本哲生　「保険代位に関する一考察(1)」北大法学論集47巻 2 号69頁（1996）

山本哲生　「請求権代位における損害概念—人身傷害補償保険を契機として」『変革期の企業法』（商事法務）285頁（2011）

山本　豊　「最判平成20年10月 7 日判批」判例タイムズ1305号38頁（2009）

吉川吉衞　「保険法の将来」ジュリスト136号143頁（1981）

吉川吉衞　「スウェーデンの自動車事故救済制度—「保険保護による代替」と「交通保険」—」損害保険研究45巻4号1頁（1984）

吉川吉衞　『事故と保険の構造』（同文館、1988）

我妻　榮　『事務管理・不当利得・不法行為』（日本評論社、1937）

和久利昌男　『事故補償の諸問題と北欧諸国の交通事故保障制度』（損害保険企画、1995）

外国語文献

American Insurance Association, Automobile Insurance Laws: A Summary of Selected State Laws and Regulations Relating to Automobile Insurance （2000～2007）

H. Armstrong, Vocational Rehabilitation and Long-term Claims, [2008] 1 NZ Law Review 21

H. Armstrong, Blood on the Coal: The Origins and Future of New Zealand's Accident Compensation Scheme (2008), available at site （http://www.hazelarmstronglaw.co.nz/reports/Blood_on_the_Coal_Mark_final_%20May_%202008.pdf）

B. Atkin & G. McLay, Torts in New Zealand 5th ed. (2012)

T. Baker & R. Swedloff, Regulation by Liability Insurance: From Auto to Lawyers Professional Liability, 60 UCLA L. Rev. 1412 (2013)

Ballantine, A Compensation Plan for Railway Accident Claims, 29 Harv. L. Rev. 705 (1916)

O. Ben-Shahar & K. Logue, Outsourcing Regulation: How Insurance Reduces

Moral Hazard, 111 Mich. L. Rev. 197 (2012)

B. Birch, Accident Compensation: A Fairer Scheme (1991)

C. Brown, Deterrence in Tort and No-Fault: The New Zealand Experience, 73 Calif. L. Rev. 976 (1985)

C. Brown, No-Fault Automobile Insurance in Canada (1988)

C. Brown, A Choice of Choice: Adding Post-accident Choice to the Menu of No-Fault Models, San Diego L. Rev. Vol. 26 1095 (1989)

P. Butler, A Brief Introduction to Medical Misadventure, 35 VUWLR 811 (2004)

Carman, Is a Motor Vehicle Accident Compensation Act Available?, 4 Minn. L. Rev. 1 (1919)

J. L. Carr, Giving Motorists a Choice between Fault and No-Fault Insurance: An Economic Critique, San Diego L. Rev. Vol.26 1087 (1989)

S. Carroll & A. Abrahamse, The Effect of a Choice Auto Insurance Plan on Insurance Costs and Compensation, Journal of Insurance Regulation, Vol. 18, No.1 fall (1999)

S. Carroll & A. Abrahamse, Comment on "The Case against Auto Choice", Journal of Insurance Regulation Vol.18 No.3 spring (2000)

D. Caygill, 1990s – Decade of Change, 34 VUWLR 387 (2003)

A. Clayton, Some Reflections on the Woodhouse and Legacy, 34 VUWLR 449 (2003)

Columbia University Council for Social Sciences, Report of the Committee to Study Compensation for Automobile Accidents (1932)

Committee on Banking and Insurance, Florida's Motor Vehicle No-Fault Law (Report Number 2006-102, Prepared for The Florida Senate, November 2005) (2005), available at website (http://www.flsenate.gov/data/Publications/2006/Senate/reports/interrim_reports/pdf/2006-102bilong.pdf.)

J. Cummins, R. Phillips & M. Weiss, The Incentive Effect of No-Fault Automobile Insurance, The Journal of law and Economics, vol.44, No.2, 427 (2001)

M. K. Delegal & A. P. Pittman, Florida No-Fault Insurance Reform: a Step in the Right Direction, 29 Florida State U. L. Rev. 1031 (2002)

A. Duffy, The Common-Law Response to the Accident Compensation Scheme, 34 VUWLR 367 (2003)

G. Duncan, Administrative Efficiency, REBUILDING ACC BEYOND 2000 Papers on Accident Compensation & Rehabilitation Policy, Wellington, July 1999 at 60

G. Duncan, Moral Hazard and Medical Assessment, 34 VUWLR 433 (2003)

G. Duncan, Advancing in Employment: The Way forward for Vocational Rehabilitation, 35 VUWLR 801 (2004)

G. Duncan, Boundary Dispute in the ACC Scheme and the No-Fault Principle, [2008] 1 NZ Law Review 27

R. Dyson, Summary, 34 VUWLR 465 (2003)

R. Dyson, The Future of Accident Compensation: New Directions and Visions, 35 VUWLR 775 (2004)

B. Easton, The Historical Context of the Woodhouse Commission, 34 VUWLR 207 (2003)

B. Easton, Ending Fault in Accident Compensation: Issuer and Lessons from Medical Misadventure, 35 VUWLR 821 (2004)

A. A. Ehrenzweig, "Full Aid" Insurance for the Traffic Victim – A Voluntary Compensation Plan, California L. Rev. vol.43 1–48 (1955)

I. England, Traffic Accident Victim Compensation in Israel – A Decade of Experience with No-Fault, in Compensation for Personal Injury in Sweden and Other Countries (1988)

L. Evans & N. Quigley, Accident Compensation: The Role of Incentives, Consumer Choice and Competition, 34 VUWLR 423 (2003)

Fifteenth Statewide Grand Jury Report, Report on Insurance Fraud Related to Personal Injury Protection (Aug. 2000)(on file with Clerk, Fla. Sup. Ct.), available at website (http://legal.firn.edu/swp/jury/fifteenth.html.).

R. Gaskins, The Fate of "No-Fault" in America, 34 VUWLR at 213 (2003)

R. Gaskins, New Dynamics of Risk and Responsibility: Expanding the Vision for Accident Compensation, 35 VUWLR 951 (2004)

R. Gaskins, Reading Woodhouse for the Twenty-First Century, [2008] 1 NZ Law Review 11

P. Gillespie & M. Klipper, No-fault (1972)

L. Green, Traffic Victims Tort Law and Insurance (1958)

E. von Hippel, Schadensausgleich bei Verkehrsunfällen, Haftungsersetzung durch Versicherungsschutz, Eine rechtsvergleichende Untersuchung (1968)

M. Hook, New Zealand's Accident Compensation Scheme and Man-Made Disease, 39 VUWLR 289 (2008)

B. Howell, Medical Misadventure and Accident Compensation in New Zealand: An Incentives-Based Analysis, 35 VUWLR 857 (2004)

Insurance Information Institute, The III Insurance Fact Book (2015)

Interim Committee on Auto Insurance, Recommendations for 2006 – Report to the Colorado General Assembly (2005), available at website (http://www.state.co.us/gov_dir/leg_dir/lcsstaff/2005/FinalReports/ 05AutoInsFinRept.pdf)

Insurance Council of Canada, Facts of the General Insurance Industry in Canada (2000)

P. Jegatheeson, Injury Prevention, Rehabilitation, and Compensation Act and Analysis (2002)

Joint Economic Committee, The Benefits and Savings of Auto-Choice (1997)

Joint Economic Committee, Auto Choice: Impact on Cities and the Poor (1998)

Joint Economic Committee, Auto Choice: Relief for Business & Consumers (1998)

R. H. Joost, Automobile Insurance and No-Fault Law 2^d, (2002).

B. Kabler, The Case agaist Auto Choice, Journal of Insurance Regulation Vol. 18 No.1 fall (1999)

B. Kabler, Comment on "The Case against Auto Choice": Rejoinder, Journal of Insurance Regulation Vol.18 No.3 spring (2000)

R. E. Keeton & J. O'Connell, Basic Protection for the Traffic Victim, A Blueprint for Reforming Automobile Insurance (1965)

K. Keith, The Law Commission's 1988 Report on Accident Compensation, 34 VUWLR 293 (2003)

J. Y. King, No Fault Automobile Accident Law (1987)

Kittel, No-Fault…or Your Fault, Insurance Review, Feb. 1991

A. E. Kleffner & J. T. Schmit, Automobile Insurance in Canada; A Comparison of Liability System, 18 Journal of Insurance Regulation 36 (1999)

P. Kochanowski & M. Young, Deterrent Aspect of No-Fault Automobile Insurance: Some Empirical Findings, Journal of Risk and Insurance, vol. 52, No.2 269 (1985)

D. Kretzmer, No-Fault Comes to Israel – The Compensation for Victims of Road Accident Law, 11 Israel Law Rev. 288 (1976)

E. Landes, Insurance, Liability, and Accidents: A Theoretical and Empirical Investigation of the Effect of No-Fault Accidents, The Journal of law and Economics, vol. 25, No.1, 49 (1982)

J. W. Little, Reducing Noneconomic Damage by Trick, San Diego L. Rev. Vol. 26 1017 (1989)

D. Loughran, The Effect of No-Fault Automobile Insurance on Driver Behavior and Automobile Accidents in the United States, The RAND Institute for Civil Justice (2001)

H. Luntz, Looking Back at Accident Compensation: An Australian Perspective, 34 VUWLR 279 (2003)

H. Luntz, The Australian Picture, 35 VUWLR 879 (2004)

H. Luntz, A View from Abroad, [2008] 1 NZ Law Review 97

P. Lyngsø, Danish Insurance Law (1992)

Maroney, Eastman & Butler, An Analysis of the Auto Choice Reform Act of 1997, Risk Management and Insurance Review, Vol.2, No.2, winter (1999)

J. Martin, Establishment of the Accident Compensation Commission 1973: Administrative Challenges, 34 VUWLR 249 (2003)

Marx, Compulsory Compensation Insurance, 25 Colum. L. Rev. 164 (1925)

J. M. Matheson, Compensation for Personal Injury in New Zealand, 18 The International and Comparative Law Quatery 191 (1969)

M. McClure, A Decade of Confusion: The Differing Directions of Social Security and Accident Compensation *1969–1979*, 34 VUWLR 269 (2003)

D. McIntosh & M. Holmes, Personal Injury Awards in EU and EFTA Countries (2003)

P. McKenzie, The Compensation Scheme No One Asked for: the Origins of ACC in New Zealand, 34 VUWLR 193 (2003)

G. McLay, Nervous Shock, Tort and Accident Compensation, 30 VUWLR 197 (1999)

G. McLay, Nervous Shock: The Law, Personal Injury Litigation – a Practical Approach 69 (2002)

G. McLay, Accident Compensation ? What's the Common Law Got to Do With It?, [2008] 1 NZ Law Review 55

J. Miller, Compensation for Motor Vehicle Injuries in New Zealand, in Les Cahiers de Droit, Numéro Spécial, 205 (1998)

J. Miller, Trends in Personal Injury Litigation: the 1990s, 34 VUWLR 407 (2003)

R. S. Miller, The Future of New Zealand's Accident Compensation Scheme, 11 U. Haw. L.Rev. 1, 64 (1989)

C. Morris & J. C. N. Paul, The Financial Impact of Automobile Accidents, 110 U. Pa. L. Rev. 913 (1962)

National Association of Insurance Commissioners, No-Fault Automobile Insurance Law, NAIC Research Quatery, Spring (2001)

E. Nordman, The History of No-Fault Auto Insurance, Journal of Insurance Regulation Vol.16 No.4 457 (1998)

E. Nordman, Introduction to Symposium on No-fault Automobile Insurance, Journal of Insurance Regulation Vol.18 No.13 (1999)

J. O'Connell, The Injury Industry and the Remedy of No-Fault Insurance (1971)

J. O'Connell & R. H. Joost, Giving Motorists a Choice between Fault and No-Fault Insurance, Virginia L. Rev. Vol.72:61 (1986)

C. Oldertz & E. Tidefelt, Comparison for Personal Injury in Sweden and Other Countries (1988)

K. Oliphant, Beyond Woodhouse: Devising New Principles for Determining ACC Boundary Issues, 35 VUWLR 915 (2004)

K. Oliphant, Beyond Misadventure: Compensation for Medical Injuries in New Zealand, 15 Medical L. Rev. 357 (2007)

T. R. Olsen, Colorado's New Auto Insurance System and Its Likely Effect on Insurance Premiums (2004), available at Rothgerber Johnson & Lyons LLP website (http://www.rothgerber.com/showarticle.aspx?Show=762)

G. Palmer, What Happened to the Woodhouse Report?, NZ Law Journal, Dec. 1981, 568

G. Palmer, "The Nineteen-Seventies": Summary for Presentation to the Accident Compensation Symposium, 34 VUWLR 239 (2003)

G. Palmer, The Future of Community Responsibility, 35 VUWLR 905 (2004)

G. Palmer, Accident Compensation in New Zealand: Looking Back and Looking Forward, [2008] 1 NZ Law Review 81

PricewaterhouseCoopers, Accident Compensation Corporation New Zealand Scheme Review (2008), available at site;
http://www.acc.co.nz/PRD_EXT_CSMP/groups/external_communications/documents/reports_result//prd_ctrb076534.pdf

D. Rennie, Administering Accident Compensation in the 1980s, 34 VUWLR 329 (2003)

Report of Royal Commission on Civil Liability and Compensation for Personal Injury (Pearson Report), Cmd. 7054 (1978)

P. Roberts, Policy to Protection: The Role of Human Nature and System Nature in Preventing Patient Injury, 35 VUWLR 829 (2004)

Rocky Mountain Insurance Information Association (RMIIA), Tort Auto Insurance: The Basics (2008), available at website
(http://www.rmiia.org/Auto/Steering_Through_Your_Auto_Policy/Tort_Auto_Insurance_Basics.htm)

W. P. Roles, No-fault insurance (1971)

Rollins, A Proposal to Extent the Compensation Principle to Accidents in the Streets, 4 Mass. L.Q. 392 (1919)

S. Shavell, Foundations of Economic Analysis of Law (2004)

R. Stephens, The Economic and Social Context of the Changes in Accident Compensation, 34 VUWLR 351 (2003)

R. Stephens, Horizontal Equity for Disabled People: Incapacity from Accident or Illness, 35 VUWLR 783 (2004)

S. St John, Summary, 34 VUWLR 443 (2003)

S. St John, Reassessing the Links with Health and the Welfare State, 35 VUWLR 779 (2004)

E. W. Thomas, Tribute to Sir Owen Woodhouse, [2008] 1 NZ Law Review

129

R. Tobin & E. Schoeman, The New Zealand Accident Compensation Scheme: The Statutory Bar and the Conflict of Laws, 53(2) The American Journal of Comparative Law 493 (2005)

R. Tobin, Common Law Action on the Margin, [2008] 1 NZ Law Review 37

A. Tunc, La Sécurité Routière, Esquisse d'une Loi sur les Accidents de la Circulation (1966)

A. Tunc, Traffic Accident Compensation in France: The Present Law and a Controversial Proposal, 79 Harvard L. Rev. 1409 (1966)

A. Tunc, Traffic Accident Compensation; Law and Proposals, International Encyclopedia of Comparative Law, Torts XI, Chapter 14 (1971)

U.S. Department of Transportation, Motor Vehicle Crash Losses and their Compensation in the United States (1971).

U.S. Department of Transportation, Compensating Auto Accident Victims: A Follow-Up Report of No-Fault Auto Insurance Experiences (1985)

B. Wilkinson, The Accident Compensation Scheme: A Case Study in Public Policy Failure, 34 VUWLR 313 (2003)

G. Wilson, ACC and Community Responsibility, 35 VUWLR 969 (2004)

R. Wilson, 1990s – Decade of Change, 34 VUWLR 387 (2003)

R. Wilson, Prevention Strategies: New Departures – A Union Perspective, 35 VUWLR 937 (2004)

R. Wilson, The Woodhouse Vision – 40 Years in Practice, [2008] 1 NZ Law Review 3

M.G. Woodroof, J. R. Fonsea & A. M. Squillante, Automobile Insurance and No-fault Law (1974)

P. Zador & A. Lund, Re-Analyses of the Effect of No-Fault Insurance on Fatal Crashes, Journal of Risk and Insurance, vol. 53, No. 2 226 (1986)

あ と が き

　筆者がノーフォルト自動車保険制度についての研究を始めたのは、当時勤務していた東京海上本社から、子会社のシンクタンクである東京海上研究所に研究員として出向となった1997年である。

　当時、東京海上研究所では、下河辺淳理事長の方針で、研究員は自分が関心を持ったテーマを自由に選択することができ、その研究活動については潤沢な予算が手配されていた。その意味では、今から考えると一企業のシンクタンクとしては驚くほど恵まれた研究環境である。しかし、それまで「切った張った」の営業をしていたサラリーマンから新米の研究員に「華麗なる転身」をとげた筆者としては途方に暮れていた。何を研究テーマとしてよいのか、皆目、見当がつかなかったからである。そのようなわけで、赴任後数カ月は研究テーマを探すことだけに汲々としていた。

　このような状況の中でたまたま手に取った文献で目にとまったのが、ニュージーランドの事故補償制度である。ニュージーランドでは、人身事故についての損害賠償訴訟制度が廃止され、被害者は社会保険からの給付を受けることができるだけで、加害者を訴えることができないという。極論すれば、殺人犯に対してすら損害賠償訴訟ができないということになる。これはまことに驚くべき社会制度である。そこで早速、ニュージーランド事故補償制度を研究テーマに設定し、調査のためにニュージーランドに赴いた。

　帰国後、ニュージーランド事故補償制度についての論文執筆や日本交通法学会での報告などを行ったが、この制度はノーフォルト制度の一つとして位置づけられていることもあり、また、当時、東京海上本社では人身傷害保険（当初「人身傷害補償保険」と称していた）を開発中でもあったので、筆者の関心はノーフォルト自動車保険制度全般に移っていった。そしてニュージーランド以外のノーフォルト自動車保険制度も調査し、これをまとめて初めての著書である『世界のノーフォルト自動車保険』を出版した。

　その後、福岡大学に職を得て大学教員となったが、大学での授業や学務に追われ、人身傷害保険についていくつかの論考を発表したものの、本体のノーフォルト自動車保険制度自体についてはしばらく研究が中断していた。そ

の間、自分としてはライフワークとしての本研究を進めなければいけないという忸怩たる思いをもっていたが、2012年に勤務校の在外研究員として再びニュージーランドに行く機会を得たのを契機として本研究を再開し、今般、なんとか本書をまとめることができた。

研究開始から本書の刊行までずいぶんと時間が経ってしまった割には、正直、満足できる出来栄えとは言い難い。本書のいたらない部分については大方のご指摘、ご批判を仰ぎたいと思う。しかしそれでも、本書により、自身のここまでの研究の軌跡を記すことができたことには意義を見いだせるのではないかと思っており、これをあらたな研究のスタートとしたいと思う。

近時、保険業界出身の優秀な保険研究者が増えてきているが、彼らは多くの場合、在職中に、国内外の大学院への留学や、大学教員としての出向という経験を経てきている。これに対して筆者の場合には営業マンからいきなり研究職に移ってしまったので、このようなアカデミックな経験が全くない。その意味で、研究の師である指導教官と呼べる存在は残念ながらいない。とはいうものの、今までの研究活動の中では多くの先生方の謦咳に接し、大変お世話になってきたことも事実である。ここで、そのご恩に対して深く感謝申し上げたい。

中でも、山下友信先生には、筆者が東京海上研究所における自動車保険研究会の事務局を務め始めて以来、永年にわたって懇切なご指導をいただいた。

一方、所属している日本保険学会、日本私法学会、日本交通法学会、日本空法学会、日本賠償科学会、さらには、東京、大阪、福岡における研究会などにおいても、多くの先生方から貴重なご指導ご鞭撻をいただき、それが研究の糧となっている。

また、勤務校である福岡大学の同僚の先生方からいただいたご支援とご厚誼も忘れることができない。

さらに、損害保険事業総合研究所、生命保険文化センター、東京海上研究所の方々からは、主催する研究会へ参加する機会を与えていただくなど、一方ならぬご支援を賜った。

いずれも個別にお名前を挙げられないことをお許しいただきたいが、これらの方々のご支援により筆者が研究活動を続けることができ、本書の誕生につながったことに対して深くお礼を申し上げたい。

なお、市販性の乏しい本書の出版を引き受けていただいた保険毎日新聞社、

本書に対して出版助成をしていただいた福岡大学には、あらためてお礼申し上げる。

　最後に、長期にわたる単身赴任の筆者を支えて留守宅や家族を守ってくれた妻、信子にはいくら感謝してもしきれない。しかし、江戸っ子は照れ屋なので、なかなか面と向かって口で言うことはできず、古今亭志ん生の十八番「替り目」のごとく「心の中で手を合わせている」だけである。

　2016年9月

　　　　　　　　　　　　　　　　　　　　　　　　　　佐野　誠

著 者 紹 介

佐野 誠（さの まこと）

略 歴
1950年　東京都台東区生まれ
1974年　東京大学法学部卒業
1974年　東京海上火災保険㈱入社
2003年　福岡大学法学部教授
現　在　福岡大学法科大学院教授・博士（法学）

主要著書
『世界のノーフォルト自動車保険』　　（損害保険事業総合研究所、2001年）
『高度道路交通システム(ITS)と法』　　　　（共著、有斐閣、2005年）
『生存余命と定期金賠償』　　（共著、自動車保険ジャーナル、2005年）
『法学講義・民法6　事務管理・不当利得・不法行為』
　　　　　　　　　　　　　　　　　　　　　（共著、悠々社、2006年）
『12訂版 自賠責保険のすべて』　　（共編、保険毎日新聞社、2014年）
『論点体系・保険法Ⅰ』　　　　（共著、第一法規出版社、2014年）
『損害保険市場論(八訂版)』
　　　　　　　　　　　（共著・編者、損害保険事業総合研究所、2015年）
『損害保険の法律相談Ⅰ＜自動車保険＞』　　（共著、青林書院、2016年）

ノーフォルト自動車保険論

佐野　誠　著

2016年10月27日　発行

発行所	㈱保険毎日新聞社 〒101-0032 東京都千代田区岩本町1－4－7 TEL.03-3865-1401／FAX.03-3865-1431 URL http://www.homai.co.jp
発行人	真鍋幸充
印刷・製本	山浦印刷株式会社

ISBN 978-4-89293-276-2
Ⓒ Makoto SANO（2016）　　　　Printed in Japan

本書の内容を無断で転記、転載することを禁じます。
乱丁・落丁本はお取り替えいたします。